개정 4판

현대복지행정론

황진수 저

도서출판 대영문화사

제4판 머리말

우리 사회의 화두(話頭)는 단연 사회복지이다. 우리나라 국민들은 어떻게 사회복지를 실현하는가에 대한 실천적 방책보다 사회복지를 얼마나 수혜하는가에 초점이 있을지도 모른다.

사회복지가 전 국민에게 평등한 가치와 혜택을 보장하는 보편적 복지인가, 고통받는 계층을 위한 선택적 복지인가의 문제는 사실상 정답이 없다. 사회복지는 보편적 수준을 유지하면서 클라이언트(client)에게 특별 원조를 해 주어야 하기 때문이다. 그런데 문제는 그 나라의 경제적 여건과 자원이 이를 충족할 수 있는가, 중장기적으로 볼 때 사회복지정책과 행정적 기술이 있는가, 그리고 복지를 향유할 수 있는 국민적 수준이 되는가이다.

인간의 복지 욕구는 끝이 없다. 어떤 니즈(need)가 달성되면 행복한 감정도 잠깐이고 또 다른 요구(demands)가 기다리고 있기 때문이다. 따라서 국민의 사회복지 욕구와 행정의 달성 기술이 융합된 것이 정치(politics)라고 생각한다. 여기에서는 사회복지정책이나 행정이 다음의 절차적 요소를 충족시켜야 한다고 보고 이를 차례로 정리해 보고자 한다.

첫째, 사회적 사실이다. 사회적 사실은 그 나라에 현재 존재하는 사실(facts)을 말한다. 예를 들면, 노인 인구의 증가, 부부 합계 출산율의 저하, 자살 인구의 문제, 마약 복용, 청년 실업 등이다.

둘째, 가치부여이다. 예를 들면, 사회적 사실에 대해 보수 또는 진보적 관점에서 어떤 가치를 부여할 것인가이다. 따라서 가치부여는 국민에게 끼치는 영향의 정도를 말하며, 방치할 경우 사회문제를 야기할 가능성까지도 포함한다.

셋째, 사회문제이다. 사회문제란 그 나라에서 많은 국민이 문제 의식을 가지고 있는 경우가 대부분이다. 사회문제에 대한 결정은 엘리티즘(elitism)에 입각하여 대통령, 국회의원, 장관, 고급공무원이 결정하는 경우가 있고, 다원주의(pluralism)에 따라 언론, 경영계, 노동계, 학계, 시민단체, 판결 등의 힘에 의해 결정되는 경우가 있다.

넷째, 정책의제이다. 정책결정자는 사회문제에 대해 이를 해결하는 것이 선거에 어떠한 영향을 미치는가, 또 국민 정서상 이를 언제 어떻게 해결하는가에 대한 논의 과정이다.

다섯째, 정책결정이다. 정책결정은 사회적 사실, 가치부여, 사회문제, 정책의제를 거친 문제에 대해 정책으로서의 성립을 말한다. 정책결정은 법률, 예산 책정, 인원 배치, 조직 구성 등이 형성되어야 한다.

여섯째, 정책집행이다. 정책집행은 중앙 또는 지방정부에서 정책결정을 수행하는 과정을 말한다. 공포된 법률 또는 행정명령에 의거하여 제도권 안에서 인원이 정책목표를 달성하기 위한 여러 가지 행정, 정책작용을 말한다.

일곱째, 정책평가이다. 정책의 평가는 정책의 종결 단계인데 조직의 관리, 예산집행, 인원 배치, 정책의 효과성 등에 대해 자체평가, 감사원평가, 전문가평가, 시민단체평가 등에 의해 나뉜다.

이러한 행정(정책)은 순환 과정을 거친다. 정책평가에 의한 결과는 사회문제로 환류(feedback)되는 것이다.

또 이러한 행정(정책)의 흐름을 둘러싸고 있는 환경이 있는데, 이는 전통, 관습, 교육 정도, 경제적 수준, 국민의 성숙도 등이라고 말할 수 있다. 이를 도표화하면 다음과 같다.

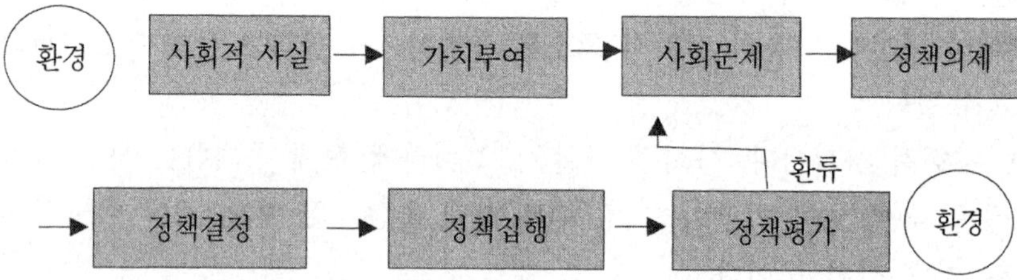

사회복지는 연역적 개념과 귀납적 개념으로 나누어 볼 수 있다. 연역적 개념은 이상적(理想的)인 사회복지 형태를 말한다. 소득, 질병, 여가, 실업, 출산, 육아, 교육 등에서 인간이 상상할 수 있는 최선의 복지를 말한다. 귀납적 개념은 현존(現存)하는 복지 시스템 중에서 모방하거나 차용하고 싶은 정책, 제도를 말한다. 연역적 · 귀납적 사회복지를 실현시키는 기술이 바로 사회복지행정이라고 생각한다.

이번에 출간되는 사회복지행정은 그동안 제도, 법률 등의 개정을 보완했다. 또 사회복지 행정에 관한 인사, 조직, 재정, 마케팅과 홍보부문을 첨가했으며, 북한 이탈주민 사회복지행정 등도 보완했다.

『현대복지행정론』을 대학, 대학원 교재로 활용하고 격려와 비판을 해 주신 여러 교수님께 감사의 인사를 드린다. 그리고 학문과 예술을 병행하는 아내 동시영 교수와 아들인 미국 변호사 주원, 며느리인 제모피아 임미랑과도 출판의 기쁨을 나누고 싶다.

마지막으로 이 책의 출판을 위해 애써 준 대영문화사 임춘환 사장님을 비롯한 임직원과 편집과 교정을 도와 준 최세라 양에게 감사의 뜻을 표한다.

2011년 1월
낙산 언덕에서
황진수

차 례

제 1 편

사회복지행정의 의의행정

제 1 장 사회복지·복지국가의 이해

I 사회복지의 개념

1 사회복지의 개념

사회복지의 개념은 크게 협의적 개념, 광의적 개념, 최광의적 개념 등의 세 가지로 구분할 수 있다. 협의적 개념에 의한 사회복지란 사회복지의 대상을 전체 국민 중에서 좀 더 한정된 '사회적 약자' 또는 '사회적 낙오자' 등으로 하여 그들의 구제, 보호, 갱생 등을 위해 도움을 주는 시책과 방법의 총화를 의미한다.[1] 즉 가족이나 시장기구로부터 탈락된 사람들에게 정상적인 사회생활을 영위할 수 있도록 이에 필요한 최소한의 보호·치료·예방 등의 정책이나 방법을 제공하는 것이다.

따라서 사회복지란 개인이나 가족이 직면하게 되는 사회적 욕구와 사회문제는 일차적으로 개인과 가족의 노력으로 충족하거나 해결하도록 하고, 개인이나 가족의 능력 범위를 넘어서는 욕구나 문제는 국가와 사회가 개입하여 해결하거나 충족하는 좁은 의미의 사회복지를 의미한다(장동일, 2008: 15).

광의적 개념의 사회복지는 사회구성원 모두를 대상으로 하여 그 생활의 각 측면에

---

1) 대상을 의존성이나 의존 상태(dependency) 등에 구하는 견해도 이러한 맥락에서 출발한다고 할 수 있다.

서 나타나는 어려움을 다루거나 해결하고자 하는 시책이나 방법 체계의 총화라 할 수 있다. 여기서는 국민 또는 사회구성원 전체를 대상으로 하며 개인이나 가족 등 일차적인 복지서비스뿐만 아니라 사회제도의 수정이나 변화의 노력까지 포괄하는 광의의 개념이다. 따라서 광의의 사회복지는 협의의 사회복지 외에 사회정책, 사회보장, 보건 · 주택 · 고용 · 교육 등 국가에서 최소한의 평균적인 욕구나 삶의 질이 충족되지 않는 개인 · 가족 · 집단 · 지역사회 등을 위한 여러 가지 사회적 서비스를 포괄한다.

광의의 사회복지 개념은 사회복지의 확대로 인해 그 대상과 내용의 양적 · 질적 확대에 따른 것이다. 즉, 산업화 · 도시화 등에 따른 사회구조의 변화, 국민생활 양식의 변화, 국민 의식 및 가치관의 변화, 사회 발전에 따른 복지적 수요에 대한 변화 등이다.

위켄든(Elizabeth Wickenden)은 사회복지를 "국민의 복리와 사회질서 기능의 유지를 위한 기초로서, 기본적인 것으로 인정되는 사회적 욕구를 충족하기 위한 공급을 강화하거나 보장하는 법, 프로그램, 급부 및 서비스 등의 체계이다"(Wickenden, 1965: 11)라고 정의했다. 또한 레스처(Nicholas Rescher)는 복지라는 것은 다차원적인 것이므로 한 사람의 복지를 고려한 경우에도 거기에는 복합적인 구성 요소가 포함된다. 그 중에서도 특히 중요한 것은 신체적 측면의 복지인 건강과 풍요, 번영, 부(富) 등으로 대표되는 물리적 측면의 복지, 정신적 안정, 정신위생으로 대표되는 정신적 · 심리적 측면의 복지(Rescher, 1972: 4)라고 주장했다.

최광의적 사회복지는 모든 국민의 행복을 향유하는 것이다.

행복(happiness)은 복지(welfare, well-being)와 같은 맥락에서 해석된다. 그러면 행복이란 무엇인가. 학자들은 행복의 정의를 내리고 있지만 현실적인 측면에서 행복은 사람마다 다르다. 사실 자본주의, 사회민주주의, 사회주의 등의 이념도 행복을 추구하기 위한 선택적 방법이지만 아직 결론이 나지 않았다. 또 행복은 객관적 요소인 장수, 부, 명예, 의식주, 건강, 배우자 등의 조건을 갖추어야 그 의미를 논할 수 있다지만 행복은 그보다 주관적 요소인 '만족감'에 비중을 더 둘 수도 있다. 이것은 동양인의 5복(壽, 富, 康寧, 攸好德, 考終命) 개념, 맹자(孟子)의 인생 3락을 두루 갖추었다 해도 개인이 스스로 행복지수가 높은 경우보다 못하다. 이러한 주관적 · 객관적 행복 이야기는 독일의 시인 부세(Karl Busse)의 "산 넘어 남쪽에 행복이 있다기에 남으로 남으로 갔다가 눈물만 흘리고 돌아왔다"는 의미나 알렉산더 대왕과 철학자 디오게네스(Diogenes)의 일화 속에도 잘 나타나 있다. 결국 행복이란 객관적 요소도 충족되어야겠지만 주관적 만족감도 함께 존재해야 한다. 따라서 사회복지는 국민의 물질적 보장과 함께 정신적 보장도 함께 해 주는 복합적 복지가 이루어져야 한다.

더욱이 이러한 세 가지 측면의 복지를 확보하기 위한 시책이나 방법은 여러 방면에서 고려되어야 한다. 이를 위해 신체적 복지와 관련된 공중위생, 의료 등의 보건위생과 영양, 생활환경 등, 물질적 풍요와 관련된 소득보장 프로그램, 주택, 생활환경시설의 정비나 확보 등이 요구된다. 그리고 정신적 안정과 관련해서는 정신위생 교육으로부터 각종의 상담, 원조활동에 이르는 시책이 요구된다. 그뿐만 아니라 사회복지의 사회 성원들이 비복지로 전락하는 것을 방지하기 위해 최저의 기초적인 요건을 확보, 충족해야 한다. 이 경우, 사회복지는 사회 성원의 생활에 대한 최저 수준의 확보(minimum standard)라 할 수 있다. 그리고 최저 수준이란 국민적 최저 수준(national minimum)으로서 단지 국민의 최저생활비를 의미하는 것이 아니라 생산 및 생활의 모든 측면에 관한 국민의 최저한도를 포괄하는 의미이다. 이러한 개념들은 소극적인 의미에서 사회복지의 광의적 개념이라 할 수 있다.

결국 최광의적, 복합적 개념의 사회복지는 한정적 개념과 광의적 개념이 상호 배타적으로 나타나는 것이 아니라 상호 보완적이다. 즉 이 두 개념을 하나의 연속선상에서 복합적인 내용으로 복지 개념을 파악하는 것으로서, 윌렌스키(Harold I. Wilensky)와 르보(Charles N. Lebeaux)는 잔여적 개념(residual concept)과 제도적 개념(institutional concept), 로마니신(John M. Romanyshyn)은 사회복지 개념에서 복지의 여러 측면을 종합적·상호 비교적으로 파악하려 한 것이 대표적인 경우이다.

특히 로마니신의 정의에 따르면, 사회복지란 적극적·광의적 의미와 소극적·한정적 의미를 모두 내포하게 된다. 말하자면, 한정적 의미는 사회적 약자에 대한 재정적 원조와 서비스를 의미하며, 적극적 광의의 의미는 국민의 보편적 욕구에 대한 공동 책임을 의미한다는 것이다(Romanyshyn, 1971: 3).

사회복지는 그 개념이 협의로 규정되든 광의로 해석되든 간에 본질적으로 원조(assistance), 사회개혁(social reform), 그리고 사회통제(social control)의 세 가지 기능을 보유하고 있다(황성철 외, 2007: 16).

1) 프리들랜더와 앱트의 사회복지 개념

프리들랜더(Walter A. Friedlander)와 앱트(Robert E. Apte)는 "사회복지란 국민의 복지를 도모하고 사회질서를 원활히 유지하는 데 필요하다고 생각되는 사회적 욕구를 충족시키기 위한 제도로서 이를 강화하기 위한 제반 시책으로서의 입법, 프로그램, 급여 및 서비스, 연금(benefits) 등의 서비스를 포함하는 제도"(Friedlander &

Apte, 1974: 4)라고 하여 사회복지를 가장 포괄적으로 보고 있다.

프리들랜더는 또한 "사회복지란 개인 또는 집단의 생활이나 건강이 만족할 만한 수준에 도달할 수 있도록 계획된 사회적 서비스 및 제도의 조직적 체계이다. 또한 지역사회의 필요에 조화될 수 있도록 모든 개인의 능력 발달과 복지 증진을 가능하도록 만드는 개인적·사회적 관계를 목표로 삼는다"고 정의했다. 따라서 사회복지는 전문적 사회사업(professional social work)보다 넓은 의미를 갖는다고 주장했다(Friedlander, 1962: 4).

2) 던햄의 사회복지 개념

던햄(Arthur Dunham)은 사회복지의 사회사업을 상이한 것으로 보고 있다. 그는 사회복지를 인구의 일부나 전부의 경제적 조건, 건강, 대인적 경쟁을 개선하거나 유지함으로써 사회적 행복을 추진하려는 조직적 활동으로 보았다. 그러므로 사회복지 서비스는 인간적 욕구에 대한 대책이며, 개인, 특정 집단, 지역사회 혹은 대규모 인구 집단을 위한 보호, 소득 유지, 치료 및 예방을 말한다. 그뿐만 아니라 사회사업은 지역사회의 요구와 능력의 틀 안에서 사람들의 충분한 능력을 개발하고, 만족스러운 인간관계와 생활 수준을 확보하기 위해 그들을 도와 주는 전통적 서비스를 의미한다(Dunham, 1970: 14).

3) 로마니신의 사회복지 개념

로마니신은 "사회복지는 개개인과 사회 전체의 복리를 증진시키려는 모든 형태의 사회적 노력을 포함하며, 사회문제의 치료와 예방, 인적 자원의 개발, 인간생활의 향상에 직접적인 관련을 갖는 일체의 시책과 과정을 포함한다. 그리고 사회복지는 개인이나 가정에 대한 사회적 서비스의 제공뿐만 아니라 사회제도를 강화시키거나 개선시키려는 노력을 포함한다"고 정의했다(Romanyshyn, 1971: 3). 이는 앞에서 살펴본 프리들랜더와 앱트의 개념 정의와 같이 사회복지의 성격을 가장 포괄적으로 논의하고 있는 것으로서 이른바 보편주의적(universalistic) 사회복지라 할 수 있다.

로마니신(Romanyshin, 1971: 34-37)은 사회의 변화에 따라 사회복지의 개념도 변화한다고 인식하여, 사회복지는 보완적 개념에서 제도적 개념으로, 자선에서 시민권으로, 특수한 서비스에서 보편적 서비스로, 최저 조건에서 최적 조건으로, 개인적 개혁에서 사회적 개혁으로, 자발성에서 공공성으로, 빈민복지에서 복지사회로 그 방향이 이행된다고 보았다.

4) 티트머스와 애보트의 사회복지 개념

티트머스(R. M. Titmuss)는 사회복지는 시민의 복지를 증진시키기 위해 계획된 정부의 행동이므로 정부의 직계적·비경제적 복지, 최저 수준과 재분배적 기능을 중시했다(Titmuss, 1963: 42). 애보트(Edith Abbott)는 사회복지라는 용어는 사회치료의 방법은 사회사업의 공적인 면과 사회정책의 발달을 강조하는 의미로서 사회사업이라는 말보다 오히려 계획적으로 사용되고 있다고 한다(Abbott, 1942: Chap. Ⅲ).

5) 카두신의 사회복지 개념

카두신(Alfred Kadushin)은 "사회복지는 흔히 국민 전체의 사회적 조건을 향상시키고, 국민 전체의 복지를 기원하고 제고하는 것이라고 정의하고 있으나, 실제로 사회복지의 범위는 협의적이고 잔여적(residual)인 방향을 취하고 있다"면서 "현재 미국의 사회복지는 국민 중 특수 계층의 욕구를 충족시키려는 정책, 혜택, 프로그램 서비스를 의미한다"(Kadushin, 1972)고 했다.

6) 클라크의 사회복지 개념

클라크(John Clarke)는 오늘날의 사회복지 개념이 과거에 비해 더 넓은 의미로 사용된다고 하여 사회보장제도와 인간의 근본적 욕구 충족의 문제까지 그 한계를 정한 바 있다. 그는 "사회복지는 구빈법이나 공공부조서비스에 적용되던 말인데, 오늘날에는 좀 더 넓은 의미를 지니고 있다. 바꾸어 말하면, 사회보험, 국가부조, 기본수당, 공중위생 및 환경위생, 의료 및 정신위생서비스, 신체장애인 및 회복기 환자의 보호, 주택 제공, 도시계획, 산업지역에 관한 공공적 관여, 의무교육과 그에 관련되는 서비스, 사회교육, 도덕적 복지, 직업 안정, 산업복지, 임금에 관련된 관여, 사회적 약자(노인, 요보호아동, 요보호가정)에 대한 서비스, 문화 및 오락에 관한 서비스를 모두 사회복지"라 하고 있다(Clarke, 1972: 3).

7) 윌렌스키와 르보의 사회복지 개념

윌렌스키(Harold J. Wilensky)와 르보(C. N. Lebeaux)는 국가에서의 사회복지 개념을 기능적 측면에서 잔여적(residual)인 것과 제도적(institutional)인 것으로 구분하고 있다. 잔여적 기능이란 가족, 경제, 정치, 종교 등이 정상적인 기능을 수행하지 못할 경우 이에 대처하는 임시적, 일시적, 보충적인 것이 사회복지의 기능이다. 제도적 기능은 현대 산업사회의 진전에 따라 가정, 시장경제가 온전히 운영될 수 없어 제 기능을 발휘하지 못하는 경우에는 사회복지가 사회를 유지하는 데 필요한 필수적 기능을 수행하는 사회복지의 사회 정상적 · 우선적 기능을 의미한다(Wilensky & Lebeaux, 1965: 138).

2 사회복지 관련 개념

1) 복지행정과 사회복지행정

복지행정은 산업혁명 이후 발생한 자유주의와 자본주의 사회의 구조적 · 사회적 모순으로 야기된 사회문제로부터 인간의 기본권을 되찾기 위한 행정 분야로의 인식에서 출발한다. 복지행정이란 행정학의 한 분야로서 사회복지정책이 수립되어 정책의 목표를 달성하기 위해 조직화된 정부기관의 복지정책 결정과 사회복지 업무관리를 말한다. 따라서 복지행정은 국가의 존립 목표를 달성하기 위해 정부가 수행하는 안보행정, 경제행정, 치안행정, 환경행정, 교육행정, 보건행정 등과 같은 병렬선상의 정부행정 기능적 측면을 말한다.

복지행정의 목표는 국민의 복리 증진과 사회 취약계층의 보호를 근본 목적으로 정부기관과 같은 공공복지기관의 정책결정과 복지사업 및 프로그램의 관리로 볼 수 있다. 이러한 의미에서 복지행정의 주체는 정부기관이 되며 빈곤층과 같은 사회 취약계층과 장애인, 아동 · 청소년과 같은 사회적 약자를 포함하여 모든 국민이 복지행정의 대상이 된다. 복지행정과 사회복지행정은 같은 의미로도 사용할 수 있지만 개념적 세분을 한다면, 복지행정이 추구하는 궁극적인 목표는 인간의 기본적 행복 추구를 위한 사회복지를 실현하는 행정이라 할 수 있고, 사회복지행정은 복지행정에서 설정된 사회복지정책을 구체화하는 과정이라 할 수 있다.

2) 사회복지정책

많은 학자가 일반적으로 동의하는 사회복지정책의 개념은 사회구성원 또는 국민에게 서비스와 재화를 제공함으로써 그들의 복리에 직접적으로 영향을 주는 정부의 정책으로 정의된다(Gilbert & Terrell, 1988). 이러한 정의에서 중요시되는 서비스는 사회복지서비스를 의미하며 보편적으로 상담, 치료, 교육, 재활, 보호, 의뢰 및 정보 제공서비스를 일컫는데, 이러한 사회복지정책의 유형은 크게 공공부조(public assistance), 사회보험(social insurance), 사회복지서비스(social services)로 구분된다(황성철 외, 2007: 24).

3) 사회보장 및 사회정책

사회복지정책, 사회보장, 사회정책 이 세 가지 용어는 [그림 1-1]에서 보는 것과 같이 추구하는 정책의 범위와 내용에 각각의 차이를 나타내고 있다. 사회복지정책은 주로 영·미계 국가들을 중심으로 사용되는 용어이다. 따라서 정책의 내용이나 대상 영역의 선택 시에 자유주의적 가치관이 전제되어 있다. 그 결과 사회복지정책은 사회에 만연된 복지문제의 직접적인 해결에 국한하고, 복지문제의 발생 원인에 대한 정치적 개입은 자제하는 경향을 나타내고 있다.

사회보장정책의 경우, 독일·프랑스 등의 대륙계 국가들을 중심으로 사회개량주의적 가치관을 바탕으로 하는 개념이다. 사회보장정책은 사후적 차원에서 개인의 자유로운 경제행위를 통해 나타난 복지 결과의 재분배뿐만 아니라 사전적 차원에서 인간의 복지문제에 직접적 또는 간접적으로 영향을 미치게 되는 경제적·사회적 질서를 재조정하는 것도 정책의 대상으로 포함을 하므로 영·미계의 사회복지정책보다 그 대상 영역이 넓게 나타난다.

사회정책이란 용어는 독일에서 처음 사용되었는데 영국에 비해 뒤늦게 산업화 과정을 겪었지만 산업화의 진행 과정이 상대적으로 빠르게 진행되어 이로 인한 사회적

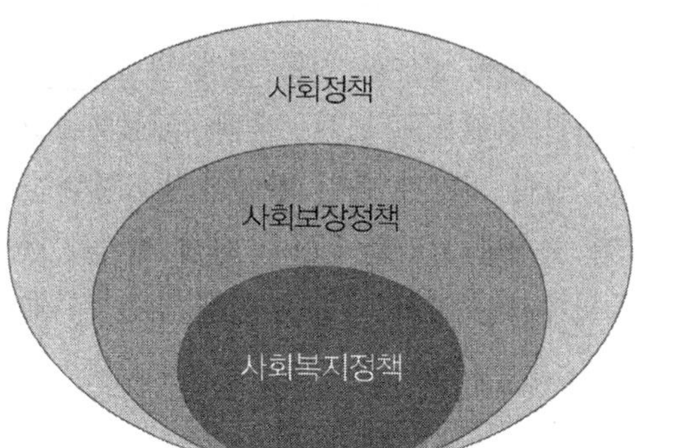

그림 1-1 사회복지정책·사회보장정책·사회정책의 개념에 따른 범위

자료: 이정우(2002: 27).

폐단이나 산업화의 문제점을 국가의 책임과 주도 아래 정책적 접근을 한 데서 사회정책이란 용어가 사용되었다.

사회정책이란 산업화 과정에서 나타난 개인의 복지를 저해하는 사회적 책임의 요인들을 정부의 책임으로 인식하고 해결하는 정부의 정책이라 말할 수 있다. 사회정책은 정치 · 경제 · 사회의 모든 분야를 포괄하는 일반 사회정책으로서 사회복지정책이나 사회보장정책은 물론 경제정책, 교육정책, 주택정책, 보건정책 등 각종의 공공정책들이 사회정책의 영역에 해당될 수 있다.

따라서 대다수 선진 복지국가의 경우 국민의 복지문제를 사회정책의 시각에서 해결하고자 하는 경향을 보이지만, 사회정책은 대상 영역의 포괄성으로 인해 국민복지와 관련한 국가의 정책과 여타의 공공정책 상호간 차별성이나 영역 구분이 불분명하다는 문제점에 직면하고 있다.

정부의 정책을 그 대상과 정책 내용의 범주에 따라 구분하면 가장 광의적 개념이 공공정책이며, 그 다음이 사회정책이라 할 수 있다. 그리고 사회정책에서도 복지와 관련된 가장 협의의 개념이 사회복지정책이다.

4) 사회 개발

사회 개발이란 용어는 경제 개발에 대조되는 개념으로 사회 · 문화부문의 개발을 뜻하는 차원에서 UN을 통해 1950년대 출발한 용어이다. 사회 개발은 경제 개발의 한계에서 나타나는 계급 · 계층문제를 극복하기 위한 하나의 방편으로 등장했다. UN이 경제 개발과 더불어 사회 개발을 중요시한 데는 크게 두 가지 차원의 필요성 때문이었다.

첫 번째는 선진국의 공업화와 급속한 전후 경제 발전으로 인한 사회적 폐해의 제거와 모순을 시정하기 위한 차원으로 도시 · 주택 · 교통 · 보건 · 의료 · 사회복지 · 교육 등 여러 차원의 인간 능력 개발과 복지 향상이 필요했다는 점이다. 두 번째는 전후 수많은 신생독립국과 저개발 국가를 UN이 경제 개발을 통해 원조하면서 의도한 경제 개발을 추진하기 위해서는 사회 개발을 선행 또는 병행해야 할 필요성이 제기되었기 때문이다.

5) 사회사업

사회사업 또는 사회복지사업이란 사회복지라는 이념적 개념인 동시에 정책적 제도를 현실에서 구현하기 위한 수단적 · 기술적 개념으로 사회복지를 달성하기 위한 재화나 서비스를 생산하거나 제공하는 실질적 운영 내지는 기술적 형태의 활동을 말한다. 사회복지와 사회사업의 관계는 ① 상호 관련되어 있고, ② 인간의 행복을 증진시키는 것이 사회복지라 하더라도 개개인의 행복을 위한 사회사업을 분리해서 생각할 수 없으며, ③ 사회복지의 모든 정책은 사회사업을 기초로 발전되고 제도화될 수 있다(박경일 외, 2003: 26).

6) 사회서비스 및 사회복지서비스

사회서비스란 사회복지정책과 제도에 의해 구체적 수혜자를 대상으로 한 복지 증진을 위한 인간 조직활동과 노력으로서 사회부조·사회보험을 비롯한 아동복지·교정·위생·교육·오락·노동 보호·주택 제공 등의 프로그램과 서비스 등을 말한다.

3 사회복지의 이념

가장 단순한 개념의 사회복지행정은 사회복지를 행정·관리하는 것으로서 사회복지의 이념이나 정책적 차원의 목적들을 행정을 통해 실천하는 것이라 할 수 있다.

그러나 이와 같은 가장 단순한 사회복지행정의 개념 정의에서 조금만 그 시각을 바꾸어 보면, 각각의 국가, 사회, 환경 등에 따라 매우 다양한 사회복지행정을 정의하고 있다는 것을 알 수 있다. 사회복지에 대해 각 사회마다 각각의 개념 정의를 갖고 있는 이유는 각 사회의 문화나 역사, 가치체계 등이 서로 차이를 보이기 때문이다(Titmuss, 1974: 47-59). 따라서 사회복지행정을 정의하기 위해서는 사회복지의 가치와 이념, 행정의 범위나 영역, 전문직과의 관련성 등을 고려할 필요가 있다(Sarri, 1987: 27-38).

현대 사회는 산업화와 도시화에 의해 발생하는 공통적인 문제에 직면해 있지만, 각 사회에 내재된 역사적·문화적·정치적·경제적인 요소들에 의해 그 문제에 대한 접근 방법이 다를 것이다(Barnes & Srivenkataramana, 1982: 230-245). 그러므로 티트머스(Titmuss, 1974: 47-59)는 사회복지를 "한 사회에 의해서 그 사회의 사회문제를 다루기 위해 개발된 모든 방안"이라고까지 폭넓게 규정함으로써, 사회복지에 대한 다양한 개념 정의가 가능하다는 것을 언급했다. 그러나 이러한 다양성의 개념 정의에도 불구하고, 사회복지는 크게 잔여적·제도적 관점의 사회복지와 이상적·현실적 사회복지로 구분할 수 있다(김영종, 2001: 29-34).

1) 잔여적 · 제도적 관점의 사회복지

윌렌스키와 르보(Wilensky & Lebeaux, 1966: 138-140)는 사회복지를 잔여적(residual) 관점과 제도적(institutional) 관점으로 구분한다. 잔여적 관점의 사회복지는 스미스(Adam Smith)와 스펜서(Herbert Spencer)에 의해 대표되는 자유방임주의적 사회철학에 근거한다. 말하자면, 개인들의 욕구는 가족이나 시장을 통해 충족되는 것이 정상이지만, 일시적으로 가족이나 시장을 통한 욕구 충족이 원활하지 않을 경우 사회복지가 필요하며, 이것은 일종의 안전망(safety net)으로서 사회복지를 인식한다. 따라서 정형화된 사회복지적 시스템은 일시적인 위기가 지나가면 존재할 필요가 없다는 것이다.

제도적 관점의 사회복지는 현대 산업사회의 특징, 즉 가족이나 시장의 기능만으로는 대다수 개인들의 욕구를 충족시킬 수 없다는 점에서 출발한다. 따라서 개인의 욕구 불만은 현대 사회가 갖고 있는 현상이므로 문제 해결을 위해 새로운 제도가 필요하며, 사회복지는 항상성(恒常性)을 갖는 제도적 장치로 마련되어야 한다는 입장이다.

잔여적 관점의 사회복지행정은 가족이나 시장의 기능으로부터 이탈되는 비정상적인 개인들을 '치료'하고 '복구'하는 데 주된 행정적 목표들이 주어진다. 그러나 제도적 관점의 사회복지행정은 사회구조적 측면의 근원적인 결함들을 문제의 초점으로 하여, 그 문제를 보충하거나 대체하는 일종의 예방적 기능을 사회복지행정의 목표로 하는 차이를 갖고 있다.

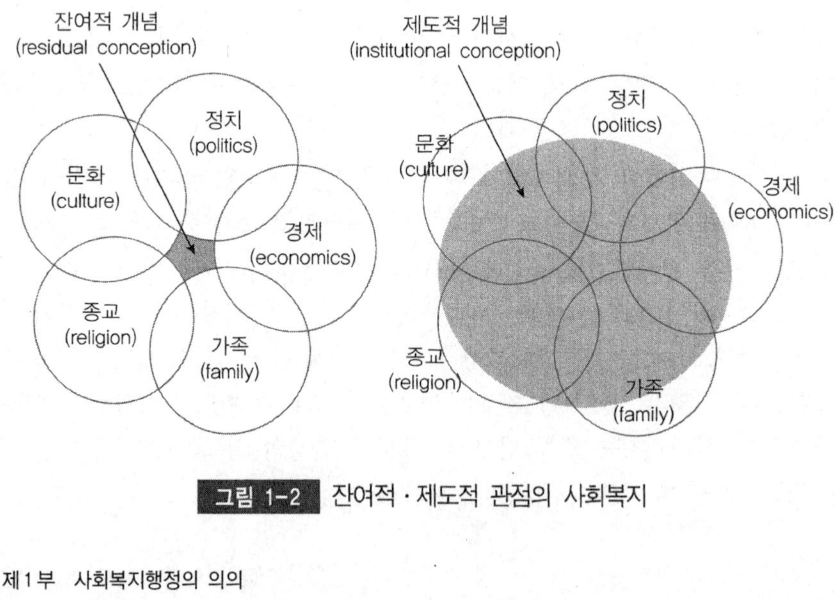

그림 1-2 잔여적 · 제도적 관점의 사회복지

2) 이상적 · 현실적 사회복지

이상적 · 현실적 사회복지는 동일한 사회에서도 사회복지에 대한 이상과 현실에서 차이를 나타낸다는 점에서 출발한다.

터너(John Turner)의 경우, 미국의 사회복지가 생각하는 것만큼 폭넓게 제공되는 것은 아니라는 점을 강조했다 (Turner, 1974: 19).[2]

그러나 헤퍼넌(J. Heffernan)은 이와는 대조적인 시각을 갖고 있다. 헤퍼넌은 사회복지를 "전체 인구의 사회적 안녕을 증진하기 위한 모든 조직화된 사회적 대응"이라고 규정했다. 따라서 교육, 의료, 재활, 성인과 아동에 대한 보호적 서비스, 공공부조, 사회보험, 신체적 · 정신적 장애인들에 대한 서비스, 직업훈련 프로그램, 가족문제 상담, 심리치료, 가족계획 상담, 입양, 그리고 이외에도 사회적 안녕을 증진시키기 위해 고안된 무수히 많은 활동을 사회복지 영역에 포함시키고 있다 (Titmuss, 1974: 47-59).

한 사회가 갖는 사회복지에 대한 이상과 현실적 가치의 공존은 사회복지행정의 개념 규정에도 영향을 미친다. 사회복지행정의 역할은 현실적인 가치를 수용하면서, 다른 한편으로는 이상적 상태로 지향해 나가는 도구나 수단이 되어야 한다는 것이다.

II 사회복지의 발달 과정

1 고대 사회의 복지

고대 이집트가 실시한 빈민정책의 특징을 살펴보면 첫째, 중앙에서 집권적으로 생산과 분배를 실시했다. 말하자면, 중앙에서 생산된 생산품들을 운하나 피라미드 건설에 동원된 빈민 노동자들에게 제공하여 빈민구제 기능을 수행했다. 현대적 의미의 빈민구제는 아니지만 현대 국가의 구빈사업, 이를테면 TVA와 유사하다는 점은 부정

---

2) 미국에서 사회복지가 차지하는 영역은 관심 있는 사람들이 희망하는 것처럼 폭넓은 것은 아니다. 대부분 사회복지 영역이 관련된 보편적 서비스들을 포함하는 것으로 나타나지만, 실천 현장에서는 사회복지 영역이 좀 더 좁고 잔여적이다. 그 결과 사회복지의 주된 목표는 문제 상황에 처한 빈민, 장애인, 의존 인구, 불우한 사람들, 일탈자들, 혜택받지 못한 사람들, 소외된 사람 등의 특수한 인구집단에 국한된다.

할 수 없다.

둘째, 빈곤이 심각한 지역에 대해 다른 지역의 주민들이 유입되는 것을 방지하여 한정된 재원으로 구빈활동을 유지했다. 이것은 17세기 영국의 정주법(定住法)과 유사하다고 할 수 있다.

셋째, 가난한 이방인의 구제를 종교적으로 의무화하여 구빈 기능의 명맥을 유지했다는 특징을 발견할 수 있다.

고대 중국의 빈민구제정책은 뿌리 깊은 공맹사상(孔孟思想)에서 출발한다. 따라서 국가와 왕은 백성들의 복지문제에 관심을 가져야 한다는 것에 기초하여 빈민에 대한 국가의 구빈활동이 이루어졌다. 그 결과 국가는 홍수나 기근이 발생할 경우, 빈민에게는 곡물을 제공했지만, 지불 능력이 있는 자에게는 판매를 했다. 또한 국가는 가진 자들로 하여금 곡물 대여나 곡물 무상 증여를 하도록 했고, 지역에 따라 빈민문제가 심각할 경우 주민들의 이주를 통해 문제 해결에 나섰다.

고대 이집트와 중국의 구빈사업보다도 특징적인 것이 유대인 사회의 구빈활동이다. 유대인들은 곡식을 수확할 때 가난한 자와 이방인을 위해 밭에 곡식의 일부를 남겨두고, 추수할 때도 이삭을 남겨 두었으며, 배고픈 사람이 굶주림을 해결하기 위해 남의 포도밭에 들어갈 수 있다는 규칙을 만들어 구빈문제를 해결하고자 했다. 또한 흔히 거론되는 탈무드 시대에는 마을마다 기금함을 설치했지만, 누가 기금을 하거나 기금을 가져가는 것 등을 알 수 없도록 하여 그들 나름의 구빈사업을 전개했다.

2 기독교적 복지

초기 기독교적 복지관에 의하면, 개인의 빈곤 구제는 가족에게 일차적인 책임이 있으며, 이웃이나 타인 등의 순서로 책임을 부과했다. 그러나 초기 기독교인들은 자립을 생활의 원천이자 구걸을 방지하기 위한 대안으로 인식했고, 부(富)를 소유한 자는 기독교적 공동사회에 있는 가난한 사람들에게 그의 부를 나누어 줌으로써 신의 축복을 받을 수 있다고 믿었다. 아울러 일은 육신과 영혼의 건강에 필요한 것이며, 실업자에게 일자리를 주는 것은 기독교적 형제애에 따르는 일종의 의무로 인식했다.

그러나 16세기 종교개혁 이후 루터주의, 칼뱅주의, 청교도 등은 일은 신에 대한 인간의 당연한 의무이며, 나태함이나 빈곤 등은 신에 대한 인간의 의무를 다하지 않는 행동일 뿐만 아니라 일종의 해악으로까지 간주했다.[3] 따라서 중세 시대의 교회가 십

일조의 1/3을 가난한 자를 구제하는 데 사용하도록 했다면, 종교개혁 이후의 교회는 자선을 등한시하게 되었다. 그 결과 종교적인 자선 이외의 각종 민간 자선단체들이 빈민을 보조했고, 길드(guild), 협동조합 등이 비주기적으로 빈민을 보조하게 되었다.

3 불교적 복지

불교의 기본 원리는 상구보리 하화중생(上求菩提 下化衆生)이다. 위로는 보리(菩提: 진리, 깨달음)를 추구하는 끝없는 고행의 과정을 따르며, 아래로는 모든 민중을 교화시키고 풍요롭게 하고자 한다.

사회문제를 해결하는 방법은 사회복지의 이념적 차원에서의 정립과 기술적 차원에서의 방법론의 조화에 있다. 그런 의미로 사회문제를 중생과 더불어 고(苦)와 비(悲)를 함께하는 불교적 입장에서 그 해답을 구할 수 있다(황진수, 1989: 255-258).

사회문제를 해결하는 길은 국가적 차원의 여러 가지 복지정책이나 민간단체에 의한 사회사업적 방법 모두가 불교적 이념인 자비를 실천하는 방도로서 곧 인류를 위하는 대승적(大乘的)인 길이며, 여래 · 불 · 보살의 당체(當體)라고도 할 수 있다. 보시(布施)도 자비심에서 나오는 행위로서 널리 남에게 재물을 베푸는 일이다. 그런데 진정한 보시의 모습은 보시하는 자와 보시를 받는 자와 그 시물(施物) 3자가 모두 공(空)이라고 보아질 때 비로소 보시의 성취라 했다.

다음은 복전(福田)사상이다. 원래 복전의 의미는 불법승의 3보로부터 축생에 이르기까지 여기에 보시함으로써 막대한 공덕이 모인다는 것이며 시물복전(施物福田 : 다리를 놓고, 우물을 파고, 험로를 평탄하게 만드는 등)으로 이행한 것이다.

불교의 보은(報恩)사상은 불교에서 가장 많이 강조된 윤리로서 부모, 중생, 국왕, 삼보의 사은을 적극적으로 보답할 원행을 말하는 것이다(「심지관경」 참조). 보은사상은 상하 관계의 종교 윤리가 아니라 어디까지나 횡적 평등의 사회 관계를 전제로

---

3) 루터는 근로를 신에 대한 인간의 의무로서 인식하고, 근로 능력이 있는 자는 반드시 일을 해야 하며, 나태, 구걸, 고리대금은 일종의 악행으로서 자연의 순리에 어긋난다고 규정했다. 따라서 자선 또한 일할 수 없는 자에게만 행해져야 하는 것으로 국한했다. 또한 칼뱅주의도 근로에 종교적인 가치를 부여하여 빈부에 관계없이 모든 사람은 신의 의지에 따라 일을 해야 한다고 했다. 칼뱅주의 역시 무위(無爲)와 사치를 죄악시했다. 이후 등장한 청교도는 노동을 통해 최대의 이익을 얻는 것은 인간의 의무이며, 일을 통해 부(富)를 축적하는 것은 성공의 징표이며, 신의 은총이라고 했다. 따라서 빈곤은 이웃과 하나님에게 해악을 끼치는 것으로 인식했다.

한 것이다. 그 중에서도 노인문제와 관련지어 생각해 볼 때 첫 번째의 부모은에 관련된 경전에는 「효자경」, 「우란분경」, 「부모은란보경」, 「육방례경」, 「심지관경」, 「불승이천위모설법경」, 「부모은중경」 등이 있다.

물론 불교에서 효경전이라고 일러지는 것은 간단히 자식이 부모에 대한 의무행위를 설(說)함보다는 부모의 자비와 부모의 은을 강조하고 있는 것이다. 따라서 부자의 관계에서도 부모의 자비를 설하고 후에 자식의 보은행위를 설하고 있다. 이 보은은 이해 타산을 초월한 부모의 양육에 대한 무한정한 가치관을 제시하고 있다.

둘째의 중생은이란 인간이 사회생활을 영위하는 데 필요한 물질적 자원의 도움과 타인의 상호 부조에 의한 은혜를 말한다. 이 중생은의 관점은 바로 전형적인 사회복지의 관점이다.

불교에서는 생명 존중사상이 있다. 이것은 '산천초목 실개불성(山川草木 悉皆佛性)'의 사상으로서 불교의 불살생(不殺生)뿐만 아니라 생명을 가진 모든 것을 존중한다는 것이다. 이 생명 존중사상의 적극적인 형태인 방생을 현대 사회문제와 결부시켜 보면, 고통받는 모든 사람을 보호하고 도와 주는 복지사상과 또다시 불교적 교리가 일치한다는 것을 알게 된다.

4 중상주의 시대의 복지

일반적으로 중상주의자들은 노동을 가장 중시하여 노동은 부(富)의 원천이며, 그 자체라고 했다. 그 결과 식민지에 대한 인구 증가 정책과 노동자들의 복지에 관심을 갖는 정책을 전개했다. 그러나 이러한 정책들은 단지 국부(國富)를 위한 도구로 활용되었다. 또한 무역을 통한 국부 증대를 위해 노동자들에게는 저임금 노동을 강요했다. 중상주의자들은 국가 부흥의 전제 원칙으로 첫째, 빈곤의 효용성을 강조했다. 즉 사람들은 빈곤해야 근면하고, 근면해야 국가 이익에 기여하여 국가를 부유하고 강력하게 만들 수 있다고 인식했다. 두 번째로는 이른바 후방 노동 공급 곡선을 지지한다는 것이다. 즉 노동자들이 임금을 위해 열심히 노력하면 임금이 상승하지만, 노동자들은 임금이 일정 수준 이상 상승하게 되면, 일보다는 여가를 선호하게 되어 근로 의욕이 감퇴되고 생산성은 저하된다. 따라서 근로자들의 저임금은 유지될 필요가 있다는 주장이다. 세 번째로는 징벌주의 원칙이다. 이는 일을 하지 않는 것은 생산 저하는 물론 구걸로 인해 다른 사람들의 부담을 증가시키고, 결국 사기가 저하되어 생산성 저하를 가져온다는 것이다.

5 영국의 사회복지

1) 빈민을 위한 구빈법의 제정

(1) 1601년을 전후한 빈민구제 제도

노동자를 통제하기 위한 노동자 조례가 만들어진 이후, 헨리(Henry) 8세는 1531년 공적 책임을 더욱 강조한 법령을 공포했다.4)

이후 헨리 8세는 1536년 이른바 헨리구빈법을 제정하여 건장한 유민과 걸인의 처벌을 강화하고 교구와 지방행정기관의 기부금으로 노약자와 노동 불능자를 위한 구제기금을 마련하도록 했으며, 건장한 빈민에게 일자리를 알선하여 빈민구제를 위한 법적 책임을 강화시켰다.

1572년 엘리자베스 여왕은 정부의 일반 세금으로 빈민구제 비용을 충당하도록 하는 법령을 제정했고, 빈민감독관(overseer)을 지방에 파견해 빈민에 대한 실태 조사와 재택구호, 작업구호 등을 담당하도록 했다.

영국은 지금까지의 빈민구제 법령들을 기반으로 1601년 '엘리자베스 구빈법'을 제정했다. 엘리자베스 구빈법은 영국 구빈법의 근간으로서 빈민구제를 정부의 책임으로 인정하여 공적 세금에 의한 원조, 즉 구빈세(poor tax)를 신설하고, 직접적인 빈민구제는 16,000여 개의 지방 행정단체가 맡도록 했다.5)

엘리자베스 구빈법의 주요 특징을 살펴보면, ① 국가의 빈민 통제와 노동 통제, 빈민구제에 대한 법적·재정적 책임을 확인했고, ② 빈민구제 업무에 대한 전국적 행정구조를 수립했으며, ③ 빈민을 더 차별적으로 분류하여 대처했고, ④ 구호사업과 노

---

4) 1531년 공포된 헨리 8세의 법령은 시장, 치안판사 등의 지방관리를 교구(parish)에 머물도록 하여 노쇠한 노인이나 빈민의 구호 신청을 조사하고, 그들을 등록시켜 일정 구역에서의 합법적인 구걸을 인정했으며, 등록하지 않은 건장한 빈민의 구걸행위와 이에 대한 자선행위를 금지시켰다.

5) 엘리자베스 구빈법이 등장하게 된 배경으로는, 당시 영국은 가내수공업으로서 양모공업이 발달했으며 그 결과 농지 소유의 확대를 주장하는 엔클로저운동(enclousure movement)이 진행되었고, 이후 많은 소작농이 토지로부터 추방되어 도시로 이주하게 되어 불완전한 노동시장으로 인해 빈민이나 걸인으로 전락했다. 그뿐만 아니라 헨리 8세의 재혼문제로 로마교황청으로부터 독립하여 영국국교회는 국왕을 수장으로 하여 기존의 교회 소유 토지의 몰수와 수도원의 해산을 단행했다. 그 결과 교회가 수행하던 빈민구제를 국가가 담당하게 되었다.

동을 연계시켰다는 점이다.

(2) 구빈법의 변화

1660년대의 경우, 빈민들이 일자리를 찾아 부유한 교구로 유랑하면서 부랑자 문제와 구빈 비용의 증가라는 새로운 문제에 직면하게 되었다. 그 결과 각 교구는 자기 교구에서 출생한 거주자에 한해 구제한다는 내용을 1662년의 정주법(Acts of Settlement)으로 명문화했다.[6]

1722년에는 빈민들을 저임금의 노동자로 활용하기 위한 구제도를 응용한 '작업장 시험법(Workhouse Test Act)'을 제정했다.[7] 그러나 이 법은 정부의 구제 비용은 감소되었으나 상업자본의 축적이라는 부작용을 발생시켰고, 1782년에는 작업장에서 일하는 빈민에 대한 생활을 개선할 목적으로 '길버트법(Gilbert Act)'을 제정했다.[8] 1795년에는 노동자들에게 최저 생계비를 지급하고, 가장이 없는 가정에는 아동수당과 가족수당을 제공하는 '스핀햄랜드법(Speenhamland Act)'이 제정되었다.[9]

스미스(A. Smith)의 「국부론」(1776)과 맬서스(T. R. Malthus)의 「인구론」(1798)이 저술되면서 공적인 구빈정책은 노동자의 임금 인하는 물론 빈곤 상태의 개선에 도움이 되지 못하므로 구빈행정의 철폐가 주장되기도 했다. 그러나 프랑스와의 전쟁(1793~1815)으로 빈민과 노동자의 생활은 더욱 어려워졌으며, 산업혁명 이후 급속도로 진전된 공업화로 인해 노동규제입법이 제정되었다.

(3) 1834년의 신빈민법

스핀햄랜드법과 엔클로저운동으로 농민의 농지 이탈과 빈민의 급격한 증가가 발생하자 1834년 신빈민법을 제정했다. 특히, 신빈민법은 빈민을 구제할 경우, 노동시장의 최저 임금 수준보다 낮은 수준으로 구제한다는 최소 적합의 원칙(principle uni-

---

6) 정주법은 거주 이전의 자유를 제한한다는 비난 때문에 1795년에 개정되었다.

7) 작업장시험법은 영국이 네덜란드 등과의 경쟁에서 우위를 차지하기 위해 빈민을 저임금으로 활용하려고 1699년 몇몇 교구들이 공동작업장을 설치하여 빈민을 고용했고, 그 결과 거리의 부랑자 수가 감소한 선례를 바탕으로 제정된 것이다.

8) 길버트법은 노동은 가능하나 자활 능력이 없을 경우 자기 집이나 인근의 적절한 직장에 취업할 수 있도록 알선하는 원외 구조활동을 주요 내용으로 한다. 그 결과 기존의 노역장은 주로 고아와 노령자를 위한 시설로 활용되었다.

9) 스핀햄랜드법은 임금의 최저한도가 없어 임금 저하를 가져왔고, 집에 있는 사람에게까지 구호를 인정하여 일반인들의 구호세 증가는 물론 빈민의 나태를 유발시키는 결과를 가져왔다.

formity)과 작업장 활용의 원칙(principle of workhouse system) 등을 규정하고 있다(Friedlander & Apte, 1974: 100-102).[10] 신빈민법은 빈곤을 죄악시하며, 노동 능력이 있는 빈민은 구제할 필요가 없다는 1601년의 빈민법과 그 취지를 같이하여 빈민 구제 비용이 감소했으나 근로 조건의 질적 저하를 유도하는 결과를 가져왔다.[11]

2) 사회개혁운동

19세기에는 영국의 빈민구제 정책과 그 성격을 달리하는 자유주의 제도와 1824년 노동자들의 노동조합 결성을 금지한 단결금지법의 폐지, 1833년 노예제도 금지, 1830년대 초에 시작된 차티스트(Chartist)운동 등으로 사회개혁에 대한 움직임이 시도되었다. 실제로 1883년에 설립된 페이비언협회(Fabian Society)는 노동자의 임금과 근로 조건, 여성의 투표권 등 사회개혁을 주창했다. 또한 자선단체나 박애주의자들을 중심으로 자선활동의 조정과 기구 및 기술 발전을 위한 자선조직협회를 창설하고, 인도주의 정신에 입각해 도시의 슬럼문제와 노동자들의 보건, 위생에 관한 보건운동이 싹트기 시작했다.

3) 20세기 영국의 복지행정

영국은 20세기와 더불어 본격적인 복지제도를 확립하기 시작했다. 1905년에는 왕립위원회가 구빈법과 실업문제를 조사했다. 실업노동자법이 제정되었고, 1908년에는 노령연금법, 1909년에는 직업소개법과 최저임금제를 실시했으며, 실업과 건강, 재해와 폐질 등을 포괄하는 국민보험법과 노인연금법을 각각 1911년과 1940년에 제정했다. 또한 사회보장을 종합적으로 검토하기 위해 1941년 베버리지위원회(Beveridge Committee)를 구성했으며, 베버리지보고서를 처칠(Winston Churchill) 수상에게 제출했고,[12] 이 보고서에 근거하여 1945년에는 가족수당법, 1946년 국민보험법, 산업재

---

10) 신빈민법은 스핀햄랜드법에 따른 임금보조제를 폐지하고, 병자, 노약자, 허약자, 부양아동이 있는 미망인만을 원외구호(outdoor relief)로 허용했으며, 노동이 가능한 자는 작업장에 수용했다.

11) 신빈민법의 빈민구제는 산업화와 자본주의로부터 발생한 실업·도시문제 등을 등한시했다. 그 결과 도시 빈민은 더욱 열악한 생활을 하게 되었고 빈번한 폭동이나 노동운동이 일어났다.

12) 베버리지보고서는 사회보장을 실업, 질병, 재해로 인한 소득의 중단, 또는 노령, 은퇴, 부양자의 사망, 출산, 결혼 및 사망 등의 예외적 지출에 대비하는 제도로 정의한다. 따라서 생활을 어렵게 만드는 원인은 빈곤(want), 질병(disease), 무지(ignorance), 불결(squalor), 나태(idleness) 등 사회적 모든 악에 근거하므로 사회보장은 이를 극복하는 데 기여할 수 있다는 것이다. 특히, 빈곤의 주원인은 소득의 중단과 상실이므로 이를 위해 모든 국민을 대상으로 하는 국민보험을 실시해야 한다고 했다. 이를 위해 최저생계 보장의 적정 수준, 기여와 급여의 균일, 적용 대상의 전체 국민화, 통합행정, 모

해보험법, 국민보건서비스법과 1948년에는 국민부조법과 아동법 등을 제정하여 '요람에서 무덤까지'라는 사회보장 체계를 구성되었다.

그러나 영국은 1973년 석유 파동을 시작으로 1970년대 후반부터 경제위기를 겪으면서 IMF 구제금융 시대를 경험하게 되었고, 급기야 복지위기론이 등장하게 되었다. 특히, 노동당이 집권한 1974년부터 1979년까지 경제위기가 심각해지면서 복지서비스의 축소와 폐지를 주장하는 신보수주의자의 공격으로 복지국가 정책도 새로운 길을 모색할 필요성이 강하게 제기되었다. 1979년 선출된 대처(Margaret Thatcher) 보수당 정권은 국가의 복지에 대한 개입 범위를 축소했으며, 사회보험은 가능한 한 축소한다는 원칙을 세워 1987년 복지와 관련한 지출예산을 대폭 삭감했다.13)

1997년 5월 총선거에서 노동당의 블레어(Tony Blair)가 총리로 당선된 후 블레어 총리는 '멋진 영국(Cool Britannia)'을 제창하며 블레어리즘(Blairism)을 제시했다. 그의 개혁 방식은 자유주의적 방임정책과 국가통제적 경제정책을 묶고 좌파와 우파 이념을 뛰어넘는 실용주의 노선, 이른바 '제3의 길'을 통해 영국 경제의 발전과 복지 선진국으로의 재도약을 모색했다.

6 미국의 사회복지

17세기 영국의 식민지로 출발한 미국은 초기 청교도 정신을 바탕으로 빈곤을 개인적인 책임으로 인식해 왔으나, 극빈자 원조는 지역공동체의 책임으로 인식하고, 가족, 친척, 친구, 교회, 이웃, 인종 등을 중심으로 빈민을 구제했다. 특히, 발달된 개인주의와 지방분권주의로 인해 주정부나 연방정부의 개입은 최소화되었다. 구빈대책의 경우 엘리자베스 구빈법을 채택하고, 구빈 방법은 현물 지급 또는 최저 가격으로 일반 가정에 위탁하는 원외 구빈을 선호했다. 빈민 구호의 비용은 빈민세와 벌과금 등으로 충당하고 열등 수급(최소 적합)의 원칙(principle of less eligibility)이 적용되었다. 구빈 범위를 축소하기 위해 빈민의 선서와 빈민명부 등록, 지방 신문에 빈민 명단과 금액의 공개 등을 실시했다. 18세기 말까지 구빈행정의 특징은 영국과 달리 원외 구

든 위험에 대한 포괄적 적용, 기여에 의한 권리로서의 급부 혜택 등을 강조했다. 또한 사회보험기금은 보험 가입자, 사용주, 국가의 공동 부담으로 하고 보험급여 수준은 최저생계비 수준을 주장했다.

13) 대처, 메이저로 이어지는 보수당 집권 18년 동안 영국은 경제 지표면에서 비교적 양호한 상태로 호전되었다.

빈과 민간 자선단체의 활동이 많았다는 점이다(김태성 외, 2009: 78).

그러나 19세기 산업자본주의가 본격화되면서 빈곤은 개인의 책임으로 돌려졌다. 스펜서(Herbert Spencer)와 섬너(William Sumner)는 사회진화론을 통해 빈민법 옹호자들은 오도된 감상주의자이며, 빈민의 거짓 친구들이라고 평가했다. 또한 사회질서도 자연의 법칙대로 적자생존의 원리에 따라야 한다고 주장했다. 그 결과 1854년의 연방구빈법은 피어스(Franklin Pierce) 대통령에 의해 거부되었다. 그 후 빈곤은 사회구조의 결과라는 인식이 제기되었으며, 산업화·도시화로 인해 빈곤에 대한 책임은 지방정부에서 주정부로 확대되어야 한다는 여론이 등장하여 마침내 1863년 매사추세츠 주에서 주(州)자선의원회가 구성되고, 빈민구호에 대한 정부의 참여가 시작되었다.

특히, 1929년 대공황으로 연방정부의 적극적 구호대책이 시작되었으며, 루스벨트(Franklin D. Roosevelt) 대통령은 구제(relief), 회복(recovery), 개혁(reform)을 제창하는 뉴딜정책(New Deal Policy)을 실시했다. 이후 1935년 제정된 사회보장법은 1960년대 초까지 안정된 미국 경제를 바탕으로 큰 변화 없이 유지되었으나, 빈곤에 대한 본질적인 문제 해결에는 미흡했다. 이에 대해 존슨(Lyndon B. Johnson) 대통령은 1964년 3월에 '빈곤과의 전쟁'을 선포하고, 빈곤은 개인적인 책임이 아니라 사회적인 산물이라는 인식의 변화를 가져왔다. 1980년대의 경우, 미국은 경제문제와 직결되면서 레이건(Ronald W. Reagan)의 공화당 정부는 복지정책에 대해 보수적인 입장을 취했다.[14] 이를 위해 연방정부는 조세 감축을 통한 투자 증대를 유도하여 경제를 회생하고, 복지 부담은 축소한다는 이른바 레이거노믹스(Reaganomics)를 제시했다.

1980년대 추진되었던 민영화의 결과는 1990년대에 들어서 본격적으로 나타나기 시작한다. 사회계층 간의 소득불평등이 확대되었고, 민간의 사회복지기관은 자원 부족 현상을 겪게 되었다. 여기에 사회복지서비스 전달에 영리기관들의 참여가 확대되어 전통적으로 비영리 민간복지기관과 영리 민간복지기관의 구분도 모호해졌다. 이와 같은 환경 변화가 1990년대 이후 미국 사회복지서비스 조직에 미친 영향은 다음과 같이 지적되고 있다(황성철 외, 2005: 51-52).

첫째, 1990년대 이후 사회복지행정에서 안정적인 재원 확보를 위해 재정관리와 마케팅이 강조되고 있었고, 이것은 사회복지사의 자율성과 재량권을 제한하는 기제로

14) 복지에 대한 정부예산의 축소, 연방정부의 복지사업 관여 최소화와 주정부의 역할 강화(신연방주의), 복지 원조 기간의 단기성과 대상의 엄격성으로 요약된다.

작용하기도 했다.

둘째, 기존 조직구조의 변화와 리더십의 변화를 가져왔다는 것이다. 관료조직 구조를 형성하던 기존의 사회복지조직들이 수직적인 조직구조 형태에서 수평적 구조의 형태로 변화되고 있다는 것이다. 리더십 변화의 경우는 내부 지향적이며 성과에 의한 보상을 강조하는 거래적 리더십보다는 외부 지향적이며 새로운 아이디어와 도전을 중요시하는 변혁적 리더십이 점차 강조되었다.

셋째, 사회복지조직에서 합병과 연합이 이루어지고 있다는 것이다. 이는 사회복지서비스의 민영화와 상업화의 결과이기도 하다. 민영화와 상업화의 과정에서 경쟁력이 없는 민간 사회복지조직들이 좀 더 경쟁력 있는 대규모 조직과의 합병 내지는 연합을 통해 공동사업과 클라이언트 확보전략을 추진하고 있다. 따라서 소위 제3섹터적인 복지조직의 형태가 나타나게 되었다.

넷째, 1990년대 후반 들어 행정정보 시스템의 개발과 전자정부 구축으로 원스톱서비스 및 디지털 방식의 복지서비스를 제공하고 있으며 클라이언트와 연계하여 사회복지사의 업무 수행 성과 향상을 위한 다각적인 개념적 · 실험적 모델 개발이 이루어졌다.

7 우리나라의 사회복지

삼국 시대의 구휼사업은 주로 천재지변으로 인한 흉작과 기근 등에 대해 왕실이나 관청을 중심으로 양곡을 배급하여 굶주림을 막고, 종자를 배급하여 농사에 지장이 없도록 했다.

고려 시대의 경우, 태조 왕건(王建)은 훈요십조(訓要十條)를 남겨 백성들의 조세와 부역을 경감했으며, 구휼을 목적으로 의창(義倉)과 상평창(常平倉)을 설치하기도 했다. 특히, 고려 시대에는 재해구제사업으로 의창, 상평창 등의 진대사업과 천재지변으로 인한 이재민들에게 조세와 부역을 감면하고 환곡을 면해 주는 재면사업 등이 있었으며, 의료구제사업으로는 예종 7년에 설치된 혜민국과 동서대비원, 광종 14년에 만들어진 제위보 등이 대표적인 빈민구제사업이라 할 수 있다(남기민, 2010: 67).

조선 시대의 경우, 유교적 왕도정치 이념에 바탕을 두어 빈민구제는 왕의 책임이며, 구제는 신속하게 하고, 구빈행정의 일차 책임은 지방관이며, 중앙정부는 구호 관계 교서 및 제정과 지방 구호행정에 대한 지도와 감독을 실시하도록 한다는 기본 원칙을 마련했다. 이를 위해 비황(備荒) 제도, 구황(救荒) 제도, 의료사업 등의 구빈 제도를 실시했다. 이후 일제 강점기인 1921년 조선총독부 내무부 지방국에 사회과를 설치했고, 광복 이후 미군정기에는 1946년부터 1948까지 보건위생부를 조직해 활동했다(최성재 외, 2007: 49).

정부 수립 이후에는 사회부(1949~1955)를 설치하여 보건·후생·노동·주택·부녀 복지를 관장했고, 1955년 이후 보건사회부를 설치하여 미약하나마 공적 조직으로서의 복지활동을 수행했다.

1960년대의 경우, 경제 성장으로 도시화와 공업화가 진행되면서 인구의 도시 집중과 이로 인한 주택문제 등이 발생하자 1962년에 보건사회부의 자문기관으로 '사회보장제도심의위원회'를 구성하여 사회보장제도에 대한 검토와 새로운 제도 도입을 건의하는 기능을 수행하도록 했다.

1970년대의 경우에는 그동안의 경제 성장으로 인한 소득 불균형 문제가 발생했다. 특히, 농촌 인구의 도시 이주로 도시 빈민가가 형성되고 각종 사회적 병리 현상은 물론 의료 혜택의 부족으로 인한 심각한 사회문제까지 야기했다. 경제성장 우선정책으로 인해 보건사회부의 예산이 턱없이 부족하여 이러한 사회문제에 대응할 능력을 갖추지 못했지만 공공부조의 측면보다 사회보험 행정이 활발하게 진행되었으며, 점진적으로 생활보호법, 의료보호법, 사회보장에 관한 법률 및 사회복지사업법 등이 제정되었다.

10·26과 12·12사태라는 혼란과 함께 등장한 제5공화국에 이어 제6공화국은 제6차 경제사회발전 5개년계획(1987~1991)에 따라 복지정책을 추진했다. 즉 가족과 지역사회의 복지 기능을 최대한 조장하며, 자립정신에 입각한 복지시책을 전개하고, 민간의 복지자원을 최대한 동원하는 것을 주요 내용으로 하는 한국형 복지국가 모형을 제시했다. 이를 통해 1980년대 중반 이후 지역복지와 재가복지사상을 도입하기 시작했다(구종회, 1996: 586-587).

특히 1988년 서울장애인올림픽을 계기로 대통령 직속의 장애인복지대책위원회를 설치·운영하고, 사회복지관 운영을 전국적으로 확대 실시했으며, 탁아사업과 재가복지봉사센터를 확충했다. 이후 1987년부터 동사무소와 구청 등에 별정직으로 사회복지전문요원을 배치하여 복지행정의 전문화와 사회복지서비스 전달체계의 개선에 새로운 활력을 제공했으며, 의료보험과 의료보호제도를 확대하고, 장애자복지법(1988)과 노인복지법(1989)을 개정했다. 또한 1988년에는 국민연금을 실시하여 사회복지정책을 확대했다(최성재 외, 2007: 155).

1990년대에는 사회복지 분야의 체계화가 이루어지는 계기가 형성되었다. 1991년 영유아보육법, 1993년 고용보험법, 1995년 정신보건법, 사회보장기본법이 제정되어 사회복지행정의 영역은 사회보험, 공공부조, 사회복지서비스, 사회복지 관련 복지제도의 네 가지 영역으로 체계화되었고, 적용 대상의 범위도 확대되었다(박차상 외, 2008: 51).

이러한 가운데 1997년 말에 닥친 외환위기는 기존의 생활보호법으로는 감당할 수 없는 다양한 측면의 사회·경제적 문제에 우리 사회가 노출되었음을 자각하게 했다. 외환위기 이전과는 전혀 다른 개념으로 생활보호 문제와 빈곤 그리고 기업들의 대규모 구조조정과 오랜 경기 침체로 인해 발생하는 대량실업 문제 등에 새롭게 접근할 필요성이 제기된 것이다. 특히 기존의 생활보호제도는 근로 능력이 있는 사람에게 생계비를 지급하는 것이 아니므로 사회보장제도가 미성숙된 상태에서 발생하는 대량실업과 이로 인한 빈곤 인구의 증가에 제대로 대응할 수 없었다. 따라서 국민기초생활보장법이 2000년 10월 1일부터 시행되고 있다. 이 법은 기존의 생활보호법이 가진 문제점을 상당 부분 개선하고 있는 내용을 담고 있으며, 동법은 적용 대상자를 '생활이 어려운 자'로 명시하고 '최저생활을 보장하고 자활을 조성하는 것'을 분명하게 법적으로 명시했다(김종두, 2004: 78-79).

2000년대 이후 우리 사회는 사회보험의 확대 실시, 공공부조정책의 실효성 확보를 위한 사회복지 예산의 확대, 저출산·고령화사회·근로빈곤층의 급증에 대비한 복지정책의 필요성 제기 등 사회복지행정과 정책에 대한 관심과 수요가 급증하는 새로운 환경에 직면하고 있다. 따라서 이러한 변화 속에 사회복지행정의 다각적인 투자와 노력, 서구 선진 국가에서 이미 경험한 재정위기 문제와 이에 따른 복지재정의 문제를 뛰어넘을 수 있는 전략이 마련되어야 할 것이다.

III 복지국가의 개념과 본질

정부의 기능과 역할은 전통적인 시장실패의 치유란 범주를 넘어서 다양한 사회보장제도의 확립과 사회 개발을 위한 투자까지 적극적으로 전개되고 있다. 따라서 현대행정이 자신의 책임 영역으로 두고 있는 사회복지행정이 중요성을 가지게 된 것은 복지국가의 원리에 의한 사회복지국가의 출현이라 할 수 있다.

1 복지국가의 등장 배경

우리나라에서는 복지국가와 사회국가를 구분하는 입장과 동일하게 보는 입장이 있으나, 엄밀히 말하면 우리나라의 헌법상 표현은 사회국가라 하지 않고 복지국가로 표현하고 있다. 주로 영·미법계에서는 복지국가로, 독일·프랑스 등의 대륙법계에서는 사회국가로 표현하고 있으나 양자의 이념, 목표, 내용 등은 큰 차이가 없어 양자의 역사적 전개 과정이나 구현 방법에 대한 구분이 필요한 경우를 제외하고는 사실상 같은 개념으로 사용하거나 사회복지국가로 사용한다. 복지국가적 현상은 현대 산업사회의 운명과도 같은 것으로 선진 자본주의 국가에서 복지국가의 원리가 등장하게 된 배경은 다음과 같다.

첫째, 복지국가는 역사적으로 산업화와 도시화가 심화됨으로써 초래된 저소득층의 빈곤·실업·질병 그리고 아동·노인층의 복지 등 구조적 차원에서 사회문제를 개인의 책임으로 방치해 둘 수 없는 상황에서 국가가 직·간접적으로 이들 문제에 개입하게 됨으로써 등장했다.

둘째, 복지국가는 자본주의적 경제체제의 기본적 특성을 그대로 유지하면서 그동안 자본주의의 진행으로 초래된 모순과 불합리를 수정하고 보완하려는 방안의 하나로 등장했다.

셋째, 복지국가는 제2차 세계대전 이후 선진 민주국가들이 경제적 불평등을 시정하고 사회정의를 구현함으로써 정치적 갈등과 대립을 해결하기 위한 방안으로 등장했다(권영성, 2005: 158).

우리 헌법은 국가의 사회보장과 사회복지의 증진 의무를 헌법 제34조 제2항을 통해 명시하고 있으며, 여성·청소년·노인복지 향상, 재해예방대책 및 쾌적한 주거생활 환경의 조성을 정책지표로 제시하고 있다.

2 복지국가의 개념

복지국가란 무엇인가? 이에 대해 티트머스(R. M. Titmuss)는 복지국가란 정의하기도 어렵고 구체적으로 그 본질을 포착하기도 쉽지 않다고 언급했다(Titmuss, 1968: 33). 사실 복지국가는 서구에서 오랜 역사를 두고 형성·전개되어 왔고, 정치·

경제·사회·문화의 모든 영역에 유형·무형으로 작용하면서 사람들의 일상생활에 밀접하게 연관되어 존재해 오고 있다. 그러면 이렇게 생활의 전반에 걸쳐 있는 사회 현상을 구체적인 용어로 표현하여 복지국가로 명명한 때는 언제인가? 여기에 대해 확실한 정설은 없으나 1930년대 뉴딜정책이 시행된 이후에 일반적으로 사용되었고, 1950년대 후반과 1960년대 초기부터 매우 중요한 의미를 갖고 널리 보급되기 시작했다 (小容義次, 1977: 3).

우선 복지국가라는 용어의 어원을 찾아보면, 영국의 엘리자베스 시대의 공동복지(common well) 또는 19세기 독일의 볼파르트슈타트(Wohlflhrtstaat)라는 말까지 거슬러 올라갈 수 있는데, 그것은 오늘날의 복지국가의 의미와는 약간 다른 것이라 하겠다.

복지국가라는 말이 오늘날과 같은 의미로 쓰이게 된 것은 비교적 최근의 일이다. 브루스(Maurice Bruce)의 「복지국가의 도래(*The Coming of the Welfare State*)」(1961)의 서문에 의하면, 이 말은 1930년대 후반에 짐머른(Zimmern)이 권력국가(power state)에 대비하여 사용한 것이 최초의 것이며, 그 후 1941년에 템플(William Temple) 승정이 『시민과 성직자(*Citizen and Churchman*)』라는 책 속에서 나치스의 '전쟁국가(warfare state)'와 대조시켜 영국의 국가 이념을 '복지국가(welfare state)'라 부른 것에서 유래한다.

그리고 복지국가라는 말에 구체적 의미가 부여된 것은 1942년 영국의 베버리지(William Beveridge)가 「사회보험과 관련 서비스(*Social Insurance and Allied Services*)」라는 유명한 보고서를 발표하고, 나아가 1944년에 완전고용에 관한 정부의 백서와 베버리지 보고서가 발표되어, 광범위한 사회보장과 완전고용을 행하는 것이 국가의 책임이라고 여기게 되었기 때문이다. 그 후 1945년 제2차 세계대전 후에 정권을 잡은 노동당에 의해 이 생각이 구체화되어 영국은 복지국가의 대표적인 나라가 되었다.

영국과는 달리 북유럽 국가나 서구 대륙, 특히 독일·프랑스 등도 이와 같은 역사적 흐름을 따라서 서서히 복지국가로 형성·전개되어 왔기 때문에 복지국가의 개념을 획일적으로 정의하기란 쉽지 않다. 여기에서 복지국가에 관한 개념을 정의한 몇몇 학자들의 견해를 살펴보면 마시(D. C. Marsh)는 사회적 서비스를 제공하고 경제체제를 지도함으로써 모든 사람의 합리적 생활 수준 및 기회의 균등을 달성해 줄 의무가 있는 국가로 보았으며(Marsh, 1980: 16), 티트머스는 사적 시장 기구를 통해 제공될 수 없는 특별한 서비스를 받을 권리가 모든 국민에게 인정되어 있는 국가라 했다

(Titmuss, 1967: 15-22). 테온스(Piet Thoenes)는 복지국가를 자본주의적 생산체제를 유지하면서 모든 시민에게 집단적 사회 보호를 보장하고, 정부가 지원하는 민주적인 복지제도에 의해 특징지어지는 것으로 보았다(Thoenes, 1966: 125).

윌렌스키(H. L. Wilensky)는 모든 국민에게 소득과 영양, 보건, 주택, 교육의 최저수준을 자선으로서가 아니라 정치적 권리로서 보장해 주는 국가라 했다(Wilensky, 1975: 1).

여기에서 복지국가란 개인의 일상적 생활보장과 위험, 사회적 문제 해결 및 국민의 행복 추구가 국가의 책임이자 최우선의 가치인 동시에 그것에 대한 요구가 국민의 권리로서 인정받는 국가이다.

3 복지국가의 특징

통상적으로 복지국가란 국민의 복지 증진과 확보를 중요한 국가 목적의 하나로 내걸고 완전고용과 사회보장, 사회복지 등의 정의를 실현하는 국가를 의미한다. 복지국가를 사회 구성체적인 입장에서 말한다면, 경제적으로는 혼합경제 체제, 정치적으로는 사회 민주주의적 요소를 많이 지니는 체제, 사회적인 면에서는 사회보장과 복지정책의 확충 등을 위해 국가가 국민생활에 개입을 시도하는 체제라고 볼 수 있다. 이러한 점과 연관시켜 킹(Anthony King)은 복지국가의 본질을 드러내 주는 특징을 아래와 같이 다섯 가지로 주장한다(King, 1983: 8-9).

첫째, 공공부문(public sector)의 규모가 팽창한 점이다.

둘째, 국가가 거시적(巨視的) 경제 운영에 개입하게 되었다는 점이다. 국가는 완전고용, 물가의 안정, 예산의 적정과 균형을 위해 과세, 매각력(spending power) 및 화폐량의 통제 등을 활용하는 케인스주의를 근저로 하고 있다.

셋째, 국가가 경제활동의 미세한 부분까지 더 많은 통제와 지도를 시행하고 있다는 점이 있다는 것이다. 규제의 목적은 다양한데 가격 안정, 안전한 생산물, 적절한 공중서비스의 유지, 소수인의 권리 보호, 환경 보전 등이 그것이다.

넷째, 현대의 정부는 소위 말하는 사회공학(social engineering)에 관여하고 있다. 즉 빈곤, 인종주의, 성적 차별주의, 범죄 등을 해소하고, 좀 더 사회정의가 증진된 사회, 평등주의적인 사회 등을 창조하기 위해 국가의 기구나 제도를 활용하는 것을 의미한다.

다섯째, 국가는 최저 수준의 물질적 안녕을 보장하는 주체이다. 정부는 국민들을 질병, 사고, 실업, 노령 등의 다양한 위험으로부터 보호해야 할 책임을 지고 있음은 물론, 영국의 국민보건서비스(Nation Health Service)처럼 보건서비스의 제공자로서 뿐만 아니라 때로는 주택서비스 등을 제공하고 있다.

그리고 복지국가가 개인의 생활 영역에 대해 개입을 하지만 다음과 같은 이유로 정당화된다.

첫째, 복지국가는 경제적 · 사회적 격차로 발생하는 계급 · 계층 간의 대립과 갈등을 극복하기 위해 사회개량을 위한 일련의 사회복지정책과 제도로 사회적 통합을 추구하기 때문이다.

둘째, 복지국가는 사회구성원 전체의 이익이 조정 · 보호되고 모든 국민의 복지가 균등하게 추구되며, 각종 공적 부담이 균등하게 배분되어 모든 국민에게 적정 수준의 경제적 · 문화적 생활이 보장되는 사회적 정의를 추구한다.

셋째, 복지국가는 개인 생활에 대한 국가적 책임뿐만 아니라 사회구성원 상호간의 책임과 함께 개인의 사회에 대한 연대 책임도 강조한다. 그리고 종래의 개인과 사회 영역에 국가가 간섭하거나(사회의 국가화) 사회가 국가의 영역으로 확장해 나가는 (국가의 사회화) 것에 대한 사회적 합의가 서로 간에 수용되기 때문이다.

4 복지국가와 복지사회의 상관성

사회, 경제체제의 변화 과정에서 나타난 복지와 복지국가에 대한 정의는 복지 그 자체를 개인의 성장과 행복은 단지 개인이나 가족 차원으로 한정하여 책임질 수 없으므로 사회나 국가가 협동적으로 협력하여 국민 전체가 인간의 존엄성에 근거한 생활을 할 수 있도록 제도적 장치를 제공하는 사회로 인식하고 있다. 이러한 인식에 근거하여 우리는 영국을 비롯한 서구 유럽의 국가들을 복지국가라고 하며, 프랑스 · 독일 등은 복지사회라는 말로써 특정화하기도 한다. 복지국가의 경우, 정부 행정의 과제로서 국가의 재정 부담으로 전 국민의 복지를 책임진다는 형태를 취하지만, 복지사회는 국민의 의식, 태도와 관련된 것으로서 국가가 한정된 재정으로 전 국민의 복지를 책임지는 것은 현실적인 재정 부담에 직면하므로 복지를 시민의 책임으로 전가한다는 뜻으로 해석되기도 한다(이계탁, 1999: 170). 두 개념이 상반된 것으로 보이지만, 복지국가는 복지사회를 성취하지 않고는 갈 수 없는 상호 연결된 과정이라 할 수 있다.

Ⅳ 복지국가의 가치와 이념

복지국가의 바탕을 이루고 있는 가치와 이념은 무엇인가? 우선 가치를 살펴보자. 롭슨(William A. Robson)에 따르면, 복지국가의 아이디어는 아래와 같은 상이한 원천에서 나왔다고 한다(Robson, 1977; 김영모, 2010: 9-10).

자유, 평등, 박애의 개념은 프랑스 혁명에서 나왔고, 최대 다수의 최대 행복이란 아이디어는 벤담(Jeremy Bentham)과 그의 제자들의 공리주의 철학에서 나왔으며, 사회보험과 사회보장의 개념은 비스마르크(Otto von Bismarck)와 베버리지(William Beveridge)에게서 나왔다. 기간산업의 공공 소유와 중요한 서비스의 원리는 사회주의자 페이비언(Fabian)에게서 나왔고, 사회활동의 중요한 동기로서 평등에 대한 새로운 강조와 탐욕에 대한 거부는 토니(R. H. Tawney)에게서 나왔으며, 경기 순환을 통제하고 대중 실업을 막기 위한 이론은 케인스(John M. Keynes)와 구빈법위원회의 소수자의 보고서에서 나왔다. 또한 웹(Sidney & Beatice Webb) 부부로부터 빈곤의 원인을 소멸시키고 사회의 기반을 깨끗하게 하기 위한 제안이 나왔으며, 홉하우스(Leonard T. Hobhouse)로부터 티트머스(R. M. Titmuss)에 이르기까지 많은 사상가들이 복지국가의 이념을 형성하는 데 기여했다.

어떤 사회의 제도나 정책은 진공 상태에서 만들어지는 것이 아니라 그를 둘러싸고 있는 환경의 영향을 받으면서 창조, 변화되는 것이다. 따라서 복지국가가 형성, 전개되는 과정에서 수많은 사람의 사상과 가치가 직·간접으로 기여했고, 때로는 그 당시의 사회문제 또는 개인적인 곤경을 집단적, 더 넓게는 사회적·국제적으로 해결하려는 원리를 제공했던 것이다. 더욱이 복지국가의 핵심적인 사회정책은 그 환경권으로서 역사성과 사회성 — 정치, 경제, 사회, 문화 — 에 영향을 받은 것이 더욱 빈번하며, 특히 가치나 이념에 따라 그 방향이 좌우되기가 쉬운 것이다(황진수 외, 1984: 431). 이런 점에서 길(David G. Gil)은 한 사회의 신념, 가치, 이데올로기와 이로부터 나오는 관습, 전통 등이 사회정책 결정에 중대한 영향력을 끼친다고 했다(Gil, 1973: 28).

그러면 위에서 서술한 사상과 아이디어를 정리하여 복지국가의 핵심적인 가치를 추출해 보기로 한다. 퍼미스(Nirman Fumiss)와 틸턴(Timothy Tilton)은 그들의 저서 『복지국가론(*The Case for Welfare State*)』에서 복지국가의 가치로서 여섯 가지를 꼽고 있다(Fumiss & Tilton, 1977: 28-29; 김한주 · 황진수, 1983: 51-65). 그것은 평등, 자유, 민주주의, 연대 의식, 안정성 및 보장(security), 경제적 효율성이다. 이들 가치는 기본적으로 개인의 존엄성에 뿌리를 내리고 있으며, 이외의 것이 복지국가의 가치가 될 수 없다는 의미는 아니다. 오히려 이들 가치는 다른 가치들과 연결될 때 완전한 복지국가로서의 가치로 될 수 있는 여지가 있는 것이다.

복지국가의 첫 번째 기본 가치가 되는 평등(equality)이란 교육의 권리 평등, 법 앞에서의 평등, 개인 인격의 평등, 정치적 · 경제적 영향력의 평등과 같은 다양하고 구체적인 의미를 포괄하는 개념이다.

두 번째 가치는 자유(freedom)이다. 누구든지 발전의 자유, 종교적 신앙의 자유, 신체적 기동의 자유, 직업 선택, 취미, 실내 장식의 자유 등과 같이 사회생활에 연관된 구체적인 자유를 누려야 한다. 그러나 사회 전체의 자유를 위해서는 개인의 자유가 제한될 필요도 경우에 따라서는 상존한다.

세 번째는 민주주의(democracy)에 대한 신뢰이다. 민주주의란 사회주체 구성원의 욕구 충족을 위해 자원을 합리적으로 배분하는 과정으로서, 서로의 권리와 의무에 따라 정당한 투표와 토론을 통해 의사결정을 하는 정치제도인 것이다. 복지국가는 바로 이러한 민주주의 원리를 바탕으로 시민들의 복지 증진에 한층 노력하는 체제를 의미한다.

네 번째는 연대 의식(solidarity: 협동, 박애, 공동체)이다. 자유방임적 상호 경쟁과 교환 원리는 협동과 박애의 원리를 바탕으로 한 사회 가치를 중요시한다. 또한 복지국가는 시민들의 개인주의적 가치에서부터 지역사회를 중심으로 하는 공동체 의식을 지니며, 모든 시민에게 어느 정도 안정된 수준의 사회생활을 보장하고, 사회적인 어려움을 분담하는 가치를 바탕으로 하고 있다.

다섯 번째는 안전성(security)의 가치이다. 사회생활에서 직면하는 어려움이나 문제로부터 보호하며, 출생에서 사망에 이르기까지 생활의 보장과 안정을 확보하는 제도와 정책을 복지국가는 추구한다. 복지국가는 제기된 문제뿐만 아니라 앞으로 제기될 가능성이 있는 문제까지 예방하는 각종의 복지정책과 제도를 채택하고 있다.

여섯 번째는 경제적 효율성(economic efficiency)의 가치이다. 복지국가는 그 목적을 성취하기 위해 사회적 · 경제적 자원을 필요로 한다. 그러나 자원은 욕구에 비해 제한적이다. 따라서 경제적 자원의 효율적 운용 및 증대도 매우 귀중한 요소이다.

[그림 1-3]과 같이 정치적 지향점과 복지국가의 성격은 길버트(Neil Gilbert)의 주

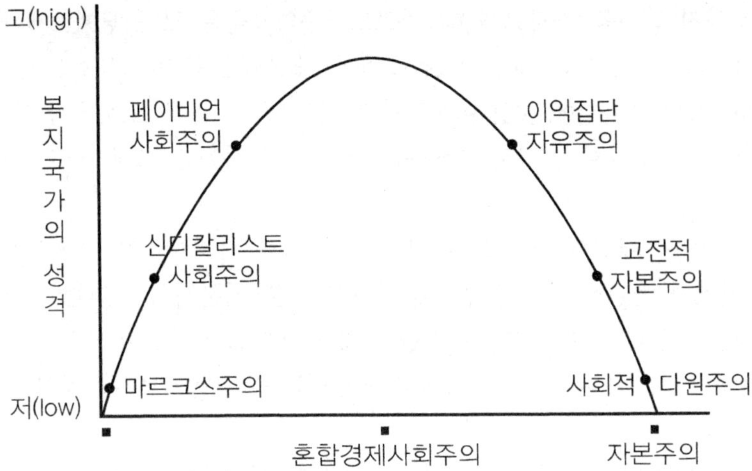

그림 1-3 정치적 지향점과 복지국가의 성격

장과 같이, 사회적 다원주의(social Darwinism), 고전적 자본주의(classical capitalism), 이익집단적 자유주의(interest group liberalism), 페이비언 사회주의(Fabian socialism), 신디칼리스트 사회주의(syndicalist socialism), 마르크스주의(Marxism) 등으로 구분해 살펴볼 수 있다(Gilbert, 1983: 164-184).

이들 학파의 복지국가에 대한 견해는 다양하지만 정치적 이념에 따라 크게 양극적인 우파(the right)와 좌파(the left)로 나눌 수 있고, 두 견해 사이에 사회적 다원주의로부터 마르크스주의에 이르는 다양한 견해가 위치한다. 그리고 이들 견해는 복지국가의 잠재력 혹은 내성(耐性, tolerance)의 높고 낮음을 동시에 반영하고 있는데, 길버트는 [그림 1-3]과 같이 표시하고 있다. 그림에서 보는 바와 같이 여섯 가지의 견해는 3쌍으로 서로 대칭 형태를 나타내고 있다.[15)]

1 마르크스주의와 사회적 다원주의

마르크스주의적 관점은 복지국가에서 실시하고 있는 서비스 급여보다 더 넓고 포

15) 복지국가의 내성이란 다양한 이념적 견해로부터 받은 비판과 공경, 때로는 옹호까지도 포함해서 그 존립의 가능성 혹은 존립의 잠재력을 의미한다.

괄적인 사회복지 관점을 가지고 있다. 마르크스주의자들은 모든 경제문제가 공동의 급여를 위한 사회의 시장(social market)을 통해 해결되는 복지사회(welfare society)를 구상한다. 이러한 사회에 대한 이상적인 비전은 생산, 분배, 소비에서 "각자의 능력에 따라 일하고, 욕구에 따라서 분배받는 방식"으로 사회는 조직되어야 한다는 것이다.

마르크스주의자들에 의하면, 이러한 사회적 개입은 복지국가의 전통적인 한계를 넘어 사회 전체에 물질적 급여의 생산과 분배를 위한 기본적인 원리를 창안하는 데까지 확대되어야 한다고 주장한다. 이러한 견해는 마르크스 자신이 구상한 복지는 연대성과 협동의 가치에 기반을 둔 사회적 규범이라는 점을 반영한 것이다(현외성, 1985b: 185).

복지국가에 관해 마르크스주의자들은 자본주의가 사회주의로 이행해 가는 과정의 방해물이라는 생각을 갖는 데 대해, 사회적 다원주의는 사회의 자연적인 진화 과정을 방해하는 것이라 판단하고 있다. 이들의 상반된 두 가지 견해는 모두 문명의 진보에 관해 결정적인 의미를 가지고 있다. 즉 마르크스주의자들은 부정의 부정이라는 사회 진보의 방향을 경제 관계에 바탕을 둔 역사 법칙으로 해석하고 있다. 그리하여 혁명적인 통합은 마침내 사회주의 국가로 귀결될 것이라는 주장이다. 사회적 다원주의는 자연 법칙에 따른 힘을 다음과 같이 설명하고 있다. 즉 순수한 자본주의가 인간의 완성과 문명의 진보에 기여한다는 생각을 말함이다. 이것이 경제 시장에서의 경쟁이 부적절한 존재를 제거하고 적절한 존재에게 더 나은 공간과 자원을 제공하는 과정이라는 것이다. 말하자면 적자생존의 과정으로 표현할 수 있는데, 복지국가에서 빈곤한 사람에게 도움을 주는 등의 여러 조치는 인간의 궁극적인 번영이나 개화를 위협하고, 대자연의 섭리를 거역하는 활동으로 간주하는 것이다.

2 신디칼리스트 사회주의와 고전적 자본주의

신디칼리스트 사회주의자들은 사회복지를 위한 집단적 개입을 지지하는 수준이 자유방임적 자본주의의 그것보다 약간 높은 위치에 있다. 그러나 두 학파는 국가에 대한 불신과 중앙정부의 관료기구에 관한 혐오라는 점에서 동일하다. 이들은 서로 다른 정치적 색채를 띠는 상반된 위치에 놓여 있지만, 그들이 주장하는 정책은 유사한 점이 많다.

고전적 자본주의는 자유방임주의보다는 정부의 역할을 한층 더 인정하고 있다. 즉 현대의 고전적 자본주의에 속하는 프리드먼(M. Friedmann)과 하이에크(F. A. Hayek)는 가난한 사람들을 비롯한 사회적 약자들에게 최소한의 원조를 제공하는 정부의 역할을 용인하고 있다. 즉 이들은 모든 사람에게 최소한의 음식물, 주거, 의복 및 보건, 일할 수 있는 능력을 기를 수 있게 하는 것이 정부의 역할이라는 점에 동의하고 있다.

물론 이러한 생각의 배경에는 개인의 자유와 시장 경제에 관한 긍정적 의견이 깔려 있다. 즉 빈곤자에 대한 원조는 일에 대한 유인을 갖도록 낮은 수준에서 제공되어야 하며, 개인이 소유한 재산이나 금전의 사용도 자신의 선호에 따라 이루어져야 하고, 개인의 생활에 대한 정부의 개입도 최소화해야 한다는 논리이다.

신디칼리스트 사회주의자들은 시장 경제에서 사적 소유를 인정하는 정도가 낮다. 그들은 산업 민주주의의 원리에 따라 조직화된 사회를 선호하는데, 그 사회 내에서의 노동자들은 생산 수단에 대한 직접적인 통제를 받는다. 신디칼리스트 사회주의 원리는 노동자 경영을 중시하며, 중앙집권적인 사회주의보다는 지방분권적인 사회주의 형태를 강조한다. 공공정책에서 고전적 자본주의와 신디칼리스트 사회주의가 유사한 점은 지방분권화(decentralization), 자조(self-help), 가족 및 자원조직 등과 같은 비공식적 매개조직체, 지역사회의 문제 해결에서 시민 참여 등을 중요시한다는 것이다.

이러한 생각은 1950년대 이래로 미국 사회에서 유행했으며, 1980년대 초 이후 레이건(R. Reagan) 행정부는 지방의 자원봉사 노력, 비공식적 기조 체계 및 연방 통제의 지방분산화 정책을 시도했었다. 영국의 경우도 이와 유사하여 좌파로부터 신디칼리스트 경향이 점차 고조되면서, 사회복지 급여에 대한 참여와 지방분권적인 형태를 요구하고 있다. 그리하여 자원봉사 활동, 자조, 지역사회를 바탕으로 하는 제반 복지 조치 등이 영국의 대처(M. Thatcher) 행정부의 보수적인 정향과 잘 맞아 이들을 기반으로 하는 복지정책이 형성되었다.

3 페이비언 사회주의와 이익집단적 자유주의

이들 두 집단의 공통점은 사회문제에 관한 개량적인 접근을 시도한다는 점이다. 이들은 점진적인 개혁 방법을 통한 사회 시장의 확대와 공적 개입을 지지한다. 차이점이 있다면 그것은 이들 개혁을 지탱해 주는 철학적 이상이 다르다는 점이다.

페이비언은 집단주의적 이상과 개혁의 확산으로 인해 궁극적으로는 사회주의적인 원리를 대중이 수용하게 될 것으로 믿고 있다. 페이비언은 사실 영국이 복지국가가 되는 데 큰 공헌을 해왔다. 특히 1950년대 중반의 티트머스는 복지국가로의 진행에 결정적인 역할을 한 사람이다. 그는 복지국가란 개인이 지닌 특정의 욕구를 충족시키고, 동시에 전체 사회의 이해관계에도 도움이 되는 범위 내에서 모든 집단적인 개입을 포함하는 데까지 그 범위를 확대시킬 수 있다는 원리를 제시했다.

페이비언주의자들은 복지에 관한 종합적이고도 포괄적인 견해를 제시했지만 그들은 더 넓은 구조적인 변화보다는 복지국가의 핵심적인 요소를 둘러싼 개량적인 개혁을 시도하는 데 관심을 집중했다. 그들은 자본주의 체제가 지닌 부정적이고 해체적인 요소에 관한 해결과 함께 복지자본주의(welfare capitalism)의 혼합경제 체제를 용인하고 있다. 그들은 사회시장의 점진적인 확대를 통해 유토피아적인 사회주의 사회를 가져올 수 있다고 믿는 것이다.

페이비언 사회주의가 영국의 복지사회에 중추적인 바탕이 되고 있는 것처럼, 이익집단적 자유주의(interest group liberalism)는 미국 복지국가의 성장에 지배적인 세력이 되고 있다. 이들은 정부활동이 확대되는 것을 찬성하지만 사회주의적인 경향을 띠지는 않고 있다. 이들은 사회 조건을 개선하기 위한 인간주의적 희망과 공공의 이익을 위한 조직화된 요구를 수용하려는 실용주의적 특징을 인정한다. 이들은 페이비언 사회주의자들처럼 바람직한 사회라는 유토피아적인 비전(vision)을 지니고 있지는 않다.

이익집단적 자유주의자들은 자본주의의 논리를 인정하면서 동시에 집단적인 경향도 인정하는, 이른바 혼합경제 체제의 발전을 옹호한다. 이들은 사회 시장의 형태와 내용을 규정하는 혼합경제에 관한 일관된 비전이 결여되어 있다. 조지(Vic George)와 와일딩(Paul Wilding)은 복지국가의 이념이나 복지정책의 사상을 신자유주의(F. A. Hayek, M. Friedmann, I. Powell, L. Von Mises, W. Pöpke), 수정자본주의(J. M. Keynes, W. Beveridge, J. K. Galbraith), 페이비언 사회주의(R. H. Tawney, C. A. R. Crosland, R. M. Titmuss, Sidney Webb, Beatrice Webb), 마르크스주의 등 네 가지로 분류하여 설명하고 있다(George & Wilding, 1976: 42-71).

V 복지국가의 형성과 유형

1 복지국가의 형성

복지국가는 각기 다른 문화적 환경을 배경으로 하여 경험과 지식을 축적하면서 서서히 발전되어 왔다. 영국의 예를 들어 보더라도, 산업혁명을 복지국가의 기점으로 잡느냐, 또는 그 이전 개인의 복지문제에 국가가 개입하기 시작한 시점부터 복지국가의 출발로 산정하느냐 하는 문제는 논자에 따라 이해의 차이가 있을 것이다. 여기에서는 후자의 입장에 따라 복지국가의 연원을 모색해 본다. 그것은 복지국가란 진공상태에서 갑자기 나타난 것이 아니고, 초기에는 국가가 개인의 복지문제에 대해 극히 원시적이고 단순한 방법으로 개입했지만 그것이 점차 복지정책에 연관된 것으로 나타난 것들이 많기 때문이다. 유럽에서도 공적 사회 지출의 급증, 사회보험제도의 도입 등 지표로 나타나는 소위 복지주의의 대두 시기는 국가별로 차이가 있다. 국가별 복지국가의 태동은 산업화 단계, 사회계급 관계 및 당정 체제에 따라 차이가 있다 하겠다(안병영, 1984: 424).

영국의 경우 개인의 생활고에 국가가 개입한 최초의 것은 1601년 엘리자베스 구빈법에서 발견할 수 있는데 이 법은 사회정책상 획기적인 것이긴 하지만 가난한 사람에 대한 억압과 모멸의 의미가 밑에 깔려 있었다(Friedlander & Apte, 1980: 15-16). 그러나 이 법은 1795년의 스핀햄랜드법, 1834년의 개정 구빈법으로 연결되면서 그 당시 영국의 정치·경제·사회·문화의 변화에 따른 사회정책의 기본법으로서 존재해 왔다(황진수, 1987: 55).

그리고 복지국가로의 지향에서 가장 뚜렷한 제도는 사회보험제도라 할 수 있는데, 이는 산업재해, 노령, 실업, 질병 등으로부터 노동자를 보호하기 위해 마련한 보험제도이다. 그 외에 조세 개혁, 노동시장정책 등도 복지제도의 발달 과정에서 나타난 것이라 하겠다.

복지국가가 형성될 무렵 영국에서의 주도 세력은 자조의식과 자유방임적 자유주의로 충만한 신흥 시민계급이었고, 노동계급은 비교적 체제와 동떨어져 있었다. 독일의 경우는 뒤늦게 산업화가 시작되어 급속도로 전개되는 과정에 있었고, 그 주도 세력

또한 보수주의적 토지 유족과 가부장적 권위주의적 전통의 강력한 관료제였다.16)

현대 복지제도가 출현한 역사적 배경 내지 전제 조건은 첫째, 서유럽에서는 그동안 1세기 이상에 걸쳐 인구가 안정적으로 증가했으며, 둘째, 산업혁명 이후 경제가 급속히 발전하고 또 대의정치가 확립되었다는 점이다.

위에서도 언급했지만 복지국가의 형성은 사회보험의 정착과 깊은 관계가 있다. 사회보험제도는 독일에서 처음으로 시행된 제도로서 그 당시 좌익인 사회민주당의 성장을 우려한 비스마르크가 세력을 누르기 위해 제창한 것이다. 이 제도는 공제조합을 응용한 것으로 1883년에서 1889년에 걸쳐 재해보험, 질병보험, 노령보험을 포함하고 있었다.

독일에서 최초로 시행된 사회보험제도는 유럽 각국에 급속도로 보급되었다. 프랑스의 경우에는 특정 부문의 노동자에 대한 고유한 제도가 형성됨으로써 시작되었다.

영국에서는 뿌리 깊은 자유주의 국가적 전통으로 인해 복지국가의 형성은 순조롭지 못했다. 1910년을 전후한 사회입법의 주도 세력은 자유당 내각의 급진적 자유주의자들이었으나 이때는 노동당이 출범을 한 직후여서 정치화된 노동계급의 압력이 크게 작용했다. 그 당시 기부금에 따른 사회보험제도에 대한 반발은 1908년에 도입된 최초의 연금제도에 의해 노령 극빈자에 대한 단순한 보조금 수준에 불과했다. 그 이후 자유당 정부는 국민보험법으로서 건강보험과 실업보험을 내용으로 하여 사회보험을 제정했다.

스웨덴에서는 1913년에 연금법을 제정하여 노령연금 및 장애인 연금보험의 기초를 이루었고, 그 금액이나 규모는 형편없는 정도였으나 유럽 국가들이 당시의 독일을 모방하여 노동자에 국한한 것에 비하면 세계 최초로 온 국민을 대상으로 했다는 데 그 의의가 크다. 이에 앞서 스웨덴에서는 1889년 노동자보호법이 최초로 제정되었고, 그 후 이 법을 개정하여 연소자 및 여성 노동자에 대해 효과적인 보호정책을 시행했다. 또 1891년의 건강보험에 대한 국고보조법과 1901년 산재보상법을 계기로 전근대적인 구빈법적 사회정책을 초월했다.

미국에서는 영국에 비해 자유주의적 경향이 더욱 강해 국가 개입에 대한 사회적 저항이 컸다고 볼 수 있다. 그 결과 산재보험 이외의 사회보험제도는 입법화하기가 어려웠다. 특히 미국노동연맹(AFL)은 이른바 자발주의에 집착하는 검퍼스(S. Gumpus)의 교조적 리더십에 따라 반국가주의적 방향으로 흘러갔고, 따라서 미국에

---

16) 이에 관한 좀 더 자세한 내용은 Gaston V. Rimlinger, *Welfare Policy and Industrialization in Europe, America and Russia* (N.Y.: John Willey and Sons Inc., 1971), Chap. IV 참조.

서의 복지국가 실험은 1930년대로 미루어질 수밖에 없었다(안병영, 1984b: 75).

복지주의의 실험기에 형성된 사회 가치는 자유·평등·보장이었다. 위의 세 가치 간에 내재하는 긴장을 해소하기 위해 적극적 사회복지정책의 방향으로 기울어졌다. 보수주의자들은 노동자의 체제 저항을 약화시키기 위해 그들의 생계 보장문제에 관심을 기울인 반면 자유주의자들은 자유가 형식화·허구화되는 물질적 박탈 상황에서 실질적 자유의 회복을 기도했다. 그런가 하면 사회주의자들은 평등의 제고를 위한 사회정책적 성과를 기대했다. 그러나 이 시기까지도 어떠한 정치 세력도 복지국가에 대한 완벽한 프로그램을 마련하지 못했으며, 또한 이들은 정부 주도의 사회복지정책을 아직도 이 시대를 풍미하는 자유주의적 정치경제학의 예외로 받아들이는 경향이 있었다(안병영, 1984a: 76-77).

다음에는 1930년대와 1940년대의 사회복지정책의 전개 과정을 살펴본다. 독일의 경우, 히틀러의 통치 기간(1933~1945) 동안 사회장애인 정책은 나치스의 경제 및 정치통제 수단으로 이용되었고, 기존의 사회보장정책은 근본적인 변화를 가져오지는 않았다. 독일에서의 사회 및 경제정책의 맥락은 개인 책임과 국가 책임의 적절한 균형을 모색한 것으로 해석된다. 세계대전 후 독일 집권당이었던 기독교민주당(CDU)은 신자유주의 경향의 사회적 시장경제의 기능을 부각시킨 데 반해, 야당인 사회민주당(SPD)은 사회주의적 시장경제의 개념을 강조했다.

이 양자가 주장하는 바에는 큰 차이가 있었으나 시장경제와 사회적 개입주의의 화해를 추구하는 중도 노선이라는 점에서 공통점을 갖는다(Rimlinger, 1971: 144-148).

영국에서는 그동안 국가가 주도해 온 세 가지 정책이 있는데, 첫째는 생활고에 시달리는 사람에게 국가가 개입한 엘리자베스 구빈법과, 둘째는 공장법에 따른 노동 조건의 개선이며, 셋째는 교육 및 위생시설에 관한 입법 및 정책이다. 이외에 민간 수준에서 노력한 몇 가지 배경도 있는데 그것은 크게 나누어 사회개혁운동, 자선조직협회의 활동, 인보사업, 사회조사 활동 등으로 대별된다(황진수 외, 1985: 58).

사회개혁운동은 우선 차티스트(Chartist)들의 선거권 쟁취운동에서부터 경제적 이익을 개선한 운동이다. 둘째로는 기독교사회주의자(Christian Socialist)들의 활동으로 사회문제에 대한 계몽과 노동자 복지에 대한 활약이었다. 셋째 흐름은 노동조합운동(Trade Union Movement)으로서 협동적·상부상조적인 조직이 그것이다.

자선조직협회(The Charity Organization)의 활동은 1860년대 영국 정부의 구빈법의 실천이 비합리적이고 비능률적으로 시행되고 있는 것에 대해 빈곤의 구제는 국가보다 지역사회의 상부상조를 통해 실천되어야 한다는 것이었다.

인보사업활동(Settlement Movement)도 그 당시의 빈부의 격차를 없애고, 불행한 사람들을 구제하려는 휴머니즘적 사명감에서 나온 것이었다. 이것은 중상류 계층의 학생 또는 교육받은 사람들이 빈민지역에서 함께 일하고 접촉함으로써 서로 도움을 주고받으며, 빈민구제는 물론 사회 전체의 개혁을 도모했던 민중운동의 하나였다.

사회조사활동(social research)은 사회문제에 관한 관심을 시민에게 불러일으켜 이에 대한 대책을 강구하는 데 기여한 것이다. 1901년의 다운트리(Downtree)의 요크(York) 시의 빈곤과 생활상의 조사는 사회개혁은 물론 사회정책의 변화를 가져오게 한 원동력이 되었다.

2 복지국가의 유형

복지국가를 한 마디로 규정하기는 매우 어렵다고 했는데, 그것은 특정 국가의 정치, 경제, 사회, 문화 전반의 상황에 따라 역사적으로 형성되어 온 형성체이기 때문이다. 그러나 복지국가를 국가의 개인 생활에 대한 개입이라는 측면에서 개입의 유형과 개입으로부터 도움을 받는 집단, 그리고 공공정책(public policy)의 정향에 따라 적극국가(positive state), 사회보장국가(social security state), 사회복지국가(social welfare state)의 유형으로 나누어 이들의 특징을 고찰해 본다.[17)]

1) 적극국가

적극국가의 정책의 바탕에는 복지보다는 경제를 우선시하는 생각이 지배하고 있다. 따라서 복지는 경제적 효율성에 저해되지 않는 범위 내에서만 시행된다. 정부는 높은 수준의 소비와 기업활동을 유지할 수 있도록 최소한의 완전고용 정책을 시도한다. 이와같이 적극국가는 기업과 법률적・정치적 집단과의 공존 관계를 유지하면서, 규제되지 않은 시장이 지닌 난점과 잠재적인 분배에의 요구로부터 재산 소유자를 보호하기 위한 것이다. 적극국가의 복지 원리는 경제구조에 좌우되고 있다. 적극국가에서는 공공부조보다는 사회보험 원리가 지배적이며, 이는 경제적인 생산을 위한 노동유인책이 되기도 한다. 이러한 측면에서 볼 때, 적극국가의 복지정책은 티트머스가 분류한 보완적 모형(residual model)에 가까운 것이며, 복지정책은 경제정책에 예속

17) 이러한 유형 구분은 퍼미스와 틸턴(Fumiss & Tilton, 1977: 14-21)의 저서에 의한 것이다(김한주・황진수 역, 1983: 34-42).

되며, 국가 전체의 부의 증진과 노동 유인이라는 사회통제적 기능을 수행하게 된다. 따라서 적극국가는 균형된 경제 성장과 기업 이익의 보호라는 일종의 개인주의적·자유방임적 자본주의 원리가 아직도 잔존하고 있는 형태로서 복지국가의 초기 유형에 속할 것이다.

2) 사회보장국가

사회보장국가는 적극국가에서처럼 정부와 기업 간의 협동을 유지하면서, 국민의 복지를 위해 국민적 최저 수준(national minimum)을 보장하려는 정책을 편다. 국민적 최저 수준의 보장이라는 측면에서 사회보장국가는 복지국가의 원리를 채택하게 되어 복지국가의 한 유형으로 분류되고, 완전고용 정책을 추구한다는 점에서 적극국가와 구별된다. 사회보장국가는 사회보험 원리로서는 해결하지 못하는 사회적 문제를 해결하기 위해, 국가 전체 이익이라는 공동의 연대 의식 아래 갖가지 정책을 시도한다. 이것이 바로 국민적 최저 수준이라는 개념인데, 이는 모든 시민이 권리로서 여기에 준하는 여러 가지 복지급여를 받아야 한다는 것이다. 그러나 이 국민적 최저 수준 이상에서는 자본주의 원리가 그대로 존속하고 있으며, 개인과 개인 사이의 자유로운 경쟁을 인정한다. 또 사회보험의 원리도 여전히 존재하여, 국가는 노동에 대한 유인, 기회, 책임을 억압하지 않는다. 이러한 점에서 볼 때, 사회보장국가를 지배하는 복지 원리는 평등이라기보다는 기회 균등이라는 말이 옳다.

3) 사회복지국가

사회복지국가는 정부와 기업 간의 협동이라는 원리보다도 훨씬 높은 국가적 차원에서 제반 정책을 통합적으로 실시하고 있다. 예를 들면, 정부와 기업의 이원적인 체계는 노동자집단 혹은 소비자집단 등의 다원화된 욕구를 통합하는 정책을 시도한다. 또 사회복지국가는 완전고용을 실시하는데 적극국가와 사회보장국가가 시도해 온 공공사업에 의해서가 아니라, 노동시장에서의 정부와 노동조합 간의 협동에 의해 실현되는 방식을 취한다.

사회복지국가는 국민생활의 질을 증진시키는 데 특히 관심을 가질 뿐만 아니라 부의 편중을 막고 이로부터 야기되는 사회문제를 해결하는 데 관심을 가진다. 이러한 기본 정신을 표현하는 제도적인 장치는 환경계획과 연대 의식에 기반을 둔 임금체계이다. 이것은 국민에게 쾌적한 환경을 제공함으로써 생활의 질적 향상을 모색하려는 시도로 이해되며, 공해 및 오염을 방지하기 위해 개인의 소유 재산권의 규제는 물론 사회적 감독을 강화하는 노력을 한다. 또 부와 재산의 불평등한 편재를 막기 위해 노동자와 사용자의 협의에 의해 임금과 고용을 결정하는 방식을 취한다. 이러한 조치는 계층 간의 위화감을 해소하고, 사회적 단결과 평등이라는 좀 더 큰 목적을 포함하고 있다.

사회복지국가는 시민들에게 최저생활의 보장은 물론, 더 나아가 일반적인 평등을 성취하고자 보건 위생, 아동보호시설, 법률구조서비스 등의 광범위한 공공서비스를 시행하며, 사회보험과 공공부조로써 해결하지 못한 점을 보완하고 있다. 또한 사회복지국가에서는 이 정책형성 과정에 시민을 참여시켜 소외된 집단과 노동자집단에까지 사회적 연대 의식을 갖게 한다.

제 2 장

사회복지행정의 이해

I 사회복지행정의 개념

사회복지행정은 사회복지와 행정이라는 두 개념이 합성된 것이다. 따라서 한 사회의 사회복지 이념이나 가치 등이 그 사회의 사회복지행정의 주된 성격을 규정하게 된다. 또한 행정의 개념을 어떻게 정의하느냐에 따라 사회복지행정의 성격도 다르게 나타날 수 있다. 따라서 사회복지행정을 위한 관련 개념들을 살펴본다.

1 사회복지행정의 관련 개념과 그 범위

사회복지정책, 기획, 지역사회조직 등은 사회복지행정과 부분적인 유사성을 갖고 있는 개념들이라고 할 수 있다. 사회복지정책(social welfare policy)은 정책결정 과정을 주로 다루는 것으로서, '무엇을 할 것인가'라는 목적 설정과 '어떻게 할 것인가'와 같은 방법을 결정한다(Gates, 1980: 7-8). 기획(planning)은 선택과 합리화를 통해 정책을 형성하고 실현하는 것이며, 지역사회 조직(community organization)은 정책이나 기획에 주민 참여를 강조한다(Spergel, 1977). 따라서 개념 정의에서 알 수 있듯이, 정책, 기획·지역사회 조직, 행정 등은 각각의 영역을 명확히 규정하기가 쉽지 않다(Titmuss, 1968; Gummer, 1975 참조).

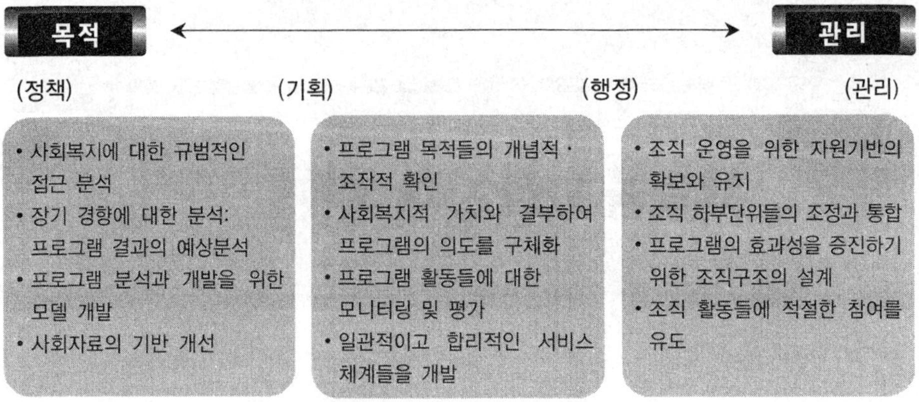

그림 2-1 사회복지행정의 범위

자료: 김영종(2001: 37).

위의 [그림 2-1]을 종합하면, 행정의 범위에는 목적과 수단의 부분을 포괄하는 광의의 규정도 있을 수 있고, 좀 더 제한된 범위로서 수단만을 규정하는 협의의 개념도 있을 수 있다. 행정이라는 개념 자체만으로 어떠한 범위가 더 적절한가를 규명하기는 어렵다. 다만 분명한 사실은 조직들마다 성격이 다르고, 한 조직 안에서도 행정관리자들의 위치와 역할은 각기 다르게 존재한다는 것이다. 이것은 조직과 행정관리자들의 성격에 따라 행정은 전반적인 범위의 연속선상에 위치할 수 있음을 의미하며, 사회복지행정에 대한 일반적인 정의는 특정 영역에 집중하기보다는 포괄적으로 규정하는 것이 유용하다(김영종, 2001: 39). 또한 사회복지행정을 전문직과의 관련성 정도에 따라 세 가지 모델로 구분하면, <표 2-1>과 같다(Hanlan, 1977 참조).

사회사업행정은 1930년대 이래 사용되어 온 개념으로서 주로 사회사업기관이나

표 2-1 사회복지행정의 세 가지 모델

구분	사회사업행정	사회복지행정	사회행정
관점	전문직	전문직과 외부사회	전체 사회
기능	잔여적	잔여적 · 제도적	제도적
개인과 환경	개인의 치료	개인과 환경의 상호작용	구조와 환경
지식과 기술	전문직의 3대 사회사업방법론	휴먼서비스조직의 관리에 필요한 사회과학적 지식	전체 사회의 욕구와 자원 배분에 관한 지식

자료: Hanlan(1977: 518).

시설의 인사·재정·시설관리·운영 등을 의미하는 개념이며, 사회행정은 사회정책을 사회복지서비스로 전환하여 전달하는 과정과 관련된 활동으로서 소득, 보건의료, 주택, 고용, 임금, 환경, 교통 등 좀 더 포괄적인 사회복지서비스를 포함하는 개념이다(장동일, 2008: 20).

사회복지행정은 사회복지 전문직의 영향력이 가장 강하게 반영된 모델이며, 사회행정은 가장 미미한 영향을 반영한 것이다. 사회복지행정은 그 중간 정도의 영향력을 나타내고 있다. 사회행정의 경우, 전체 사회적 관점에서 사회복지가 어떤 기능을 수행하는지에 대해 관심을 갖는 것으로서, 제도적 사회복지를 중심으로 구조적·환경적 문제 해결에 일차적인 관심을 갖는다. 그러나 사회행정 모델은 사회복지 전문직과의 관련성이 매우 약한 문제점을 갖고 있다. 실제로 영국의 경우, 사회정책의 영향력이 강해 사회복지 전문직이 사회복지행정에 관여하는 영향력이 약하게 행사되었다.[1]

다음으로 사회행정은 사회사업 전문직의 관점에서 사회사업 실천을 관리한다. 따라서 환경보다는 개인적인 측면의 '치료'에 역점을 둔 잔여적 사회복지로서의 성격을 갖고 있다. 미국의 경우, 사회사업 행정 모델을 통해 전문적인 지식에 주력했으나, 1970년대 이후 환경 변화로 사회행정으로 변화되기 시작했다(Sarri, 1987: 27-40).

마지막으로 사회복지행정은 사회사업행정과 사회행정의 중간에 위치한다. 따라서 전문직과 외부 사회를 조정하는 역할을 수행하며, 단순한 사회사업 전문직의 목표만을 추구하지 않으며, 사회복지적 목표를 달성할 수 있도록 사회복지 조직이나 프로그램들을 운영·관리했다(Austin, 1995: 1642-1658).

현재의 사회복지행정은 휴먼서비스를 행정관리하는 것에 따르는 특성을 강조하면서,[2] 전산화와 MIS 등의 도입을 통한 의사 결정의 효율화, 과학적 조사연구, 통계학적 기법 등을 통한 효과성 및 효율성 제시, 대외관계 및 홍보, 마케팅 전략, 자원 동원 및 관리를 위한 기법 등에서 제반 사회과학적 지식을 활용한다(김영종, 2001: 41).

---

1) 영국 사회에서는 20세기 초의 사회입법에서의 혁명적인 변화들에도 불구하고 그것을 수행하는 방법적 도구들이 노후했으며, 관련 제도와 전문직들이 자기 이해관계를 갖게 되면서, 경직되고 고착된 행정구조가 발생하게 된다는 인식이 나타나게 되었다. 따라서 이러한 행정적 수단들을 적절히 제어하여 사회적 목적과 수단들을 일치시키는 것이 사회행정의 중요한 목적이 되었다(Titmuss, 1963: 47-59).

2) 1970, 1980년대에는 사회서비스, 교육, 의료 및 정신보건 등과 같은 휴먼서비스 분야에서 행정관리 기능들이 서로 유사함을 점차 인식하게 되면서, 포괄적인 개념적 틀로서의 '휴먼서비스 관리(management)', 혹은 '휴먼서비스 행정(administration)'이라는 용어가 차츰 널리 사용된다. 이 용어는 전통적인 전문 분야들이나 실천 영역들을 뛰어넘어 포괄적이고 협력적인 서비스 전달 모델을 장려하는 데 관심이 있었던 연방정부 관료들에 의해 사용되었다.

2 사회복지행정의 개념

사회복지행정을 광의로 “사회복지의 목표를 달성하기 위해 다수인이 협동하는 합리적 행동”이라고 할 때, 우선 사회복지의 개념을 밝히지 않고서는 복지행정의 개념을 규정할 수 없다. 이러한 관점에서 볼 때 복지행정은 ‘사회복지’라고 하는 개념을 매개로 해서 성립되어야 한다는 것은 당연한 논리적 귀결이라 하겠다(明山和夫, 1957: 43). 이러한 의미에서 복지행정이란 ‘사회복지’ 개념과 ‘행정’ 개념의 복합 개념이라 할 수 있다. 따라서 두 가지 개념이 하나의 총합 또는 종합 현상을 이루어 사회복지행정이라는 개념을 구성하는 것이지 서로 고립적으로 분리 독립되어서 존재하는 것이 아님은 말할 것도 없다.

따라서 사회복지행정은 인간생활을 파괴하는 이러한 요인들을 예방하고 회복하는 최후의 보루로서 역할과 기능을 수행할 뿐만 아니라 복지사회를 건설하는 창조적 역할을 담당해야 할 것이다. 지금까지의 여러 학자들의 개념 규정을 종합해 보면 ① 사회복지행정 관리설, ② 사회복지행정 기능설 등으로 분류할 수 있다(김종섭, 1974: 56-57).

사회복지행정 관리설은 사회복지행정을 사회복지에 관한 업무 처리, 특히 요보호자(要保護者)와의 관계를 중심으로 하는 실제적 과정 및 행동으로 인간생활의 사회관계에서 나타난 기본적 필요를 충족시키는 기술로 보는 것이며, 사회복지행정 기능설은 사회복지행정을 사회복지의 목표를 달성하기 위한 공공사무의 관리로서 이러한 과정들을 정리하는 입장을 중시하는 견해이다.

그런데 사회복지행정 기능설이 정부에 의한 광범한 사회적 서비스의 부단한 민주적·효과적인 공급이 요망된다는 생존권적 기본권의 확립이 기본적 사명으로 주어진 현대 국가에 더 적합한 것이라 할 수 있다.

사회복지행정은 사회복지행정의 개념 요소 중 행정의 개념을 어떻게 보느냐에 따라 다음과 같이 분류할 수 있다.

첫째, 사회복지행정의 주체나 객체에 관계없이 단지 사회복지기관에 나타나는 행정 현상에 초점을 두고 관리하는 일련의 기술적 과정 내지 협동적 집단활동으로 파악하는 견해이다(Friedlander & Apte, 1974: 118). 이러한 개념 규정은 상당히 넓은 의미의 사회복지행정을 의미하는 것으로 사용된다.

둘째, 사회복지행정의 주체를 민간 복지기관으로 보고, 객체를 요구호자(要救護者)

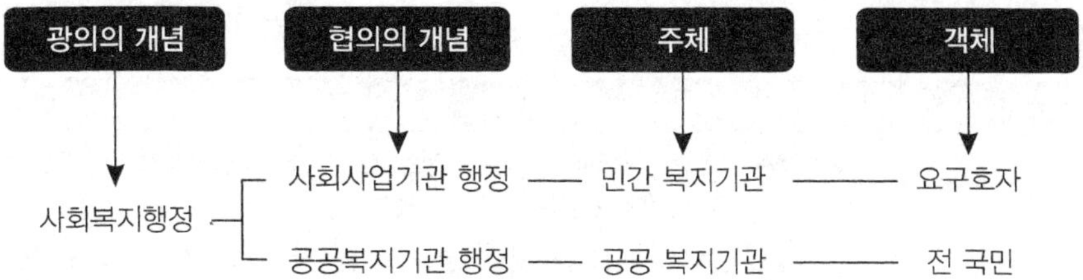

그림 2-2 사회복지행정 개념의 분류

로 한정시키며, 요구호자에 대한 복지기관의 서비스 제공에 필요한 전문적 기술을 중시하는 견해이다.

셋째, 사회복지행정의 주체를 공공기관으로 보고 그 객체를 요구호자를 포함한 전 국민으로 파악하며, 사회 전체적인 입장에서의 문제 해결을 중요시하는 견해이다. 이런 견해는 사회복지행정을 공공행정 기능과 연관시킴으로써 국가 공공 권력이나 정치 권력을 사회복지에 동원할 수 있음을 전제로 한다. 이상의 견해를 각각 사회복지행정, 사회사업기관행정(또는 민간복지기관행정), 공공복지행정으로 규정하여 간단히 표시하면 [그림 2-2]와 같다.

이상을 통해 살펴본 바, 사회복지행정의 범위는 공공복지기관의 행정이며, 그 주체는 국가나 지방자치단체가 중심인 공공 복지기관이어야 하고 그 대상은 전 국민임을 의미한다 하겠다. 그리고 사회복지정책을 집행하는 최일선에 있는 민간 사회복지기관도 사회복지행정의 주체에 포함시킬 수 있다.

"사회복지행정이란 정치 권력을 배경으로 한 사회복지정책 형성 및 구체화를 위한 합리적인 행동이다"(김종섭, 1974: 68- 69). 여기에서 개념 정의에 나타난 용어를 음미해 보면, ① 사회복지행정은 정치 권력을 배경으로 한 사회복지 목표 및 사회복지 정책을 실현하는 데 있다. ② 사회복지행정은 사회복지정책 형성 및 구체화라고 한 것은 다음과 같은 내용과 의미를 갖는다.

첫째, 사회복지행정은 개인 전체와 그의 환경 전체의 관계, 즉 사회 관계에서 나타난 사회복지 문제에 대응하기 위한 기존의 위임 입법권 및 사회복지제도 또는 사회복지 시책의 구체화이다(山田幸男, 1966: 212).

둘째, 사회복지행정은 위임입법권 및 자유재량권의 범위 내에서 기존의 사회복지 시책의 구체화 과정에서 새로이 야기된 문제의 해결 또는 인간생활의 사회관계에서 나타난 사회복지 문제에 대한 조정, 규제를 위한 소극적인 정책결정 및 구체화이다.

표 2-2 사회복지(사업)행정에 대한 학자별 정의(국외)

학자	정의	비고
Kidneigh(1950)	사회정책을 구체적인 사회적 서비스로 전환시키고, 그 경험을 정책의 수정을 건의하는 데 활용하는 쌍방의 과정	정책 관계 중시 전환 과정
Spencer(1961)	목표 달성을 향해 내적 관계와 사업활동을 의식적으로 지향하고 또한 기관과 기관이 속한 지역사회 간의 상호작용 과정에 의식적으로 개입하는 것	목표 달성 상호작용 개입활동
Dunham(1962)	사회복지기관의 직접적 서비스 제공을 위해 필요하거나 부수적인 활동을 지지하거나 촉진시키는 과정	간접적 혹은 지지적 과정
Warham(1967)	조직의 목적과 목표를 위해 이루어지는 조직의 모든 활동 과정	목적 지향적 과정
Stein(1970)	체계화된 조정과 협력 노력을 통해 조직의 목표를 규정하고 이를 달성하는 과정	사회사업행정 조정과 협력
Trecker(1971)	지역사회가 필요로 하는 서비스와 사업을 제공하려는 의도로 이용가능한 모든 자원을 주민들이 사용할 수 있도록 그들의 에너지를 방출하고 관련시켜 주면서 주민들과 같이 일하는 과정	사회사업행정 협력활동과정
Titmuss(1974)	단순히 사회복지기관이나 시설의 행정과는 달리 사회적 서비스의 관리 운영이며, 사회복지서비스가 대상자에게 전달되도록 인적 조직과 기구 및 서비스의 선택문제를 검토하는 것	서비스관리
Skidmore(1983)	사회복지기관의 사회적 정책을 사회적 서비스로 전달되도록 전환시키기 위해 사회적 과정을 활용하는 기관 요원들의 활동	사회사업행정 전환활동
Patti(1983)	조직의 목적과 목표 달성을 위해 관리담당자들이 활용하는 일련의 상호 의존적인 과업과 기능 및 관련 활동들로 구성된 하나의 체계적인 개입활동	사회복지실천의 한 방법
Ambrosino, et al.(2001)	문제 해결 과정에서 기관(조직) 자원의 효과적인 활용을 극대화시키려는 사회사업의 한 방법	지원활동 사회사업 방법
Coulshed, Mullender, Jones, & Thompson (2006)	사회복지행정은 세 가지 요소 즉 장기적인 기획의 방향, 일상적 업무로서 체제를 유지하는 관리 그리고 수퍼비전을 결합하는 것	장기적 기획 및 일상적 유지관리, 수퍼비전의 결합

자료: 신복기(2008: 20).

셋째, 사회복지행정은 적극적으로 복지사회의 건설을 위한 조건들의 정비 및 정부를 위한 사회복지 목표의 설정, 사회복지정책 결정, 계획 및 구체화이다. 이 경우 복지행정은 정치와 밀접한 관계를 가지며 기존의 사회복지제도[3]의 개폐・창설 등 일련

3) 일반적으로 사회복지제도로는 ① 최저생활 보장, ② 직업보장, ③ 심신장애인복지, ④ 노인복지, ⑤ 아동복지, ⑥ 가족복지, ⑦ 비행과 방범, ⑧ 보건과 생활환경, ⑨ 여가, ⑩ 재해대책 등이 있다. 이것은 국가나 정치문화에 따라 질적・양적인 차이가 있다.

의 활동을 포함한다.

사회복지행정은 사회복지정책을 형성하고 그것을 구체화하는 데 합리적(rational)인 행동이 수반된다는 것을 의미한다.

3 사회복지행정의 특징

사회복지행정은 일반행정에서 개발된 이론이나 지식과 방법을 원용하여 적용하기 때문에 상당 부문 공통적인 측면이 많다. 먼저 목적에선 양자 모두 공공성, 공익을 추구하는 공공·사회문제의 해결과정이다. 행정 주체의 성격에서도 국가나 지방자치단체 등 공공기관 중심이다. 그리고 수단 측면에서도 양자 모두 공공 목적 달성을 위한 인적·물적 자원을 효율적으로 조직화하고 관리하려는 공통적인 성격을 지닌다.

그러나 사회복지행정과 일반행정은 관리라는 조직관리와 운영의 기술적 측면을 본다면 유사한 점이 많지만 사회복지를 내용으로 이루어지는 행정의 대상과 내용을 살펴보면 상당한 차이점이 발견되는데 이를 사회복지행정의 특징 내지는 특수성이라 한다.

1) 전문성과 클라이언트에 대한 이해

사회복지행정은 일반행정과는 다른 복지 분야에 대한 투철한 이념과 전문성을 요구한다. 사회복지행정과 복지서비스는 전문가의 기술과 지식 및 방법에 의해 실천·제공되어야 한다. 사회복지 조직에 의해 수행되는 서비스는 사회복지서비스라는 전문 사회사업적 성격을 지닌다. 그리고 클라이언트에 대한 이해와 배려심 등이 전제되지 않는다면 클라이언트가 물질적 필요를 충족하면서도 부족한 경우가 있는데, 사회적·심리적 관계를 고려한 사회복지행정과 서비스를 제공하기 위해서는 클라이언트에 대한 이해가 필수적이다.

2) 서비스 기술의 도덕적 정당성 및 방법상의 제한

사회복지행정조직이 사용하는 기술은 도덕적으로 정당화되어야 한다. 왜냐하면 클라이언트와 관련된 모든 행동은 중대한 도덕적 결과를 초래하기 때문이다. 또한 클라이언트는 자율적으로 자기행동을 하는 존재이기 때문에 제공되는 서비스는 그들이 납득하고 순응할 수 있는 동조 방안을 마련해야 한다는 점에서 방법상의 제한을 받는다(강용규 외, 2008: 21-23).

3) 목표의 모호

사회복지조직의 목표는 불확실하며 모호하다. 사회복지행정의 대상이 인간이며 이들의 복지에 대한 욕구를 충족시키는 것이기 때문에 구체적이고 명확한 목표 설정에 현실적인 한계가 있다. 그리고 조직의 목표를 실현하기 위해 다양한 이해관계인과 클라이언트의 가치관과 사회적 배경 등을 이해하고 수용해야 하는데 합의점을 찾기가 쉽지 않다.

4) 환경과의 상호의존성

사회복지정책의 형성은 이미 정치적 영역에서부터 시작된다. 어떤 서비스가 필요하며 누구를 위해 제공되며 부담은 누구의 몫으로 해야 하는지 등의 정치적 결정에 의존하게 된다. 또한 사회정책의 출현은 여러 가지 사회문제를 통해 도출되므로 사회적 환경은 사회정책 및 복지행정의 형성과 실천의 중요한 환경 요소이다. 또한 국민들의 가치관, 이념, 전통, 규범, 종교, 문화적 요소들도 사회복지행정과 절대적인 영향을 주고받으며 상호 의존한다고 할 수 있다.

5) 불완전성과 서비스 등의 측정 곤란성

사회복지행정과 서비스 부문은 조직의 효과성을 확실하고 타당성 있게 측정할 척도가 부족하다. 이와 같은 속성으로 인해 사회복지조직에 대한 기계적이고 정량적인 평가가 쉽지 않고 일반행정에 비해 투입과 산출의 관계가 명확하지 않다.

Ⅱ 사회복지행정의 필요성

사회복지에 대한 관리, 경영, 행정 등의 필요성은 일차적으로 현대 사회의 복잡성과 사회복지적 기능이 전체 사회 영역으로 확대된 것으로부터 출발한다고 할 수 있다. 그 결과 사회복지 기능의 확대가 자연스럽게 이루어졌고, 공식적이며 체계적인 조직들을 통해 이 문제를 해결할 필요성이 제기된 것이라 할 수 있다. 아울러 조직적 활동을 기획, 실행, 평가, 수정할 수 있는 체계적인 지식에 대한 요구가 사회복지의 실천에 등장하게 된 것이다.

특히, 문제를 해결할 때 그것을 실천에 옮기는 조직적 과정에 대한 이해가 없이는 적절한 결과를 기대할 수 없다. 더구나 현대 사회와 같이 복잡한 사회에서는 사회적 목적이 설정되고, 그 목표들이 구체화되어, 개인들에게 서비스의 형태로 전달되기까지에는 복잡한 과정이 존재한다. 그리고 이러한 과정의 대부분은 조직적 맥락을 통해 수행되기 때문에 조직에 대한 이해는 필연적이다. 사회복지에서 행정이 필요한 것도 바로 이러한 이유 때문이라고 할 수 있다. 개별화되고 분화된 사회복지 활동들이 전체 사회적 목표 추구에 기여할 수 있도록 조정하고, 통제하는 데 필요한 것이다(김영종, 2001: 27).

티트머스(Richard Morris Titmuss)는 20세기 초 영국이 근대적 사회복지제도를 도입하면서 겪었던 경험을 통해 사회정책에 대한 이해와 실천을 포괄하는 사회복지행정의 필요성을 다음과 같이 제기했다(Titmuss, 1963: 13-33).

영국 사회에서 20세기 초는 사회서비스들에 관한 사상이 가장 진보적이었던 시기이다. 이 시기는 개인에 대한 책임을 강요하는 구빈법(Poor Law)적인 전통에서 벗어나, 집합적으로 사회문제를 해결하고자 하는 사상과 이념이 가장 왕성했던 때였다. 그런데도 이 시기에 나타났던 많은 서비스는 19세기까지 이어져 왔던 구빈법적인 양식을 답습하게 되었다. 구빈법을 몰아내기 위해 만들어진 서비스 프로그램들이 새로운 아이디어와 도구의 부재로 인해 과거의 낡은 실천방법론을 빌리게 되었고, 그 결과 방법론에 내재되어 있던 구빈법적 이념이 새로운 서비스에 잔재하게 되었던 것이다. 이러한 사회적 목적과 실천 방법들 간에 나타났던 상반되는 명제로 인해, 영국의 사회서비스 구조와 기능은 심각한 저해를 경험했다.

우리나라의 경우에도 사회복지서비스와 정책에 대한 이해와 실천을 추진하는 행정조직체에 대한 관심, 이른바 사회복지행정의 필요성이 제시되었다. 1990년대 이전까지 우리나라의 사회복지조직에서 수행된 실천활동이 사회복지행정의 중요성과 필요성을 제대로 인식하지 못한 채 시행됨에 따라 많은 시행착오를 범하게 되었다. 1980년대 말에 이르러서야 사회복지법령과 제도가 구비되어 각종 사회복지조직이 급증함에 따라 이들 사회복지조직을 유지·발전시켜 나가기 위해 사회복지행정의 중요성을 새롭게 인식하기 시작했다(최성재 외, 2007: 20-21).

III 사회복지행정의 영역과 방법

1 사회복지행정의 영역

개별화되고 분업화된 사회복지 활동들이 전체 사회적 목표 추구에 기여할 수 있도록 조정하고 통제해야 할 필요성이 제기되었다. 어떻게 사회적 서비스를 제공할 것인지, 누구에게 어떠한 서비스를 제공할 것인지, 조직의 효율성과 지도력은 서비스와 어떤 관련이 있는지, 조직 운영과 프로그램 자원의 확보에 대한 장·단기 계획은 무엇인지에 대한 구체적인 실천, 실행 과정을 위해 사회복지행정이 관심을 가져야 할 영역과 구체적인 활동은 매우 광범위하며 높은 수준의 이론과 지식, 기술과 전문성을 요한다.

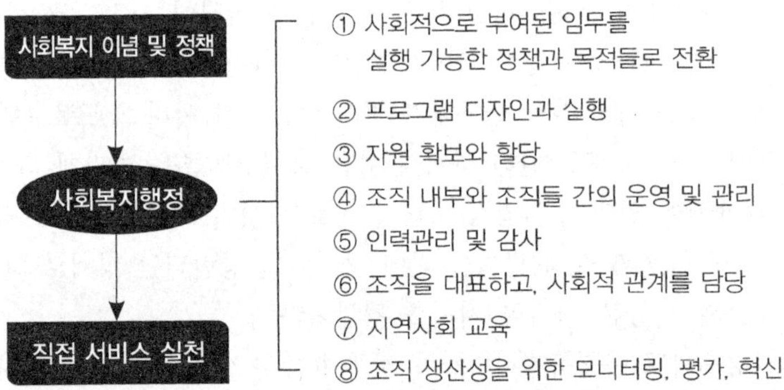

① 기획	⑥ 협상	⑪ 대외활동
② 정보처리	⑦ 옹호	⑫ 직접 서비스
③ 통제	⑧ 인력 배치	⑬ 예산활동
④ 통합·조정	⑨ 모니터링	
⑤ 평가	⑩ 공급	

그림 2-3 사회복지행정의 영역 및 활동

자료: Sarri(1987: 29-30).

[그림 2-3]과 같이 사회복지행정은 사회복지의 이념이나 정책 목적을 실천적 서비스로 전환하는 조직적인 활동 과정이라 할 수 있다. 그리고 이를 위해 사회복지행정은 그림에 나타나 있는 바와 같이 다양한 활동 과업들을 포함한다. 사회복지행정의 영역을 이처럼 포괄적인 조직관리로서 규정할 수 있으며, 사회복지행정 관리자들의 구체적인 업무 영역도 그림 속의 ①~⑬과 같이 정리할 수 있다.

그러나 모든 행정관리자에게 위와 같은 활동들이 모두 적용되는 것은 아닐 것이다. 따라서 조직구조에 따르는 행정관리자의 영역은 경영자급, 중간관리자급, 감독자급, 일선담당자급 등에 대한 기본적인 역할 분담이 선행되어야 한다.

2 사회복지행정 영역의 구분

사회복지행정의 범위 설정은 관점에 따라 여러 가지로 분류할 수 있다.

첫째, 사회복지 구현 방법을 기준으로 한 분류는 사회복지의 실천체계를 ① 경제보장 및 고용 기회, ② 사회환경 및 주택서비스, ③ 건강 증진 및 의료서비스, ④ 개인적·사회적 발전서비스의 체계로 나누며, 여기에 교육을 추가할 수 있다. 소득, 건강, 고용, 생활환경, 교육 등은 인간 수요의 가장 기본적인 사항이라고 할 수 있다.

둘째, 클라이언트를 기준으로 한 분류는 생활보호행정, 노인복지행정, 아동·청소년복지행정, 여성복지행정, 장애인복지행정 등으로 나눌 수 있다.

셋째, 행정 과정을 기준으로 한 분류는 ① 의사결정 분야인 사회복지 행정기획, ② 조직 분야인 사회복지 행정조직, ③ 인적관리 분야인 사회복지 인사행정, ④ 재정관리 분야인 사회복지 재무행정 및 통계 분야인 사회복지 행정통계로 분류할 수 있다. 이는 일반행정을 행정기획, 행정조직, 인사행정 및 행정통계, 재무행정 등으로 분류하는 것과 상응한다.

넷째, 공간적 범위에 의한 교류는 사회복지를 수행하는 장소가 어디인가에 따른 분류로서 공간적 범위에 의한 분류라고 할 수 있다. 사회복지행정은 그 수행 주체나 장소가 국내냐 국외냐에 따라 국가사회 복지행정과 국제사회 복지행정으로 나눌 수 있고, 국제 간의 교류 확대, 세계화, 국제화로 인해 국제사회 복지행정을 비롯한 국제행정의 중요도가 점증하고 있으며, 그 업무 범위가 확대되고 있다(김치영 외, 2006: 20-21).

3 복지행정의 실천적 방법

1) 일반급부

일반급부(demogrants)제는 고용이나 괘금(掛金) 상태나 소득 수준에 구애됨이 없이 일정 범위 전체 주민에게 급부(flat payment)를 해 주는 노후 보장 방법이다. 이는 ① 급부 자격이 일정 범주의 전체 주민이라는 점에서 보험 가입자에게 지급되는 가족보조와 구별되고, ② 재원이 일반 조세인 점에서 소득보조와는 같지만 보험료 및 고용주 내지 국가부담금에 의존하는 사회보험과 다르다.

일반급부는 예컨대 할당, 노령연금, 출산급부 등과 같이 빈곤 여부나 근로 능력 유무 또는 부양가족의 유무에 관계없이 주로 인구론적인 것에 의거하여 급부하는 사회보장법에 해당한다(Ozawa, 1978: 39).

2) 사회보험

사회보험(social insurance)은 소득보장이라는 측면에서는 공공부조와 유사하나 다음과 같은 면에서 차이점을 발견할 수 있다(Friedlander & Apte, 1974: 51-53).

첫째, 사회보험은 주로 노령, 질병, 사망(유족), 실직 등 장기 유고자를 대상으로 하지만 공공부조는 빈곤층 등 단기 유고자를 대상으로 한다.

둘째, 전자는 수급자와 사용자 양자(미국의 경우), 또는 사조직 피용자의 경우, 수급자와 사용자를 포함한 양자와 국가(영국 · 일본 · 한국 · 중국의 경우) 등이 재원을 부담하는데, 후자는 수혜자의 부담이 일반 조세에 의존한다. 따라서 전자는 특별회계로 취급되거나 독립기금이 형성되어 운용되는 경우가 일반적이나, 후자는 정부의 일반회계에 의해 운용되는 것이 관례이다.

셋째, 전자는 피보험자의 수요와 재정 상태에 구애됨이 없이 법의 규정에 따라 일정 비율로 보험금을 지급하므로 수급 여부나 수급액의 예측이 가능한데, 후자는 희망자의 수요에 따라 법정 금액이 지급되므로 수급 여부나 수급액의 예측이 불가능하다.

넷째, 전자는 보험 수급이 법적 권리이나 후자의 경우의 수혜는 법적 권리로 이해되지 않는다. 그러나 소득보조 수급도 법적 권리로 보려는 견해도 있다. 후자의 경우도 전몰 상이 군경 등에 대한 군사 수요의 수혜는 특수한 형태로서 법적 권리를 인정하는 것이 보통이다.

다섯째, 전자는 일반적 소득보장 방법인데, 후자는 개별적 소득보장 방법이다. 즉 전자는 일반 근로자나 국민의 소득 능력 상실 시에 보험금을 지급하여 최저한 건강과 품위를 유지할 수 있게 하는 것이고, 후자는 단계적 수요를 충족시키기 위한 좀 더 개별적인 사회보장 방법이다.

여섯째, 전자는 수급자의 자립심을 활용할 수 있는데 후자는 의타심(依他心)을 조장할 가능성이 있다. 영국을 비롯한 북구 국가들은 사회보장제도를 대부분 실시하고 있고 미국은 소득보조의 비중이 이들 국가보다 높다.

사회보험은 사회보장제도의 근본을 이루는 것이며 공공부조(소득보조)는 그의 보조적 제도로서 양자 간의 보완이 필요하다. 사회보험법이 마련되지 않은 개발도상 국가들은 준(準)사회보장제도로서 공적 적립금제도나 준비기금제도를 택하고 있는 경우가 많다. 사회보험은 크게 노동자보험과 일반 국민보험으로 구분되며, 여기에는 노령, 의료, 질병, 폐질, 실업, 산업재해, 교육, 출산 등의 경우에 대한 보험이 있다. 보험급여에는 장기급여와 단기급여가 있다. 장기급여를 연금이라고도 한다. 그러나 연금이 단기급여까지 포함하는 의미로 사용되기도 한다. 즉 사회보험은 국가가 사회정책을 수행하기 위해 보험의 원리와 방식을 도입해 만든 사회경제제도이다.

3) 공공부조

공공부조(public assistance)는 소득부조와 같은 내용의 것이며 명칭상 다르다. 공공부조는 개별적 특수사업을 고려하여 최저생활 보장을 목적으로 하여 사회보험제도를 해결할 수 없는 부분을 보완하는 제도이다.

공공부조는 현대 산업사회의 경제적 방안에 대한 보완용으로서 국민 소득을 보장한다. 공공부조는 민주주의 정신에 입각한 기본권 존중사상에서 나왔다. 공공부조는 인간의 공통 욕구를 충족하며, 특히 보호를 하는 사람의 건전한 성장을 도울 수 있는 제도이다. 공공부조에 대한 비판이 없는 것도 아니다. 라인(Martin Rein)은 하위계급과 빈곤문화의 개념을 수용하여 문제점을 지적하고 있다(Rein, 1977: 569-572).

첫째, 복지계급의 개인적 선택이나 생활양식으로서의 형태를 잘 이해하고 있는지 그리고 개인적·경제적 변화에 따라 그들의 형태가 단기간에 수정이 가능한지에 대한 문제이다.

둘째, 의존적 빈곤자에 대한 낙인 문제인데 소득부조가 자기 부조에 의하지 않고 자산조사(means test)에 의함으로써, 피부조자의 수치심을 조장시켜 사회부조의 목적에 역행되고 있다는 것이다.

셋째, 빈곤자가 복지계급의 일원이 되는 사회화 과정에 관한 문제로서 복지 심리가 후대에까지 전해진다는 것이다.

넷째, 피부조자들이 주체성을 일에서 찾지 않는 생활양식을 택하게 되어 시간제나 연간제적 직업을 갖게 되어 결국 노동시장에서 그들을 필요로 하지 않을 때에는 복지가 그들의 자유로운 소득원이 되므로 공공부조가 피부조자의 근로 의식을 상실시킨다는 문제이다.

공공부조4)가 보호를 필요로 하는 사람의 권리와 국가의 의무로서 원만히 이루어지기 위해서는 객관성을 지닌 기준에 의한 요보호자의 욕구에 대한 측정이 있어야 한다. 이같이 요보호자의 수요를 측정하는 척도를 보호 기준이라고 한다.

4) 사회복지서비스

사회복지서비스(social welfare services)의 개념을 광의와 협의로 나누기도 하는데(김한주, 1981: 204-205), 광의의 의미는 "행위, 제도, 정책을 총칭하는 경우로서 개인 및 그룹의 표준적인 생활 및 건강을 보유하기 위해 계획된 각급의 사회적 서비스와 제조의 조직체계"(Friedlander, 1962: 181-198)라고 하는 경우와 "온 국민의 물질적·정신적·사회적 최저생활을 확보하기 위한 공동의 사회적 여타 서비스 전반"(Clarke, 1963)이라고 하는 두 가지 경우가 있다. 협의로 해석할 때의 사회복지는 공공부조 대상자 아동, 신체장애인, 노인, 기타 보호가 필요한 자들이 자립하여 능력을 개발할 수 있도록 필요한 수용 보호, 생활 지원, 갱생 보호 및 수급 지원하는 활동을 말하는데 종전의 사회사업과 같은 의미이다.

앞서 사회복지행정의 개념과 범주를 규정한 바 있듯이 여기서는 협의의 사회복지 개념, 즉 사회복지서비스를 사회보장에 포함되는 것으로 보았다. 사회복지서비스의 내용을 지칭할 때 공중보건 및 복지서비스, 사회복지사업으로 표현하기도 한다(김한주, 1981: 204).

---

4) 사회보장기본법 제3조 제3호에 의하면, "공공부조라 함은 국가 및 지방자치단체의 책임 하에 생활 유지 능력이 없거나 생활이 어려운 국민의 최저생활을 보장하고 자립을 지원하는 제도를 의미한다"라고 정의하고 있으며, 우리나라의 공공부조의 대표적인 제도는 국민기초생활보장제도이며 기초생활보장, 자활 지원, 의료급여를 포함하고 있다.

Ⅳ 사회복지행정의 이념

여기에서는 복지행정을 사회정책과 사회보장, 그리고 사회(복지)사업, 사회복지서비스 전달체계 등을 포함한 광범위한 범위로 설정했다. 따라서 복지행정은 이러한 사회복지정책 내지 제도의 각 하부 구조적 부문을 통해 복지의 정책적 이념과 목표를 설정하는 행정체제의 기능과 이러한 사회(복지)정책 자체의 형성 과정, 복지 업무 수행을 위한 복지조직 관리(공・사조직)적 측면 등을 복지행정 과정으로 볼 수 있다고 본다.

원래 복지행정이란 행정학 이론체계에서 볼 때 인사행정론, 재무행정론, 발전행정론 등과 같은 행정 연구의 한 대상으로서 위치한다. 따라서 행정의 대상에 대한 목표나 이념에 대한 기초적인 인식이 있음으로써 각 부문별 행정 이념을 고려할 수 있다.

행정의 기본 이념으로는 합법성, 능률성, 민주성, 효과성, 정치적 중립성, 사회적 형평성, 민의에의 대응성 등을 들 수 있다. 이러한 기본 이념 중 복지행정 분야에서 고려되어야 할 가치는 사회복지적 형평성, 복지행정 관리상 능률성, 복지행성 과정상 민주성, 복지 시혜에 따른 민의에 대한 대응성, 복지정책 집행 및 행정관리상의 효과성 등이라 할 수 있다.

1 사회적 형평성

사회적 형평성이란 행정이 사회적 형평(social equity)을 추구하는가에 관한 것이다. 이것은 사회질서의 가치관을 반영하는 것으로 자유와 평등을 종합한 관념으로서 동등한 자유와 합당한 평등을 의미한다. 이에 따라 '사회복지적 형평성'이란 복지행정의 모든 국면에서 복지행정 체제의 환경에 대해 기본적으로 개인의 자유를 최대한 보장하고 또한 소득재분배 정책 등을 통해 합당한 평등적 분배를 이룩하려는 복지 이념이다.

이러한 사회적 형평성에 대한 강조는 신행정학(new public administration)에서였으며, 이 학파에서 사회적 형평의 이념은 적극적인 분배의 평등 관념을 내포하고 있다. 즉 이것은 사회적・경제적・정치적 환경이 열세한 입장의 계층에 더 많은 양질의 행정적 복지서비스를 제공함을 의미한다. 이같이 신행정학에서는 행정인의 민주성과 능률성의 전통적 행정 이념과 함께 사회적 형평성의 실현이라는 논리적 책임이 있음을 강조한다.

2 능률성

행정국가와 현상의 대두로 현대 복지국가에서 능률성은 크게 강조되었다. 능률의 개념은 대개 투입과 산출 간의 합리적인 비율을 의미한다. 즉 최소의 비용으로 최대의 업무 효과성을 기하려는 행정 과정 절차상 업무가 능률성 있게 수행될 것을 강조한다. 따라서 투입과 산출 간의 비율은 수치로 나타낼 수 있는데, 원래 과거에는 오늘날 강조되고 있는 사회적 능률 개념과는 상이한 기계적 능률성이 크게 강조되었다.

20세기 초의 과학적 관리법의 도입으로 기계적 능률성은 공·사 행정 모두에 통용되었으며 능률주의자들은 능률성을 지지하면서, 정책을 집행하는 데 단일한 최선의 길(one best way)이 있으며, 행정관은 그 최선의 길을 발견하는 데 노력해야 한다고 주장한다(Morrow, 1975: 6). 이와 같은 능률 개념은 넓은 기계적 능률이라 부르며 능률이야말로 제1의 공리 또는 기본적 선이라고 한다(Gulick, 1973: 192). 능률성은 민주성과 상충될 수 있다는 견해가 있다. 복지행정 이념으로서 능률성의 강조는 필요하다. 이는 복지 전달체계의 공·사 조직이 유기적으로 결합되어 복지정책 적용 대상의 요구에 적절한 서비스를 능률적으로 제공할 것이 요구되기 때문이다.

행정이론 전개 과정상 인간관계가 대두하고 나서 인간 존엄성의 구현, 사회 목적 실현 등 사회적 차원의 능률을 보아야 한다는 사회적 능률성이 나타났다.

사회적 능률성의 내용으로는 첫째, 인간적인 측면, 즉 인간의 만족, 목적, 수단, 관계 등을 고려하여 능률을 생각한다. 질적인 면의 강조라 할 수 있다.

둘째, 합리적이어야 한다. 즉 능률의 달성을 위한 수단이 목적에 부합해야 한다는 것이다. 이는 복지부문에서 각종 서비스가 원래 목표로 했던 성질의 것과 부합되는 결과를 가져와야 하며 또한 적합한 수단과 서비스 제공이 있어야 한다.

셋째, 상대적 능률로서 능률의 평가는 투입과 산출의 비율로 하지만 평가가 절대적 기초가 아니라 상대적 기초에 의해 이루어져야 한다는 것이다.

넷째, 사회적 능률로서 평가는 단기적이 아니고 장기적이어야 한다는 것이다. 사회적 능률은 항상 장기적 목적에 부합되어야 한다.

3 민주성

민주성은 행정의 기본 이념이다. 이 이념은 모든 시대에 강조되어 왔으며 그 가치의 목표는 첫째, 민주적 행정을 이룩하기 위해서는 정치 과정의 민주화가 요구되며, 둘째, 전체 국민의 복지 증진을 위해 국민의 의사가 행정 과정에 반영되어야 하며 참여가 이루어져야 한다. 셋째, 봉사행정과 책임행정이 이루어져야 한다는 것 등이다. 복지행정 이념으로 이러한 목적이 모두 복지 증진을 위한 정책 수행 과정에서 수용되어야 하기 때문에 민주성의 채택은 당연하다.

행정의 민주화가 달성되기 위해 다음과 같은 조건이 확보되어야 한다. 첫째, 행정 과정의 민주화로서 공개행정을 이룩하여 행정문제를 국민에게 알리고 국민의 이해와 협조를 구하며 평가와 요구의 통로를 마련하는 것이다. 특히 사회복지 문제는 국민생활에 직접적으로 항상 민감한 영향을 주기 때문에 복지행정 과정상 공개행정의 필요성은 큰 것이다.

둘째, 행정조직의 민주화로 가능하면 행정 권한과 업무의 분권화를 추진한다. 중앙행정기관은 정책결정과 같은 고도의 정치적 업무를 취급하되 하부기관으로부터의 의사가 반영되도록 할 것이며, 지방의 특수성 등을 고려하여 가능한 한 업무를 위임해야 한다. 복지행정조직에서도 이러한 필요성은 예외가 될 수 없다.

셋째, 공직자의 윤리, 즉 행정(공직)윤리의 제고인데, 공무원은 행정의 민주화라는 측면에서도 국민의 봉사자로서 중립적 · 민주적 태도를 가져야 한다. 다른 사업이나 계획사업의 집행 과정에서도 그렇겠지만 특히 복지행정과 서비스 제공의 경우에는 기본적인 국민의 요구를 만족시키는 것으로 이러한 봉사적 자세와 청렴한 윤리가 더욱 요구된다.

4 효과성

효과성이란 목적과 수단을 변경한 상태에서 현실적인 산출이 처음의 목표를 어느 정도 충족시켰는가 하는 목표 달성도를 의미하는 동태적 · 기능적 · 사회학적 개념이며(Price, 1968: 2-3), 능률성과 유사한 개념이다. 능률성은 수단적 개념인 데 비해 효과성은 목적적 개념이다. 특히 개발도상국에서는 발전의 척도로서 정책 목표에 대한 질적 · 양적 달성이라는 면에 치중하는 경향이 강하다. 복지행정에서도 능률성과 함께 효과성의 제고가 동시에 이루어지는 것이 가장 바람직한 일이다. 그러나 현실적으로 복지행정 조직 내의 인력과 재정문제, 전달체계의 합리화 · 효율화가 달성되고 또한 복지사업 목표의 극대화 달성이란 그리 용이한 것은 아닐 것이다. 기본적으로 능률성의 수단적 개념과 효과성의 목적적 개념의 유기적 관계 유지가 이루어져야 할 것이다.

제 3 장 사회복지행정의 이론적 접근

사회복지행정은 사회적 재화나 서비스를 클라이언트에게 전달하고 클라이언트가 가진 문제를 잘 해결하기 위한 총체적 활동으로서 무엇보다도 조직에 대한 관리가 중요한 문제이다. 사회복지라는 목적과 대상의 특수성에 일반행정이 추구하는 행정의 효율성은 사회복지행정에서도 관리 · 경영활동을 위한 조직이론을 중요시할 수밖에 없었다.

현재 사회복지행정에서 중요시되는 이론[1]은 크게 몇 가지로 구분할 수 있다. 첫째는 개인과 작업장에서 효율성을 강조하는 테일러의 과학적 관리법과 공식적 조직구조와 행정의 생산성을 행정과업으로서 중요하게 인식한 베버(Max Weber)의 관료주의 이론 등으로 대표되는 고전적 조직이론이다. 둘째는 인간의 심리적인 측면과 행동측면을 강조하여 행동론적 이론으로 메이요(Elton Mayo)의 호손실험과 맥그리거(Douglas McGregor)의 X－Y이론 등을 들 수 있다. 셋째는 관리활동을 투입과 변환과정, 산출 간의 상호작용으로 보는 시스템적 조직이론이다. 넷째는 행정환경이 급변하고 있으므로 보편적 원리보다는 상황에 따라 다른 의사결정을 내리도록 하는 상황적합적 이론 등과, 마지막으로는 조직이 활용할 수 있는 물적 자원뿐만 아니라 정보, 지식 등의 자원을 전사적인 차원에서 효율적으로 관리하고 활용하는 데 초점을 두는 TQM, 자원 중심적 관리이론, 그리고 신자유주의 경향 속에 등장한 공공관리론 등의

1) 경영학 등에서의 관리경영과학 이론의 패러다임에서는 오웬(Robert Owen), 바비지(Charles Babbage), 타우네(Henry R. Towne) 등의 학자들이 제시한 일반적 관점이 주로 통용되고 있는데, 즉 ① 고전적 경영이론, ② 행동론적 경영이론, ③ 계량적 경영이론, ④ 시스템이론, ⑤ 상황적합적 이론 등이다.

현대 관리이론을 이루고 있다. 이 장을 통해 사회복지행정 조직의 관리에 차용되고 있는 대표적인 이론들을 이해하고자 한다. 그리고 사회복지행정학이라는 학문은 그 태동 시기와 발전 기간이 아직 일천하기 때문에 이미 학문적 역사가 깊은 다른 학문의 접근 방법을 동원해야 한다. 그러나 한 가지 분명한 것은 사회복지행정학을 중심으로 한 복지의 경제학적 측면, 사회학적 측면, 사회심리학적 측면, 보건의학적 측면, 행정학적 측면 등을 통합하는 주체가 되어야 한다는 것이다.

I 고전적 조직이론

고전적 또는 전통적 조직이론은 조직을 명확하게 주어진 목표를 달성하기 위해 만든 도구로 이해하고 조직의 구조와 운영 원리를 분석하는 데 중점을 두고 있다. 고전적 조직이론은 과학적 관리론, 행정관리론, 베버의 관료제론을 포함할 수 있으며, 이 이론들은 능률을 제일의 가치 기준으로 삼고 고도의 합리성을 주장했다는 공통점을 지닌다.

1 관료제 이론

생산성에 기초한 관료주의의 속성들을 강조하는 관료주의 관리이론은 아직도 많은 조직의 설계와 운영에 적용되고 있는 관리 또는 경영 원리로서 고전 관리이론이다. 관료주의 이론은 베버에 의해 개념화되었으며, 미국에서는 제2차 세계대전 이후 소개되었다(지은구, 2007: 55).

베버는 조직에 대해 반드시 권위와 통제가 있다고 주장하면서, 권위의 종류를 전통적 권위, 카리스마적 권위, 그리고 합법적 권위로 제시했다. 전통적 권위는 전통적으로 하급자가 상사의 명령을 정당한 권위로 받아들이는 것이고, 카리스마적 권위는 상사의 비범한 특성과 자질에 기초하여 하급자가 상사의 명령을 정감적으로 수용하는 것이다. 그리고 합법적 권위는 법적 지위를 통해 개인이 행사하는 명령을 당연한 것으로 인정하는 권위라고 할 수 있는데 이 중 산업사회에서는 전통적 권위와 카리스마적 권위보다는 합법적 권위가 설득력을 얻고 있다.

한편 베버는 오늘날 사회구조의 주요 특성을 권위의 위계구조, 규칙과 규정, 사적 감정 배제, 분업과 전문화 그리고 경력지향성 등으로 제시했는데, 먼저 권위의 위계구조는 권한과 책임을 수반하는 권위의 위계가 있기 때문에 상사는 부하 직원을 통제한다는 것이고, 규칙과 규정은 의도적으로 마련된 일관성 있는 규칙 등에 의해 직무의 배분과 인력의 배치가 이루어진다는 것이다. 그리고 사적 감정 배제는 관료조직[2]의 운영에서 개인적인 생각이나 감정이 무시되고 공식적인 원칙이 중요하다는 것이고, 분업과 전문화는 조직에서 수행되는 모든 과업은 각 구성원에게 분담되며 특정한 과정을 분업화함으로써 전문화를 추구한다는 것이다. 마지막으로 경력지향성의 경우, 관료조직 구성원은 전문적인 능력과 기술을 중요시한다는 점에서 자신의 직업을 경력으로 생각하고 승진은 일정한 규칙하에 연공서열과 실적에 따라 이루어진다는 것이다(양승일 외, 2009: 84-85).

베버는 조직의 표면적이고 형식적인 면만을 중심으로 하는 합리적 구조에 치중한 나머지 비공적인 면과 인간관계적인 요소를 간과했기 때문에 그에 따른 관료제의 역기능을 등한시했다. 관료제의 역기능으로는 ① 관료의 특권계층화, ② 서면주의, ③ 형식주의, ④ 변화에 대한 경직 및 비융통성, ⑤ 무사안일주의와 형식주의, ⑥ 상급자 권위에의 의존성, ⑥ 파벌 및 할거주의, ⑦ 목표전치(규정과 규칙이 목표 달성을 위한 수단이 아니라 목적이 되는 경향), ⑧ 동조과잉(조직구성원이 표준화된 행동양식에 지나치게 동조하여 상사의 지시나 관례에 따라 극적으로 업무를 처리하는 현상) 등이 지적되었는데, 베버는 이러한 관료제의 역기능에 대한 설명을 하지 못하고 있다.

사회복지행정에서도 숙련된 관리자로서의 역할이 강조된다. 또한 관료주의이론은 책임성을 강조하는 측면, 업무를 정의하고 규정하여 서열체계로 업무를 위치시켰다는 측면, 그리고 경쟁력을 강조하고 업무를 위해 준비작업이 필요함을 지적했다는 측면에서 사회복지행정에 영향을 미쳤다고 볼 수 있다. 그러나 관료제가 가지는 역기능의 문제를 통해 볼 수 있었듯이, 사회복지사들이 지나치게 규정에 의존하여 클라이언트와 비인간적 관계가 형성된다든지, 효과적인 서비스를 전달하는 데 필요한 융통성이 부족하다거나 형식주의와 권위주의, 지나친 정량적 성과 중시의 문제점도 사회복지행정에서 지적되고 있다.

2) 베버가 주장하는 관료제의 특징은 ① 명확한 권한, ② 규칙, ③ 계층제, ④ 문서주의, ⑤ 비정의성(완전한 합리적 결정을 위해 감정과 연계되지 않는 비감정적이고 형식주의적 정신을 말함), ⑥ 기술적 자격, ⑦ 전문지식, ⑧ 공사(公私)의 분리이다.

2 과학적 관리론

1885년에서 1910년 사이에 개발된 테일러(Frederick W. Taylor)의 '과학적 관리(scientific management)' 이론을 블루칼라 노동자의 체계적인 훈련에 적용하기 시작했다.

19세기 후반 미국의 급속한 산업화 시대는 상식과 경험 및 관행에 의한 생산과 경영활동의 시대였다. 기업의 입장에서는 노동력 부족을 해결하며 생산량 및 생산성 향상이 필요했고, 노동자의 입장에서는 작업 방법과 규칙이 비효율적인 가운데 생산비 절감과 노동자의 생산성, 능률 증진에 기초한 임금제도 및 관리 방식을 회사가 강요하는 것에 대한 불만이 팽배한 상태였다. 이에 대해 테일러는 경영 및 노동문제의 원인을 주먹구구식 경영 방식과 원칙 없는 관리에 의한 노동의 비효율성이라고 진단하고 과학적인 관리 방법을 모색하게 되었다.

과학적 관리의 기본 원리는 첫째, 작업에 대한 과학적 분석과 이에 따른 작업 원칙 및 관리 방법을 개발하는 것, 둘째, 작업에 대한 과학적 분석을 기초로 작업 과정 및 단위에 적합한 종업원 선발, 훈련, 교육, 개발, 배치하는 것, 셋째, 단위 작업량과 생산성에 비례한 임금 및 성과급, 책임의 분담 원칙을 제시하는 것, 넷째, 작업의 성격과 내용에 따라 관리, 감독자를 배치, 경영자·관리자·종업원 간의 유기적 관계를 강조하는 것이다.

테일러의 과학적 관리법에 대한 평가로는 당시 기업의 최대 화두인 생산비 절감과 생산성 극대화에 크게 기여한 점과 최초로 과학적 분석과 표준화를 시도하여 생산현장에 적용한 점을 들 수 있다. 그러나 종업원을 기계적·경제적 인간으로 설정한 몰인간적 시각과 기계적 관리와 성과주의, 보상에 대한 노동자의 반발, 기업 내 인간관계 문제가 비생산적 장애 요인으로 부각된 것에 대한 한계를 지니고 있다.

3 페이욜의 경영 일반 원칙

과학적 관리가 개별 직원의 직무에 초점을 둔 반면에 페이욜은 기업 전체를 관리하는 데 초점을 두어 현대 경영관리이론의 발전에 결정적인 역할을 했다. 테일러가 과학적 관리론의 아버지라 한다면 페이욜(Henri Fayol)은 경영관리론의 아버지라고 불릴 만큼 고전적 관리이론에 기여했으며 경영이론의 발전에 많은 영향을 주었다.

페이욜은 기업의 조직 내부활동을 체계적으로 분류하고 각 활동에 대해 계획·지휘·통제라는 일련의 경영관리 기법을 적용했다. 기업을 경영할 때 유용하다고 깨달은 14개 원칙들을 체계화한 이러한 관리기법은 기업뿐만 아니라 정부, 군대, 종교기관, 사회복지기관 등에도 적용될 수 있다고 주장했다.

경영관리를 위한 14개 원칙 가운데 대표적인 것은 ① 작업은 가능한 전문화시켜야 한다. ② 종업원은 오직 한 사람의 상사로부터 명령을 받아야 한다. ③ 기업을 원활하게 운영하기 위해 규율은 필요하되 하급자들을 친절하고 공정하게 대해야 한다. ④ 이직을 방지해야 한다. ⑤ 개인의 이익보다는 기업의 이익을 우선하도록 해야 한다 등이다.

II 행동이론

1 인간관계론

호손실험의 배경은 첫째, 20세기 초 과학적 관리론에 의한 고도화된 분업화와 인간의 기계적 생산 요소화에 대한 반발이다. 둘째, 과학적 관리법에서 본 기계적·경제적 인간관에 의한 동기부여 방식이 한계점을 드러내었다. 즉, 돈에 의해 동기가 부여되고 경제성에 따라 항상 타산적으로 행동한다는 근본 전제에 대한 반성을 하게 되었다. 셋째, 종업원 간의 인간관계 훼손과 단절의 문제가 경영상 문제로 부각된 점이다. 이러한 과학적 관리법의 한계에 대해 관리와 경영상의 문제점들에 대한 종업원의 물리적 근로환경의 개선에서 점차 사회적·심리적 근로환경의 개선이 생산성과 깊은 관계를 가질 것이라는 방향으로 관심이 전환되었다.

이러한 배경 속에 메이요(Elton Mayo)를 중심으로 한 하버드대 연구팀이 1924년 시카고의 웨스턴전기회사의 호손공장에서 10년간 작업환경이 근로자의 생산성에 미치는 영향에 관한 4차례의 실험 결과를 분석했다. 제1차 실험 결과 작업장의 물리적 작업환경이 열악해도 생산성이 높은 경우가 있어 처음에는 이를 실험오류로 생각했다. 따라서 반복실험과 함께 임금 인상이나 휴식 등 제1실험과는 다른 변수들을 대입하여 4차 실험까지 연구가 진행되었다.

제1차 실험은 작업장의 물리적 작업환경(조명, 습도, 온도 등)과 생산성의 관계를, 제2차 실험은 임금 인상과 휴식 등의 작업관리적 요인과 생산성의 관계를, 제3차 실험은 작업자의 태도나 감정 등의 심리적 요인과 생산성 관계를 연구했고, 마지막으로 제4차 실험은 작업자의 사회적 인정 및 존중감의 욕구와 생산성을 실험했다.

실험 결과 작업장의 물리적 환경, 임금 인상 및 휴식 등의 개선이 생산성 향상을 가져온다는 일반적 예상뿐만 아니라 때로는 물리적 조건 등이 열악해도 다른 조건들, 즉 작업자의 태도, 감정, 종업원 간의 인간관계 및 조직 내 비공식적 조직의 존재와 관계 정도, 종업원에 대한 회사의 사회적 인정, 종업원의 자아존중감 등 심리적 안정감 등에 의해서도 생산성에 변화가 있다는 사실을 확인했다.

호손실험은 과학적 관리론이 지배적이던 당시에 종업원의 인간적·심리적·사회적 요소에 대한 중요성을 실험을 통해 확인했고 이는 인간 중심, 인간 존중의 관리와 경영을 지향하는 인간관계론의 출발점이 된 것이다. 호손실험 이후 개인의 심리나 욕구, 개인의 동기부여 및 행동 원리, 종업원의 집단행동에 관한 인간의 행동이론에 대한 연구가 조직 및 경영관리 분야의 주요한 연구 주제로 자리잡게 되었다.

2 머슬로의 욕구단계론

임상병리학자인 머슬로(A. H. Maslow)는 자신의 임상 경험을 통해, 인간을 하위 욕구와 상위 욕구를 지니는 욕구체계로 보았다. 그는 저차원의 욕구가 충족되고 고차원의 욕구로 옮겨가게 하는 상향의 욕구를 동기부여 요인으로 설명했다.

그는 인간을 다음의 명제를 지니는 존재로 규정했다. 첫째, 인간은 부족한 존재이다. 즉, 무언가를 항상 원하고 이를 충족시키려 하며 이러한 과정을 끊임없이 계속하는 존재이다. 인간은 특정한 요구는 충족될 수 있으나 모든 욕구는 충족되지 못하는 부족한 존재이다. 둘째, 이미 충족된 욕구는 인간 행동을 유발하는 요인이 되지 못한다. 즉 물과 공기처럼 항상 충족되어 부족하지 않으면 구하지도 않고 관심이 없다. 그러나 일단 상실하거나 상실될 위험에 직면한다면 인간의 행동은 달라진다. 셋째, 인간의 욕구는 중요성에 따라 계층별로 배열되고 낮은 수준의 욕구에서 높은 고차원의 욕구 충족을 위해 행동을 하게 된다. 넷째, 인간은 자아를 실현하는 건강한 심리 상태에 도달할 수 있는 존재이다. 완벽한 충족은 없지만 그래도 인간은 가장 원초적인 욕구 충족에서 출발하여 다음 단계별로 욕구를 충족하여 자아를 실현하고자 하는 나름대로 건강한 심리 상태를 지닌 존재이다.

머슬로는 인간이라는 존재를 낮은 수준의 욕구에서 높은 수준의 욕구를 충족하고자 하는 5단계 욕구의 피라미드를 지닌 존재로 규정했다. 먼저, 생리적 욕구(physiological needs)란 인간 존재로서 생존에 필수적인 요구로서 물, 공기, 섹스, 휴식, 음식, 주거 등이다. 생리적 욕구가 충족되면 안전 욕구를 갈망하게 된다.

둘째, 안전 욕구(safety needs)란 육체적·정신적·심리적·사회적·경제적 위험을 벗어나 안전을 확보하고 보호받고 싶어하는 욕구이다. 안전 욕구가 충족되면 소속감과 애정 욕구 또는 귀속 욕구를 갈망하게 된다.

셋째, 소속감과 애정 욕구(belongingness & love needs)란 인간이 사회적 동물로서 소외감과 고독감에서 벗어나 타인과 교류하며 소속감을 지니고 사랑하며 사랑받고 싶어하는 욕구이다. 이 욕구가 충족되면 인정과 존경을 받고자 하는 욕구를 갈망하게 된다.

넷째, 인정과 존경을 받고자 하는 욕구(esteem needs)란 명성과 명예욕, 타인으로부터 더 높은 평가를 받기를 원하는 욕구이다. 이 욕구가 충족되면 자아실현의 욕구를 갈망하게 된다.

다섯째, 자아실현 욕구(self-actualization needs)란 인간 욕구체계의 최상에 존재한다. 자신이 할 수 있는 모든 잠재력을 동원하여 최선·최고의 경지에서 느낄 수 있는 만족의 단계이다. 자아실현의 극치감을 맛보는 단계이다.

실제로 인간 욕구가 5개 차원인가라는 개념 정의와 과학적 검증의 문제를 제외하고, 머슬로의 이론은 경영학, 행정학, 조직학, 사회복지학 등에서 인간 심리 및 행위를 설명하는 데 광범위하게 사용되고 있다. 그의 이론이 사회복지학 및 사회복지행정에 기여한 점을 들어보면, 조직원과 클라이언트를 다원적인 욕구체계로 이해할 수 있게 한 점과 이를 통해 조직구성원과 클라이언트에게 욕구 단계에 따른 관리전략과 방식을 제시한 점이다. 즉 사회복지 조직은 종사자와 클라이언트의 욕구 단계에 따라 임금, 위생, 작업환경, 안전, 인간관계, 후생복지, 성과 분배, 조직 참여, 복지 프로그램과 서비스 등의 다양한 관리 방안을 체계적으로 구축해야 한다는 것이다.

머슬로의 욕구단계론이 가지는 한계점으로 욕구계층의 실존 여부를 과학적으로 검증할 수 있는 방법론을 제시하지 못한 점, 마지막 자아실현의 욕구 개념이 지나치게 추상적이고 모호한 점, 반드시 저차원의 욕구가 충족되어야 고차원의 욕구 단계로 이행되지 않는 점과 50세에 이르러야 최고 단계의 욕구 충족을 할 수 있다고 주장했으나 나이와 욕구는 상관관계가 없다는 점이 비판을 받고 있다.

1 맥그리거의 이론

맥그리거(D. McGregor)는 기존의 과학적 관리법의 인간관(성악적, 경제적, 기계적)과 인간관계론의 인간관(성선적, 사회적, 이상적)에서 보여 준 인간의 속성에 대한 전제를 두 축으로 하여 조직관리자들이 조직구성원을 어떻게 보고, 어떻게 해석하느냐에 따라 조직구조나 조직관리 전략이 달라져야 한다고 강조했다. 그는 1960년 『기업의 인간적 측면』이라는 저서를 통해 이론을 소개했다.

그의 이론적 전개를 살펴보면, 인간 속성의 한 유형인 X형 인간이란 ① 일을 싫어하고 게으르며 가능하면 피하는 인간이다. ② 상황과 사물에 대한 판단 능력과 대처능력이 부족하다. ③ 수동적이며 책임지기를 싫어하고 명령·통제받기를 원한다.

반면, Y형 인간이란 X형 인간형에 대척되는 인간으로 ① 일하는 것을 좋아하고 부지런하다. ② 공식 및 비공식적 조직에 소속되기를 원하며 동료애가 있고 인간적이다. ③ 사회적 욕구를 지니며 이타적이다. ④ 책임을 받아들이고 적극적이며 스스로 규제하고 자기통제적이다. ⑤ 창의성을 지니며 조직의 목표에 대한 헌신성을 지니고 있다.

맥그리거는 조직원들의 X-Y형 인간형에 따른 서로 다른 관리전략이 필요하다고 했다. X형 인간은 돈에 민감하고 선천적으로 나태하고 불완전한 인간이므로, ① 경제적 보상체계를 강화한다. ② 권위적이고 엄격한 관리와 통제, 처벌제도를 시행해야 한다. ③ 다양한 통제계층을 두어 더 많은 규제와 조직체계 속에서 관리해야 한다는 것이다.

반면, Y형 인간은 자아실현적 욕구를 가지며 조직과 자신의 목표를 조정·통합할 줄 아는 인격적 존재이므로, ① 민주적 리더십과 분권화된 조직구조 속에서 자발적이고 창의적으로 일하도록 해야 한다. ② 사회적 존재감과 욕구, 심리적 안정감이 중요하므로 조직 내에서 공식 및 비공식적 조직활동을 통해 높은 수준의 인간관계 형성을 돕는다. ③ X형 인간처럼 과정에 대한 엄격한 통제가 아니라 목표를 부여하고 명확한 책임과 한계 속에서 적극적으로 일하도록 한다는 것이다.

이러한 맥그리거의 이론은 X이론에서 보는 인간의 동기 원리는 고전적 조직관리론과 머슬로의 저차원적 욕구 단계에 머물고 있는 인간형과 유사하며 뛰어난 이론적 독창성을 지닌 것이 아니다. 하지만 인간의 욕구체계에 따라서 조직관리자 및 경영자가 선택해야 할 적절한 관리 방식이 무엇인가를 제시했다는 데 의의가 있다.

X－Y이론에서는 X이론에 해당하는 조직구성원이 낮은 수준의 욕구를 충족했다고 하여 고차원적 욕구를 지닌 인간으로 발전하거나 이상적인 Y형 인간으로 변한다고 보지 않았다. 이러한 단선적이고 양분적 시각에 대해서는 비현실적이다. 그리고 Y이론의 인간형은 너무나 추상적이고 이상적인 인간형을 가정한 것이라는 비판을 받는다. 현실적으로 조직구성원은 어느 한 인간형의 특징만 나타나는 존재가 아니라 다면적이고 인간의 욕구는 중층적이기 때문에 이론의 양분적 시각에 대한 비판이 있다.

이후 맥그리거의 X－Y이론은 다양한 수정이론들을 통해 보완되었다. 대표적인 것이 룬트스테트(Sven Lundsteht), 로리스(David Lawless), 오우치(William G. Ouchi) 등의 Z이론과 샤인(Edgar H. Schein)의 복잡한 인간관(complex man) 등이다. Z이론에서는 맥그리거의 X－Y이론의 고정적·획일적으로 양분된 인간형에 학자마다 새로운 인간형을 추가하여 이에 대한 사례와 관리 방식을 제안했다. 샤인의 '복잡한 인간관'은 현실적으로 조직 속의 개인을 어느 한 유형으로 단정하여 최선의 조직관리를 한다는 것은 불가능하다고 설명하며, 개인의 상황에 따른 신축적이고 상황적합적인 차선의 관리전략이 최선임을 주장한다.

4 허즈버그의 욕구충족 2요인론

허즈버그(F. Herzberg)가 설정한 동기 요인과 위생 요인에 대한 설명은 다음과 같다. 먼저 위생 요인(hygiene factors)은 불만족 요인이다. 실증분석 결과 조사 대상자들은 불만족 요인으로 회사정책, 관리감독, 보수, 지위, 안전, 작업 조건, 대인관계 등으로 나타났는데, 이들 요인은 직무 자체라기보다는 직무환경적 또는 비직무적인 요인으로 분류할 수 있었다. 조직구성원이 불만을 느낀다고 하여 회사정책, 관리감독, 안전, 작업 조건 등이 제거될 수 있는가? 그렇지 않다. 이것은 직무와 관련하여 필연적으로 존재하기 때문이다. 그렇기 때문에 불만 요인의 제거는 불가능하지만 불만 요인을 통제하여 불만의 정도를 감소시키는 것은 가능하다고 보았다. 그리고 이것은 마치 병을 완전히 제거할 수 없지만 위생과 환경을 철저히 관리하여 병을 줄일 수 있는 것과 같다 하여 위생 요인이라고 명명했다.

동기 요인(motivates)은 만족 요인이다. 조사 대상자의 면접조사 결과, 조직구성원들은 일을 하면서 자신이 하는 일로부터의 성취감, 인정, 도전감, 책임감, 성장과 발전 등 일 자체의 속성에서 대부분 만족한다고 분석했다. 따라서 성장과 자아실현, 만족을 이끌어내는 요인이라 하여 동기(만족) 요인이라고 개념을 정의했다.

2요인이론은 만족과 불만족을 동일선상의 양극 점으로 파악하여 불만족이 해소되면 만족하게 된다는 종래의 입장과는 달리 불만족의 해소문제와 만족의 증대문제는 전혀 별개의 차원이 각 차원에 작용하는 요인 역시 별개라는 이론이다. 그 때문에 불만 요인(위생 요인)은 조직에 대한 불만 예방 및 감소 차원에서 의미가 있고, 만족 요인(동기 요인)은 직무 수행의 동기 유발과 성과 촉진에 유용하다. 위생 요인을 통제한다고 하여 동기 유발과 성과 촉진이 되는 것은 아니다.

이전의 조직관리자들은 대부분 위생 요인을 개선하여 직원의 이직률, 결근율 등을 낮추고 직무성과를 높이기 위해 임금, 작업환경 개선 등을 한다. 하지만 허즈버그의 연구에 따르면 이와 같은 처방은 단기간에 효과가 사라지고 제한적이다. 이러한 방법보다는 근본적으로 종업원이 직무를 수행할 때 동기 요인과 관련해 더 많은 기회와 책임, 만족감을 가지는 것이 효과적이라는 것이다.

사회복지행정조직에 주는 시사점은 조직관리자, 사회복지 프로그램 운영자는 조직구성원 또는 클라이언트에게 동기 요인과 위생 요인이 무엇인지 알고 대응해야 한다는 것이다. 그리고 위생 요인보다는 동기 요인이 더욱 크도록 조직관리와 프로그램 운영을 해야 한다. 불만을 '제로(zero)'로 만들기 위한 노력보다는 만족 요인을 더욱 크게 하는 것이 좋다는 것이다. 그리고 조직구성원들이 사회복지행정을 수행하는 데 직무 자체에 대한 관심과 만족을 느껴 성장과 자아실현의 계기가 되도록 조직관리자는 직무설계를 해야 한다.

허즈버그의 이론은 많은 유용성을 제시하지만 한편으로는 위생 요인과 만족 요인이 지나치게 가변적이고 일관성이 없다는 비판을 받는다. 실증적 연구를 통해 조사하는 개인 및 조직마다 위생 요인과 동기 요인에 대한 다양한 결과가 나와 양자의 구분

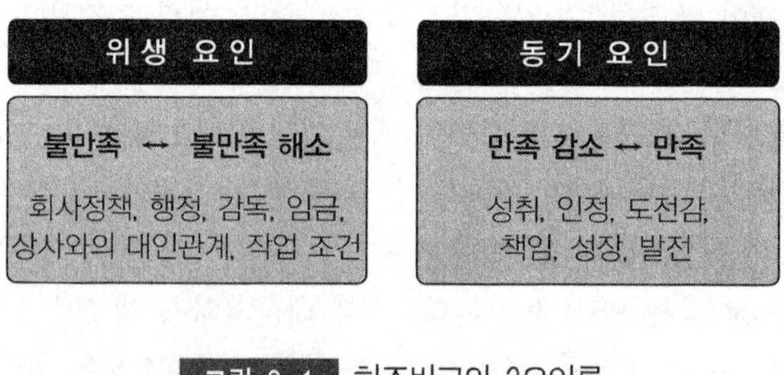

그림 3-1 허즈버그의 2요인론

자료: Kreitner & Kinicki(1995: 154).

은 일관성이 없다고 할 수 있다.

인간 욕구에 대한 반응을 만족과 불만족으로만 지나치게 이분법적으로 보며, 이러한 시각 속에서 위생 요인과 동기 요인을 설정한 것은 지나치게 단순하다는 비판이다. 또한 만족 요인에 만족한 조직구성원 및 클라이언트와 만족하지 않은 사람들 사이에 실제 성과의 차이가 없다는 실증 사례가 제시되고 있다. 이러한 점은 사회복지 프로그램에서 서비스와 급여 수준을 높여 실제 대상자가 만족스럽다 하더라도 빈곤이나 복지의존성을 탈피하지 못하는 경우에서 종종 이론적 비판을 받는다.

5 브룸의 기대이론

브룸(V. Vroom)은 기대이론을 통해 다음과 같이 전제했다. 즉, 사람은 일정한 노력을 기울이면 성과가 나올 것을 기대한다는 것이다. 성과가 달성되면 반드시 이에 대한 반대급부, 즉 보상(승진, 급여 인상, 인정, 휴가 등)이 뒤따른다는 기대감을 가지게 된다. 따라서 조직구성원 개인의 동기 유발과 그 정도는 노력으로 인한 성과 달성이 가능한지의 기대감과 이러한 기대에 대해 뒤따를 보상의 매력 정도에서 발생한다. 그러나 사람마다 가지는 주관적 특징, 심리적인 유의성이 모두 다르기 때문에 각자가 가지는 기대감과 이에 대한 보상의 평가는 모두 다르게 나타난다고 설명한다.

기대이론은 기존의 동기이론과는 다른 특징을 보였다. 기존 이론은 동기부여를 인간의 욕구로 보고 머슬로의 5단계, 맥그리거의 X-Y 인간 등과 같이 욕구 차원을 단순화시켰다. 그러나 기대이론은 개인마다의 능력, 가치관, 개인이 처한 상황 등에서의 심리적·주관적 상태 등으로 좀 더 다차원적으로 동기부여의 내용과 과정을 이해했다.

기존 이론에서는 예를 들어 승진을 동기부여 요인으로 보아, 조직구성원을 승진시키면 동기 요인이 투입되었기 때문에 종업원의 만족과 생산성 향상은 이루어진다고 보았지만, 기대이론에서는 승진 자체만으로 동기부여가 이루어지는 것이 아니라 과연 그 승진이 종업원이 기대했던 보상의 내용이며 기대했던 수준이었는가를 생각해야 한다는 것이다. 승진이 기대를 충족시켰다면 동기부여가 맞지만, 승진이 기대에 미치지 못한다면 동기부여는 불가능한 것이라는 것을 실증적으로 설명한 것이다.

기대이론이 사회복지행정의 조직관리자에게 시사하는 바는, 조직은 개인에게 열심히 노력하면 반드시 기대하는 보상이 주어진다는 믿음을 심어 주어야 한다는 것이다.

즉 우리 조직은 비록 어렵지만 저만큼의 목표를 달성하면 이 정도의 보상(승진, 보수, 각종 편익 등)을 반드시 준다는 신뢰이다. 그렇게 되면 누구나 기대와 보상에 대한 의심을 하지 않는다. 이 때 문제가 되는 것은 과연 이러한 기대와 보상이 실현 가능한 수준인가이다. 그렇다면 실현가능성을 어떻게 높일 것인가? 그것은 바로 조직구성원의 '능력'이다. 즉, '능력'이 높은 사람을 채용하고, 채용된 직원들의 능력을 업그레이드한다면 개인들도 실현가능성이 높아지기 때문에 열심히 일하고, 조직도 그만큼 높은 수준의 목표달성도를 항상 실현할 수 있기 때문에 모두에게 유용하다고 보았다.

브룸의 기대이론은 가정과는 달리 실제 조직에서 개인들에게 조직의 목표 수준과 이에 따른 보상의 내용이 무엇인지 명확하지 않은 경우가 대부분이므로 개인의 합리적 행동 선택을 위한 충분한 정보가 없다. 기대이론에서는 결국 개인의 행동 선택이 개인마다의 주관적·심리적 유의성에 따라 차이가 난다고 하였기 때문에 조직관리자는 필요한 개인 및 조직 차원에서 동기부여 정책을 마련해야 하는데, 그 내용이 무엇인지 정하기 쉽지 않고, 그 수준에 부합되는 보상을 현실적으로 충족시키는 것이 어렵다는 비판을 받고 있다.

6 학습이론

학습이 조직행위에서 갖는 중요한 의미는 우선 조직에서 인간의 행동이 학습과 직·간접으로 관련을 갖지 않은 행동은 없다는 것이다. 즉, 조직에서의 개인 행동은 거의 대부분 학습된 것이다. 예를 들면 조직구성원의 지식이나 기술에서부터 경영자의 태도, 조직구성원의 충성심, 감독자의 모티베이션, 그리고 비서의 옷매무새에 이르기까지 이것들 모두는 학습을 통해 획득된 행동이다.

학습(learning)이란 강화(reinforcement)된 연습이나 경험의 결과로 발생하는 행위잠재력에서 비교적 지속적인 변화라고 할 수 있다. 여기서 행위잠재력(behavior potentiality)이란 다른 사람의 행동이나 환경에 대한 반응으로부터 학습한 것을 말한다. 즉, 학습이란 경험의 결과를 통해 이루어지는 비교적 영구적인 행동 변화(relatively permanent behavioral change)를 말한다.

던컨(R. Duncan)과 바이스(A. Weiss)는 조직의 학습을 조직과 환경 간의 적합성(fit)을 찾는 과정으로 보았다. 즉, 조직학습이란 환경의 영향에 대한 조직 내의 지식

증진 과정이라고 정의한다. 조직학습이라 하더라도 일단 학습이란 개인들의 행위에서부터 시작되는 것이다. 이러한 개별 학습행위가 조직 내에 확산되고 공유되어 그 해당 행위가 더 이상 특정 개인에게만 국한되지 않을 때 조직학습이 일어났다고 보아야 한다. 따라서 개인의 행동뿐만 아니라 새로운 능력에 대해서도 습관적으로 조직적 차원에서 학습이 반복되는 수준까지 이르게 되면 이를 '학습조직(학습하는 방법을 알게 된 조직)'이라고 말한다.

조직학습의 반복 · 습관화로 학습조직이 되는 것처럼 개인 차원에서의 학습의 반복 · 습관화로 그 개인은 학습인(학습할 줄 아는 사람)이 된다. 예컨대 항상 새로운 것을 배우고 있는 학생, 배우고 있는 조직을 말할 수 있다. 학습조직의 개념을 대중화시킨 센지(P. Senge)는 "학습조직은 사람들이 진실로 바라는 결과를 창출하기 위한 능력을 지속적으로 확대해 가는 곳, 새롭고 팽창적인 사고의 패턴이 자라는 곳, 집단적인 획일성에서 해방되는 곳, 그리고 사람들이 함께 학습하는 방법을 끊임없이 배우고 있는 곳"이라고 묘사했다. 또한 그는 어떤 조직이 학습조직화되면 ① 개인적 통제감(personal mastery), ② 정신적 모델(mental model), ③ 비전 공유, ④ 팀 학습, ⑤ 체계적 사고와 같은 조직의 주요 영역의 역량이 강화된다고 보았다(박차상, 2008: 79-80).

사회복지사가 전문가로서의 역할을 수행하는 데 질 높은 서비스를 제공하기 위해서는 끊임없는 학습이 필요하다. 사회복지사들의 학습조직의 활동을 지원하고 이것을 좀 더 효율적으로 관리하는 데 학습이론은 유용성을 제공한다.

Ⅲ 현대 조직이론

1 체계론적 접근법

체계란 상호작용하는 부분들로 구성된 전체, 즉 '부분들 간에 관계를 맺고 있는 일련의 단위들'로 정의된다.

기존의 고전 모형들은 대체적으로 조직을 폐쇄적으로 보았으나, 사회학의 구조기능주의(structural functionalism)와 일반체계이론(general system theory)이 조직에 적용된 뒤에는 조직을 개방된 체계로 인식하기 시작했다.

구조기능주의는 파슨스(Talcott Parsons)가 주장한 이론으로서, 전체로서의 사회체계(사회) 내에는 하위체계(개인, 집단)가 있고, 이러한 하위체계가 어떻게 사회의 생존과 안정에 기여하는가를 연구하며, 사회체계는 유기적인 조직체라고 인식하고 있는 점이 특징이다. 또한 일반체계는 오스트리아의 생물학자 베르탈란피(Ludwig von Bertalanffy)의 시스템이론(system theory) —하나의 개체와 개체를 구성하는 부분, 그리고 개체와 부분의 상호 연관성을 고찰한 이론—과 캐츠와 칸(Katz & Kanh, 1978)의 개방체계이론(open system theory) 등으로 발전했다.

개방체계란 다른 체계와 에너지, 정보, 자원 등을 상호 교류하는 체계이다. 즉, 체계 내 사람들이 환경 또는 다른 체계들과 빈번한 상호작용을 하는 경우를 말한다. 반면 폐쇄체계란 다른 외부체계들과 상호 교류가 없거나 혹은 교류할 수 있는 체계를 말한다. 따라서 이러한 체계모형에서는 조직을 유기체(biological organism)로 보고 있다는 점에서 조직을 하나의 기계로 인식한 고전모형이나 조직을 하나의 가족으로 보는 인간관계론과는 구별이 된다.

체계이론에서 조직은 그들이 속한 환경 속에서 다양한 형태의 자원을 확보하고 표면적 또는 내면적 절차에 따라 자원을 여러 형태의 서비스로 전환시키는 등 조직과 교환관계를 형성하고 있는 것으로 묘사된다.

누거보렌(Neugeboren, 1985)의 체계모형에 의하면 조직은 다섯 가지 하위체계(생산하위체계, 유지하위체계, 관리하위체계, 경계하위체계, 적응하위체계)로 구성되어 있고, 조직이 최적으로 기능하기 위해서는 조직의 목표에 따라 모든 하위체계가 제 기능을 발휘해야 한다고 했다.

첫 번째는 생산하위체계로서, 사회복지조직에서 이 체계는 클라이언트에게 서비스를 제공하는 것이다. 이 체계는 모든 사회복지조직의 기본적인 역할과도 일맥상통하는 것이다.

두 번째는 유지하위체계이다. 이것은 조직의 계속성을 확보하고, 조직을 안정 상태로 유지하는 것이다. 이를 위해서는 조직활동을 공식화시키는 것, 보상체계를 확립하는 것, 새로운 구성원을 선발하고 교육, 훈련시키는 것이 필요하다.

세 번째는 경계하위체계이다. 사회복지조직의 외부 환경에 대한 의존도를 고려한다면, 경계하위체계는 사회복지조직의 생존과 발전을 위해 필요한 체계가 된다. 특히 외부 환경의 변화에 대한 적절한 반응과 대응은 조직의 목표 달성과 조직의 유지를 위해 필요하다.

네 번째는 적응하위체계이다. 이 하위체계의 핵심은 변화하는 환경의 욕구에 반응해 조직을 변화시킬 필요성을 인식하고 실체 조직 변화를 위한 최적의 대안을 찾기 위해 연구하고 평가해 나가는 것이다. 이러한 측면에서 본다면 사회복지조직에 대한 내·외부 평가는 조직의 적응 능력을 강화시키는 역할을 수행한다고 볼 수 있다.

마지막으로는 관리하위체계이다. 이 하위체계는 지금까지 제시한 네 가지 하위체계를 조정하고 통합하는 체계이다. 따라서 조직구성원 간 혹은 부서 간 갈등 해결과 조정, 적절한 업무환경의 제공, 외부 환경의 영향에 대한 조직의 대응책을 모색하기 위해 노력하는 것 등은 이 하위체계에서 중요하다(신복기 외, 2008: 96-97).

체계이론은 조직을 여러 요소들, 즉 투입·과정·산출·환류·환경 등이 서로 연관을 맺으면서 움직이는 매우 복잡한 동적인 존재라는 것이다. 체계 즉 시스템의 공통된 특징은 일정한 목적하에 운영되는 전체가 있고, 그 전체를 구성하는 하위 구성 부분이 있으며, 이러한 전체는 환경과 끊임없이 상호작용하며 또한 그 구성 부분들도 상호작용을 지속함으로써 전체와 구성 인자가 통일적으로 목적을 추구하고 유지된다는 것이다.

체계이론의 관점(system approach)에서는 조직 전체를 한꺼번에 이해하기는 어렵지만, 그 구성 단위(예컨대 사람, 물자, 자본 혹은 인사, 생산, 재무, 마케팅, 국제 경영)로 나누어 파악하면 조직을 좀 더 쉽게 이해할 수 있고, 조직관리 및 경영의 문제가 일어날 경우 해당되는 구성 부문에 집중하면 되므로 문제의 진단과 처방에 효과적인 방법을 제공한다고 보았다.

체계이론에서 사회복지행정이란 복지행정의 목적 달성과 클라이언트의 만족을 목표로 한 공공체계에서 다양한 하위 시스템이 결합한 전체 시스템으로 이해하며 다양한 관리이론을 통합한 것으로 볼 수 있다. 그러나 체계이론은 조직 내 하부 시스템들의 활동에 영향을 주는 변수가 무엇인지, 그리고 조직 성과에 영향을 주는 외부 변수들이 무엇인지 명확한 답변을 제시하지 못하고 있다.

2 상황이론

1950년대 말에 등장한 상황이론(contingency)은 조직관리에 최선의 유일한 방법은 없으며, 상황 조건에 따라 결정되어야 한다는 것이다. 석유 파동과 경영환경의 급변 속에 기존 경제이론들과 경제 시스템이 한계를 드러냈다.

따라서 1980년대 들어 조직경영 활동이 단순한 원칙이나 보편타당한 이론에 의해 언제나 똑같이 적용될 수 없다는 점이 분명해졌다. 영국의 번스(Thomas Burns)와 스토커(G. M. Stalker)를 시작으로 상황이론이 전개되었다. 상황이론은 현대의 복잡하고 다양한 조직관리와 경영의 환경 때문에 과거의 환경을 중심으로 연구된 기존 이론의 학습과 패러다임의 고집은 낡은 방식으로 효용성이 낮은 것으로 보았다.

전통적으로 상황이론 연구는 조직환경이, 조직 규모가, 조직기술이 조직구조 형성에 결정적인 영향을 미친다는 것을 밝혀 주었고, 최근의 연구는 경제·기술적 상황 이외에 사회·인간적 상황까지도, 또한 조직 외부 요인 이외에 조직 내부 요인도 중시함으로써 조직을 '환경－조직－과업－인간'의 유기적 관계 속에서 파악한다. 그러나 이러한 상황이론은 상황 변수의 설정이나 측정 방법의 타당성에 대해 논란이 있

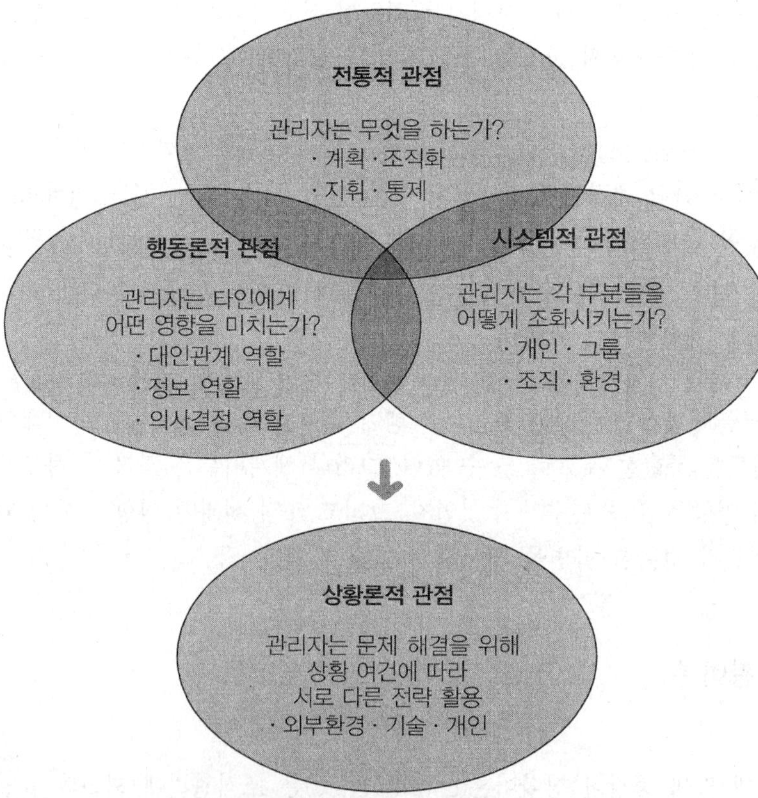

그림 3-2 사회복지행정의 영역 및 활동

다. 즉, 상황이론이 ① 부분적인 상황 요인만 중시하고 전반적인 사회적·정치적·문화적 변수는 배제한다거나, ② 조직구조 형성의 주체인 의사결정, 가치관, 의도, 목적을 간과하고 있으며, ③ 주로 기존 조직을 대상으로 하여 실증적 연구만을 행하고 있다는 비판이 제기되고 있다(신복기 외, 2008: 105). 상황이론은 현대 조직관리의 환경을 반영한 창조성·유연성 등을 강조하면서도 스스로 보편타당하고 예측 가능한 이론으로서의 내용과 방법이 명확하지 않다는 문제점을 드러내고 있다.

3 총체적 품질관리론(TQM)

총체적 품질관리(Total Quality Management: TQM)는 조직이 산출하는 서비스의 질을 향상시켜 궁극적으로 소비자 만족을 추구하기 위해 조직문화와 질적 향상을 위한 효과적인 관리기법을 통합적으로 운영하는 조직관리 방법이다.

전사적 품질관리(TQC)는 1960년대 우주항공부품 납품을 위한 무결점운동에서 출발해 수많은 제품의 엄격한 품질 기준을 충족시키면서 기업의 제조 및 품질관리 비용을 줄이기 위해 고안되었고, 이후 1970년대 일본 기업의 품질혁신 과정에서 발달하여 전사적 품질관리를 내세운 일본 기업의 약진으로 이어졌다. 총체적 품질관리는 일본 기업들이 산출물의 결함을 제거하여 소비자 만족을 극대화하는 조직관리 방법을 효과적으로 사용하고 있다는 데 착안하여 1980년대 초반부터 미국 기업에도 적용하기 시작한 경영이론이며 기법이다.

TQM이 전통적인 관리기법과 구별되는 가장 큰 특징은 고객의 욕구나 필요에 따라 조직의 목표가 설정된다는 고객 중심의 관리가 강조되어 조직 운영과 서비스의 지속적인 개선을 통해 양질의 서비스를 산출하여 조직의 경쟁력을 증대시키고 이를 위해 모든 조직구성원이 참여하며 노력하는 경영 시스템을 갖추는 것이다. 따라서 TQM은 단순히 제품이나 서비스의 결함을 발견하여 그것을 제거하는 데 있는 것이 아니라 총체적으로 소비자가 만족할 수 있도록 제품과 서비스를 향상시키는 혁신적인 조직관리와 경영기법으로 이해해야 한다.

스위스(Swiss, 1992)는 TQM의 일곱 가지 주요 원리를 다음과 같이 제시했다. ① 서비스의 질은 궁극적으로 고객이 결정한다. ② 서비스의 질은 제공 과정보다는 서비스의 계획 단계부터 고려된다. ③ 서비스의 변이(variation) 가능성을 사전에 방지하는 것이 고품질의 서비스 산출에 중요하다. ④ 고품질의 서비스는 개인 노력보다는 조직의 다양한 직원의 협력적 활동의 결과로 나타난다. ⑤ 투입과 과정에 대한 지속적인 개선 노력이 질적 우월성을 가져다 준다. ⑥ 질적 개선은 직원들의 적극적인 참여를 통해 이루어진다. ⑦ 전체 조직의 사명감이 투철해야 질적 개선은 이루어질 수 있다.

이러한 TQM의 기본 원리에 바탕을 두어 조직 내 퀄리티 서클(quality circle)과 과정향상팀(process improvement team)과 같은 품질 향상을 위한 팀을 구성하여 팀원들이 서비스의 과정흐름 도표(process and flow charts), 파레토 도표(pareto charts), 인과관계도(cause-effect diagrams) 등의 기법을 활용해 투입과 산출에 관한 전반적인 자료 수집과 분석을 하는 과정이 포함된다. 따라서 TQM은 소비자나 고객의 만족도를 높이는 경영철학과 이념을 반영하고 전체 조직이 품질 향상을 위해 참여, 협동, 학습조직 등의 조직화 방안을 추구하면서 효과적인 관리기법을 적극적으로 활용하는 방법이다.

처음에는 기업조직에서 사용된 TQM이 1980년대 후반부터 공공행정 분야와 사회복지서비스조직에도 적용되기 시작했다. 사회복지조직도 최근 클라이언트의 삶의 질이 강조되어 서비스의 질적 향상을 위한 관리이론과 기법을 적극적으로 활용할 필요가 있다는 인식이 확산되면서 미국과 캐나다의 아동을 위한 재가복지 및 지역사회서비스, 보건 및 의료시설, 재활서비스기관, 공공복지서비스기관 등에서 적용되기 시작했다.

4 자원의존이론

자원의존이론(resource dependence theory)이란 조직이 생존하는 데 필요한 인적·물적·무형적 자원에 초점을 두면서 조직과 환경과의 관계를 설명하고자 하는 이론으로 톰슨(J. D. Thompson)과 맥원(W. J. McEwen) 등이 주장했다. 자원의존이론은 조직과 환경의 관계에서 조직의 주도적·능동적 행동을 강조한다. 조직은 환경의 변화에 수동적으로 적응하기만 하는 것이 아니라, 환경의 영향에 적극적으로 대처하고 환경을 조직에 유리하도록 관리하는 행동 주체라는 것이다.

자원의존이론에 의하면 조직의 생존과 발전에는 두 가지 기본적인 자원이 필수적이다. 하나는 합법성과 권력과 같은 정치적 자원이고, 다른 하나는 서비스 생산에 필요한 경제적 자원이다. 조직에서 합법성은 조직의 설립 기반과 활동의 근거가 되는 중요한 요소이다. 권력과 같은 정치적 자원은 조직의 목표 달성을 위해 적절히 권위와 영향력을 행사할 수 있게 한다. 또한 경제적 자원인 재원 · 인력 · 기술 등은 서비스 생산에 필요한 것들이다.

자원의존이론은 다음과 같이 세 가지를 전제한다.

첫째, 조직은 과업 수행에 필요한 자원을 조직 내부적으로 마련할 수 없으므로 결국 환경에 의존할 수밖에 없다. 외부 환경에 의존해야 하는 자원으로는 원자재 · 재원 · 인력 · 서비스 및 쇄신적 기술 등 다양하다.

둘째, 환경과의 관계에서 중요한 것은 조직에 의한 '전략적 선택(strategic choice)'이다. 조직은 환경에 의존하면서도 환경에 적응하고, 이를 조종할 수 있는 몇 가지 선택 방안을 갖는다.

셋째, 조직은 능동적으로 환경에 영향을 미치려 한다. 환경적 영향이 중요하지만 조직은 그에 대한 대응 방안을 주체적으로 결정하며, 환경을 조직에 유리하도록 능동적으로 관리하려 한다. 결국 조직과 환경은 일방적 관계가 아니라 쌍방적 관계인 것이다.

자원의존이론에 따라 조직관리자가 취할 수 있는 효과적인 전략은 완충(buffering)과 연계(bridging)이다. 완충전략은 조직이 환경의 혼란으로부터 조직을 보호하기 위해 조직구조와 주요 절차를 정비하는 방법으로서 내부 지향적이며 다소 수동적인 환경 대응전략이다. 연계전략은 조직이 필요로 하는 주요 자원을 획득하기 위해 환경의 다른 요소 또는 여타의 조직들과 협력관계를 형성하고 발전시키는 전략으로서 외부 지향적이고 능동적인 조직의 변화 대응전략이다(이목훈, 2008: 140).

사회복지조직과 관련하여 자원의존전략을 이해하면 사회복지조직이 예산을 더 많이 확보하기 위해 벌이는 경쟁전략이나 사회복지시설에서 일부의 서비스 기법을 다른 사회복지시설에 제공하고 필요한 것을 획득하는 협상전략 등이 그것이다.

5 신공공관리론

신공공관리론(new public management theory)은 1970년대의 석유 파동 및 복지

국가 위기론과 함께 정부실패가 야기되면서, 이에 대한 반발로 1980년대 서구 자본주의 국가를 중심으로 '작지만 강한 정부'를 내세워 새로운 행정개혁을 시도하는 데 활용된 이론이다. 신공공관리론은 1970년대 후반부터 신관리주의나 후기 관료제적 패러다임 또는 기업가적 패러다임 등으로 불리며 공공관리 분야의 새로운 패러다임으로 대두되었으며, 이것은 반정부·반관료주의·반조세 등의 사회적 특징들이 낳은 결과이다. 비효율적인 정부에 대한 실망으로 더 작고, 더 효율적이며, 좀 더 국민의 요구에 민감하게 대응하는 정부에 대한 요구가 급증했고, 그 결과 공공부문에 대한 근본적인 개혁의 필요성이 대두되었다. 학자뿐만 아니라 일반 시민들 사이에서까지 소위 '전통적인 행정학이론'과 이에 근거한 행정에 근본적으로 심각한 결함이 있다는 사실에 대한 광범위한 공감대가 형성되었고, 세계 주요 국가들은 신공공관리론에 근거한 획기적이고 광범위한 행정개혁을 추진하기에 이르렀다. 그 결과, 신공공관리론에 근거한 행정개혁은 전 세계적으로 보편적인 현상이 되었다.

이 이론은 민간부문의 경영기법을 공공부문에 도입하는 데 초점을 맞춘 것으로, 근본적으로는 민간부문의 관리기법이 공공부문의 그것보다 우월하며, 공공부문과 민간부문의 관리가 본질적으로 다를 것이 없다고 주장했다. 이 이론은 신관리주의, 시장 지향적 행정(market-based public administration)과 기업가적 정부(entrepreneurial government) 등과도 일맥상통한다는 점에서 신관리주의와 시장주의로 분류하여 설명할 수 있다(양승일·정혁인, 2009: 116).

먼저, 신관리주의는 행정 내부에서 행정활동을 규제하는 각종 통제를 감축하여 자율성을 부여하고 기업가적으로 정부를 운영하면서 능률을 높이는 데 중점을 두는 것이다. 즉 공공재 및 공공서비스의 공급에서 경쟁 원리를 도입할 수 없을 경우에는 조직활동을 통제하는 각종 규칙 등을 대폭 폐지하거나 축소해야만 성과 위주로 조직을 운영할 수 있고 능률을 향상시킬 수 있다는 것이다. 결국 신관리주의는 규제 완화, 성과에 기초한 관리, 권한 이양, 품질관리 기법, 그리고 유인 기법의 도입 등을 지향하는 것이다.

한편, 시장주의의 경우 가격을 매개로 하여 수요와 공급을 일치시키는 시장 원리는 다수의 수요자와 공급자가 서로 경쟁하는 경우에 작동하게 되는데, 이러한 시장주의적 경쟁 원리는 근본적으로 소비자 주권 또는 고객주의를 기본적 이념으로 삼고 있는 것으로서, 국민들이 행정서비스의 고객이므로 시장주의는 국민 지향의 행정을 실현하는 방법이다. 즉 시장주의는 경쟁 원리에 의한 공공서비스 제공, 고객 지향적 서비스, 수익자 부담의 원칙 강화 그리고 민간위탁 등을 추구하는 것이다(이목훈, 2008: 130-133).

결국 신공공관리론은 민간의 경영기법 등을 통해 경쟁력 있는 조직을 가진다는 점에서 효율성을 지향할 수 있는 반면, 공공성과 책임성의 약화로 행정공동화 현상이 나타날 수 있고, 권한 이양에 따른 조정의 문제가 발생할 수 있는 등 일정 부분 한계가 있다.

Ⅳ 사회복지행정학에 대한 접근 방법

1 사회학적 접근

사회학은 사회의 형성과 유지, 발전, 감소 등 한마디로 사회질서의 문제를 다룬다. 사회학이론은 가치 판단이나 이론 및 방법론적인 면에서 다양한 양상을 보이고 있으며, 오늘날의 사회학이론은 일종의 개념 도식에 해당하는 체계로서 경험적 검증에 의해 과학적 이론으로 정립된 것이기보다는 아직도 사변적인 성격을 띤 것이 많다. 따라서 오늘날의 대부분의 사회학이론들은 사회 현상을 설명하는 이론이기보다는 사회 현상에 대한 일종의 조망이거나 지향에 불과하다(고영복, 2010: 123).

게다가 사회복지행정 위주의 사회학적 접근은 복지조직의 변동의 요인, 말하자면, 복지조직의 체계화, 조직의 형성, 발전 및 쇠퇴의 원인을 분석하고 환경과의 관련성을 추리하며 복지조직 체제 유지와 발전 방안을 모색하는 데 있다. 이에 관한 사회학적 접근 내지 이론으로는 ① 구조기능주의, ② 갈등이론, ③ 사회적 교환이론,[3] ④ 상징적 상호작용이론, ⑤ 역할이론, ⑥ 소집단이론, ⑦ 엘리트이론, ⑧ 집단의 조직이론, ⑨ 현상학적 사회학 등 많은 이론들이 있다.

---

3) 사회교환이론은 사회학적 접근법으로 볼 수 있으나, 개인과 집단의 교환 심리로서 개인심리학이나 사회심리학적 관점에서도 볼 수 있다.

1) 구조기능주의

사회학적 측면의 구조기능주의란 생물학의 유기체 이론에서 출발하여 사회 현상을 이 이론에 대입시킨 것이다. 즉 구조기능주의의 중심 이론은, 사회는 전체적이며 그 전체는 여러 구성 요소로 되어 있고, 이들 각 요소가 전체의 생존에 기여한다는 논리이다. 말하자면 사회를 하나의 생물 유기체와 같은 체제(system)로 보아 사회의 각 부문 요소가 관련을 지으며 기능함으로써 사회체제가 유지 존속한다는 것이다.

사회체제론은 정치학과 행정학에 도입되어 각각 정치체제, 행정체제 이론으로 정립되어 왔다. 이들 체제의 개념은 정치와 행정의 그 환경 및 구조와 관련시켜 이행함으로써 체제 존속과 변동의 요인을 분석할 수 있었다. 따라서 사회복지행정 과정을 그 구조(조직)와 환경에 관련시킴으로써 전환구조인 사회복지행정조직의 기능을 합리화할 수 있다고 본다.

2) 갈등이론

갈등론자들은 사회 질서의 바탕을 이해관계를 달리하는 집단 간에 야기되는 계층 간의 갈등에서 찾으려고 한다. 사회학적 의미의 갈등은 조직 행태상의 개인적 갈등이나 조직 간의 갈등을 의미하는 것이 아니다.

갈등이론이 사회복지행정에 주는 함의는 사회복지조직에서의 갈등도 단순히 조직 구성원인 사회복지행정가나 사회복지사 개개인의 문제에 국한된 것이 아니기 때문이다. 갈등은 복지서비스의 수혜 대상자인 클라이언트에게 제공되는 복지서비스에까지 영향을 미치기 때문에 사회복지조직에서는 아주 중요한 관리 기능이다(김기태 외, 2007: 153). 즉 갈등의 소재와 원인, 해소 방안, 때로는 바람직한 방향으로의 갈등 조장 등 사회복지행정기관의 갈등관리전략과 방법이 사회학적 갈등이론에 입각하여 연구되고 원용되어야 할 것이다.

3) 역할이론

사회복지행정조직의 관리적 측면에서 역할이론은 매우 유용하다. 이 이론은 모든 지위는 반드시 역할을 수반한다는 전제 위에서 지위의 동태적 측면에서의 기능을 고찰하고 있다. 따라서 역할은 사회적으로 시인된 행동양식이며, 특정한 지위에 대해 느끼고 있는 행위의 기대이다. 이러한 기대는 각기 규범을 형성한다. 그러므로 역할이론은 사회구성원의 임무 조직화 양상과 역할 배분에 대한 이론이라고 볼 수 있다.

모든 사회구성원이 고유의 역할을 수행할 수 없다는 경우에 역할 긴장의 문제가 일어날 수 있는데 이 역할 긴장의 원인은 부적절한 역할구조, 경과기의 역할 혼란, 역할 갈등, 역할 이행 불능 등이다(Horton & Hunt, 1976: 107-112). 이러한 역할이론을 사회복지행정학에 활용하기 위해서는 행정공무원의 역할과 기대, 사회복지행정에 대한 평가적 차원에서의 복지 종사자에 대한 역할의 판정, 클라이언트 입장에서 자신의 역할에 대한 투영, 그리고 사회사업적 관점에서의 역할에 관한 각종 심리학적 접근 방법이 형성될 수 있다.

4) 소집단이론

소집단은 가족, 촌락공동체, 교회 등과 같이 일상적 역할 수행에 대면적으로 이루어지는 최소 단위 집단을 말한다. 소집단은 그 구성원 수가 적어 구성원의 외적 행동과 지식 및 내적인 가치관, 만족도 등에 대한 지식을 얻어 대규모 집단에 응용할 수가 있다. 소집단에 관한 연구는 개인의 문제와 욕구, 인간관계 등을 파악하고 또한 조직 내 리더십, 의사소통(communication) 구조, 역학구조 등의 실용적 연구와 이론적 연구를 동시에 할 수 있다. 이러한 소집단 연구를 사회복지행정학에 대입시킨다면 사회복지행정의 관리 면에서의 조직 내 인간관계와 리더십 등에 활용될 것이다. 이러한 접근 방법은 인간의 복지 상태와 복지제도의 적용 대상으로서의 개인적·집단적 문제와 욕구의 파악이 사회복지행정의 수립에 필수적 과정이라 할 수 있다. 또한 행정조직 운영을 위한 사회복지행정조직 내의 공무원과 사회사업조직 내 직원의 욕구와 행태, 그리고 이들을 지도·감독하는 리더십과 의사소통 과정의 합리적 방안을 모색하기 위해서도 필요하다고 본다(Horton, 1975: 1-3; Horton & Leslie, 1974: 127).

5) 집단의 조직이론

집단은 고유의 목표를 추구하기 위해 조직체계를 갖는다. 조직의 유형에 관해서는 이미 많은 학자가 논의해 온 바와 같이 첫째, 하향성 조직이냐 아니면 상향성 조직이냐의 문제이다. 전자는 상의하달적 조직 형태를 말하고, 후자는 하의상달적 조직 형태를 지칭하는 것이나 순수한 하향성이나 상향성은 없고 어느 정도의 의사소통이 동시에 진행되지만 중심적인 형태가 어느 쪽에 근접해 있는가 등으로 결정된다. 우리나라의 사회복지행정조직은 중앙집권적 경향이 강하므로 하향적 조직 형태를 이루고 있다고 말할 수 있다. 그러나 사회복지행정 업무의 취급상 전국적인 규모의 기준이나 방법 설정은 중앙정부에 설정하는 것이 바람직하나 사회복지행정의 일선 중심적인 행정을 참작한다면 지방 실정에 맞는 복지서비스 체계로 전환되어야 한다(황진수, 1988: 158-160).

둘째는 조직 목표에 따른 분류이다. 파슨스(Talcott Parsons)는 사회체제가 존속하기 위해서는 환경에의 적응, 목표 달성, 구성원의 욕구 만족과 동기화의 네 가지 기능적 요건이 있어야 하는데, 이 중 어느 요건을 중요시하느냐에 따라 적응적 목표, 수행적 목표, 통합적 목표, 현상 유지 목표로 분리된다. 적응적 목표에 우선적으로 공헌하는 조직은 경제조직이다. 수행적 목표에 일차적으로 지향하는 조직은 사법기관 등을 들 수 있다. 현상 유지 조직에는 문화적·교육적 기능을 담당하는 교회, 학교, 가족 등이 있다.

셋째, 조직을 공식조직과 비공식조직으로 나눌 수 있다. 공식조직은 노동문화와 권력의 통제에 의한 설계로 임금, 일과, 상품 질의 통제와 같은 원칙이나 규정과 같이 관리자에 의해 설계된 조직이다. 비공식조직은 공식적인 조직 내에서 발생하며, 공식적인 관계 이외에 간부나 노동자 간에 발달하는 인간관계 혹은 구성원 간의 인간관계와 상호작용을 하는 대인조직관계를 말한다.

2 사회복지학적 접근

사회복지학적 입장에서의 사회문제에 대한 접근 방법은 정책적 접근 방법, 기능적 접근 방법, 통합적 접근 방법으로 구분해 볼 수도 있으나, 사회복지의 정책적 접근은 사회정책이 그 핵심이고, 사회복지의 기능적 접근은 사회사업이 그 핵심이라고 보고 있다(김영모, 2008: 23).

사회복지학적 접근 방법은 처음부터 자본주의적 모순인 불평등에 대한 시정 요구에서 출발했으나 그 후 사회학적 이론인 구조기능주의와 갈등이론에 의해 시각이 달라졌다(고영복, 2010: 144). 이 중 기술적 접근은 사회복지를 인간관계의 조정 기능으로 보는 견해로서 개인적 탈선행위의 원인을 찾고 심리요법이나 사회요법, 즉 환경 조정에 의한 개인의 인성(personality) 치료에 중점을 둔다. 전통적 사회복지사업은 고도의 기술을 지닌 사회사업가의 원조에 의해 이루어진다. 전문적 지식과 기술은 특히 근대적 사회사업의 주요한 방법인 개별사회사업, 집단사회사업, 특히 지역사회조직, 사회행동 등을 말한다.

사회복지의 정책적 접근은 사회문제와 사회복지를 역사적·사회적 존재 형태이며 사회제도의 결함으로 생긴 사회문제를 해결하는 사회대책으로 보는 견해이다(김영모, 2008: 24). 이러한 관점에서는 사회문제가 개인의 책임이 아니고 사회와 국가의 책임이며, 따라서 국가정책에 의해 사회복지가 이루어져야 하는 것으로 생각한다. 이는 사회복지의 법적 대책도 의미하지만 정부나 사적 기관의 계획사업(programs)을 의미한다.

따라서 사회복지학은 빈곤정책, 연금제도, 의료보장, 산업재해보험, 사회보험, 공공부조, 복지서비스, 소득분배정책, 교육정책, 주택정책, 도로정책, 상·하수도정책, 환경정책, 고용정책, 노사 협의 등을 연구 대상으로 해야 한다고 본다. 이렇게 보면, 사회복지학적 접근법과 이론이라는 것은 주로 각 부문의 내용 그 자체이며 법적·제도적 접근 방법이라고 볼 수 있다.

3 사회심리학적 접근

사회심리학적 접근으로는 대표적으로 맥클레랜드(David C. McClelland)의 성취지향적 퍼스낼리티 이론, 욕구이론, 사회적 교환이론 등이 있다. 먼저 맥클레랜드는 기업가 정신이야말로 사회 발전을 이끄는 추진 주체임을 주장한다(McClelland, 1961). 그에 따르면 일반적으로 높은 성취 욕구 수준을 지닌 사회가 좀 더 급속한 경제 발전을 이룩하는 왕성한 기업가를 배출한다. 성취 욕구(need for achievement)는 어린 시절의 사회적 경험의 결과로 나타난다. 아동의 양육 방식에 따라 성취 욕구의 개발을 용이하게도 하고 반대로 성취 욕구의 개발을 저해하기도 한다.

그 결과 성취 동기의 수준이 높은 사회에 사는 사람들은 표준에 따라 일을 잘 해내려고 노력했다고 한다. 또한 경제 성장을 높은 성취 욕구 수준으로 설명하고 있다. 성취 동기는 개인의 가치, 신념, 이데올로기에서 생기므로 어린 시절의 경험이나 학습은 성취 동기에 결정적 영향을 미친다고 하며, 성취 동기를 저해하는 요인으로는 아동의 사회적 경험의 내용 여부와 부모의 권위주의, 성취에 대한 부모의 기대 등을 지적한다. 이상이 성취 동기와 경제 발전에 관한 맥클레랜드의 견해이다.

둘째, 욕구이론은 초기 단계에 있으며, 개인의 욕구 요인이 업무의 성질, 사회적 환경 및 작업 조건 등을 설계하고 조정하는 데 중요하다. 머슬로, 앨더퍼, 맥그리거, 허즈버그 등에 의해 전개된 이론이며 개인의 욕구를 직무 동기의 중요한 요인으로 보고 있다.[4)]

우리나라의 사회복지 분야에서도 사회복지 관련 종사자나 담당 공무원들의 직무 만족과 성과에 관한 비교적 많은 실증적 연구가 이루어졌다. 이들 행동이론 및 욕구 관련 이론과 관련시켜 사회복지행정학의 이론 체제의 확립을 위해 시사하는 부문은 공사 행정조직 관리 부문이다.

셋째, 사회적 교환이론이다. 사회구성원 각자는 자신의 욕구 정도에 따라 상대방에 대해 도움을 주는 정도를 정해 어떻게든 상대방에게 도움을 주는 행동을 할 수 있다. 그 행동으로부터 도움을 받는 상대방의 입장에서 볼 때 그가 받는 도움에는 어떤 형태로든 어느 정도의 대가가 필연적으로 지불되어야 한다. 즉 호혜적 상호작용이 필수적이라고 보는 것이 사회적 교환이론의 주된 명제이다. 이러한 호혜적 정신은 두 가지 기능을 하는데, 개인의 이기심을 규제하는 것과 인간관계를 안정시키는 것이 그것이다.

이러한 사회 구성 원리로서 교환이론의 호혜정신과 행동은 사회복지행정의 이념과 수혜 원리를 수립하는 데 기초적 사고를 제공할 수 있다. 소득재분배 정책에서의 호혜정신은 빈자와 부자 간의 평등적 분배 원리의 기초로서 작용하고, 또한 복지 수혜 계층의 비수혜 계층에 대한 자원적·무보수적 봉사 등은 이러한 호혜 원칙에 부합한다. 따라서 복지제도 적용 대상자의 수혜에 대한 교환 대가를 지불한다는 취지에서 그러한 봉사적 자원활동 같은 것도 경우에 따라서 조장할 수 있다. 이러한 원리는 수혜 대상자의 수혜기관에 대한 의타심을 줄이며, 노동을 회피하지 않고 적극적으로 할 수 있는 동기를 불러일으킬 수 있을 것이기 때문이다.

4 행정학적 접근

행정학 이론체제는 사회학, 경영학, 사회심리학, 정치학 등 인접 학문의 이론과 접

---

4) 머슬로의 욕구계층이론, Abraham H. Maslow, *Motivation and Personality*, 2nd ed.(N.Y.: Harper & Row Publishers, 1979); 앨더퍼의 ERG. 이론, C. P. Alderfer, *Existence, Relations and Growth: Human Needs in Organizational Setting*(N.Y.: The Free Press, 1972); 맥그리거의 X-Y이론, Douglas McGregor, *The Human Side of Enterprise*(N.Y: McGraw-Hill Co., 1960); 호만스의 인간집단, George C. Homans, *The Human Group*(N.Y.: Hurcoury, Brace & World Inc., 1950); 아지리스의 미성숙·성숙이론, Chirs Argyris, *Personality and Organization* (N.Y.: Harper & Low, 1957); 허즈버그의 동기위생론, Frederick Herzberg, *Work and the Nature of Man*(N.Y.: World Publishing Co., 1966).

근 방법을 크게 원용해 왔다. 여기선 행정학의 고유 이론과 접근법으로 고려될 수 있는 것만 고찰하기로 한다.

행정학은 조직의 구조로서 소재에 따른 분류, 즉 집권과 분권의 원리, 인사행정으로 범주화되는 여러 이론과 방법적 원리, 말하자면 공무원제도론, 충원 방법, 교육훈련, 보수와 연금, 퇴직관리 등은 사회복지행정 공무원의 원리를 확립하는 이론으로 적용될 수 있다. 이때 사회복지행정 체제상 각기 상이한 직무를 담당하고 있음을 고려하여 각기 그에 적합한 원리와 방법이 응용되어야 할 것이다.

또한 복지정책 과정과 사회복지행정조직 운영에 필요한 인사행정이론, 예산 및 재무행정 이론 등이 있다.

5 정책학적 접근

정책이라는 현상은 정책학, 정책연구, 정책분석 등 여러 명칭을 한 정책관계 논의에 의해 연구되고 있다. 현재로서는 정책의 개념에 대해 일치된 견해가 없는 실정이다. 그럼에도 불구하고 정책학자뿐만 아니라 행정학, 정치학, 경제학, 관리과학 등 여러 부문에서 연구되고 있으며, 종합과학적 성격을 띠면서 장래에도 더욱 연구가 활발하게 전개될 전망이다.

한편 정책학에서 사용되고 있는 접근 방법으로는 다음과 같은 것을 들 수 있다. 다이(Thomas R. Dye)는 여덟 가지의 정책모형을 제시하고 있는데, ① 제도적 모형, ② 과정모형, ③ 집단모형, ④ 엘리트모형, ⑤ 합리모형, ⑥ 점증모형, ⑦ 게임이론모형, ⑧ 체제모형 등으로 이들 정책모형 중 집단모형 혹은 접근법, 엘리트모형, 체제모형 등은 원래 사회학적 접근 방법으로서 정책학 분야에 도입되었다(Dye, 1981: 19-45).

그러나 어떠한 모형이든 구체적 현실 상황 속의 정책결정 행태를 완벽하게 설명하고 있지는 못하다. 사실 특정 국가와 조직 및 개인의 정책결정상 작용하는 변수는 무수하고 또 각기 상이하므로 그러한 여러 변수와 여건 상황을 고려하여 개별적 결정 방식이 있게 된다. 따라서 정책결정의 이론적 모형을 정립하려는 작업 자체가 무의미해져서 유형화될 수 없을 것이라는 생각도 가질 수 있다.

6 정치학적 접근

정치학에서 추구하는 문제의 성격을 정치학의 학문적 정향이라고 할 수 있다. 이러한 정치학의 특성은 ① 정책적 정향, ② 규범적 정향, ③ 경험적 정향, ④ 의미론적 정향(semantic orientation) 등으로 볼 수 있다(김영국 외, 2001: 52-56).

또한 정치학의 분야로서는 ① 정치이론 및 철학, ② 정치 동태(과정), ③ 공법, ④ 행정학, ⑤ 국제정치, ⑥ 비교정치 등으로 분류하는 경우도 있고(Rodee, Anderson, & Christle, 1967: 10-17), ① 정치제도, ② 정책 과정, ③ 권력, ④ 이념, ⑤ 정치 행태, ⑥ 정책 영향, ⑦ 기능 등으로 분류하는 경우도 있다(김영국 외, 2001: 68-71). 정치학 연구 분야의 분류 방법은 논자에 따라 다양하다.

정치학의 위와 같은 접근 방법이 사회복지행정학의 분야에 도입될 경우 사회복지행정학의 이론이 되어 더욱 풍부하고 독특한 양상을 지니게 된다.

특히 정치 과정은 정치체제의 기능 과정으로서 환경으로부터의 투입과 정치기구의 전환 과정, 정책의 산출이라는 일련의 과정이 지속적으로 이루어지는 과정을 말한다. 따라서 현대의 정치분석은 정치기구의 정책 산출 능력 향상과 사회적 이익의 통합 능력을 발휘하는 모습을 설명하고 그러한 능력 향상의 방안을 모색하는 것이다.

그리하여 정치 과정의 분석은 여론과 대중의 행태, 이익집단, 정당, 권력기관의 정책과 집행, 평가 과정 등에 대한 묘사로 구성된다. 그 중에서 여론이란 국민이 공통적인 중요한 논쟁 문제에 관해 갖는 어느 정도의 일치된 견해의 집합체이다(Albig, 1906: 1-6). 그런데 의견에는 표출된 것과 표출되지 않은 것이 있는데, 보통 여론이라 하면 전자를 의미하지만 표출되지 않은 심리 상태도 중요하게 다루어져야 한다.

현대 대중매체의 발달과 정부의 권력 집중 및 권력기구의 확대에 따라 여론의 역할은 일반적 민주화의 원칙으로서 매우 강화되고 있는 한편, 이같이 강화되기 때문에 개인은 여론을 추종하는 데 급급한 나머지 여론의 생산자로서의 그들의 기능을 급속히 상실하고 있는 경향이 있다(김운태, 2002: 233). 오늘날 여론을 형성하는 주체로서는 정당을 비롯한 각종 정치집단, 이익집단, 대중매체, 정부 등의 의견집단이 있다.

여론이 참다운 여론으로 등장하기 위해서는 몇 가지 과정을 거쳐야만 한다(김운태, 2002: 515). ① 다수자의 결정을 자발적으로 승인할 수 있을 정도의 국민 구조상의 동질성이 필요하며, ② 과도한 자유는 여론의 성립을 오히려 저해하지만 소수자가 공평하고 평화롭게 자신의 소신을 발표하고 또 발표할 수 있을 정도의 언론 결사의 자유를 필요로 한다. ③ 여론 형성을 위해 교통·통신기관이 발달되어야 하고, 특히 중요한 것은 교육의 보급과 정치적 소양이 갖추어져야 한다.

이러한 과정을 거쳐 성립된 여론은 정책의제화 과정의 투입 요소가 되며 제도로서 고정화되어 새로운 관습을 형성하게 된다. 여론은 외적 여론(표출된 여론)으로서 표현되는 경우에도 그 근저에는 내적 여론(소원, 욕구, 신념 등)을 포괄하는데, 당시 양자는 각종의 복합에 의해 결합되는 것이므로 여론의 분포에 대해 그 넓이와 깊이를 측정하고 그 동태를 예측하기 위해서는 개개인의 인격의 모든 양태를 포괄적 대상으로 하지 않으면 안 된다. 여기에서 현대 대중사회에서의 여론 형성이 지니는 복잡한 문제점이 제기된다. 한편 이익집단이란 이익의 옹호를 위해 결속된 구성원 각자의 자위적 결사체로 볼 수 있다. 이익집단은 각자의 이익을 옹호하기 위해 정당과 정부 등 공공정책 결정조직에 대해 압력을 행사하는 등 기본적으로 압력단체 구성원의 다양한 요구와 지지를 표출하고 있다.

이익집단의 기능을 알아보면 다음과 같다. ① 사회적 의욕을 고취한다. 즉 급격한 사회 변동에 대한 공동체적 위기감을 체험하면서 문화적 격동을 다 같이 부담한 이익의 공통성에 따른 결합을 추진한다. 이것은 나아가 새로운 생산 유형, 생산 기술, 사회적 임무 및 공동체 관계에 대한 심리적·물질적 적응을 조성한다. ② 정부기관과 협조하는 기회를 조성한다. ③ 조직생활과 참여 의식을 고양한다. 즉 이익집단 구성원은 집단의 활동을 통해 지도력, 의사결정, 집단 대표와 토의에 대한 경험을 체득한다. 그리하여 근대적 시민과 지도자로서의 기초를 다지게 된다. ④ 공동 이익의 전달, 표명, 방편, 인증을 위한 수단이 된다. 따라서 이익집단은 정부 지도자의 관심사나 사업 및 그 의미 내용에 대한 집단구성원의 책임 의식을 주지케 하는 통로가 된다 (Esman, 1963: 52-54).

제 2 편

사회복지행정의 체계와 내용

제 4 장
사회복지행정의 체계

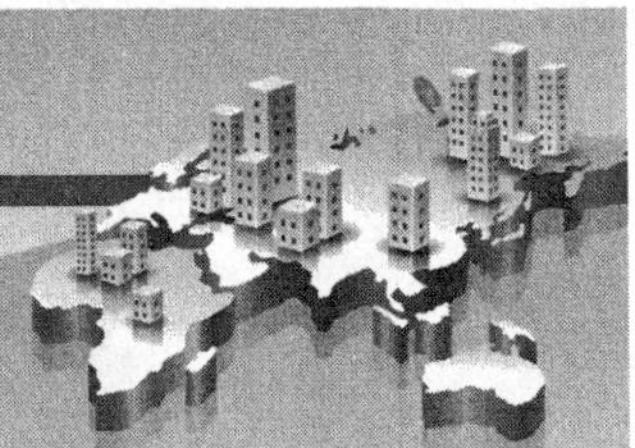

I 사회복지행정체계의 구성

사회복지행정이 하나의 실천 방법이건 또는 이론적 분야이건 결국 목적 또는 목표를 합리적으로 이행하여 궁극적으로는 국민의 복리를 증진시키는 것이 그 존재 가치라 할 것이다. 이때 사회복지행정은 그 매개체로서 인간으로 형성된 집단을 활용하게 되는데 그것을 우리는 조직(organization), 제도(institution) 또는 기관(agency)이라고 말한다. 이 조직에는 인간적 지원(human resources)과 물질적 자원(material resources)이 동원되어 전문적인 기술을 통해 합리적으로 운영되는 것이다.

인간이 사회생활을 영위하는 데 해결하기 어려운 문제나 충족되지 못한 욕구가 존재할 때 개인 생활에 개입해 그 욕구를 해결하려는 시도가 사회복지행정의 역할이다. 이처럼 사회생활상의 충족되지 못한 욕구로부터 시작하여 사회복지행정을 통해 복지 수혜자에게 복지서비스를 제공하는 과정을 도식화하면 [그림 4-1]과 같다.

여기에서 사회복지행정은 사회복지의 전체적인 주기(cycle) 내에 하나의 위치를 차지하면서, 복지 증진을 위한 일반적인 행정 기술, 방법 등을 동원 · 활용하게 됨을 알 수 있다. 즉 사람들이 사회생활 중에 자기 스스로 생활을 영위하기 어려운 상황에 직면하게 될 때—우리는 이러한 현상을 충족되지 못한 욕구의 존재라고 바꾸어 표현할 수 있다—그 문제는 개인 문제의 차원에서 사회문제로 변화된다. 물론 개인 문제로서의 각종 복지문제가 사회문제로서의 복지문제로 되는 데에는 여러 가지 상황과

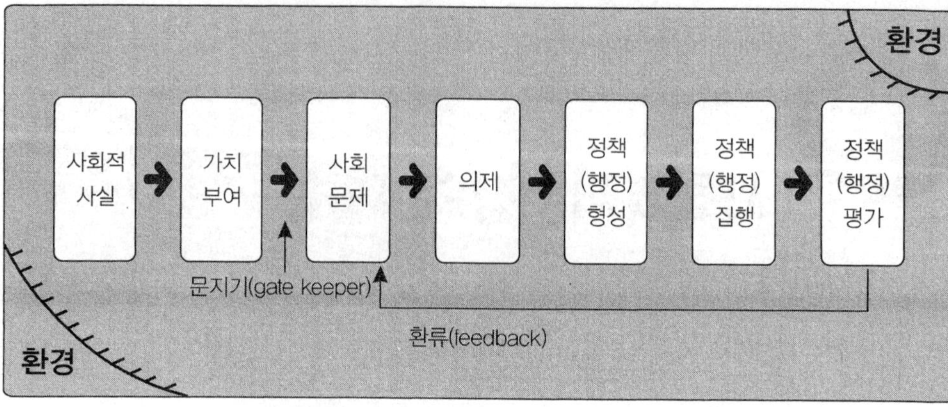

그림 4-1 사회복지 주기 내에서의 사회복지행정

자료: 황진수 · 현외성(1985)에서 재구성.

인간의 의지가 요구되기도 한다. 예컨대, 우리나라에서 과거의 노인문제는 질적 · 양적으로 사회문제가 될 수 없었고, 노인 개개인이나 노인이 거주하는 가정의 문제로 간주되었지만, 오늘날은 사회 전반적인 변동, 노인문제의 질적 · 양적 팽창, 그리고 사회과학의 발달로 인하여 사회문제의 하나로 수용되고 있음을 알 수 있다(현외성, 1983).

또한 사회문제가 그 해결을 위한 대책으로서 사회정책으로 변화하게 되는데, 이때에도 단순하고 객관적인 사회문제의 존재만으로 사회정책이 수립되지는 않는다. 여기에서도 많은 사회문제가 사회정책으로 성립되기 위해 상호 경합하고 있고 정책결정자의 의지와 지식, 가치관, 사회 상황 등이 연결되어 하나의 사회정책이 다른 사회정책에 우선하여 등장하게 된다. 그 다음에 추상적 정책의 구체화는 바로 법률로 나타나게 된다. 사회정책에 관련된 법을 사회복지법이라 하며, 이는 각종 복지문제를 해결하기 위한 정태적(靜態的) 입장에 선다.

사회복지행정은 사회정책과 법의 실현을 위해 형성된다. 사회복지행정은 추상적이고 물질적인 문제에 봉착한 복지 수혜자들에게 복지서비스를 효과적 · 효율적으로 제공한다. 이러한 의미에서 사회복지행정은 복지정책 또는 사회정책, 법의 전달 기능을 지닌다는 뜻에서 전달체계(delivery system)라고도 불린다.[1)]

1) 더 구체적인 내용은 Neil Gilbert & Harry Specht, *Dimensions of Welfare Policy* (New Jersey, Englewood Cliffs, 1974), Chap. 5 참조.

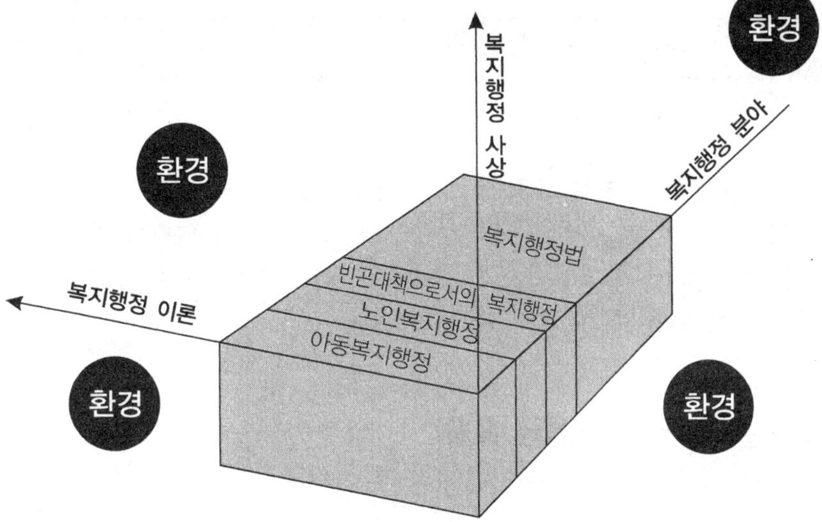

* 환경: 국내 · 외적인 정치 · 경제 · 사회 · 문화체계

그림 4-2 사회복지행정체계의 구성

다음에는 복지서비스를 복지 수혜자에게 직접 전달하고 실천(practice)하는 복지전문가 혹은 사회사업가(social worker)의 활동이 존재하며, 이들이 복지 수혜자 또는 클라이언트(client)들의 욕구를 어느 정도, 어떻게 충족시켜 주었는지를 평가 · 분석하여, 이것을 다시 정책결정에 반영시켜(feedback) 더 나은 사회복지활동이 이루어지게 한다. 이러한 과정은 역동적으로 계속되는 성질을 띠고 있는데 이것을 사회복지 주기라고 부른다.

어떠한 사회적 사실이 일반 대중이나 그 사회의 엘리트들에 의해 가치가 부여되어 사회문제가 되면, 이는 정책의제(agenda)를 형성하고, 의제에 따라 정책형성 · 집행 · 평가의 과정을 거친다.

사회복지행정은 복지행정사상, 복지행정이론, 복지행정 분야의 3차원과 이를 둘러싸고 있는 사회 전체의 환경들에 의해 구체적인 모습을 가진다.

Ⅱ 사회복지행정의 환경체계

사회복지행정에 대한 환경 요소는 그 앞 단계인 사회정책 환경 요소와 동일한 맥락에서 형성되는 것이고, 따라서 궁극적으로 이 개념은 같은 영향과 관계를 갖고 있다고 생각된다. 그리하여 포괄적으로 국내외의 정치·경제·사회·문화적인 상황을 분류해 정리하고자 한다(황진수·현외성, 1985).

1 사회복지행정의 정치적 환경

사회정책은 입법부에서 통과되는 법안에 의거하여 출현하게 되며, 따라서 사회정책은 형성에서부터 이미 정치적 영역에서 그 존립이 좌우된다. 사회복지행정은 어떤 정책을 통해 구체적으로 어떤 서비스를 누구에게, 어떤 방법으로 전달하며, 그 재원은 어떻게 창출하고 배분할 것인가 등의 일련의 문제에 대한 선택 과정이다. 이 선택 과정은 민주주의 정치질서에서는 합리적 정책결정의 통로를 통해 만들어지는데 그 배경은 정치적일 수밖에 없다. 다시 말해 한정된 자원을 어떻게 배분할 것인가는 정치적 결정에 의존하게 된다.

더욱이 현대 복지국가에 들어와서는 복지부문 예산의 증가로 인해 이것이 갖는 경제적 역할과 국가 전체에 대한 파급 효과에 관한 인식의 증대로, 복지 지출에 대한 정치적 결정은 매우 중대한 관심거리로 부각되고 있다. 이러한 상황에서 이미 복지부문의 정부 지출 증대와 이의 결정에 대한 정치적 영향력에 관한 여러 가지 연구가 있다. 워햄(Joyce Warham)은 사회서비스에 관련하여 정치적 측면이 영향을 미칠 수 있는 것으로서 네 가지를 논의하고 있는데, ① 사회서비스 급여에서의 국가의 역할, ② 정당제도, ③ 로비활동의 역할, ④ 사회서비스 행정에서의 정치적 요소 등이다(Warham, 1970: 90).

이 밖에 후기 산업사회의 복지 형태에서 사회정책에 관한 정치적 연관성을 계급갈등의 측면에서 파악하여 복지국가의 정당성을 비판하고 그 위기를 주장하는 일군의 학자들이 있다. 이들은 특히 마르크스(K. Marx)가 경제결정론적 입장에서 복지국가에 대한 비판론적 견지에 서 있는 데 반해, 후기 산업사회에서는 사회정책의 결정

요인을 마르크스가 간과한 정치 결정 요인에서 찾고 있는 것이 매우 특징적이다.[2)]

사회정책이나 사회복지행정이 형성되거나 변화되는 것은 무수한 압력단체 혹은 이익집단이 로비활동을 통해 영향을 미친 결과로 해석하는 것이 가능하다. 민주주의 사회에서는 각 구성원의 의견과 이익이 다원적으로 경합하고 협상 및 조정의 과정을 통해 정책이 형성되고 변화된다고 할 수 있다. 그러므로 사회정책이란 집단 간의 갈등을 조정한다는 측면에서 정치적 결정의 소산이다. 소위 말하는 집단이론(group theory)을 지지하는 리처도스(J. J. Richardos)와 조던(A. G. Jordan), 킴버(Richard Kimber)와 리처론드슨(J. J. Richarondson)의 견해 등이 여기에 포함되며(Richardos & Jordan, 1979; Kimber & Richarondson, 1974), 우리나라의 경우에도 사회정책과 이익집단의 관계를 결부시킨 연구를 찾아볼 수 있다.

사회정책과 연관된 행정적 측면은 정책결정 모형의 하나인 조직과정 모형(organizational process model)에서 잘 나타난다. 특히 행정부의 역할이 두드러진 우리나라의 경우 복지정책의 결정에서 행정부의 이니셔티브가 중요한 위치를 차지한다(손준규, 1981: 69-71).

2 사회복지행정의 경제적 환경

사회정책 및 사회복지행정을 수행하는 데는 정치적 결정 못지않게 재정적·경제적 문제가 관건이 된다. 국가가 민간 경제에 깊이 개입하여 공공의 복지를 증진시킨다는 원리는 결국 어느 선에서 공공경제와 민간경제가 균형을 이룩하도록 하는가에 귀착되지만 이에 따라 어떻게 어느 정도로 사회정책의 재원을 확보하는가가 매우 중요한 문제가 된다. 또 재원을 어떻게 배분하느냐 하는 문제도 경제적 파급 효과를 고려하면서 결정해야 하므로 사회정책은 필연적으로 경제부문과 상호 관련성을 갖는다. 갤브레이스(John K. Galbraith)는 민간 경제를 자유방임의 상태로 두게 되면 결국에 가서는 자원의 독점이 야기되고, 한편으로는 국민총생산이 증가하는 면도 있지만, 빈곤이나 이에 관련된 사회문제가 자동적으로 해결되는 것이 아니므로 주택, 교육, 병원 등 복지부문에 대한 정부의 개입이 필요하다고 역설했다(Warham, 1970: 99-100).

복지부문에 대한 지출은 결국 재원 조달에 따라 좌우될 수 있다. 사회복지 부문의

2) 네오마르크스주의의 사회정책과 국가이론에 관한 좀 더 자세한 자료는 박상섭, 『자본주의국가론』(한울, 1985) 참조.

서비스는 도로나 하수도 등과 같은 간접적인 효과부문에 비해 더욱 직접적이고 절박하다. 경제와 복지재정 또는 사회정책 중 재원부문이 긴밀하게 연결되어 있는 사례는 1930년대 초 세계 대공황으로 인한 경제적 파탄과 실업의 증대를 해소시키기 위해 시도된 일련의 정책 중 1935년의 미국 사회보장법의 수립 과정과 1942년 베버리지가 제출한 보고서에서 사회보험의 수립에 필수적인 선결 요건으로 완전고용정책을 논의한 사실, 또 1960년대 미국의 빈곤과의 전쟁(War on Poverty) 정책의 일환으로 경제정책과 복지정책의 혼연일체를 시도한 것에서 충분히 발견된다. 이러한 경제와 사회정책의 상호 보완적 · 상호 의존적 관계는 오늘날 거의 모든 사람에게 잘 이해되고 있다. 티트머스는 일찍이 1966년에 경제 성장의 한계를 지적하고 사회정책의 필요성을 이러한 시각에서 언급하고 있다. 그는 종래의 사회정책이 경제 성장의 부산물에 지나지 않는다는 견해를 논박하고, 경제 성장이란 구호에서 사회 성장이란 구호를 제창하기도 했다(Titmuss, 1979: 164-369).

결론적으로 말하면, 복지재정 혹은 국가의 복지부문 지출에 대한 영향력은 정치적인 요소 — 예컨대 정당의 이데올로기, 정치인의 선거전략, 정부의 기본 입장 — 뿐만 아니라 국가의 경제 여건 또한 중요하다는 것이다(Booth, 1979: Chap. 1). 더욱이 최근 선진 국가에서 복지부문의 지출이 늘어나고, 국가 예산에서 차지하는 비중이 점차 확대됨에 따라 국민경제 전체에 대한 파급 효과의 문제도 재인식하게 되는 입장에 있다. 앞으로 사회정책과 경제정책과 더욱 밀접한 관계를 맺게 될 것으로 전망된다.

3 사회복지정책의 사회적 환경

사회정책 및 사회복지행정에 영향을 끼치는 요인으로서 사회구조적 맥락을 빼놓을 수 없다. 사회계층의 특성, 가족구조와 기능의 변화, 인구학적 성질 등을 포함하는 여러 사회구조적 요인이 사회정책의 형성과 변화에 중요한 변수로 작용해 왔다. 인구학적 요인, 예컨대 한 나라의 인구 규모, 인구분포 상황, 인구성장률, 출생률과 사망률의 차이, 부양 인구 및 노인 인구의 구성 비율 등에 따라 사회정책과 사회복지행정의 내용이 달라질 수 있다(Kaim-Candle, 1973: 18-24; Rogers et. al., 1979: 19-20).

현대 사회로 접어들면서 많은 나라에서 노인 인구가 증가하게 되고, 인구 구성비에서도 노인 인구가 차지하는 비율이 높아지면서 노인복지를 위한 갖가지 사회정책과 행정이 나타나고 있다. 또 인구의 불균등한 지역적 분포도 사회정책에 영향을 끼칠 수 있다. 인구분포의 불균형 상태는 경제 성장을 가로막기도 하며, 인구 집중으로 인해 각종 범죄, 공중보건 문제, 교육시설 문제, 교통문제, 환경오염 문제 등을 야기함으로써 사회정책을 필요로 하게 된다(Leichter, 1979: 48).

윌렌스키와 르보에 의하면, 사회계층화가 심해질수록 불균형, 즉 사회문제가 증대하고 따라서 사회복지에 대한 요구가 커진다는 것이다. 그들에 의하면, 공업화는 대규모의 유동적인 노동력, 복잡한 전문화, 계층화, 대규모 조직의 발달, 대도시로의 인구 집중 등의 보편적인 결과를 초래한다. 이러한 대규모의 변화가 사회문제의 결정 요소이고 그렇게 형성된 사회문제들이 사회복지서비스에 대한 요구를 창조하며 사회정책의 출현을 촉진시키는 것이다(Wilensky, 1992).

4 사회복지행정의 문화적 환경

사회정책 및 사회복지행정의 형성과 실천에서 특정 국가의 국민적 태도, 가치관, 이념, 전통, 규범, 종교 등 문화적 요소가 환경적 요인으로 등장할 수 있다. 경제 발전과 그에 따른 사회 변화가 사회복지서비스에 대한 요구와 서비스를 제공할 수 있는 가능성을 창조하는 것이라면, 그러한 요구와 가능성에 구체적인 향상을 부여하는 것은 사회적 가치와 이념일 것이다. 한 사회가 선호하는 사회복지체계의 유형과 크기, 그리고 선택된 프로그램의 사회·경제적 효과는 사회구성원들이 갖는 가치와 인식 및 태도에 의해 절대적인 영향을 받게 된다(이혜경, 1990: 78-79).

19세기 영국에서는 자유주의와 국가개입주의를 지지하는 사람들 간의 가치관의 갈등 때문에 사회정책이 축소되어야 하는가 아니면 확대되어야 하는가에 대한 논쟁이 있었다. 그 후 20세기에 들어오면서 점차 국가 개입의 폭이 넓어져야 한다는 주장이 압도하면서 사회정책의 충실화 확대가 진행되었다. 이러한 논쟁의 과정에서 중요한 역할을 한 것으로 자조(self-help) 사상의 퇴조와 벤담(Jeremy Bentham)의 공리주의, 웹(Sidney Webb)의 집단주의(collectivism)의 앙양이라는 가치관의 변모를 들 수 있다(Fraser, 1978: 369-371).

이러한 사회사상이나 가치관의 영향력은 오늘날 미국과 서구 각국의 사회정책의 차이에서도 잘 나타나고 있다. 예를 들면, 자유주의적이고 개인주의적인 풍토가 지배적인 미국은 서구 각국에 비해 국가개입적인 사회정책의 폭이 좁다. 물론 미국이 지니고 있는 특성, 말하자면 인종적 이질성, 중앙집권화의 미약함, 노동조합의 조직화

정도가 낮음, 압력단체의 발달 및 전문적 조직의 영향 등도 있지만, 무엇보다도 자유주의적이고 국가의 비개입주의적인 가치관이 서구 각국과는 다른 복지국가의 형태를 나타내었다. 이러한 측면에서 미국의 복지체계를 히긴스(Joan Higgins)는 윌렌스키가 말한 보완적 모형(residual model)의 전형으로 보고 있다.

사회가 사회문제를 해결, 예방하는 기능을 가지고 있다면 사회문제의 인식과 수용에 따라 사회정책도 달라질 것이다 (Kasschau, 1978: 1). 어떠한 문제를 사회문제로 인식하고 어느 정도까지 개인의 욕구를 수용하고 대처해야 하는가? 사회정책을 통해 해결하려는 복지 수준은 어디까지인가 등은 결국 그 사회의 문화적 · 가치론적 차이에서 찾을 수 있다. 이러한 점에서 길(David G. Gil)은 한 사회의 신념, 가치, 이데올로기와 이로부터 나오는 관습, 전통 등이 사회정책 결정에 중대한 영향력을 끼친다고 했다 (Gil, 1973: 28).

종교 역시 국민의 사고와 심성에 개입하여 사회정책에 깊은 영향력을 발휘한다. 불교, 기독교, 유교, 유대교 등은 사회정책에 커다란 영향을 미친다는 것이다. 동양의 불교 · 유교문화권에서 보는 사회정책의 성격과 서양의 기독교 · 천주교 문화권에서 보는 사회정책은 그 목표가 동일하다 할지라도 접근 방법에서 차이가 있다. 히긴스가 일본 사회정책에서 불교의 영향력에 관한 설명을 한 바와 같이(Higgins, 1978: 74-75), 우리나라의 경우에도 불교와 유교가 사회정책에 많은 영향을 끼쳤음을 알 수 있다. 또 에이레의 경우, 천주교의 사회정책에 관한 히긴스의 사례분석에서 볼 수 있듯이 종교는 동서양 과거와 현재 혹은 미래에 사회정책 부문뿐만 아니라 사회 전체에 중대하고 지속적인 영향을 행사했고, 행사할 것이라 짐작할 수 있다.

III 사회복지행정의 사상체계

사회복지행정의 사상체계란 사회복지행정의 이론과 실천에서의 가치문제, 철학, 이데올로기 등을 포함한 개념이며, 이러한 사상체계의 문제는 개인과 국가의 만족스러운 생활에 대한 목표를 제시하는 것이기 때문에 중요하다. 또 사상체계는 한정된 자원으로서 많은 복지 수요 및 욕구를 충족시켜야 하므로 불가피한 인간적인 선택이라는 측면에서 그 의미를 찾을 수 있다.

먼저 사회복지행정에서의 가치문제를 보면, 이는 개인의 주관적 판단에 따른 객관적 당위의 문제이다. 따라서 어느 것이 좋고 어느 것이 나쁘다라는 것은 객관적인 것이 아니라 주관적인 것이다. 사회복지행정에서의 어려움은 어떤 가치를 실행의 준거로 삼을 것인지, 또는 어떤 가치가 사회복지행정의 목표에 내재된 가치로 볼 것인지 등에 관한 것이다.

사회복지행정에서 여러 가지 가치문제가 제기되겠지만 가장 기본적인 가치를 예시하면 다음과 같다(김상규 외, 1990: 32-38).

첫째, 인간의 존엄성에 대한 가치이다. 인간은 자신이 지닌 사회적 지위, 명예, 직업, 종교, 문벌, 재산, 종족에 구애받지 않고 인간이라는 사실 하나만으로 존엄한 존재로 처우되고 사회생활에서 존중되어야 한다는 가치이다.

둘째, 인간의 자기결정권 가치이다. 이 가치는 모든 사람은 각기 자신의 삶은 자기 스스로의 자유스러운 판단과 결정에 따라 영위되어야 한다는 가치이다. 개인의 특수한 결함, 예를 들면, 노령, 정신장애, 정서장애 등으로 올바른 판단이나 결정을 할 수 없는 경우를 제외하고는 스스로 올바른 판단을 할 때까지 기다리거나, 그렇게 하도록 도와 주는 것을 의미한다.

셋째, 인간의 평등 및 기회 균등에 대한 가치이다. 평등 또는 기회 균등이란 바꾸어 말하면, 현대 사회에서 국가가 제공하는 복지서비스를 개인 모두가 평등하게 받을 권리를 지니는 것을 의미하며, 국가 측에서는 평등하게 제공해야 할 의무를 갖는다는 것이다. 보통 사회복지행정에서의 이 가치는 국민의 최저생활 보장 또는 국민적 최저 수준(national minimum)이라는 말로 표현되는 것과 같이, 모든 국민이 평등하게 최저 수준의 생활을 유지하도록 제도적 장치를 통해 복지서비스를 수급하는 형식으로 나타나고 있다. 이 평등 및 기회 균등의 가치는 시간이 흐름에 따라 국민의 최저생활 보장의 수준이 아니라 자신의 능력과 기여에 따라 형평의 원리에 따라 복지서비스를 제공하는 것으로 해석되고 있다.

넷째, 인간 고통에 대한 사회적 연대성의 가치이다. 고통에 대한 의미는 개인에 따라 다를 수도 있고, 그 원인도 다양하다. 어떤 사람에게는 고통이 정신적·사회적 생활의 발전적 의미로서 해석될 수 있다.

다음, 사회복지행정의 철학체계란 사회복지행정의 근본 원리에 대한 탐구이다. 사회복지 행정사상, 사회복지 행정 이념, 사회복지 행정철학 등은 매우 유사한 개념으로 파악되어 혼동을 초래하고 있지만 그 개념 및 영역은 분명히 구분된다. 사회복지 행정사상이 사회복지행정이란 어떤 것이며, 그 기능, 역할, 목적은 어떤 것이어야 하는지 등에 대한 것이라 한다면, 사회복지 행정 이념이란 사회복지 행정사상이 결정하는 준거틀에 대한 견해와 입장을 의미한다고 볼 수 있다. 또 사회복지 행정철학은 예컨대, 사회복지 행정가가 복지 수혜자의 욕구를 판단하는 데서 욕구의 개념과 내용, 그 충족의 방법, 전달체계의 유형, 재원 조달과 배분문제 등에 대한 근본 원리의 탐구가 될 것이다(Rescher, 1972: 124). 이러한 탐구는 사회복지행정이 이루어지고 있는 특정 국가의 환경에 따라서 달라지는 데서 문제는 한층 복잡해진다. 자유민주주의 국가에서 사회복지행정은 사회주의 국가에 비해 평등(equality)보다는 형평(equity) 개념에 철학적 논의가 접근한다.[3)]

사회복지행정의 사상적 요소에 관한 연구는 주로 복지 분야 거인들의 복지에 관한 사상과 입장 중심으로 이론 연구가 진행되는 것이 일반적 경향이다. 예컨대 토니(Reisman & Titmuss, 1982), 티트머스(Reisman & Titmuss, 1977), 베버리지 등 영국 복지사에 있었던 인물들의 복지사상에 관한 연구(Barker, ed., 1984)라든지 우리나라에서는 다산 정약용, 반계 유형원 등 실학파들의 복지사상에 관한 연구[4)] 등이 그것이다.

사회복지행정의 이념에 관한 문제는 그 나라의 정치적·경제적·사회적·문화적 정향(orientation)과 어떤 관계를 지니며, 욕구 충족의 기본 틀에 관해 검토해야 할 것이다. 따라서 이 연구는 기존의 사회복지 행정체계, 실천 사항의 평가, 분석과 아울러 개인의 복지사상의 분석이 있을 수 있다. 사회복지행정 이념과 연관된 복지 이념의 논쟁은 1958년 윌렌스키와 르보의 유명한 두 가지 복지 개념에서 출발하여 오늘날에는 수많은 학자가 이념 모형을 제시, 발전시키고 있다(김상균, 1999: 111-120). 결국 이러한 이념 논쟁은 현상으로서의 복지 실천이나 사회복지행정에 관한 변화를 대변하는 한편, 미래 지향적인 변화를 예견해 주고 있다.

---

3) 좀 더 구체적인 내용은 아래의 논문들을 참조할 것. Ramesh Mishra, *Social and Social Policy* (The Macmillan Press Ltd., 1977); Vic George & Nick Manning, *Socialism, Social Welfare and Soviet Union*, RKP(London, 1985); 안병영, "소련 사회복지정책의 전개", 「아산」(1985, 하계호).

4) 다산 정약용은 우리나라의 정치·경제·사회의 역사적 고찰을 통해 정치 기구의 전면적 개혁과 지방행정의 쇄신, 농민의 토지 균점과 노동력에 의거한 수확의 공정한 분배, 노비제의 폐기 등을 내세웠다. 그의 학문체계는 유형원과 이익을 잇는 실학의 중농주의적 학풍을 계승하고 있으며, 박지원을 대표로 하는 북학파의 기술도입론을 과감히 받아들였다. 유형원은 중농사상에 입각하여 토지제도의 개편, 녹봉제의 확립, 과거제의 폐지, 신분·계급의 탈피와 기회 균등의 구현, 관제·학제의 전면적인 개편을 주장했다.

Ⅳ 사회복지행정의 법체계

법은 그 형태에 따라 헌법, 법률, 명령, 규칙, 조례 등의 위계를 갖는다. 사회복지행정과 관련하여 헌법은 선언적으로 대강을 규정하고, 헌법의 유보에 따라 법률체계를 형성한다. 그리고 각 법률은 시행령과 시행규칙 및 각종 규정에 따라 직접적인 집행단계에 이르며, 필요한 경우 각 자치단체는 조례를 제정하여 시행한다.

1 헌 법

헌법은 국민의 권리와 의무, 국회와 정부 및 법원, 헌법재판소, 선거관리위원회, 지방정부 등의 통치기구에 관한 내용은 물론 경제 및 헌법 개정에 대한 내용을 포괄하고 있다. 이러한 의미에서 헌법은 국가의 최고법으로서 법적 중요성은 물론 정치적 중요성을 갖는다. 따라서 다른 하위 법률과는 그 제정 및 개정 절차를 달리하며, 선언적이며 포괄적인 성격을 갖고 있다.

우리나라의 헌법은 제2장에서 복지에 관한 국민의 권리와 그 권리를 존중하기 위한 국가의 의무를 선언적으로 명시하고 있다. 우리 헌법은 국가에게 국민이 물질적 궁핍이나 재난에 봉착됨 없이 자율적 생활설계에 의한 자조적 생활 유지가 가능하도록 사회복지를 실현할 의무를 명시하고 있다.

이를 좀 더 구체적으로 살펴보면, 헌법 제10조에서 국민의 포괄적 권리로서 행복추구에 관한 권리를 부여하고 있으며, 제34조에서 인간다운 생활을 할 권리와 이에 대한 국가의 사회보장 및 사회복지 증진의 의무를 부과하여 사회복지행정의 원리를 시사하고 있다. 또한 제34조를 통해 여성 및 노인, 청소년, 생활 능력이 없는 자 등에 대한 국가의 보호 의무 등 일종의 특수 복지 의무를 선언하고 있다. 제36조의 경우, 국가에 대해 혼인과 모자 복지에 관한 의무를 부과하고 있고, 제31조에서 교육을 받을 국민의 권리 및 국가에 의한 교육의 의무를 선언한다. 그 밖에도 제32조와 제33조에서 근로의 권리와 국가의 의무를 규정하고 있으며, 제35조에서 건강과 쾌적한 생활의 자유를 보장하고 이를 위한 국가의 환경보전 의무를 선언하고 있다(김태성 외, 2009: 270).

2 법 률

1995년 제정된 사회보장기본법은 헌법에서 선언적 · 포괄적으로 규정된 제10조와 제34조 등의 내용을 보편적 복지로 구체화시키기 위한 사회복지행정의 핵심 법률로서, 다양한 하위 법률체계를 구성하여 사회보장기본법의 기본 원칙을 구체화시키고 있다.

우리나라의 경우, 사회복지 관련 법률은 사회복지행정의 모법인 사회보장기본법과 공공부조를 규정하는 국민기초생활보장법, 의료보험행정을 규정하는 의료보험법, 연금보험에 관한 국민연금법, 사회복지서비스 행정의 기본 원칙을 규정하는 사회복지사업법과 그 밖에도 아동복지법, 노인복지법, 장애인복지법 등의 개별 법률 등이 있다.

1) 사회보장기본법

사회보장기본법은 헌법이 규정한 사회보장의 취지를 실현하기 위해 1995년 법률 제5134호도 '사회보장기본법'을 제정했다.[5]

사회보장기본법은 제1조와 제2조를 통해 사회보장에 관한 국민의 권리와 이에 대한 각급 정부의 책임 및 사회보장제도에 관한 기본적 사항을 규정하여 국민의 복지 증진에 기여함을 목적으로 함을 명시하고, 국가가 모든 국민에게 최저생활을 보장하며, 개개인의 생활 수준을 향상시키는 제도와 여건의 조성을 통해 복지사회를 구현할 의무가 있다는 점을 선언하고 있다. 또한 사회보장은 사회보험과 공공부조 및 사회복지서비스 및 관련 복지제도(보건, 주거, 교육, 고용 등)를 통칭한다고 선언하고 있으며,[6] 사회보장에 관한 국가의 의무를 이행하기 위해 각급 정부는 제도 및 재정적 장치를 마련할 의무가 있음을 명시하고 있다.[7] 아울러 국민의 권리와 이에 관한 국가의 의무뿐만이 아니라 국민은 사회보장에 관해 국가에 협력할 책임이 있다고 규정함으로써 사회보장기본법의 목적을 밝히고 있다.[8]

사회보장기본법은 사회보장의 권리는 모든 국민이 가진다는 점과,[9] 사회보장의 수

5) 사회보장기본법과 유사한 '사회보장에 관한 법률'은 1963년 제정되었으나 사회보장기본법의 제정으로 폐지되었다.

6) 사회보장기본법 제3조.

7) 사회보장기본법 제5조, 제6조.

8) 사회보장기본법 제7조.

준은 최저생계비와 최저 임금 등이 고려되어야 한다는 점을 명시하여 사회보장의 권리 관계와 수준을 제시하고 있다. 또한 사회보장기본법은 사회보장제도를 운영하는데 반드시 형평성 · 민주성 · 전문성 등의 원칙을 준수해야 함을 명시하고,[10] 공공부조는 중앙과 지방이 함께 분장하며, 사회보험은 중앙정부가 전담하도록 규정하고 있다.[11] 이를 위해 국가는 사회보장 전달체계를 구비할 의무가 있음을 분명히 하고 있다.[12]

사회보장에 관한 주요 시책을 심의할 경우, 국무총리 소속으로 사회보장심의위원회를 설치하도록 규정하고 있다.[13] 사회보장심의위원회는 국무총리를 위원장으로 하며, 기획재정부 장관과 보건복지부 장관이 부위원장을 겸하게 된다. 관련 부처의 장관과 노사 대표, 전문가나 변호사 등 위촉위원을 포함하여 총 30인 이내의 위원으로 구성하도록 규정하고 있다.[14] 사회보장심의위원회는 매 5년마다 사회보장의 장기 발전에 관한 방향을 수립해야 하며,[15] 보건복지부 장관과 관련 부처의 장관 및 시 · 도지사는 이 방향에 따라 매년 주요 시책 추진 방안을 입안해야 한다.[16]

2) 국민기초생활보장법

국민기초생활보장법은 정부의 '생산적 복지' 이념에 바탕을 두고, 1999년 9월 제정되어 2000년 10월 1일부터 시행된 제도로서 지난 40년간의 시혜적 단순 보호 차원의 생활보호제도로부터 저소득층에 대한 국가 책임을 강화하는 복지 시책으로의 대전환은 물론 국가의 보호를 필요로 하는 절대 빈곤층의 기초생활을 보장하되, 종합적 자립자활서비스를 제공함으로써 생산적 복지 구현을 모색한다는 법 제정의 목적을 담고 있다.[17]

국민기초생활보장제도의 주요 내용을 살펴보면, 첫째, 국가의 보호를 필요로 하는 최저생계비 이하의 저소득층에 대한 기초적인 생활을 보장하기 위한 것으로 수급권자 범위의 확대와 선정 기준의 합리화를 추진한다. 특히, 종전의 거택이나 자활보호

9) 사회보장기본법 제9조.
10) 사회보장기본법 제24조.
11) 사회보장기본법 제25조.
12) 사회보장기본법 제28조.
13) 사회보장기본법 제16조.
14) 사회보장기본법 제17조.
15) 사회보장기본법 제20조.
16) 사호보장기본법 제22조.
17) 보건복지부, 국민기초생활제도 안내(http://team.mohw.go.kr/blss)

의 구분을 없애고 근로 능력의 여부나 연령 등에 관계없이 국가의 보호를 필요로 하는 최저생계비 이하의 모든 가구에 대해 생계비를 지급한다.

둘째, 근로 능력이 있는 수급자에 대한 종합적인 자활·자립 지원 시스템을 구축한다. 이를 위해 수급자의 근로 능력, 가구 여건, 자활 욕구 등을 고려해 가구별 자활지원계획을 수립하고, 이를 기반으로 체계적인 지원을 실시한다. 그뿐만 아니라 구직안내, 직원훈련, 자활공동체사업, 생업자금 융자 등의 자활지원 서비스를 제공하며, 양육, 주간 보호, 재가복지 등 근로 여건을 조성하기 위해 다른 사회복지서비스와 연계한다. 그 밖에도 근로 능력자에 대해서는 근로 유인장치를 두어 근로 의욕 감퇴를 방지하며, 이를 위해 자활공동체사업, 구직활동, 직원훈련 등에 참여하는 조건으로 생계비를 지급하고, 근로활동으로 발생하는 소득의 일정 비율을 공제하는 등의 내용으로 구성되어 있다.[18]

3) 국민건강보험법

의료보험과 연금보험 등으로 이루어지는 사회보험은 공공부조와 함께 협의의 복지를 구성하는 대표적인 사회보험이라 할 수 있다. 우리나라는 지난 1998년 10월 지역의료보험과 공무원·교직원의료보험을 통합한 국민의료보험을 실시하며 기존의 의료보험법을 국민의료보험법으로 대체했다. 이후 2000년 7월에는 직장의료보험과 국민의료보험을 통합하면서 단일 법률인 국민건강보험법을 제정하여 전 국민에 대한 단일 의료보험서비스를 제공하게 되었다.

국민건강보험법은 기존의 직장의료보험공단과 국민의료보험공단을 통합하여 국민건강보험공단을 설립하고, 국민의 질병·부상에 대한 예방·진단·출산·사망 및 건강 증진에 대해 보험급여를 실시함으로써 국민 건강을 향상시키고, 사회보장의 증진을 추진한다. 특히, 모든 국민이 소득을 기준으로 동일한 방식에 의해 보험료를 부담하도록 규정하고, 진료비의 심사 및 진료의 적정성 평가를 담당할 건강보험심사평가원을 독립법인으로 신설하는 것을 주요 내용으로 하고 있다.[19]

국민건강보험법을 구체적으로 살펴보면, 첫째, 국민건강보험법은 치료 중심에서 질병 예방과 재활 및 건강 증진을 강화하고, 좀 더 포괄적이며 발전 지향적으로 나아갈 것임을 규정하고 있다. 특히, 기존의 의료보험법이나 국민의료보험법과는 달리 소득 유형에 따라서 가입자를 직장가입자와 지역가입자로 구분하고, 소득을 기준으로

18) 보건복지부, 국민기초생활제도 안내(http://team.mohw.go.kr/blss).
19) 국민건강보험공단 홈페이지(http://www.nhic.or.kr/portal/site/main).

전 국민에 대한 단일의 보험료 부과 기준을 설정했으며, 국민건강보험법 가입자를 구분하지 아니하고, 사회적 연대성의 강화와 통합에 주력하기 위해 보험재정을 통합 운영한다.

아울러 국가의 사회보장 증진 의무 차원에서 국민의 부담 능력 등을 고려하여 국가 예산으로 지역 가입자에 대한 보험료의 일부를 부담할 수 있도록 하며,[20] 건강보험에 관한 최고 정책심의기구로 '건강보험심의위원회'를 보건복지부 내에 설치하고, 실질적인 권한을 강화한다. 건강보험정책심의위원회는 진료 급여에 관한 비용의 산정 기준 등 건강보험의 주요 사항을 심의하는 기능을 수행한다.[21]

국민건강보험과 병행하여 2008년 7월부터 노인장기요양보험제도가 시행되고 있다. 국민건강보험은 치매·중풍 등 질환의 진단, 입원 및 외래 치료, 재활치료 등을 목적으로 주로 병·의원 및 약국에서 제공하는 서비스를 급여 대상으로 하는 반면, 노인장기요양보험은 치매·중풍의 노화 및 노인성 질환 등이 있어 장기요양이 필요한 65세 이상 노인 및 치매노인 등 노인성 질환을 가진 64세 이하의 국민을 대상으로, 혼자 힘으로 일상생활을 영위하기 어려운 대상자에게 요양시설이나 재가 장기요양기관을 통해 신체활동 또는 가사 지원 등의 서비스를 제공하는 제도이다.

4) 국민연금법

국민연금법은 의료보험과 함께 우리나라 사회보장제도의 양대 지주라 할 수 있다. 국민연금법은 가입자인 국민의 노령, 폐질 또는 사망으로 소득 능력이 상실되거나 감퇴된 경우 본인이나 그 유족에게 일정액의 급부를 지급하여 안정된 생활을 할 수 있도록 국가가 운영하는 장기적인 소득보장제도이다(국민연금관리공단, 1999: 7).

현재와 같은 형태의 국민연금법은 1988년 1월 10인 이상 사업장 근로자를 대상으로 처음 시행된 이후, 1992년 1월 5인 이상 사업장 근로자로 확대하여 적용되었고, 1995년 7월 농어민 및 군 지역으로 국민연금의 적용이 확대되었다. 이후 1999년 4월 도시지역으로까지 확대 적용함으로써 본격적인 국민연금 시대가 개막되었다.[22]

특히, 국민연금법에 기초한 국민연금제도는 국가가 국민의 생활 안정과 복지 증진을 위해 보험의 원리를 도입한 사회보험으로서 가입자, 사용자, 국가로부터 일정한

20) 국민건강보험법 제67조 제2항.

21) 국민건강보험법 제4조.

22) 우리나라는 1960년 '공무원연금법'을 제정했으며, 1963년 '군인연금법', 1975년 '사립학교교원연금법'을 제정했다. 그러나 공무원연금법, 군인연금법, 사립학교교원연금법 등은 제한적인 적용이라는 점에서 국민연금의 범주에 포함시키지 않는다.

보험료를 받고 이를 재원으로 여러 정형화된 보험금의 지급을 특징으로 하는 노후 사회보장제도라 할 수 있다.

국민연금법의 내용을 좀 더 구체적으로 살펴보면, 적용 대상은 지역가입자와 사업장가입자 등으로 구분된다. 1인 이상의 대한민국 국민인 근로자를 사용하는 사업장(당연적용사업장)에 근무하는 사용자와 근로자는 외국인을 포함하여 모두 국민연금의 가입 대상이 된다. 그리고 국내에 거주하는 18세 이상 60세 미만의 국민으로서 사업장가입자가 아닌 사람은 당연히 지역가입자가 된다.

또한 사업장가입자나 지역가입자의 가입 요건에 해당하지 않으나 국민연금 가입을 원하는 자에 대해 임의 가입자로 규정하고 국민연금의 가입 대상자로 인정하고 있다.23)

국민연금의 적용 보험료율은 9%로서 직장가입자는 사용자와 근로자가 각각 표준소득월액의 4.5%씩을 공동 부담하고, 지역가입자는 사업소득, 근로소득 또는 농·임·어업소득으로 정하고 2종류 이상 소득이 함께 발생하는 경우에 합산토록 되어 있으며 보험료를 본인이 전액 납부하도록 되어 있다.

국민연금은 나이가 들거나 장애 또는 사망으로 인해 소득이 감소할 경우 일정한 급여를 지급하여 소득을 보장하는 사회보험이다. 국민연금을 통해 지급받게 되는 급여의 종류에는 노령연금(분할연금), 장애연금, 유족연금, 반환일시금, 사망일시금이 있다.

5) 사회복지사업법

사회복지사업법은 사회복지서비스의 기본 원칙을 규정하는 것으로서 1970년 사회복지사업과 관련된 생활보호, 아동복지, 노인복지, 장애인복지, 영유아보육, 윤락행위 방지 등에 관한 법률의 근간을 제공하기 위해 제정된 법률이다.

사회복지사업법은 사회복지 증진의 책임 부여, 사회복지 행정조직, 사회복지사업의 재정, 사회복지사제도, 청문제도, 사회복지 수급권의 보호, 사회복지 강제 및 사회복지법, 사회복지 구제 등을 주요 내용으로 하여 구성된다.

사회복지사업법은 중앙복지 행정조직인 보건복지부와 지방자치단체의 사회복지행정조직, 각급 사회복지위원회, 복지위원, 보건복지사무소 등에 관한 사항까지 포괄하

23) 임의 가입자는 별도 소득이 없는 국민연금 적용 대상자의 배우자 등이 대표적인 사례이며, 임의 가입자 외에 국민연금 가입 기간이 20년 미만인 가입자가 60세 달한 때에 신청을 하여 65세에 달할 때까지 국민연금 가입을 원하는 자를 임의 계속 가입자로 규정하고 있다.

고 있으며, 민간 사회복지조직인 사회복지법인과 사회복지시설, 각종 사회복지협의회 등에 관한 사항까지도 포함하고 있다.

6) 아동복지법

아동복지에 관한 법률인 아동복지법은 1962년 아동복리법을 시작으로 1982년 전문 개정에 의한 아동복지법으로 그 맥을 이어왔으나, 우리 사회의 아동복지에 대한 수요와 여건의 변화에 능동적으로 대응하기 위해 2000년 1월 법률 제6151호 아동복지법으로 전면 개정하여 시행되다가 2008년 6월에 일부 개정되어 현재에 이른다.

아동복지법은 아동복지의 주체, 아동복지의 대상, 아동복지의 조치, 아동복지시설, 아동복지 재정, 아동권의 보호 등을 주요 내용으로 한다(김근조, 2000: 407-419). 아동복지법에 의하면 아동을 18세 미만으로 규정하여, 이들을 위한 아동복지의 주체는 국가이고 그 실시기관은 각급 아동복지위원회와 각급 지방자치단체의 아동복지 지도원, 기초자치단체의 아동 위원, 각급 자치단체의 아동상담소, 보건소, 어린이공원 등은 물론 아동 전용시설 및 각종 아동복지시설까지 포함시키고 있다.

또한 아동복지의 대상은 18세 미만의 아동으로서 일반 가정의 아동과 요보호아동뿐만 아니라 요보호 임산부, 임산부까지도 포함시키고 있다. 그리고 아동복지를 위한 조치, 즉 아동 보호를 위한 절대적 금지 행위, 요보호 아동과 요보호 임산부에 대한 보호 조치, 시설보호 조치 등으로 규정하고 있으며, 아동복지시설에 관한 내용도 담고 있다.[24)]

2000년 7월부터 개정되어 시행된 아동복지법은 아동이 차별받지 않고 가족적 환경에서 성장하도록 하며, 아동의 이익을 최우선으로 고려할 것 등을 기본 이념으로 명시하고, 아동복지 지도원을 별정직 공무원에서 지방 일반직 공무원으로 변경하여, 신분상의 불이익을 받지 않고 아동복지 업무를 수행할 수 있도록 하고 있으며, 아동 학대에 대한 정의와 금지 유형을 명확히 했다.

또한 아동의 신체에 손상을 주는 학대행위, 성적 수치심을 주는 성희롱, 성폭행 등의 학대행위와 정신 건강 및 발달에 해를 끼치는 정서적 학대행위 등을 구체화시켰을 뿐만 아니라 자신의 보호 감독을 받는 아동을 유기하거나 의식주를 포함한 기본적 보호, 양육 및 치료를 소홀히 하는 방임행위가 학대에 포함됨을 명시하고 있다.

---

24) 아동복지시설의 종류로는 아동양육시설, 아동일시보호소, 아동보호치료시설, 아동직업훈련시설, 자립지원시설, 아동단기보호시설, 아동상담소, 아동전용시설, 아동복지관, 공동생활가정, 지역아동센터 등 11가지이다(아동복지법 제16조, 2004. 1. 29 개정).

아울러 아동 학대에 대해 신고를 의무화하고 긴급전화를 설치하며 아동전문보호기관을 설치하도록 하여 학대 아동에 대한 보호체계를 갖추는 한편 아동전문보호기관에 대한 비용 보조 근거를 마련했다.

7) 노인복지법

노인은 아동과 함께 사회적으로 약자이며 소외계층화될 가능성이 높다. 따라서 노인에 대한 복지의 필요성은 1969년과 1970년 각각 국회의 보건사회위원회와 법사위원회에 상정되었으나 사회적 여건의 미성숙으로 폐기되었고, 1981년 '노인복지법'이 제정되었다. 이후 노인복지법은 1997년 5월 전면 개정되었으며, 현재 가장 최근에 개정된 노인복지법은 2009년 1월 30일 개정된 것이다.

노인복지법의 주요 내용은 노인복지의 기본 이념, 노인복지의 주체와 대상, 노인복지 조치, 노인복지 재정, 심사청구, 복지법 등으로 구성된다. 이에 관한 내용을 구체적으로 살펴보면, 노인복지의 기본 원리는 노인복지 권리의 선언과 노인 취업 기회의 보장, 건전한 가족제도의 유지, 노인의 복지 증진 노력 등이며, 노인복지의 주체는 중앙복지기관의 장과 각급 지방자치단체의 장 등 노인복지 실시기관과, 국무총리 소속 노인복지대책위원회, 기초자치단체의 노인복지 상담원, 경로당과 노인정 등 민간복지시설 등이다.

노인복지의 대상은 65세 이상의 모든 노인이고, 노인복지 조치는 시설 수용과 건강 진단 등 소극적 복지 조치와 함께, 상담 및 지도와 각종 경로우대 조치, 재가노인복지사업, 각종 경로사업, 노령수당의 지급, 취업 기회의 제공 등 적극적 복지 조치 등을 주요 내용으로 한다.

노인복지 관련법은 노인복지법 제2장 경로연금 관련 법 내용이 기초노령연금법(2007. 1. 1 시행)으로 제정되었고, 치매·중풍 등 노인성 질병에 관한 법 내용은 노인장기요양보험법(2007. 7. 1 시행)으로 제정되었다.

8) 장애인복지법

장애인은 사회적으로 특별히 보호해야 할 대상이다. 정부는 장애인을 보호하기 위해 1981년에 제정된 '심신장애자복지법'을 대신하여 1989년 '장애인복지법'을 제정했고, 1999년 1월 장애인복지법을 전면 개정했다. 이후 2007년 4월 다시 전면 개정되었으며, 최근에는 2008년 2월에 개정되었다.

장애인복지법의 기본 이념을 살펴보면, 인간 존엄성의 보장과 장애인 자활의 지원,

장애인 복지 증진의 사회적 연대책임 등을 제시하고 있다. 이를 위해 장애인복지 시책으로 장애 발생의 예방과 사후 의료 및 각종의 보호, 장애인 교육, 장애인 취업 지도, 주택 보급 및 문화환경의 정비, 보호자의 배려와 세제 혜택 등을 보장하고 있다.

이러한 장애인 시책을 담당할 주체는 국가이며, 중앙행정기관의 장과 각급 지방자치단체의 장 등 장애인복지 실시기관, 각급 장애인복지위원회, 기초자치단체의 장애인복지원, 각급 장애판정위원회 등도 분담하도록 정하고 있으며, 민간 장애인복지 주체와 장애인단체 등에 관한 장애인 보호 의무까지도 규정하고 있다.

그 밖에도 장애인의 복지 조치는 예방 조치와 재활 조치, 소득 지원 조치로 구성하며, 각각의 조치에 대한 구체적인 내용까지를 포괄시키고 있다.[25)]

3 사회복지행정 관련 행정법 체계

1) 사회복지행정조직법의 체계

(1) 중앙정부와 자치단체의 사회복지행정조직법

헌법은 중앙정부와 자치단체의 사회복지행정조직법의 최정점에 위치하며, 헌법 제96조에 의해 각 행정기관의 설치와 조직 및 직무 범위 등을 정하도록 규정하고 있다. 이에 의해 정부조직법은 중앙정부조직은 물론 사회복지행정조직에 관한 사항을 규정하고 있다. 아울러 헌법 제117조와 제118조는 지방자치에 관한 사항을 규정하여 지방자치법에 의한 각급 자치단체의 조례와 규칙, 지방행정과 사회복지행정조직 등에 관한 사항까지 규정하고 있다.

먼저, 중앙정부의 사회복지행정조직은 정부조직법 제4장 제39조에 근거하여 보건복지부 장관이 보건 위생, 방역, 의정, 약정, 구호, 자활 지도, 부녀, 아동 및 사회보장에 관한 사무를 관장하도록 규정하고 있으며, 정부조직법 제2조에 근거한 '행정기관의 조직과 정원에 관한 통칙'은 보건복지부 등 국가행정기관의 조직 및 정원의 합리적인 책정과 관리를 위한 기준에 관해 언급하고 있다.

---

25) 예방 조치는 장애 발생의 예방과 장애인 실태조사 및 등록, 장애인의 날 제정 등이며, 재활 조치는 의료재활과 직업재활, 사회심리적 재활 등을 거론하고 있다. 또한 소득 지원 조치의 경우에는 생계보조수당의 지원, 의료비 지급, 보장구의 보급, 자녀교육비 지급, 각종 이용료의 할인 등을 규정하고 있다.

그 밖에도 보건복지 관련 주무 부처인 보건복지부 이외에 관련 중앙부처 조직에 대한 각 직제 등은 대통령령으로 규정하고 있다. 중앙정부의 사회복지행정조직을 규정하는 법령은 <표 4-1>과 같이 정리할 수 있다.

표 4-1 중앙정부의 사회복지행정조직 규정 법령

구분	법령	
일반 정부조직에 관한 법령	헌법 정부조직법 행정기관의 조직과 정원에 관한 통칙	정책자문위원회규정 행정 권한의 위임 및 위탁에 관한 규정
복지전담 부처에 관한 법령	교육과학기술부와 그 소속기관 직제 국가보훈처와 그 소속기관 직제 고용노동부와 그 소속기관 직제 문화체육관광부와 그 소속기관 직제	보건복지부와 그 소속기관 직제 지방교육행정기관 직제 환경부와 그 소속기관 직제 등
복지겸무 부처에 관한 법령	국토해양부와 그 소속기관 직제 공정거래위원회 직제 국방부와 그 소속기관 직제	여성가족부와 그 소속기관 직제 기획재정부와 그 소속기관 직제 행정안전부와 그 소속기관 직제 등

지방자치단체의 사회복지행정조직은 '헌법'과 '지방자치법', 대통령령으로 정한 '지방자치단체의 행정기구와 정원 기준 등에 관한 규정', 행정자치부령인 '지방자치단체의 행정기구와 정원 기준 등에 관한 규정시행규칙'과 각 자치단체의 자치입법 등으로 규정된다.

표 4-2 지방자치단체의 사회복지행정조직 규정 법령

구분	법령
일반 정부조직에 관한 법령	헌법 지방자치법 지방자치단체의 행정기구와 정원 기준 등에 관한 규정
복지 전담기구에 관한 법령	학교도서관진흥법(공립도서관) 지방교육자치에 관한 법률(교육위, 교육청) 지방교육행정기관 직제(교육청) 지역보건법(보건소)

(2) 준정부조직의 사회복지행정조직법

우리나라의 경우, 국민연금관리공단과 국민건강보험공단은 준정부조직적 성격을 갖는 사회복지행정조직 중 그 역할이 매우 중요한 사회복지행정서비스를 제공하는

기관이라 할 수 있다. 국민연금관리공단과 국민건강보험공단 등의 준정부조직들은 조직 자체만을 규정하는 법체계나 관련법에 의해 설치되는 조직으로서 한국보훈복지의료공단법에 의한 한국보훈복지의료공단, 보건환경연구원법에 의한 보건환경연구원, 한국보건사회연구원법에 의한 한국보건사회연구원, 한국한의학연구소법에 근거한 한국한의학연구원, 대한적십자사조직법에 따른 대한적십자사, 한국여성개발원법에 의한 한국여성개발원 등이 있다.

직능별 관련자의 복지를 위해 대한지방행정공제회법, 대한소방공제회법, 군인공제회법, 한국교직원공제회법 등이 제정되어 있다. 특히, 관련 규정에 근거하여 사회복지행정서비스를 제공하는 조직으로는 국민연금법에 근거한 국민연금관리공단, 공무원연금법에 의한 공무원연금관리공단, 국민건강보험법에 근거한 국민건강보험공단 등이 설치되어 있다.

(3) 민간, NGO단체의 사회복지행정조직법

민간부문이나 NGO단체에 속하는 다양한 형태의 사회복지행정조직은 사회복지사업법에 의한 사회복지법인과 공익법인의 설립·운영에 관한 법률에 따른 공익법인, 민법에 근거한 각종 법인 등이 법률에 근거하여 설치된다.

2) 사회복지행정 인사법의 체계

일반적으로 사회복지행정 인사는 사회복지행정 공무원과 민간 사회복지행정 종사자로 구분할 수 있으며, 사회복지행정 공무원과 민간 사회복지행정 종사자는 별도의 법체계에 의해 사회복지행정 인사 관계를 규정한다.

(1) 사회복지행정 공무원법 체계

사회복지행정 공무원을 규정하는 법체계는 국가공무원법과 지방공무원법을 비롯해, 국가공무원 복무규정, 공무원 근무 사항에 관한 규칙, 공무원임용령, 공무원임용시험령, 공무원교육훈련법, 공무원징계령, 공무원연금법, 지방공무원임용령, 지방공무원교육훈련법, 지방공무원 인사교류규칙 등 매우 복잡하고 다양한 법체계를 구성하고 있다.[26] 먼저 국가공무원법과 지방공무원법은 사회복지행정 공무원 인사와 관련

---

26) 그 밖에도, 지방연구직 및 지도직 공무원의 임용 등에 관한 규정, 지방전문직공무원규정, 교육공무원법, 교육공무원임용령, 교육공무원징계령, 교정직 공무원승진임용규정, 별정직 공무원인사규정, 보도직 공무원승진임용규정, 연구직 및 지도직 공무원의 임용 등에 관한 규정, 전문직 공무원인사규정 등이 있다.

된 법체계의 모법이 되는 법이다. 그러나 우리나라의 경우, 사회복지행정직에 관한 규정이 없으므로 사회복지행정 공무원만을 규정하는 별도의 법체계는 존재하지 않는다.

그러나 지방공무원 중 사회복지 전문요원에 준용하는 별정직 공무원규정과 국가공무원 중 교육공무원만을 규정하는 교육공무원법과 그 관련법에 의해 사회복지행정 공무원 인사제도가 운영되고 있다. 특히 사회복지 전문요원의 경우, 사회복지사업법 제14조에 의해 선발되는 지방공무원으로서 지방공무원법과 그 관련 법령, 소속 광역자치단체의 조례와 규칙의 적용을 받는다.

(2) 민간 사회복지행정 인사법 체계: 사회복지사업법

민간 분야의 사회복지행정 인사의 경우, 사회복지사업법에서 사회복지법인의 임원에 관해 규정하고 있으며, 전체 직원의 일정 수를 사회복지사로 충원하도록 한 강제 규정 외에는 각 복지법인이나 시설의 정관에 따르도록 하고 있다.

3) 사회복지행정의 재정 관련 법체계

복지재정법 체계는 정부의 복지재정법 체계와 민간의 복지재정법 체계로 구분할 수 있다. 먼저 정부의 복지재정법 체계를 살펴보면, 복지재정을 포함하는 일반적 재정법 체계와 복지재정법 체계로 구분된다. 일반적 재정법 체계는 국가재정법과 각 특별회계 법률, 지방자치단체 기금관리기본법, 공공자금관리기금법률로 구분할 수 있다. 특히 세입의 경우, 국세기본법을 비롯해 각 국세 법률인 지방세법, 지방재정법 등에 근거한다.

민간의 복지재정의 경우, '사회복지사업법'의 강제 규정을 제외하면, 자체 법인의 정관을 따르도록 하고 있다. 그러나 '사회복지공동모금회법'에 의해 재정 지원을 받을 수 있게 하고 있으며, 각종 정부보조금에 대해서는 '보조금의 예산 및 관리에 관한 법률'이 규정하고 있다. 그뿐만 아니라 복지법인의 기부금 모집에 관한 '기부금품의 모집 및 사용에 관한 법률'이 있다.

사회복지행정이란 결국 복지사회의 실천을 위한 매개적 또는 수단적인 영역이다. 그 법률적 체계란 사회복지 분야와 대등한 관계를 지니면서 그 체계를 형성한다. 이러한 사회복지행정과 관련된 총체적인 법을 사회복지행정법이라 한다. 물론 이러한 사회복지행정법의 법원은 헌법을 비롯한 법률, 규칙, 조례, 관습, 판례 등 다양하게 이루어지겠지만 여기에서는 법률 수준의 사회복지행정법을 의미한다. 우리나라의 경우에도 광의의 사회복지행정은 헌법에 근거하여 제정된 사회복지사업법에 주된 법적 기초를 두고 있다. 이 밖에도 사회보장법, 국민기초생활보장법, 아동복지법, 노인복지법, 장애인복지법, 영유아보호법, 모·부자복지법 등 다수의 법령들이 광의의 사회복지행정에 대한 법적 배경을 이루고 있다. 사회복지사업법은 특히 사회복지서비스의 공급에 대한 공공부문과 민간부문의 활동 방향에 관한 법적 규정을 담고 있다(이목훈, 2008: 64).

제 5 장

사회복지행정의 조직

I 공공 사회복지행정조직

1 중앙정부의 사회복지행정조직과 기능

우리나라의 경우 사회복지행정을 담당하는 중앙정부 차원의 복지전담 조직과 복지 분야를 담당하는 하위 부서를 두고 있는 지방정부 즉 일반 업무와 복지 업무를 겸하고 있는 겸무조직으로 구분한다.

표 5-1 중앙정부의 사회복지행정조직

구분	복지전담 조직	복지겸무 조직
협의의 복지	보건복지부	행정안전부(공무원연금), 국가보훈처(보훈보상복지예우) 국방부(군인연금), 국토해양부(선원보험)
광의의 복지	고용노동부, 환경부, 교육과학기술부, 문화체육관광부	국토해양부(주택복지) 기타: 교정 등(법무부 · 경찰청), 구제복지(법무부, 법원), 약자 보호(공정거래위)

이러한 구분은 협의의 복지와 광의의 복지를 담당하는 조직으로 다시 구분할 수도

있다. 협의의 사회복지를 담당하는 조직은 역시 보건복지부이다. 광의의 사회복지의 범주 가운데 특히 협의의 사회복지에 인접한 노동부와 환경부 역시 과거 보건사회부에서 각각 노동청과 환경청을 거쳐 독립했다는 점에서 보건복지부를 총괄적 사회복지행정조직으로 보는 데는 큰 무리가 없을 것이다.[1)]

1) 복지전담 행정조직

(1) 협의의 복지전담 행정조직: 보건복지부

우리나라의 보건복지부는 '사회보장기본법', '정부조직법', '보건복지부와 그 소속기관 직제' 등을 기반으로 한 총괄적인 복지전담 행정조직이다.

현재의 보건복지부는 1945년 광복 이후 수립된 초대 정부의 경우, 사회부에서 일부의 기능을 수행했으나, 1946년 보건부를 신설했고, 1955년 보건사회부로 개편되어 1963년 노동청, 1979년 환경청을 각각 외청으로 신설했다. 보건복지부의 명칭은 1994년 개칭된 것이며, 이후 2008년 2월 29일 보건복지부, 국가청소년위원회, 여성가족부(가족・보육 업무), 기획예산처(양극화민생대책본부)를 통합하여 보건복지부로 확대 개편했다.

또한 국립의료원. 국립보건원, 국립정신병원, 국립소록도병원, 국립재활원, 국립결핵병원, 국립검역소 등 26개 소속기관이 있다(보건복지부, 2009a: 8).

보건복지부는 복지전담 행정조직으로서 광의적 사회보장 분야를 담당하며 이를 위해 공공부조와 사회보험, 사회복지서비스를 총괄한다. 보건복지부는 각 영역의 여타 부처와 그 기능을 공유하며, 특히 공공부조 중 구제복지에 해당하는 기능은 행정안전부 및 각급 지방자치단체와 공유하며, 사회보험의 연금보험 중 공무원연금과 사립학교교직원연금 및 군인연금은 각각 행정안전부와 교육과학기술부, 국방부 등과 공유하고 있다. 사회보험의 국민건강보험 분야의 경우, 지역의료보험은 기초자치단체와 공동으로 수행하고 있다. 특수직 연금보험이라 할 수 있는 선원보험은 국토해양부에서 주관하며, 산업재해보상보험과 고용보험 등은 노동부에서 전담한다. 그 밖에도 교육복지 관련 항목과 문화복지 관련 항목은 각각 교육과학기술부와 문화체육관광부가 전담하고 있다. 2009년 9월 현재 보건복지부는 18개의 소관 분야를 89개의 법률로써 관장하고 있다.

---

1) 1981년 노동청이 노동부로 승격되어 독립했고, 1989년에는 환경청이 환경처로, 그 후 환경부로 독립되어 승격했다.

(2) 광의의 복지전담 행정조직

앞에서 언급한 것과 같이 노동복지, 환경복지, 교육복지, 문화복지 등은 광의의 복지에 해당하는 항목이다. 그리고 이에 해당하는 복지정책은 각각 교육과학기술부, 고

표 5-2 보건복지부의 소관 영역과 법률체계

분야	법률	계
기획조정	한국국제보건의료재단법	1
인사	한국보건복지인력개발원법	1
보건의료정책	보건의료기본법, 의료법, 의료기사 등에 관한 법률, 시체 해부 및 보존에 관한 법률, 식품위생법, 건강기능식품에 관한 법률, 약사법, 화장품법, 마약류 관리에 관한 법률, 의료기기법, 장기 등 이식에 관한 법률, 인체조직 안전 및 관리 등에 관한 법률, 응급의료에 관한 법률, 공공보건의료에 관한 법률, 혈액관리법, 대한적십자사조직법, 지방의료원의 설립 및 운영에 관한 법률, 실험동물에 관한 법률, 식품안전기본법, 어린이식생활안전관리특별법	20
건강보험	국민건강보험법	1
한의약정책	한의약육성법	1
건강정책	국민건강증진법, 보건환경연구원법, 농어촌 등 보건의료를 위한 특별조치법, 공중보건장학을 위한 특례법, 공중위생관리법, 위생사에 관한 법률, 구강보건법, 지역보건법, 모자보건법	9
질병정책	전염병예방법, 검역법, 기생충질환예방법, 후천성면역결핍증예방법, 결핵예방법, 한센인피해사건의 진상 규명 및 피해자생활 지원에 관한 법률, 암관리법, 국립암센터법, 정신보건법, 건강검진기본법	10
보건산업정책	생명윤리 및 안전에 관한 법률, 보건의료기술진흥법, 한국보건산업진흥원법, 천연물신약연구개발촉진법, 첨단의료복합단지 지정 및 지원에 관한 특별법	5
복지정책	사회보장기본법, 사회복지사업법, 농어촌주민의 보건복지 증진을 위한 특별법, 국민기초생활보장법, 의료급여법, 긴급복지지원법	6
연금정책	국민연금법, 기초노령연금법, 국민연금과 직역연금의 연계에 관한 법률	3
사회서비스정책	외국 민간원조단체에 관한 법률, 사회복지공동모금회법, 의사상자 예우에 관한 법률, 식품 기부 활성화에 관한 법률	4
저출산고령사회정책	저출산 · 고령사회기본법, 고령친화산업진흥법	2
노인정책	노인복지법, 효행 장려 및 지원에 관한 법률, 장사 등에 관한 법률, 노인장기요양보험법	4
장애인정책	장애인복지법, 장애인 · 노인 · 임산부 등의 편의 증진 보장에 관한 법률, 장애인 차별 금지 및 권리구제 등에 관한 법률, 중증장애인생산품우선구매특별법	4
아동복지정책	아동복지법, 실종아동 등의 보호 및 지원에 관한 법률, 보호시설에 있는 미성년자의 후견직무에 관한 법률	3

용노동부, 문화체육관광부, 환경부 등이 전담하고 있으므로 이들 조직도 광의의 복지 전담 조직이다.

① 교육과학기술부: 교육전담 사회복지행정조직

교육과학기술부[2]는 일정 부분의 협의적 개념의 사회복지행정과 광의적 개념의 사회복지행정을 담당하고 있다. 교육과학기술부가 담당하는 협의의 사회복지행정은 공공부조 분야로서 국민기초생활보장 대상자에 대한 교육비의 지원 등이 대표적인 경우라 할 수 있으며, 사립학교교직원연금관리공단의 감독을 통해 사립학교 교직원의 연금보험에 관여하고, 교육공무원의 연금보험에 관해서도 공무원연금관리공단과 관련되며, 공무원 및 사립학교교직원 의료보험 등에도 간접적이나마 관여하여 사회보험의 일부를 담당하고 있다.

표 5-3 교육과학기술부의 사회복지행정 기능

구분	영역	사례
협의의 사회복지행정 기능	공공부조	국민기초생활보장 대상자의 교육비 지원
	사회보험	사립학교 교직원 연금보험
	사회복지서비스	아동복지, 청소년복지, 여성복지, 모·부자복지, 노인복지
광의의 사회복지행정 기능	초중등교육, 고등교육, 평생교육, 지방교육행정, 교육정책, 교육정보관리 등	

사회복지서비스의 경우, 유아교육과 초등교육 및 중등교육을 통해 모·부자복지와 아동복지 및 청소년복지 등에 부분적인 관련성을 갖고 있으며, 평생교육을 통해 여성복지와 노인복지 등에 기여한다. 나아가 산업교육을 통한 근로복지에도 기여하고 있다.

또한 교육과학기술부는 교육복지를 전담함으로써 광의의 사회복지행정, 즉 초중등교육, 고등교육, 교육정책, 지방교육행정, 평생교육, 교육정보관리 등의 기능을 수행하고 있다.

② 고용노동부: 노동전담 사회복지행정조직

고용노동부는 근로 조건의 기준, 직업 안정, 직원훈련, 실업대책, 산업재해보상보

2) 교육과학기술부는 2008년 2월 정부조직법 개정에 따라 교육인적자원부와 과학기술부 일부가 통합하여 교육과학기술부로 개편되었다.

표 5-4 고용노동부의 사회복지행정 기능

구분	영역	사례
협의의 사회복지행정 기능	공공부조	저소득 취업애로계층 고용 지원
	사회보험	산업재해보상보험, 고용보험
	사회복지서비스	장애인 · 여성 · 고령자 근로 및 고용 촉진
광의의 사회복지행정 기능	노사정책, 근로 기준, 산업 안전, 고용 안정, 최저 임금, 산업재해보상보험 심사, 노동위원회 판결, 노동연수, 직업 안정 등	

험, 근로자의 복지후생, 노사관계의 조정, 기타 노동에 관한 사무 등을 관장하는 중앙행정기관이다. 고용노동부의 기능 중 협의의 사회복지행정에 해당하는 것은 공공부조로서 기초생활수급자와 차상위 계층의 취업훈련, 사회보험으로서 산업재해보상보험 및 고용보험, 사회복지서비스로서 장애인과 부녀자 및 아동 근로에 대한 배려 등이 가장 대표적인 것이라 할 수 있다. 광의의 사회복지행정에는 노동복지 일반, 즉 노사정책, 근로 기준, 산업 안전, 고용 안정, 최저 임금, 산업재해보상보험 심사, 노동위원회에 의한 판결, 노동 연수, 직업 안정 등의 주요 기능이 이에 해당된다.

③ 기타 조직

문화체육관광부[3]는 문화, 예술, 체육, 청소년 및 관광에 관한 사무를 담당한다. 문화체육관광부도 환경부와 마찬가지로 광의의 복지만을 전담하는 조직으로서 종교 관련 업무, 청소년정책, 문화정책, 예술 진흥, 문화산업, 관광, 체육 등을 중심으로 삶의 질과 관련된 문화복지에 주력하고 있다.

환경부[4]는 자연환경 및 생활환경의 보전과 환경오염 방지에 관한 사무를 관장한다. 환경부는 환경정책, 자연보전, 대기보전, 수질보전, 상하수도, 폐기물관리 등을 통한 인간의 생존권적 기본권과 삶의 질 확보, 생태학적 환경보전 등의 광의의 사회복지행정을 담당한다.

---

3) 1948년 정부 수립 당시 신설된 공보처에서 시작되어 조직 개편에 따라 지속적인 변화를 거치다가, 2008년 2월 정부조직법 개정에 의해 정보통신부 일부, 그리고 국정홍보처와 통합하여 문화체육관광부로 개편되었다. 문화예술의 창달, 전통문화의 보존 · 전승 발전과 문화관광산업의 육성, 체육 진흥 및 청소년 건전 육성정책을 관장한다.

4) 1967년 2월 보건사회부(지금의 보건복지부) 보건위생과를 환경위생과로 개편하면서 공해계를 신설함으로써 처음 환경문제를 담당하는 부서가 설치되었다. 1994년 12월 대통령 직속의 환경부로 승격되었다.

2) 복지겸무 행정조직

협의적 개념의 복지에 해당하는 공공부조, 사회보험 및 사회복지서비스를 담당하는 하위 부서를 둔 협의의 복지겸무 행정조직은 행정안전부, 국방부, 국가보훈처, 국토해양부 등이다. 광의의 복지겸무 행정조직은 대표적으로 주거복지를 담당하는 국토해양부이다. 이외에도 교정복지 및 피의자 복지 등을 담당하는 경찰청, 법무부, 법원과 소비자 보호와 공정 거래 기능을 맡고 있는 공정거래위원회 등도 광의적 의미의 복지겸무 행정조직에 포함시킬 수 있다.

(1) 행정안전부

행정안전부[5]의 경우, 연금복지과 등에서 공무원연금관리공단을 두어 공무원의 복지 업무를 관장하고 있다. 공무원연금관리공단은 공무원이 퇴직, 사망 또는 공무상 질병, 부상, 폐질을 당한 경우에 적절한 급여를 실시함으로써 공무원 및 그 유족의 생활 안정과 복리 향상에 기여하는 등 공무원에 대한 각종 사회복지서비스를 제공하고 있다.

또한 행정안전부를 통해 2005년부터는 공무원 개개인에게 배정된 복지예산 범위 내에서 자신의 욕구와 수요에 따라 복지 항목을 선택할 수 있게 한 공무원 맞춤형 복지제도를 도입하여 운영하고 있다. 공무원 맞춤형 복지제도는 공무원의 적극적인 업무 수행을 촉진하기 위한 동기부여 수단으로서 보수 이외의 부가적 편익을 제공하는 간접 보상을 말하며, '조직의 효율적 운영과 개인의 복지 욕구의 조화·균형'의 원칙에 따라 운영하고 있다.

행정안전부에서는 공무원 맞춤형 복지제도를 비롯하여 공무원 문예·미술·음악 등 3대 예술대전과 공무원 동호인회 대외활동 지원, 퇴직 예정 공무원들에 대한 행복한 퇴직설계 과정 운영 등을 통해 다양한 복지 수요를 충족시켜 오고 있다(행정안전부, 2008: 118).

(2) 국방부

국방부는 현역 군인에 한해 복지를 제공하는 복지겸무 행정조직이다. 2009년 12월 현재 현역 군인에 대한 복지를 담당하는 부서로는 인사복지실의 보건복지관 아래 복

---

5) 행정안전부는 1948년 설치된 내무부가 모체로, 이후 약 50년간 존속했는데, 정부조직 개편에 따라 기능 및 명칭이 여러 차례 바뀌었다. 2008년 중앙인사위원회와 비상기획위원회를 통합하면서 행정안전부로 개편되었다.

지정책과와 군인연금과가 설치되어 있다. 이들 부서는 현역 군인과 가족 등에 대한 복지정책의 수립·조정 및 제도 발전과 군인연금법에 따른 군인연금기금의 관리와 운영을 맡고 있다.

(3) 국가보훈처

국가보훈처[6]는 국가 유공자, 제대 군인 등 보훈 대상자에 한해 복지를 전담하는 복지겸무 조직이다.

표 5-5 복지겸무 행정조직에 의한 협의의 복지 기능

조직	복지 기능
행정안전부	공무원연금, 복지서비스(복리제도)
국방부	군인연금, 군인보험 복지서비스(복리제도)
국가보훈처	보훈 지원, 복지의료(의료 보호), 복지서비스(취업 알선, 교육, 대부 지원)

국가보훈처는 독립유공자 및 그 유족, 국가 유공자 및 그 유족, 참전 유공자, 5·18 민주유공자, 고엽제 후유증 환자, 특수임무 수행자, 장기 제대군인 등에 대한 보훈, 보상·보호, 교육, 취업, 의료, 대부 지원사무 등을 관장한다.

(4) 여성가족부

여성가족부는 1998년 2월 28일 대통령 소속하의 여성특별위원회가 2001년 1월 29일 여성부로 신설·출범했다. 여성가족부는 기존의 여성특별위원회 업무와 함께 보건복지부로부터 가정폭력, 성폭력 피해자의 보호, 윤락행위 등의 방지 업무 및 일제하 일본군 위안부에 대한 생활 안정 지원, 노동부의 '일하는 여성의 집' 사무를 이관받아 수행했다. 2004년 6월 12일, 보건복지부로부터 이관받은 영유아 보육 업무까지 수행하게 된 여성가족부는 여성정책의 기획·종합, 남녀 차별의 금지 및 구제 등 여성의 지위와 권익뿐만 아니라 여성 인적 자원의 성장 동력화를 통해 국가경쟁력 제고 및 양성 평등사회의 구현이라는 중요한 역할을 담당하는 국가기구이다.

---

6) 국가유공자에 대한 보훈 업무를 관장하는 국무총리 산하 중앙행정기구이다. 국가유공자와 그 유족에 대한 보훈, 제대 군인 및 월남 귀순용사의 보상·보호, 군인 보험, 기타 법령이 정하는 보훈에 관한 사무를 담당한다. 1961년 군사원호청설치령에 의해 군사원호청이 설치되었으며, 1962년 원호처로 승격되었고, 1985년 국가보훈처로 개칭되었다.

(5) 국토해양부

국토해양부는 광의의 사회복지의 하나인 주거복지와 관련된 행정조직이다. 국토해양부는 주택 건설을 비롯해 국토종합개발계획의 수립·조정, 국토 및 수자원의 보전·이용·개발, 도시 및 도로의 건설, 해안·하천 및 간척과 육운, 항공에 관한 사무 등을 담당한다.

2009년 12월 현재, 국토해양부 주택토지실 아래 주택정책과, 주택기금과, 주거복지기획과 등을 통해 저소득계층 및 사회취약·보호계층, 청소년, 아동 등의 주거생활 안정 및 주거 수준 향상을 위한 주택 관련 주거복지정책을 담당하고 있다.

표 5-6 광의의 복지겸무 행정조직에 의한 복지 기능

<table>
<tr><th colspan="2">조직</th><th>복지 기능</th></tr>
<tr><td colspan="2">주거복지</td><td>국토해양부 주택정책과, 주거복지기획과</td></tr>
<tr><td rowspan="3">기타 주변적 복지</td><td>(1) 교정 · 피의자복지</td><td>법무부</td></tr>
<tr><td>(2) 구제복지</td><td>법무부, 법원, 대한법률구조공단</td></tr>
<tr><td>(3) 약자보호복지</td><td>공정거래위원회, 한국소비자원</td></tr>
</table>

그 밖에도 광의의 복지겸무 행정조직에는 경찰청과 법무부에 의한 교정복지 및 피의자 복지, 구제 복지, 약자 보호 복지 등이 있으며, 일반적인 약자라 할 수 있는 소비자와 하도급자 등을 보호하는 공정거래위원회, 기획재정부 산하 한국소비자원[7] 등이 있다.

3) 수단적 사회복지행정조직

광의의 사회복지행정이나 협의의 사회복지행정, 복지전담 혹은 복지겸무 행정조직이 모든 사회복지행정이 가능하도록 하기 위해서는 반드시 복지 재원과 복지조직 등이 전제되어야만 가능하다.

게다가 중앙정부의 사회복지행정이 지방정부로 전달될 수 있는 시스템의 구축도 매우 중요한 전제 조건이다. 따라서 기획재정부는 복지재정을 확보하고, 이를 기능별·사업별로 분류하여 재원을 지원하는 수단적 사회복지행정조직이라 할 수 있다.

---

7) 한국소비자원은 1987년 7월 1일 소비자보호법에 의해 한국소비자보호원으로 설립된 후, 2007년 3월 28일 소비자기본법에 의해 한국소비자원으로 기관명이 변경되었다.

표 5-7 수단적 사회복지행정조직의 기능

조직	해당 부서	기능
기획재정부	예산실(사회예산심의관, 경제예산심의관)	복지재정 확보
행정안전부	인사실 · 조직실(인사정책관, 조직정책관)	복지조직 편제, 복지인사 확보 · 배정

또한 사회복지행정 인사를 충원하여 배치하고 복지 관련 조직을 편제할 수 있게 하는 행정안전부도 수단적 사회복지행정조직이라 할 수 있다(황진수, 2003).

4) 위원회조직과 정부 위촉조직

중앙정부나 각 자치단체에 설치된 각종 위원회조직과 정부 위촉조직도 직 · 간접적인 복지담당기관이라 할 수 있다(장인협 외, 2009: 167). 2010년 말 현재, 중앙정부에 설치된 위원회는 사회보장심의위원회(사회보장기본법 제16조), 건강보험정책심의위원회(국민건강보험법 제4조), 국민연금심의위원회(국민연금법 제5조), 국민연금기금운용위원회(국민연금법 제103조), 여성정책조정회의(여성발전기본법 제11조), 장기요양위원회(노인장기요양보험법 제45조), 아동정책조정위원회(아동복지법 제4조의2) 등이 대표적이다.

지방자치단체에 설치된 사회복지위원회는 시 · 도별 사회복지위원회(사회복지사업법 제7조)[8]가 있다. 그리고 중앙과 지방에 설치된 대표적인 사회복지 관련 위원회로는 국민기초생활보장법에 의한 생활보장사업의 기획 · 조사 · 실시 등에 관한 사항을 심의 · 의결하기 위한 보건복지부 소관의 중앙생활보호위원회(국민기초생활보장법 제20조), 특별시 · 광역시 · 도 · 특별자치도, 시 · 군 · 구의 기초자치단체에 설치된 생활보호위원회가 있다.

그리고 보육에 관한 각종 정책 · 사업 · 보육지도 및 시설평가 사항 등을 심의하기 위해 보건복지부에 중앙보육정책위원회가 있으며, 특별시 · 광역시 · 도 · 특별자치도 및 시 · 군 · 구에 지방보육정책위원회가 설치되어 있다(영유아보육법 제6조).

이 밖에도 개별 법령과 조례를 근거로 사회복지정책에 관한 기능을 조정 · 심의하는 여러 위원회가 중앙부처와 지방자치단체에 설치되어 있다.

---

8) 중앙사회복지위원회는 사회보장심의위원회와 기능이 중복되어 1997년 8월 22일 법 개정시 폐지되어 1998년부터 시 · 도에만 사회복지위원회가 설치되었다.

5) 중앙정부의 주요 기능

보건복지부, 노동부 등 중앙정부는 사회복지행정 주체로서 일정 역할을 담당하고

표 5-8 중앙정부의 복지 업무 현황

구분			법률	주관 부서
사회복지서비스	노인복지		노인복지법	보건복지부
			기초노령연금법	보건복지부
			고용상 연령차별 금지 및 장년고용 촉진에 관한 법률	노동부
	장애인복지		장애인복지법	보건복지부
			장애인 고용 촉진 및 직업재활법	노동부, 보건복지부
			특수교육진흥법	교육과학기술부
			장애인·노인·임산부 등의 편의 증진 보장에 관한 법률	보건복지부
	여성복지		여성발전기본법	여성가족부
			성폭력범죄의 처벌 및 피해자 보호 등에 관한 법률	여성가족부, 법무부
	영유아복지		영유아복지법	보건복지부
			유아교육법	교육과학기술부
	아동복지		아동복지법	보건복지부
			입양 촉진 및 절차에 관한 특례법	보건복지부
	청소년복지		청소년복지지원법	보건복지부
			청소년기본법	보건복지부
			청소년보호법	보건복지부
사회보험	연금보험	국민연금	국민연금법	보건복지부
		공무원연금	공무원연금법	행정안전부
		사립학교연금	사립학교교직원연금법	교육과학기술부
		군인연금	군인연금법	국방부
	건강보험		국민건강보험법	보건복지부
	요양보험		노인장기요양보험법	보건복지부
	산재보험		산업재해보상보험법	고용노동부
	고용보험		고용보험법	고용노동부
공적부조	기초생활보장		국민기초생활보장법	보건복지부, 행정안전부
	의료급여		의료급여법	보건복지부, 행정안전부
	보훈급여		국가유공자 등 예우 및 지원에 관한 법률	국가보훈처, 행정안전부
			일제하 일본군 위안부에 대한 생활안정지원법	국가보훈처, 행정안전부

자료: 양승일·정혁인(2009: 152).

있는데, 대략적으로 다음과 같은 역할을 수행한다.

첫째, 국가보조금을 지원하는 역할이다. 중앙정부는 지방정부나 민간사회복지기관에 국가보조금을 지원하여 이들의 복지활동을 돕는다.

둘째, 규제자로서의 역할이다. 중앙정부는 사회복지 관련 법규를 통해 민간 사회복지시설 등을 규제한다.

셋째, 사회복지 인력의 고용자로서의 역할이다. 중앙정부는 공공복지의 현장이라고 해도 과언이 아니라는 점에서, 사회복지 인력을 직접 채용하여 사회복지 실천 등을 수행하는 거대조직 중의 하나이다(양승일 · 정혁인, 2009: 151).

넷째, 사회복지정책의 조정 · 통합이다. 중앙정부는 다양한 사회복지 요구를 수렴할 수 있는 최상위 행정조직이며 필요 시 중앙 차원에서 사회복지 프로그램과 서비스를 전국에 균등하게 제공하거나 또는 특정 지역 및 계층에 집중할 수 있는 조정 · 통합의 권한을 가지고 있다.

2 광역자치단체의 사회복지행정조직과 기능

1) 복지전담 행정조직

우리나라는 복지 선진국처럼 복지 업무를 전담하는 특별지방행정기관인 사회복지사무소제도가 시행되지 않고 있다. 따라서 현실적으로 협의의 사회복지인 공공부조와 사회보험, 사회복지서비스 등에 관한 업무는 자치단체의 경우 복지담당 하위 부서(보조기관 등)가 담당하고 있다. 광의의 사회복지의 경우, 공무원의 처우에 관한 복지와 교육 및 환경, 문화 등을 담당하는 복지전담 행정조직은 광역자치단체의 직속기관과 특별집행기관, 광역자치단체의 직영시설 등이 담당하고 있다.

특별집행기관은 특정한 기능을 담당하는 조직으로서 특별지방행정기관적 성격을 갖고 있지만, 지방권역을 단위로 하는 자치적 기관이라는 점에서 지방자치단체적인 성격까지 갖고 있다. 따라서 특별집행기관은 특별지방자치단체나 지방자치단체 양자에 포함되지만 그 성격이 명확히 구분되지 않는다는 점에서 특별집행기관이라 한다. 대체로 특별집행기관은 지방교육 자치에 관한 법률과 지방교육행정기관 직제 등에 의해 규정되고, 교육위원회, 교육청, 공립도서관, 광역자치단체가 직접 설립 · 운영하는 공립공영복지시설 등이다.

2) 복지전담 행정부서

복지전담 행정부서는 복지전담 행정조직과는 달리 광역자치단체에 설치된 하위 부서를 의미하며 협의의 복지전담 행정부서로서 사회복지행정 주무부서라 할 수 있다. 협의의 복지전담 행정부서는 협의적 개념의 복지인 공공부조와 사회보험 및 사회복지서비스를 전담하는 행정부서로서 광역자치단체의 집행기관 안에 설치된 복지국, 복지건강국, 보건복지여성국, 복지환경국, 사회복지국, 복지여성국 등이 대표적인 경우라 할 수 있다. 2010년 12월 현재 협의의 복지전담 부서의 사무를 정리하면 <표 5-9>와 같다.

표 5-9 광역자치단체 복지전담 부서

광역자치단체	복지전담 행정부서	광역자치단체	복지전담 행정부서
서울특별시	복지건강본부	강원도	보건복지여성국
부산광역시	복지건강국	충청북도	보건복지여성국
대구광역시	보건복지여성국	충청남도	복지환경국
인천광역시	여성복지보건국	전라북도	복지여성보건국
광주광역시	사회복지국	전라남도	복지여성국
대전광역시	복지여성국	경상북도	보건복지여성국
울산광역시	복지여성국	경상남도	보건복지여성국
경기도	복지건강국	제주특별자치도	보건복지여성국

3) 복지겸무 행정부서

광의의 복지를 겸무하는 광역자치단체의 행정부서는 행정관리 및 예산 기능을 담당하는 부서들로서 복지예산 및 복지인력계획을 총괄하는 사무를 통해 간접적인 사회복지행정을 지원한다고 할 수 있다. 또한 사회 취약계층 및 저소득층을 위한 주택복지를 별도의 사무로 관장하는 광역자치단체의 도시주택국, 도시재생국, 건설교통국 등과 삶의 질과 관련하여 복지 개념의 확대에 따른 환경, 문화예술, 보건체육 관련 부서들도 광의의 복지 기능을 수행하고 있다.

3 기초자치단체의 사회복지행정조직과 기능

사회복지행정의 성격상 서비스의 직접적인 전달이 중요하지만 행정조직의 계층적 구조에 따라 서비스의 최종적인 전달은 기초자치단체가 담당하는 경우가 많다고 할 수 있다. 따라서 기초자치단체의 조직과 하위 부서에 대해 살펴본다.

1) 복지전담 행정조직

기초자치단체에서도 광역자치단체와 마찬가지로 협의의 사회복지인 공공부조와 사회보험, 사회복지서비스에 관한 행정은 복지담당 하위 부서에서 다룬다. 그러나 보건과 교육 및 청소년, 문화 등 광의적 사회복지의 경우, 기초자치단체의 직속기관과 특별집행기관 및 직영시설 등의 복지전담 행정조직을 설치하고 있다.

(1) 직속기관: 보건(지)소

기초자치단체를 기본 단위로 설치되는 보건소는 성격상 보건복지부의 특별지방행정기관의 성격을 갖지만 그 기능 가운데 일부인 보건의료만을 담당하면서 기초자치단체의 집행기관과 매우 유기적인 성격을 갖는다. 그래서 선진적인 사회복지사무소 제도의 확대 실시의 경우 보건소 기능[9]의 복합적 강화를 지적할 수 있다. 현재 보건(지)소의 설치는 지역보건법 제7조를 근거로 대통령령이 정하는 설치 기준에 따라 지방자치단체의 조례로 정할 수 있으며, 우리나라의 보건소, 보건지소 및 보건진료소 제도의 수립 · 운영의 총괄 주무부서는 보건복지부 건강정책국 건강정책과이다.

(2) 특별집행기관: 교육청

교육청은 광의의 복지인 교육을 전담하는 특별집행기관이라 할 수 있다. 교육청의 경

---

9) 현재 지역보건법 제9조(보건소의 업무)에 정한 보건소의 업무는 다음 각 호와 같다. 1. 국민건강 증진 · 보건교육 · 구강건강 및 영양개선사업, 2. 감염병의 예방 · 관리 및 진료, 3. 모자보건 및 가족계획사업, 4. 노인보건사업, 5. 공중위생 및 식품위생, 6. 의료인 및 의료기관에 대한 지도 등에 관한 사항, 7. 의료기사 · 의무기록사 및 안경사에 대한 지도등에 관한 사항, 8. 응급의료에 관한 사항, 9. 농어촌 등 보건의료를 위한 특별조치법에 의한 공중보건의사 · 보건진료원 및 보건진료소에 대한 지도 등에 관한 사항, 10. 약사에 관한 사항과 마약 · 향정신성 의약품의 관리에 관한 사항, 11. 정신보건에 관한 사항, 12. 가정 · 사회복지시설 등을 방문하여 행하는 보건의료사업, 13. 지역주민에 대한 진료, 건강진단 및 만성퇴행성 질환 등의 질병관리에 관한 사항, 14. 보건에 관한 실험 또는 검사에 관한 사항, 15. 장애인의 재활사업 기타 보건복지부령이 정하는 사회복지사업, 16. 기타 지역주민의 보건의료의 향상 · 증진 및 이를 위한 연구 등에 관한 사업.

우, 지방교육 자치에 관한 법률과 지방교육 행정기관 직제 등에 근거하여 그 설치를 규정하고 있으며, 이미 거론된 광역자치단체 단위로 설치되는 상급 교육청의 전달기관적 성격을 갖는다.

따라서 교육청의 기능은 상급 교육청의 경우와 같이 관할구역 내 유아교육과 초중등교육, 체육 및 학예 등의 업무를 담당하고 있다. 2009년 10월 현재 교육과학기술부는 [그림 5-1]과 같이 지역교육청에 있어 '학교 · 가정 · 지역사회'를 연계한 학교사회복지사업을 더욱 강화한 새로운 지역교육청 표준 모델을 시범 운영 후 확대할 계획이다.

교육과학기술부는 우선 기능 개편 시범교육청으로 선정된 전국 4개 지역교육청(경기 군포의왕, 부산 남부, 울산 강북, 충남 부여) 및 4개 시 · 도교육청을 대상으로 시

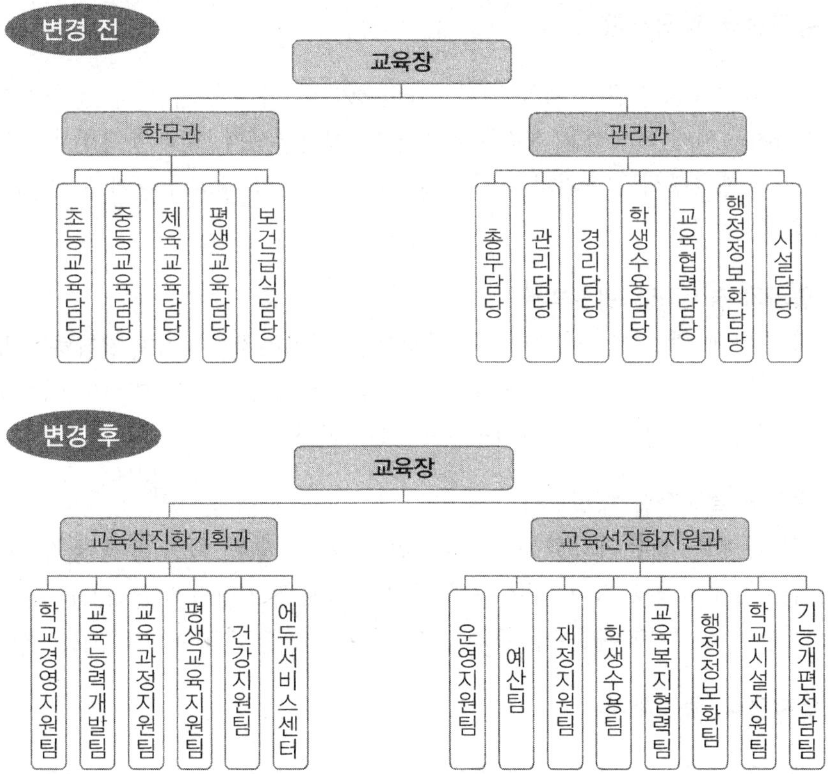

그림 5-1 기능 개편 시범교육청 조직개편도

자료: 군포의왕교육청.

범사업을 시행하여 지역교육청 표준 모델을 정립했다. 이러한 정책 배경은 지역교육청이 공급자 중심의 교육관리·감독 기능 중심에서 학교 현장 및 수요자 지원 중심으로 교육과 복지를 연계한 서비스 지원 기능을 강화하는 것이다.

(3) 기타 직영복지시설

기초자치단체는 사회복지전문기관으로 종합사회복지관, 청소년회관, 아동복지시설, 노인복지시설, 장애인복지시설, 여성복지시설, 가정(성)폭력상담센터, 아동학대예방센터, 정신보건센터, 노인학대예방센터, 쉼터, 주간보호소, 지역자활센터 등을 설치할 수 있다. 기초자치단체의 직영 복지시설은 보건복지부 장관 및 광역자치단체의 장의 승인을 얻어 설치·운영할 수 있으며, 기초자치단체장은 사회복지 전담요원을 임용·위촉하여 사회복지 전문 분야의 사업을 수행할 수 있다.

2) 복지전담 행정부서

기초자치단체의 복지담당 행정부서는 관련 실·국 아래 설치된 과 단위에 해당한다. 기초자치단체의 복지전담 행정부서는 전담 행정부서와 겸무 행정부서로 구분하며, 복지전담 행정부서는 협의의 복지를 전담하는 부서와 광의의 복지를 전담하는 부서로 구분할 수 있다.

(1) 협의의 복지전담 행정부서

협의적 복지에 해당하는 공공부조와 사회보험, 사회복지서비스를 전담하는 부서는 기초자치단체의 경우, 공공부조·사회보험 등을 담당하는 사회복지과와 사회복지서비스를 담당하는 가정복지과·사회과 등이 해당된다.

(2) 광의의 복지전담 행정부서

시 단위의 경우, 관련 국(局) 내에 있는 위생, 환경, 청소, 녹지 등의 환경 관련 과, 주택 관련 과, 문화공보 관련 기관 등이 광의의 복지를 전담하게 된다. 군 지역의 경우, 환경 관련 과, 주택 관련 과, 문화공보 관련 기구 등이 광의의 복지를 전담한다.

3) 복지겸무 행정부서

도시지역을 제외한 일련의 군(郡) 단위 자치단체의 경우, 세분화되지 못한 조직 형태로 인해 복지겸무 행정부서가 많으며, 간혹 도시 지역의 경우에도 사회위생과 등을 두어 협의의 사회복지행정과 함께 여타 관련 업무를 겸무하는 경우가 있다. 복지겸무

행정부서는 복지서비스의 최종 전달 행정기관이다. 최종 전달기관의 기구는 읍·면·동, 인구 등에 따라 다소의 차이를 나타낸다. 특히 동(洞)의 경우, 대개 사회복지 담당 직원이 주민센터의 주민생활 지원 업무의 기능 속에 편제되어 복지 업무를 관장하고 있다.[10)]

Ⅱ 민간 사회복지행정조직

1 민간 사회복지행정조직의 개념

사회복지서비스를 제공하는 전달 주체 또는 운영 주체가 정부의 공적 행정조직에 의해 이루어지는 것 이외에 사적 사회복지서비스 전달체계가 존재한다. 오늘날 사회복지 전달체계를 보면 완전히 공공조직에 의해서만 이루어지는 경우는 거의 없으며 민간의 다양한 사회복지기관들과 함께 하는 경우가 대부분이다. 이와 같은 이유는 공적 영역에서 사회복지에 관한 다양한 기대와 욕구를 충족시킬 수도 없고 그렇게 하는 것이 오히려 행정의 낭비나 비효율을 초래하기 때문이다. 또한 클라이언트에게 제공되는 서비스의 다양한 선택 기회와 질적 수준 및 전문성 제고, 서비스의 적시성 및 융통성 측면에서 다양한 내용과 규모를 가진 민간의 사회복지서비스 주체들을 활용하는 것이 훨씬 효율적이다. 더구나 사회복지 수준이 높지 않은 사회일수록 공적 사회복지조직에서 제공하는 서비스보다는 민간 사회복지조직에서 제공하는 서비스가 접근성이 용이하고 국가의 복지 사각지대를 보완해 주는 훌륭한 기능을 하고 있다. 따라서 사회복지행정 현상과 필요성은 공공기관뿐만 아니라 민간부문에서도 존재하기 때문에 민간의 사회복지행정조직을 살펴볼 필요가 있다.

민간 사회복지행정조직이란 영리를 목적으로 하지 않는 사회복지법인, 재단법인 및 사단법인 등과 같이 실정법상 민법과 중앙정부 및 지방자치단체의 비영리법인 설립규칙에 따라 설치·운영되는 법인격 주체들을 포함한 자발적인 민간단체나 종교단

10) 사회복지사업법 제14조에 의하면, "사회복지사업에 관한 업무를 담당하게 하기 위하여 시·도, 시·군·구 및 읍·면·동 또는 제15조의 규정에 의한 복지사무전담기구에 사회복지 전담 공무원(이하 "복지전담 공무원"이라 한다)을 둘 수 있다"고 규정하고 있다.

체, 사회복지 자원봉사조직도 넓은 의미에서 민간 사회복지조직에 포함될 수 있다. 왜냐하면 사회복지조직을 설치하는 것에 대한 법적 등록이나 신고 절차 등을 따르지 않는 비영리 자발적 조직 및 자원봉사단체라 할지라도 실제로 제공하는 복지서비스와 조직활동의 내용과 방식에 따라 공적 지원이나 감독 · 규제의 대상이 될 수 있기 때문이다.

2 민간 사회복지행정조직의 유형과 기능

실질적으로 사회복지서비스를 제공하는 다양한 비영리조직들을 민간 사회복지행정조직으로 볼 수 있지만 한국사회복지협의회에서는 민간 사회복지행정조직을 16개 분야로 분류하고 있는데 그 내용은 다음과 같다. ① 사회복지협의회, ② 직능별 협의회, ③ 아동복지기관, 단체시설 및 육아원, ④ 청소년 복지관, ⑤ 부녀복지기관, 단체, 시설, 여성회관 및 부녀복지관, ⑥ 노인복지기관, 단체 및 시설, ⑦ 장애인복지기관, 단체, 시설, 아동 및 성인시설, 정신요양시설, ⑧ 가족 복지기관, ⑨ 지역사회 복지기관, ⑩ 부랑인 복지시설, ⑪ 산업사회 복지기관, ⑫ 의료사회 복지사업기관, ⑬ 갱생보호 사업기관 및 시설, ⑭ 사회복지 상담기관, ⑮ 자원봉사자 양성기관, ⑯ 기타 사회복지 관련 분야의 기관 등이다(장동일, 2008: 332).

그리고 보건복지부는 외부 간판, 소식지, 홍보, 외부활동 등을 통해 사회복지시설임을 명시하거나 표방하는 경우, 사회복지 거주 및 보호를 목적으로 생활인을 모집하는 경우, 보호하고 있는 생활인을 근거로 후원금품을 모집하는 경우도 그 내용을 판단하여 사회복지시설로서 관리 대상에 포함하고 있다. 여기서는 민간 사회복지행정조직의 대표적인 것으로 볼 수 있는 사회복지협의체 및 사회복지시설을 살펴보고자 한다.

1) 사회복지협의체

사회복지협의체는 "복지와 보건에 관한 지역사회의 문제 해결에 필요한 계획을 수립하고 사업을 추진함에 있어서 주민의 관심과 전문가의 기술을 결합시키는 사회복지기관 간의 연합체"라고 할 수 있는데, 이것은 대표적인 민간 사회복지행정조직이다. 사회복지협의체의 회원들 간에는 아무런 법적 권한이나 강제력이 없으며 오직 협력 과정만 존재한다. 이러한 사회복지협의체는 세 가지 유형으로 나누어 볼 수 있다.

첫째, 사회복지기관협의회로 지역사회 내의 사회복지기관, 사회복지를 담당하는 위원회 및 부서를 가진 여타 단체들의 협의체로서 지역사회의 사회복지협의회의 대부분은 이런 형태이지만 우리나라에는 이러한 유형이 존재하지 않는다.

둘째, 지역사회복지협의회로 전문적 혹은 비전문적 개인과 사회복지기관을 단체회원으로 구성된 협의체이다. 우리나라의 한국사회복지협의회와 그 지부가 여기에 해당된다.

셋째, 직능별 협의체로서 아동복지시설협의회, 한국노인복지시설협회 등 다수의 직능별 협의체가 있다(장동일, 2006: 333).

2) 한국사회복지협의회

사회복지협의회는 민간 사회복지조직의 중심적 협의체로서 사회복지시설 및 기관들과의 유기적인 협력과 시민들의 참여를 통해 민간 사회복지 발전과 시민의 복지증진에 기여하는 다양한 사업을 실시하고자 하는 법정 민간단체이다. 최초 설립은 1952년 한국사회사업연합회로 출발했으며, 1983년 사회복지사업법에 따라 법정 단체가 되었다.

한국사회복지협의회의 목적과 사업 영역은 정관에 명시되어 있으며 현재의 구체적인 사업 내용은 다음과 같다. 출판사업, 홍보사업, 교육훈련사업, 전국푸드뱅크사업, 사회복지증진사업, 국제협력사업, 사회복지정보센터사업, 사회복지회계정보사업, 국가복지정보사업, 사랑나눔실천운동사업, 사회공헌정보센터사업, 시설평가사업, 희망의 징검다리사업, 영웅지킴이사업, 희망의 문화클럽사업 등이며, 이 밖에도 사회복지제도 등에 관한 조사와 연구사업도 수행한다.

3) 사회복지시설

사회복지시설은 사회복지서비스를 제공하는 다양한 유형의 기관과 시설이 있다. 사회복지법인, 재단법인, 사단법인, 지역자활센터 등의 형태이며, 민법과 보건복지부의 비영리법인에 관한 관련 규정에 의해 설치·운영된다.

(1) 설 립

실정법상 사회복지시설이란 사회복지사업법 제2조의 "사회복지사업"을 행할 목적으로 설치된 시설을 의미한다. 우리나라의 현재 설치·운영되는 사회복지시설을 시설을 이용하는 방법으로 분류하면 자신의 주거에서 가족의 보호를 받지 못하고 있는

표 5-10 사회복지시설 분류 및 관계 법령

<table>
<tr><th rowspan="2">관련 법</th><th rowspan="2">시설 종류</th><th colspan="2">세부 종류</th><th rowspan="2">소관
부서</th></tr>
<tr><th>생활시설</th><th>이용시설</th></tr>
<tr><td>사회복지사업법</td><td>부랑인 · 노숙인시설,
결핵 · 한센시설,
종합사회복지관</td><td>• 부랑인시설
• 결핵 · 한센시설</td><td>• 종합사회복지관
• 노숙인쉼터
• 상담보호센터</td><td rowspan="3">보건복지부</td></tr>
<tr><td>노인복지법</td><td>노인
복지시설</td><td>• 노인주거복지시설
• 노인요양복지시설</td><td>• 재가노인복지시설
• 노인여가복지시설
• 노인보호전문기관</td></tr>
<tr><td>아동복지법</td><td>아동
복지시설</td><td>• 아동양육시설
• 아동일시보호시설
• 아동보호치료시설
• 아동직업훈련시설
• 자립지원시설
• 아동단기보호시설
• 공동생활가정</td><td>• 아동상담소
• 아동전용시설
• 아동복지관
• 지역아동센터
(※ 2개 이상 아동시설이 혼합되어 있는 종합시설 설치 가능)</td></tr>
<tr><td>장애인복지법</td><td>장애인
복지시설</td><td>• 장애인생활시설
• 장애인유료복지시설 중 생활시설</td><td>• 장애인지역사회 재활시설 중 이용시설
• 장애인직업재활시설
• 장애인유료복지시설 중 이용시설</td><td rowspan="5">보건복지부</td></tr>
<tr><td>정신보건법</td><td>정신보건시설</td><td>• 정신요양시설
• 사회복귀시설 중 생활(주거)시설</td><td>• 사회복귀시설 중 이용시설</td></tr>
<tr><td>국민기초생활
보장법</td><td>지역
자활센터</td><td></td><td>• 지역자활센터(242개소)</td></tr>
<tr><td>농어촌주민의
보건복지 증진을
위한 특별법</td><td>복합노인
복지시설</td><td colspan="2">• 농어촌지역에 한해 노인복지시설 중 "노인보호전문기관"을 제외한 2종류 이상의 사회복지시설을 동일 또는 인접 건물에 설치 가능</td></tr>
<tr><td>영유아복지법</td><td>보육시설</td><td></td><td>• 보육시설</td></tr>
<tr><td>모 · 부자복지법</td><td>모 · 부자
복지시설</td><td>• 모(부)자보호시설
• 모(부)자자립시설
• 미혼모시설
• 일시보호시설</td><td>• 여성복지관
• 모 · 부자가정상담소</td><td rowspan="4">여성가족부</td></tr>
<tr><td>성매매 방지 및
피해자 보호 등에
관한 법률</td><td>성매매
피해 지원시설</td><td>• 일반지원시설
• 청소년지원시설
• 외국인여성지원시설</td><td>• 자활지원센터</td></tr>
<tr><td>성폭력범죄의 처벌
및 피해자 보호
등에 관한 법률</td><td>성폭력
피해 보호시설</td><td>• 성폭력 피해자
보호시설</td><td>• 성폭력피해상담소</td></tr>
<tr><td>가정폭력 방지 및
피해자 보호 등에
관한 법률</td><td>가정폭력
보호시설</td><td>• 가정폭력 피해자
보호시설</td><td>• 가정폭력상담소</td></tr>
</table>

아동·노인·장애인·정신질환자·노숙인 등과 같이 별도의 시설에 입소하여 생활 보호가 필요한 사람들을 대상으로 하는 사회복지 생활시설과 자신의 주거를 가지고 있으면서 프로그램을 활용하는 사회복지 이용시설로 구분된다.

사회복지시설은 국가 또는 지방자치단체, 사회복지법인 또는 비영리법인, 개인 등은 결격 사유가 없는 한 누구나 사회복지시설을 설치·운영할 수 있다. 국가 또는 지방자치단체 외의 자가 사회복지시설을 설치·운영하고자 하는 때에는 시장·군수·구청장에게 신고해야 한다. 최근 민간 사회복지시설 중 일부의 불법·탈법 운영과 비도덕적 운영 등에 대한 사회문제, 클라이언트에 대한 폭력 등 인권 침해 사례가 있어 사회복지시설 신고제를 강화하고 있으며, 신고하지 않고 사회복지시설을 설치·운영할 경우, 시설장에게는 1년 이하 징역 또는 300만 원 이하의 벌금에 처하는 조항을 엄격하게 적용하고 해당 시설은 폐쇄 조치하고 있다.

사회복지시설은 설립 형태와 운영 주체에 따라, ① 공립 공영시설, ② 공립 민영시설, ③ 사립 공영시설, ④ 사립민영시설, ⑤ 개인설치시설 등으로 구분할 수 있고, 시설 및 서비스의 이용에 대해 이용자 또는 부양 의무자로부터 이용료를 수납하는지에 따라 유료시설과 무료시설로 구분할 수 있다. 2009년 12월 현재 사회복지시설의 유형과 관계 법령은 <표 5-10>과 같다.

(2) 운 영

사회복지시설 운영의 민주성·투명성 제고 및 생활자 권익 향상 등을 위해 사회복지시설 운영위원회(이하 운영위원회)를 설치·운영해야 한다. 시설운영위원회는 위원장 및 시설의 장 각 1인을 포함하여 5인 이상 10인 이하 위원으로 구성되며 시설운영위원회 설치 대상 시설은 원칙적으로 모든 사회복지시설을 대상으로 하며 구체적인 사항은 보건복지부 사회복지시설 운영지침과 당해 지방자치단체장의 결정에 따른다.

종합복지관 등 사회복지 이용시설의 경우 원칙적으로 모든 시설에 시설운영위원회를 설치하도록 하되, 시설 특성, 이용자 수, 시설 규모 등을 고려하여 시장·군수·구청장이 자율적으로 결정한다.

시설운영위원회의 논의 사항은 ① 사회복지 프로그램의 개발·평가에 관한 사항, ② 시설 종사자의 근무환경 개선에 관한 사항, ③ 시설 거주자의 생활환경 개선 및 고충처리 등에 관한 사항, ④ 시설과 지역사회와의 협력에 관한 사항, ⑤ 그 밖에 시설의 장이 부의하는 사항 등이다.

표 5-11 종합사회복지관의 조직

종별	조직	
종합사회복지관 [가]형	복지부 총무부	가정복지담당, 아동복지담당, 청소년복지담당, 지역복지담당 서무담당, 직업지도담당
종합사회복지관 [나]형	복지부 총무부	가정복지담당, 아동복지담당, 지역복지담당 서무담당, 직업지도담당
종합사회복지관 [다]형	총무부	복지담당, 서무담당

사회복지시설은 관계 법령 및 사회복지시설의 정관 등이 정한 목적과 사업 범위 내에서 보건복지부 장관이 정한 사회복지시설 운영지침과 당해 관할 지방자치단체장의 지도·감독에 따라 운영된다. 재단법인이나 사단법인, 비영리민간단체 등 외견상 독립된 법적 주체이나 현실적으로는 보건복지부의 운영지침 및 보조금 지급 기준에 맞춰야 하고 세부적인 조직·인사·회계 관련 사항 등을 시설장이 관할 시·군·구청장에게 보고하도록 하고 있어 사실상 사업과 운영을 위한 독자적인 결정권과 자율성 및 재량권은 많이 제약된다고 할 수 있다.

(3) 조 직

사회복지시설은 시설의 종류에 따라 관계 법령 및 보건복지부 장관이 정한 사회복지시설관리 지침이 정한 사회복지사 및 전문 자격인을 채용하고 보조금 및 인건비 보조를 받는 경우 이에 맞는 조직과 직제를 갖추어야 한다.

직원의 채용은 자격을 갖춘 자는 누구나 응모하여 경쟁하는 공개모집을 원칙으로 하나, 세부적인 채용 및 선발 기준은 당해 시설의 정관이나 채용내규에 따르며 지방자치단체 등으로부터 공익근무요원과 사회복무요원[11] 등을 지원받아 시설 운영과 수행활동에 투입한다.

그러나 일부 사회복지법인 내의 각 시설에 법인 대표이사와 처, 자, 친인척 등 특수 관계에 있는 자들이 직원으로 다수 재임하고 있는 경우도 많아 법인 및 시설 운영

11) 사회복무요원은 병역면제자 중 사회복무제도에 의한 병역의무 대체자를 말한다. 사회고령화·양극화, 재난·안전문제 확산으로 사회서비스 수요는 급증하고 있으나 시장 기능 및 정부의 사회적 일자리 사업만으로는 인력의 공급에 한계가 있어 이를 병역 기피의 사회적 문제 예방과 병역의 사회적 형평성 제고, 국가 인력자원의 활용이란 측면에서 해결하고자 접근한 것이다. 주요 운영 분야는 사회서비스 분야이며 사회복지시설에 집중 투입하게 된다. 2008년 총 16,079명이 투입되었으며, 사회복지시설에는 3,811명이 투입되었다.

표 5-12 보조금 지급 사회복지생활시설의 직제

직위	노인시설	장애인시설	아동시설	정신보건시설
원장	시설장	시설장	시설장	시설장
사무국장	부장	부장	총무	총무 정신보건 전문요원
과장 및 사회복지사	과장 사회복지사 상담지도원 간호사 영양사 물리치료사	과장 간호사 영양사 사회재활교사 직업훈련교사	과장 사회복지사 상담지도원 간호사, 영양사 직업훈련교사 임상심리상담원	과장 간호사 영양사 작업지도원
생활지도원	생활지도원 사무원	생활지도원 사무원	생활지도원, 보육사 사무원	생활지도원 사무원
기능직	조리원 위생원	조리원 위생원	조리원 위생원	조리원 위생원
관리인	관리인 경비원	관리인 경비원	관리인 경비원	관리인 경비원

의 투명성을 제고하기 위해서는 이에 대한 제도적 개선이 필요하다. 종합사회복지관의 경우는 시설 규모와 유형에 따라 <표 5-12>과 같이 법이 정한 조직을 갖추어야 한다. 이 밖의 민간 사회복지시설은 사업 목적 수행에 필요한 효율적인 조직과 직제를 관계 법령 및 지침, 정관 및 내규에 의해 설치할 수 있으나 기능상 대부분 유사한 조직과 직제를 가지고 있다.

(4) 예산 · 회계

사회복지시설은 정부보조금과 자체 수익사업에 의한 수익금 및 시설이용료, 후원금, 소속된 종교 및 학교법인 등으로부터의 전입금 등의 수입을 가진다. 그러나 우리나라의 대부분 사회복지시설은 정부와 지자체의 보조금과 지원이 절대적이며 보조금 이외의 자체 수입 비중은 매우 낮은 것이 현실이다. 통상 사회복지시설에 대한 국고보조율은 서울은 50%, 지방은 70%의 비율이나 재정력이 취약한 지방자치단체의 경우는 30%의 부담도 쉽지 않은 경우가 많다.

사회복지시설은 후원금을 받을 수 있는데 법인의 대표이사와 시설장은 후원금을 받은 때에는 '소득세법시행규칙' 제101조 20호의2 또는 '법인세법시행규칙' 제82조 제3항 3의3호에서 정하는 기부금 영수증 양식으로 후원금 영수증을 후원자에게 즉시 교부

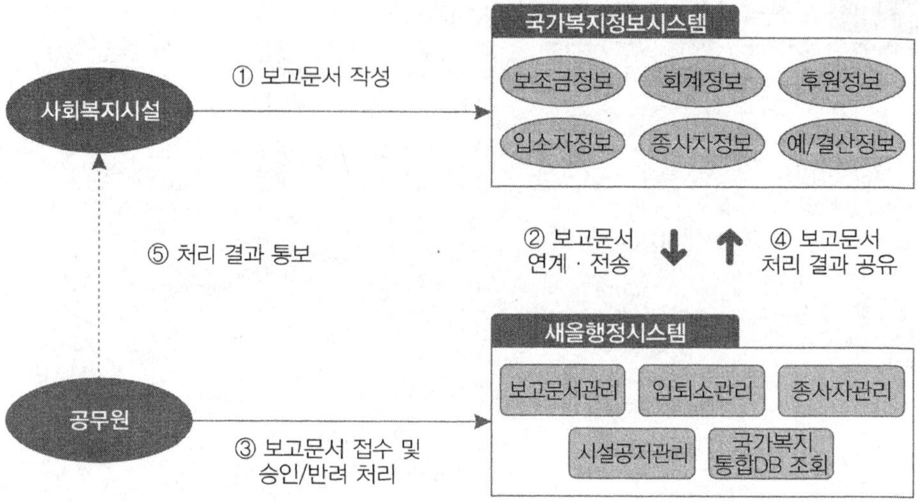

그림 5-2 새올행정시스템의 온라인 보고 및 처리 과정

해야 한다. 법인 대표이사와 시설장은 연 1회 이상 해당 후원금의 수입 및 사용 내용을 후원금을 낸 법인·단체 또는 개인에게 통보하고 회계연도 종료 후 15일 이내에 후원금 수입 및 사용 결과 보고서를 관할 시·군·구청장에게 제출해야 한다.

보조금을 받는 사회복지시설의 경우에는 매년 사회복지법인 재무회계규칙과 보건복지부의 지침에 따라 예산총괄표, 예산서 내역, 사업계획서 등을 관할 지방자치단체장에게 제출하여 광역단체장을 거쳐 보건복지부를 비롯한 주무부서에 제출해야 한다. 보조금을 지급받지 않은 법인 및 유료복지시설, 개인 운영 신고시설 등은 예·결산[12] 등에 관한 보고를 반드시 하지 않아도 되나 감독기관의 지시나 요구에 의해 필요 시 제출해야 한다.

사회복지법인 대표 및 사회복지시설의 장은 업무 효율성 및 표준화, 회계 투명성 확보를 위해 국가정보시스템인 새올행정시스템을 사용해야 한다. 현재 사회복지시설은 웹 기반의 통합정보처리시스템인 새올행정시스템을 통해 표준화된 업무관리 및 회계 처리, 클라이언트 관리를 하고 있다.

---

12) 사회복지시설이 보고해야 할 회계 관련 보고서는 결산총괄표, 세입결산서, 세출결산서, 사업수입명세서, 정부보조금명세서, 인건비명세서, 사업비명세서, 예비비사용조서, 과목전용조서, 사무비명세서, 잡지출명세서, 재산조성비명세서, 후원금수입내역서, 후원품수입내역서, 후원금사용내역서, 후원품 사용내역서 등이다.

새올행정시스템의 기능으로는 ① 회계관리, 인사관리, 급여관리, 예산관리, 세무관리, 자산(비품, 소모품) 관리 등의 통합회계관리 기능, ② 생활인 및 이용자 관리, 사회복지서비스 관리, 사례관리, 일지관리 등 시설의 사회복지서비스 이력관리, ③ 고객(후원자, 봉사자, 방문자)관리, 후원금관리, 자원봉사관리 등 통합 고객관리 기능이 있다. 새올행정시스템은 시·군·구의 행정시스템으로도 연계되어 보조금 신청 및 정산, 정기·수시보고, 예·결산보고 등이 자동 처리되고, 정보 처리의 표준 연계모듈을 통해 기관별로 분산된 사회복지시설 정보를 통합하고 있다.

Ⅲ 사회복지서비스 전달체계

1 사회복지서비스 전달체계의 의의

1) 사회복지서비스 전달체계의 개념

사회복지행정에서 사회복지서비스 전달체계란 사회복지서비스를 공급하는 공공 또는 민간 사회복지서비스기관과 복지의 수급 대상자인 클라이언트를 연결하기 위한 조직적 연결을 말한다. 사회복지사(서비스 전달자)와 서비스를 받는 고객(클라이언트) 사이의 대면적 상호 관계를 통해 서비스를 전달하는, 즉 서비스 전달 업무를 실제로 '집행'하는 사회적 체계를 말한다. 광의적 개념에서는 사회복지서비스의 전달자와 고객의 범위를 넘어서 사회복지서비스의 집행체계와 서비스 전달을 기획·지시·지원 및 관리하는 행정체계까지를 모두 포함해 이해하기도 한다.

2) 사회복지서비스 전달체계의 분류

(1) 공공서비스 전달체계

사회복지서비스 전달체계는 전달자의 주체를 구분하여 공공서비스 전달체계와 민간서비스 전달체계로 구분하다. 공공서비스 전달체계란 사회복지서비스를 제공하는 기관이나 시설의 소유자가 정부임을 말하며, 재원은 정부예산에서 나오며, 그것의 운영하는 직원의 신분은 공무원을 뜻한다.

공공서비스 전달체계는 법적 근거를 가지고 공공 행정체계의 일환으로 운영되므로 서비스의 안정성, 영속성, 형평성, 공익성, 균질성에서 민간 사회복지행정조직의 서비스에 비해 우월한 측면을 지닌다. 반면에 외적 요인에 둔감하므로 서비스의 민감한 전달 혹은 단기적인 개입에는 불리하며 경직되어 있다.

(2) 민간서비스 전달체계

영리를 목적으로 하지 않는 주민조직 그리고 사회복지법인, 재단법인 및 사단법인, 종교단체, 법정단체 및 기타 특수법인, 등록단체나 그 법인 또는 단체가 사회복지사업을 목적으로 운영하는 시설과 기관을 총칭한다. 민간서비스 전달체계는 사회복지서비스를 제공하는 기관의 소유자가 민간이며, 그 재원도 민간에서 충족되는 것을 원칙으로 한다. 민간서비스 전달체계는 공공서비스 전달체계에 비해 다양한 재원구조를 가질 수 있으며, 다양한 조직이나 프로그램·단체·개인들이 서비스 전달과 관련된 역할을 전문성과 각자의 여건에 따라 자율적으로 수행할 수 있다.

민간서비스 전달체계는 자발적 자원을 조직화하고 있기 때문에 일관된 서비스 제공은 사실상 어려우며, 서비스의 수급 범위와 서비스의 영역에서도 제약이 따른다. 즉, 민간서비스 전달체계 부문의 사회복지서비스 활동은 공공 차원의 활동에 비해 규모가 작고 서비스의 내용도 한정적인 면을 갖고 있으나 민간의 자율성으로 인해 정부기관이 할 수 없는 활동을 하는 등 독자적인 특성을 갖고 있다.

민간서비스 전달체계가 가지는 독자적인 특성으로는 정부의 복지서비스 프로그램에 대한 보완적 역할을 수행하여 사회복지서비스의 사각지대를 줄이는 역할을 수행하며, 공공 사회복지 전달체계보다 실제 주민의 생활속에 가깝게 위치하고 있어 클라이언트의 물리적·정서적 접근성이 우수하며, 주민의 사회복지서비스에 대한 관심과 참여 욕구를 수렴하는 데 훨씬 용이하다. 그리고 정부의 사회복지서비스 전달활동에 대한 압력단체의 기능도 수행한다.

(3) 민간복지서비스 전달체계의 분류

먼저, 사회사업방법론에 따라 분류하면 금품 지급 서비스조직, 개별사회사업조직, 집단사회사업조직, 종합복지조직 등으로 구분할 수 있다.

서비스의 직·간접성에 따라 분류하면 직접서비스조직, 간접서비스조직 등으로 나뉘며, 서비스 제공 장소에서의 수혜자 주거 여부에 따라 사회복지생활시설과 사회복지이용시설로 구분한다. 민간서비스 전달체계는 설립 주체에 따른 사회복지법인, 재단법인, 사단법인, 사회단체, 개인 설립 등의 유형이 있다.

민간서비스 전달체계에 소속되어 있는 대부분의 기관이나 프로그램들이 공공서비스 전달체계로부터의 기획과 자원 통제하에 있기 때문에 사실상 공공서비스 전달체계와 민간서비스 전달체계를 엄격히 구분하기 어려우며 민간서비스 전달체계는 공공서비스 전달체계의 중요한 하부구조 혹은 집행구조가 되어 있다.

2 사회복지서비스 전달체계의 원칙

사회복지서비스 전달체계의 구축 시 고려되어야 할 주요한 원칙에 대해 길버트와 테럴(Gilbert & Terrell, 1998)은 여덟 가지로 제시했다.

첫째, 전문성의 원칙이다. 사회복지서비스 제공 업무는 그 특성에 따라 비숙련 업무 및 일반행정 업무는 반드시 전문가가 하지 않아도 되지만 핵심적인 주요 업무는 반드시 전문가가 담당해야 한다.

둘째, 적절성의 원칙이다. 사회복지서비스는 그 양과 질, 그리고 제공하는 기간이 클라이언트나 소비자의 욕구 충족과 서비스의 목표 달성에 적절해야 한다. 적절성의 원칙은 재정 형편상 제대로 지키기 어려운 경우가 많으며, 적절성의 수준에 대한 논란이 있을 수 있다.

셋째, 포괄성의 원칙이다. 서비스의 포괄성을 달성하기 위해서는 전문가가 여러 문제를 하나씩 다루거나 아니면 각각 다른 전문가가 각각의 문제를 하나씩 다룰 수도 있고 또는 여러 전문가가 한 팀이 되어 문제를 해결할 수도 있다.

넷째, 지속성의 원칙이다. 지속성의 원칙이 잘 적용되기 위해서는 같은 조직 내의 서비스 프로그램 간의 상호 협력이 잘 이루어져야 할 뿐만 아니라 지역사회 내의 사회복지서비스조직 간에도 유기적인 연계가 잘 이루어져야 한다.

다섯째, 통합성의 원칙이다. 서비스가 통합적으로 제공되기 위해서는 한 행정책임자 아래 서비스들이 제공되고, 서비스 제공 조직과 시설들이 지리적으로 상호 근접되며, 서비스 프로그램 간 또는 서비스조직 간에 상호 유기적인 연계와 협조체계가 갖추어져 있어야 한다.

여섯째, 평등성의 원칙이다. 소득 수준이나 연령, 기타 특별한 이유 등에 따라 서비스를 제한하는 극히 특별한 경우를 제외하고는 성별・연령・소득・지역・종교・지위에 관계없이 모든 국민에게 사회복지서비스를 제공해야 한다.

일곱째, 책임성의 원칙이다. 사회복지조직은 복지사회가 시민의 권리로 인정한 사회복지서비스를 전달하도록 위임받은 조직이므로 사회복지서비스의 전달에 대해 책임을 져야 한다.

여덟째, 접근용이성의 원칙이다. 사회복지서비스는 그것을 필요로 하는 사람들이면 누구나 쉽게 받을 수 있어야 하기 때문에 클라이언트가 접근하기에 용이해야 한다(김형식 외, 2007: 73-75).

3 사회복지서비스 전달체계의 특성

1) 전달체계의 내적 및 외적 환경

사회복지서비스 전달체계는 하나의 사회조직이기 때문에 그 조직체의 내부에서 진행되는 활동은 물론, 외부의 환경적인 요인들도 적절히 다루어 나가야만 한다. 효과적인 서비스 전달을 위해서는 조직 상호간에 우호적이고 협동적인 관계를 유지해야 한다. 이러한 관계를 유지·발전시키는 과정에서 사회복지조직은 다른 조직들로부터 정보를 얻고, 이들과 운영자금의 획득을 위한 협상 등의 작업을 할 수 있게 한다.

2) 지역사회와 조직 차원의 변수

사회복지서비스는 대면서비스, 휴먼서비스이므로 클라이언트가 존재하는 지역사회의 특성과 환경의 영향을 많이 받는다. 사회복지서비스 전달체계에 영향을 미치는 지역사회의 변수는 지역사회의 역사, 인구·사회·경제·정치·법·문화적 특성, 주민들의 의식 수준과 생활 수준, 지역사회가 제공할 수 있는 서비스 기술 수준 등으로부터 많은 영향을 받는다.

사회복지서비스 전달체계의 조직에 영향을 주는 변수는 조직의 기원과 역사, 조직의 소유와 통제 주체, 조직의 규모와 시설 현황, 종사자의 신분과 전문성, 조직의 정관 및 내규, 조직의 목표와 이념, 사회복지조직을 유지·관리하는 데 사용되는 각종 기술 및 행정관리 능력, 정부 지원 및 민간 지원에의 의존도, 지역사회의 유관 조직들과의 협동·교환 관계 등이다. 특히 공공서비스 전달체계보다는 민간서비스 전달체계의 경우 다양한 설립 배경과 운영환경, 시설 규모의 격차 등 다양한 변수에 의해 조직이 많은 영향을 받게 된다. 예를 들어 동일한 서비스를 전달하더라도 주체가 학교법인 소속인지 종교법인 소속인지에 따라 전달체계에서 강조하는 가치, 조직문화, 클라이언트에 대한 태도 등이 상이하게 나타날 수 있다.

3) 전달체계의 영역

전달체계의 영역은 전달체계가 취급하는 인간문제 및 관심의 범위, 제공하는 서비스, 서비스를 활용하는 사람·집단·지역사회의 세 부분으로 이루어진다. 이와 같은 영역을 분석하려면 다음과 같은 것을 파악해야 한다. 먼저, 전달체계의 설립 취지에 맞는 문제와 관심 분야를 파악해야 한다. 이러한 분석에서는 예를 들어 개인, 가족, 집단, 지역사회 등과 같은 관심 대상 단위와 각 단위에서 구체적으로 취급하는 서비스가 고용문제인지, 의료문제인지, 자활사업인지 먼저 알아야 한다. 그리고 관심을 갖는 문제나 과제의 해결을 위해 기관이 제공할 수 있는 서비스를 파악해야 하며, 마지막으로 서비스를 받을 사람들이 갖추어야 할 자격을 파악해야 한다.

우리나라의 사회복지 전달체계의 영역은 크게 세 가지로 구분할 수 있다.

첫째, 공공부조의 전달체계이다. 국민기초생활보장법에 의한 국민의 기초생활보호와 근로빈곤층에 대한 자활사업의 영역에 대한 전달체계이며, 공공 전달체계와 민간 전달체계가 서비스의 전달 역할을 각각 수행하고 있다.

둘째, 사회보험 전달체계 영역이다. 우리나라의 사회보험은 국민연금, 국민건강보험, 산업재해보상보험, 고용보험의 4대 사회보험 영역을 말한다. 이들 전달 영역도 법률에 의거 설정된 서비스 영역이며 이의 전달체계의 최상위 주관조직은 공공기관이다. 그러나 기금의 운영, 가입자 및 수급자를 위한 복지시설의 설치·운영, 징수 업무 등의 일부 서비스 전달체계는 민간 또는 공사 서비스 전달체계가 운영과 관리를 담당하고 있다.

셋째, 사회복지서비스 전달체계이다. 사회복지서비스도 중앙정부나 지방자치단체의 공공 전달체계와 민간단체로 구분할 수 있으며 공공부조와 사회보험을 제외한 지역사회에서 사회복지서비스를 제공하는 다양한 민간 복지 네트워크들이 모두 해당된다. 특히 사회복지서비스 전달체계에서 지방자체단체의 비중이 크다고 할 수 있는데 경로당, 주민센터, 공부방, 관할 내 개인 신고 복지시설 등에 대해 직·간접적으로 지원을 할 수 있다. 즉 재정력이 허락한다면 조례와 관련 규정, 그리고 자치단체장의 결정에 따라 지역자활센터, 자활공동체, 사회복지시설 등에 대한 인건비 및 물품 등의 지원이 가능하다.

4) 행정체계와 집행체계의 역할

사회복지서비스 전달체계는 사회복지서비스를 클라이언트에게 전해 주기 위해 구축된 사회적 조직체이다. 서비스를 직접 전달하는 절차는 물론 서비스 전달을 기획, 지시, 지원 및 관리하는 행정체계도 동시에 연계해서 이해해야만 한다.

중앙정부의 보건복지부가 행하는 행정활동들 가운데 기초생활보호 대상자의 자립지원사업에 대한 계획, 지원 및 감독은 복지행정의 중요한 부분으로 되어 있다. 보건복지부에서는 기초생활보호 및 자립 지원 대상자들에 대한 조사 및 보호대책을 계획·수립하고 최저생계비를 계산하여 보호·지원 수준을 결정하고 이 사업을 위한 예산을 책정·확보하여 집행·운영하며 구호자원을 비축 관리하고 구체적 구호 및 지원사업을 지도 감독하며 이 사업을 현장에서 운영하는 사회복지관을 관리한다.

이러한 행정활동은 지방자치단체조직을 통해 이루어진다. 즉, 두 가지 형태로 구분되는 우리나라의 지방자치단체는 계층제에 따라 중앙정부, 광역자치단체, 기초자치단체의 순서에 따라 중앙정부에서 상급자치단체로, 상급자치단체에서 기초자치단체로 보호사업계획에 따른 시행령이 시달되고, 보호·지원을 위한 자원이 전달되며, 감독이 행해지고, 사업 결과가 평가된다.

서비스 전달자와 공공부조 수혜자, 개인, 가족, 집단 또는 읍, 면, 동의 소지역사회가 대면적 상호 관계를 이루면서 일정한 장에서 서비스를 전달하는 업무를 실제로 집행하는 체계가 집행체계이다. 이러한 사회복지 전달서비스 집행체계는 행정체계로부터 지시, 규제, 지원 및 감독을 받으면서 운영된다.

집행체계를 구성하는 역할자들은 치료, 변화가 필요한 '사람들'을 대상으로 사회심리적, 재정적, 물리적 및 의료적 측면에 개입을 하고, 사회복지 분야에 대한 전문지식을 가지며, 사람들에게 봉사하는 사명감과 고유한 가치관을 간직하는 사회복지 전문인력 및 민간자원 봉사자들이다.

4 사회복지서비스 전달체계의 문제점과 개선 방향

1) 공적 사회복지서비스 전달체계 부문

공적 사회복지 전달체계의 문제점을 개선하기 위한 방안을 다음과 같이 제시할 수 있다(강용규 외, 2008: 260-261).

첫째, 전달체계 계층의 단순화이다. 전달체계의 과다한 계층적 접근 방법에 의한 보고, 지시, 감독, 통보 등을 완화하여 계층의 수를 줄이는 방법이다.

둘째, 사회복지서비스 업무를 하급기관으로 이양한다. 상급기관에서 업무를 기획, 조정, 통합하고 고도의 전문성과 기술성을 요하거나 꼭 필요한 것 외에는 가능하면 많은 업무를 하급기관에 이전토록 한다. 중앙정부에 의한 획일적이고 수직적인 행정체계보다 지역의 특성에 맞게 운영할 수 있도록 사회복지서비스 업무는 지방자치단체에 위임하는 것이 바람직하다.

셋째, 사회복지 전달체계를 수직적이고 지시적, 감독적・후견적 관계에서 상호 보완・수평적・협동의 관계로 전환한다. 사회복지행정체계의 필요성은 지역주민들이 사회복지 욕구를 효율적이고 효과적으로 충족시키는 데에 있다.

넷째, 정부 담당 업무 중 민간부문에서 담당해야 할 업무는 민간조직의 활성화를 위해 이양한다. 즉 민간 사회복지시설이나 기관의 활성화 방안을 적극적으로 추진해야 한다.

다섯째, 사회복지서비스의 효과성과 효율성을 위해 사회복지 관련 위원회를 그 조직과 운영면에서 활성화시켜야 한다.

여섯째, 전문인력을 충원하여 클라이언트에 대해 서비스 제공이 효율적으로 될 수 있도록 사회복지 전담 공무원을 전달체계 내에 확대 배치해야 한다.

일곱째, 위와 같은 개선점 등을 종합적으로 실현하기 위해서는 사회복지서비스를 통합적으로 제공할 수 있는 사회복지사무소와 같은 전담기구의 설치가 조속히 필요하다.

여덟째, 정부와 지방자치단체는 사회복지 관련 제도와 프로그램 개발에 전문성과 현장의 경험이 축적된 민간 사회복지 전달체계의 참여를 활성화해야 한다. 정부나 지방자치단체의 관리・통제 지향적 관점이나 학계의 이론 지향적 관점을 보완하는 차원에서 민간 사회복지 전달체계에 있는 종사자들이 정책 개발 및 연구사업 등에 적극적으로 참여하도록 해야 하며, 창안의 성과에 대해서는 별도의 보상을 해 주어야 한다.

2) 민간 사회복서비스 전달체계 부문

민간 사회복지서비스 전달체계의 문제점과 개선 방향은 다음과 같다.

첫째, 민간 사회복지서비스 전달체계에 종사하는 전문인력에 대한 인적 자원의 관리가 필요하다. 물론 민간 사회복지서비스 전달체계의 열악한 환경적 측면을 고려하더라도 많은 복지시설 등에 종사하는 종사자의 보수와 처우, 그리고 승진과 승급에 대한 종사자의 불만 요인이 높다고 할 수 있다. 따라서 종사자의 근무 여건 개선과 더불어, 승급과 승진을 위한 공정한 자격 기준을 준수하여 내부 구성원의 경력 개발과 전문성 강화의 노력이 승진과 승급의 결과로 이어지도록 해야 한다.

둘째, 아직도 많은 민간 사회복지서비스 전달체계의 임직원의 구조가 가족구성원으로 되어 있거나, 투명하지 않은 경우가 많은데 직원의 채용 시 직급에 대한 실무 능력과 전문적 자격을 갖춘 자를 채용하고 직급과 역할 및 기능의 불일치 또는 기능과 역할의 중복에 따른 내부의 불만과 갈등이 없도록 해야 한다.

셋째, 민간 사회복지서비스 전달체계는 보수 등의 금전적 유형의 열악한 근무 여건뿐만 아니라 각종 부대시설과 직무 편의시설 등이 부실하고 열악한 것도 문제점이다. 따라서 근무환경과 복지시설을 좀 더 쾌적한 환경과 기능적으로 개선하여 종사자뿐만 아니라 이를 이용하는 클라이언트의 편의 및 서비스의 효과성에 긍정적 영향을 줄 수 있도록 해야 한다. 물론 민간부문의 환경개선사업은 정부와 지방자치단체가 민간복지시설의 입지 선정과 환경개선사업에 상당한 지원을 해야 한다.

넷째, 민간 사회복지서비스 전달체계들이 재정적 부문을 거의 정부 지원에 의존하는 경우가 많아 행정체계로부터의 지시·감독·지원을 의식하여 그 운영에서도 소극적인 경우가 많은데 이러한 태도는 장기적으로 볼 때 민간 사회복지서비스 전달체계가 가지고 있는 장점인 자율성과 전문성, 창의성을 상실하게 되는 요인으로 작용한다. 따라서 민간 사회복지서비스 전달체계들은 현재의 여건을 감안하더라도 스스로 자율적·적극적 운영을 통해 다양성, 차별성, 창의성을 살리고 지역의 실정에 맞는 사회복지서비스와 프로그램을 개발하여 스스로 경쟁력을 갖추어야 할 것이다.

제 6 장
사회복지행정의 인사

I 사회복지행정 인사의 개념

1 사회복지행정 인사의 의의

사회복지행정에 관한 인사행정이란 사회복지행정을 담당하는 사람에 관한 일체의 현상을 의미하는 것으로서 사회복지행정을 담당하는 사람의 양성과 임용, 분류, 승임, 보수, 교육훈련, 연금 등에 관한 일체의 사항이 바로 사회복지행정 인사라 할 수 있다. 따라서 사회복지행정 인사란 공공복지행정을 담당하는 사회복지행정 공무원과 민간복지시설 등의 행정을 담당하는 민간 사회복지행정 종사자의 양성 또는 임용과 분류, 보직, 승임, 사기와 동기부여, 보수, 교육훈련, 연금 등의 현상을 의미한다.

2 사회복지행정 인사의 구성

사회복지행정을 담당하는 사람을 사회복지행정 인력이라 하며, 그에 대한 일체의 인사 현상을 사회복지행정 인사라 할 수 있다. 특히, 사회복지행정의 담당자는 사회복지행정 공무원과 민간의 사회복지행정 종사자로 구분될 수 있다. 사회복지행정 공

표 6-1 사회복지행정 인사의 구성

사회복지행정 공무원	경력직 공무원	일반직	행정, 보건 · 의무직군
		특정직	교육공무원
	특수경력직 공무원	일반직	사회복지 전담 공무원[1]
민간 사회복지행정 종사자	사회복지사	사회복지사 자격증 소지자	
	전문 종사자	복지서비스 관련 전문 자격증 소지자	
	일반업무 종사자	일반행정 · 보조업무 종사자	

무원의 경우, 복지 관련 업무에 종사하는 공무원에게 따르는 제도 일체를 의미하게 된다. 그러나 현실적으로 사회복지행정 공무원의 대부분이 정부에 속해 있으므로 행정안전부에서 임용하여 인사관리하는 국가공무원은 물론 각 자치단체에서 인사관리하는 지방공무원 중 사회복지행정 분야와 관련될 경우 사회복지행정 공무원에 해당된다.

현재 우리나라의 경우, 사회복지행정 공무원을 국가공무원법에 따라 경력직과 특수경력직으로 구분할 수 있으며, 경력직의 경우 행정직군과 의무직군 및 보건직군에 해당하는 일반직 공무원과 특정직에 속하는 사회복지행정 공무원 등이 이에 해당한다. 특수경력직의 경우 별정직인 사회복지 전문요원이 대표적인 유형이라 할 수 있다. 민간 사회복지행정 종사자의 경우 사회복지사업법의 규정에 따라 사회복지사와 일반 행정직원으로 구분할 수 있다.

3 사회복지행정 인사제도에 의한 사회복지행정 공무원

사회복지행정 인사제도에서 그 핵심은 사회복지행정 공무원이라 할 수 있다. 따라서 좁은 의미의 사회복지행정 인사는 사회복지행정 공무원만을 의미한다. 그러나 사회복지행정 공무원도 주관 인사기관에 따라 국가공무원과 지방공무원으로 구분되며, 복지전담 공무원과 복지겸무 공무원 등으로 세분화될 수 있다.

---

1) 사회복지사법 제14조(사회복지 전담 공무원)

4 사회복지행정 인사제도에 의한 민간 사회복지행정 종사자

민간 사회복지법인이나 민간 사회복지시설의 사회복지행정에 종사하는 사람을 민간 사회복지행정 종사자라 할 수 있다. 민간 사회복지행정 종사자는 사회복지사의 자격을 갖춘 사회복지사[2]와 일반업무 보조자, 전문서비스 영역에 관한 전문자격증 소지자로 구분할 수 있다.

우리나라의 경우, 사회복지법인 및 사회복지시설을 설치 운영하는 자는 그 법인 또는 시설에서 ① 사회복지 프로그램의 개발 및 운영 업무, ② 시설 거주자의 생활지도 업무, ③ 사회복지를 필요로 하는 사람에 대한 상담 업무에 종사하는 자를 사회복지사로 의무적으로 채용해야 한다. 다만, 대통령이 정하는 사회복지시설은 예외로 되어 있다. 이에 해당하는 시설로는 ① 노인복지법에 의한 노인여가복지시설(노인복지회관은 제외), ② 장애인복지법에 의한 점자도서관과 점서 및 녹음서 출판시설, ③ 영유아보육법에 의한 보육시설, ④ 성매매 방지 및 피해자 보호 등에 관한 법률 등에 의한 여성복지상담소 · 일시보호소, ⑤ 정신보건법에 의한 정신질환자 사회복귀시설 및 정신요양시설, ⑥ 성폭력범죄의 처벌 및 피해자 보호 등에 관한 법률에 의한 성폭력피해상담소 등이 있다.

구법에서는 사회복지시설 종사자 총수의 1/3 이상을 사회복지사로 채용하도록 하는 의무 규정을 두었으나, 2007년 사회복지사업법 일부 개정 시 위와 같은 직무 내용에 따라 사회복지사를 탄력적으로 채용하도록 규정이 변경되었다.

II 사회복지행정 공무원

사회복지행정 인사제도에서 그 핵심은 사회복지행정 공무원이라 할 수 있다. 따라서 공직분류제의 범위 내에서 일반적인 사회복지행정 공무원과 사회복지행정 전문공무원의 특성을 살펴본다.

2) 1997년 개정된 사회복지사업법에서 사회복지사 자격의 국가시험화, 사회복지협회의 법정 단체화를 정함으로써 사회복지사가 일반 국민들 사이에서 전문가로 인정받을 수 있는 계기가 마련되었다.

표 6-2 사회복지행정 공무원의 구성

구분		사회복지행정 공무원
경력직	일반직	일반행정 · 사회복지 담당 공무원
	특정직	교육 · 경찰 · 소방 등 특수 분야 공무원
	기능직	복지 관련 기능직 종사자
특수경력직	정무직	장 · 차관
	별정직	사회복지 전문요원
	전문직	보건 · 연구직, 의사
	고용직	복지 관련 고용직 종사자

1 사회복지행정 공무원의 분류체계 및 개념

사회복지행정을 담당하는 복지담당 공무원은 경력직, 특수경력직, 국가공무원, 지방공무원 등에 소속되어 있다. 사회복지행정과 관련된 공무원은 세무행정 분야처럼 전문성이 인정되지 않고 있기 때문에 국가공무원이나 지방공무원으로서 사회복지행정조직이나 부서에 배치된 경력직의 일반직 공무원의 범주에 속한다. 사회복지행정 공무원은 경력직의 일반직으로 행정직군에 속하는 공무원의 비중이 가장 크게 나타나며, 광의의 복지인 교육공무원도 그 비중이 높게 나타난다. 사회복지행정 관련 공무원 중 지방공무원에 포함되는 사회복지 전문요원은 특수경력직에 해당되며, 그 외 사회복지행정 공무원인 보건, 의료 등은 연구직 등으로 세분된다. 사회복지행정 공무원의 체계를 살펴보면, 경력직과 특수경력직에 걸쳐 다양하게 분포되어 있다.

2 경력직 사회복지행정 공무원

경력직 사회복지행정 공무원은 국가공무원법과 지방공무원에 따라 일반직 · 특정직 · 기능직 등으로 구분된다. 일반직의 경우, 행정직군 · 보건의무직군 등으로 구분된다.[3] 행정직군의 경우, 행정직렬 · 사회복지 · 노동 · 사서직렬과 보건의무직군이 광의

3) 국가공무원법의 일반직 중 공안직군의 일부 직렬 및 직류는 주변적 사회복지행정을 담당하는 사회복지행정 공무원으로 분류될 수 있다.

의 사회복지행정 공무원을 구성하고 있다. 특정직 공무원 중 교육공무원도 광의의 사회복지행정 공무원에 포함된다. 이러한 직렬에 속하는 공무원은 다소의 전문성에 의해 구분되지만, 대체로 9급에서 1급에 이르는 일반적 직급의 적용을 받는다. 보건복지부, 노동부, 환경부, 교육과학기술부, 문화관광체육부 등과 같은 중앙정부의 사회복지행정 전담조직의 경우 이들 직렬에 속한 공무원이 사회복지행정을 맡는다.

그러나 중앙정부의 사회복지행정 겸무 조직의 복지전담 부서의 경우, 이에 속한 공무원은 일반적 순환보직의 대상이므로 행정직렬에 속한 공무원이 사회복지행정을 담당한다. 또한 각 자치단체의 복지전담 부서에 소속된 공무원은 행정직렬에 속하는 지방공무원이다. 복지전담 조직인 각급 교육청과 문화원 등의 경우, 교육직렬과 문화직렬에 속하는 지방공무원이 복지 기능을 수행하는 부서에 배치된다.

보건의무직군의 사회복지행정 공무원의 경우, 행정직군과 별도로 운영되며, 의료와 관련된 중앙정부의 사회복지행정조직인 보건복지부, 지방자치단체의 복지전담 조직인 보건소 등에 배치된다. 보건의무직군은 보건, 의무와 약무 및 간호직렬 등으로 세분된다. 보건의무직군의 국가공무원인 경우 주로 의료와 직접 관련된 보건복지부의 소속기관, 즉 식품의약품안전청과 그 소속 독성연구소, 국립의료원, 국립보건원, 국립정신병원, 국립소록도병원, 국립재활원, 국립결핵병원, 국립검역소 등에서 근무한다. 지방공무원의 경우, 보건의무직군은 의료와 관련된 복지전담 조직인 공립병원과 보건소 등에 소속된다.

그리고 환경직군 등도 광의의 복지전담 조직에 배치되어 근무하기도 한다. 특정직의 사회복지행정 공무원, 즉 교육공무원의 경우 교원과 직원으로 구분되고, 광의의 교육복지에 속하는 공무원이다. 교원의 경우, 특정직 국가공무원, 직원은 교육행정직렬의 교육직류에 속한다.

3 특수경력직 사회복지행정 공무원

사회복지행정 공무원 중 특수경력직에 해당하는 공무원은 국가공무원의 경우, 복지전담 조직의 장관과 차관 정도이며, 특히, 이들을 제외한 대부분의 사회복지행정 공무원은 별정직이거나 전문직에 속한다. 고용직의 경우에도, 사회복지행정조직에 속한 고용직 정도뿐이라 할 수 있다. 그 밖에도 연구직과 지도직 등으로 구분되는 전문직 공무원의 경우, 사회복지행정 공무원은 대부분이 연구직에 해당한다.[4)]

III 사회복지행정 전문 공무원

1 사회복지 전담 공무원

1) 사회복지 전담 공무원

사회복지전담 공무원은 사회복지사업법 제14조에 근거하여 사회복지사업에 관한 업무를 담당하게 하기 위해 시 · 도, 시 · 군 · 구 및 읍 · 면 · 동 또는 제15조의 규정에 의한 복지사무 전담기구에 배치한 복지전담 지방공무원을 말한다. 복지전담 공무원은 사회복지사의 자격을 가진 자 중에 대통령령이 정한 바에 따라 임용되어 국립사회복지연수원의 교육을 이수하고, 주로 국민기초생활보장법에 의한 기초생활보장 업무를 우선적으로 수행하고 있으며 아동, 장애인, 모 · 부자복지법에 의한 복지 업무를 병행해 수행하고 있다.

사회복지 전담 공무원은 1992년 개정된 사회복지사업법에 법적 근거 및 배치 기준이 명시되었고, 이후 지방공무원 임용령의 개정으로 사회복지 직렬이 5~9급까지 신설되었다.

2) 사회복지 전담 공무원의 기능

사회복지 전담 공무원은 관할지역 내의 사회복지를 필요로 하는 사람 등에 대해 그 생활 실태와 가정환경 등을 파악하고, 사회복지에 관해 필요한 상담과 지도뿐만 아니라 광범위한 복지 관련 사무를 수행한다.

사회복지 전담 공무원이 맡고 있는 업무를 분야별로 나누어 보면, 보건복지부의 업무로는 공공부조로서 국민기초생활보장법에 의한 기초생활보장사업 및 자활사업 관련 업무를 우선으로 하고 있다. 여기에 의료급여, 사회복지서비스로서 장애인복지법, 노인복지법, 모 · 부자복지법 등 각종 개별 법령에 의한 저소득 노인, 아동 · 청소년, 장애인 지원사업, 소년소녀가장 지원사업, 노인일자리사업, 경로당 지원사업, 아동급식사업, 각

---

4) 실제로 보건복지부의 부속기관인 식품의약품안전청과 그 소속 독성연구소, 국립보건원 등의 장이나 각 보조기관의 장은 물론 직원도 연구직으로 충원하고 있다.

종 차상위계층 지원사업 등을 담당하고 있다. 또한 여성가족부의 보육료감면사업과 저소득 모·부자가정 지원사업, 국토해양부의 주거복지사업, 교육과학기술부의 유치원교육비 감면과 방학 중 아동급식사업, 국가보훈청의 유공자 지원사업, 통일부의 북한 이탈주민에 대한 지원사업과 지방공무원으로서 각 지방정부의 시책사업과 행정업무를 동시에 수행하고 있다.

3) 사회복지 전담 공무원에 대한 평가

사회복지 전담 공무원은 광범위한 직무 영역에도 불구하고 사회복지행정의 전문화에 기여했다. 특히, 국민기초생활보장 대상자 선정의 체계화, 국민기초생활보장 대상자의 자활 촉진 및 발생 예방, 지역사회 자원 활용의 촉진, 사회복지행정 업무의 전문화 등을 이루었다는 점은 높이 평가할 가치가 있다. 즉 사회복지 전담 공무원의 역할은 공공부조제도의 효과적 집행과 전문적인 사회복지서비스 수행, 공공전달체계의 중추로서 과학적이고 사실을 반영한 자산조사로 요약될 수 있으며, 이는 사회복지사로서의 역할과 공무원으로서의 역할을 동시에 수행하는 것이다.

사회복지 전담 공무원은 1987년부터 현재까지 사회복지 전담 공무원을 지도·감독할 수 있는 체계의 미비점, 상급 감독자의 전문성 문제, 읍·면·동사무소의 체계적 지원문제, 사회복지 전담 공무원의 과중한 업무량 등이 가장 대표적인 제도 운영의 미비점으로 지적되고 있다. 따라서 이러한 문제점에 대한 대안이 마련되어야만 사회복지 전담 공무원이 점진적으로 노인과 장애인, 아동, 여성 등 취약계층을 위한 다양한 복지서비스를 제공할 수 있는 포괄적인 사회복지행정의 전문가로 발전할 수 있다.

2 방문보건요원

보건소는 기초자치단체 단위로 설치된 광의의 사회복지행정 전문조직으로서 진료와 방역, 전염병관리, 임상병리검사, 가족보건, 예방접종 등을 담당한다. 2008년말 현재 전국에 보건소는 253개소, 보건지소는 1,288개소, 보건진료소는 1,907개소가 설치되어 있고, 의사, 간호사, 약사, 의료기사, 영양사, 행정직 및 기능직을 포함하여 총 7,400명이 배치되어 근무하고 있다.

보건소 본래 기능은 전염병과 질병 발생을 사전에 차단하기 위한 예방행정으로 시작했으나 현재는 생활 수준의 향상과 다양한 의료와 복지를 연계한 복지 수요의 증가로 인해 보건소의 기능도 예방행정에서 적극적인 개인의 건강 증진을 도모하는 데 더 중점을 두고 있으며, 그 실천 방법의 하나로 방문보건사업을 시행하고 있다.

방문보건요원은 보건소나 보건지소에 근무하고 있는 보건요원으로서 해당 지역의 기초생활보장 수급자 및 저소득 주민이 우선 대상으로 만성질환자, 거동 불편자, 재활장애인, 독거노인, 암환자, 특수질환자 등 저소득 소외계층 가족을 직접 방문하여 재활지도, 보건 및 관련 상담 업무를 담당하는 사회복지행정 전문 공무원이다. 따라서 방문보건요원은 일반직 공무원 중 의무보건직군에 속하고 의료비 지원, 가정도우미, 이동 목욕, 반찬 지원, 후원, 시설 수용 등 복지서비스와 연계하므로 광의의 사회복지행정 전문 공무원이라 할 수 있다(이성기 외, 1995: 17-19).

3 위촉에 의한 사회복지행정 인사

사회복지행정 분야에 적용되는 위촉 인사제도로는 아동 분야의 아동위원, 아동복지 지도원, 청소년 분야의 청소년 선도위원, 시·군·구에 설치되는 지역선도위원협의회와 전국소년선도위원연합회 등이 있으며, 여성 분야의 경우, 시·군·구 혹은 여성회관에 설치된 부녀상담소, 지방보육위원회, 읍·면·동에 설치되는 국민기초생활보장심의위원회 등의 관련 인사나 위원들이다.

Ⅳ 민간 사회복지 종사자

민간 사회복지 종사자는 사회복지사 자격의 유무에 따라 사회복지사와 일반 직원으로 구분할 수 있지만 일반 직원도 사회복지서비스와 관련된 전문자격을 보유한 종사자와 관리 및 회계, 시설관리 등을 수행하는 협의의 일반 직원으로 구분할 수 있다.

사회복지사는 민간 사회복지 종사자 중 주요 역할을 담당하는 사회복지행정 인력이다. 사회복지사는 '사회복지사업법'에 의해 일종의 자격을 구비한 자에게 민간단체인 사회복지협의회를 통해 자격증을 교부하며, 모든 민간 사회복지시설은 일정 자격과 정원의 사회복지사를 채용하도록 규정하고 있다.

사회복지사는 1970년 1월 '사회복지사업법'이 제정되면서 사회복지사업 종사자 자격제도가 규정되었으나 실행되지는 못하고, 1983년 사회복지대학협의회 등의 건의에 따라 '사회복지사업법'을 개정하면서 사회복지사 자격증으로 명칭을 변경하고 자격 기준도 강화하여 1984년부터 시행에 들어가 현재에 이르고 있다.

표 6-3 사회복지사의 등급과 자격 기준

등급	자격 기준
사회복지사 1급	법 제11조 제3항의 규정에 의한 국가시험에 합격한 자
사회복지사 2급	가. '고등교육법'에 따른 대학원에서 사회복지학 또는 사회사업학을 전공하고 석사학위 또는 박사학위를 취득한 자. 다만, 대학에서 사회복지학 또는 사회사업학을 전공하지 아니하고 동 석사학위를 취득한 자는 보건복지부령이 정하는 사회복지학 전공 교과목과 사회복지 관련 교과목 중 사회복지 현장실습을 포함한 필수과목 6과목 이상(대학에서 이수한 교과목을 포함하되, 대학원에서 4과목 이상을 이수하여야 한다), 선택과목 2과목 이상을 각각 이수한 경우에 한하여 사회복지사 자격을 인정한다. 나. '고등교육법'에 따른 대학에서 보건복지부령이 정하는 사회복지학 전공 교과목과 사회복지 관련 교과목을 이수하고 학사학위를 취득한 자 다. 법령에서 '고등교육법'에 따른 대학을 졸업한 자와 동등 이상의 학력이 있다고 인정하는 자로서 보건복지부령이 정하는 사회복지학 전공과목과 사회복지 관련 교과목을 이수한 자 라. '고등교육법'에 따른 전문대학에서 보건복지부령이 정하는 사회복지학 전공 교과목과 사회복지 관련 교과목을 이수하고 졸업한 자 마. 법령에서 '고등교육법'에 따른 전문대학을 졸업한 자와 동등 이상의 학력이 있다고 인정하는 자로서 보건복지부령이 정하는 사회복지학 전공 교과목과 사회복지 관련 교과목을 이수한 자 바. '고등교육법'에 따른 대학을 졸업하거나 이와 동등 이상의 학력이 있는 자로서 보건복지부 장관이 지정하는 교육훈련기관에서 12주 이상 사회복지사업에 관한 교육훈련을 이수한 자 사. 사회복지사 3급 자격증 소지자로서 3년 이상 사회복지사업의 실무 경험이 있는 자
사회복지사 3급	가. '고등교육법'에 따른 전문대학을 졸업한 자 또는 법령에서 이와 동등 이상의 학력이 있다고 인정하는 자로서 보건복지부 장관이 지정하는 교육훈련기관에서 12주 이상 사회복지사업에 관한 교육훈련을 이수한 자 나. 고등학교를 졸업하거나 이와 동등 이상의 학력이 있는 자로서 보건복지부 장관이 지정하는 교육훈련기관에서 24주 이상 사회복지사업에 관한 교육훈련을 이수한 자 다. 3년 이상 사회복지사업의 실무 경험이 있는 자로서 보건복지부 장관이 지정하는 교육훈련기관에서 24주 이상 사회복지사업에 관한 교육훈련을 이수한 자 라. 법 제2조 제1항의 규정에 의한 업무에 8급 또는 8급 상당 이상으로 3년 이상 종사한 공무원으로서 보건복지부 장관이 지정하는 교육훈련기관에서 4주 이상 사회복지사업에 관한 교육훈련을 이수한 자

비고: 외국의 대학 또는 대학원에서 사회복지학 또는 사회사업학을 전공하고 학사학위 이상의 학위를 취득한 자로서 등급별 자격 기준과 동등한 학력이 있다고 보건복지부 장관이 인정하는 경우에는 당해 등급의 사회복지사 자격증을 교부할 수 있다.

연구 결과에 따라 다소 차이는 있지만 최근의 연구 결과를 보면 사회복지시설에 종사하는 민간 종사자의 80~90% 정도가 전문대학 이상을 졸업한 고학력자이며 사회복지사를 포함한 사회서비스 제공과 직업훈련 및 상담·지도 업무에 필요한 관련 분야 자격증 보유율이 높다고 한다. 2007년 노동부의 임금구조 기본 통계조사의 산업별 실태조사에서도 보건 및 사회복지사업 부문이 다른 산업 분야보다 가장 높은 학력 수준을 보여 주는 반면, 급여 수준과 이직률 등은 가장 열악한 것으로 나타나 사회복지 분야의 직업적 착근을 위한 정부의 지원과 제도 마련을 비롯해 사회복지 종사자에 대한 사회적 인정과 위상의 제고가 이루어져야 할 것이다.

2011년 초 현재, 사회복지사업법 제11조와 시행령 제2조에 규정된 사회복지사제도의 자격 요건은 앞의 <표 6-3>과 같다.

V 사회복지행정조직의 인사관리

1 사회복지행정조직 인사관리의 의의

1) 사회복지행정조직 인사관리의 개념

사회복지행정조직은 공공복지조직과 민간복지조직 및 공·사 공동복지조직 등으로 구성되어 고객들에게 복지서비스를 전달하고 있다. 그리고 사회복지행정의 역사적 발달 과정을 살펴보면, 공·사 복지기관의 구분 없이 이를 포괄적으로 사회복지행정의 연구 대상으로 삼아왔고 또한 인사행정에서도 인사관리라는 용어를 자주 사용하고 있다. 따라서 사회복지행정의 인적 자원관리는 행정의 광의로 해석하여 공·사 복지조직의 구분 없이 인사관리를 원칙으로 하면서 인사행정의 이론들을 원용하고 있다(김기태 외, 2007: 164-165).

인사관리란 피고용자, 혹은 종업원의 욕구와 관리자의 기대 및 사회의 욕구에 부합하여 조직구성원들의 조직의 목적 달성을 효과적이고 효율적으로 달성할 수 있도록 관리하는 것을 말한다(황성철 외, 2005: 162). 사회복지행정에서의 인사관리란 사회복지행정의 목표를 효과적으로 달성하기 위해 인적 자원을 확보·개발·관리·통제하는 활동으로 사회복지행정조직의 인력들의 바람직한 활용을 통해 조직의 정책결정 및 사업 집행 능력을 제고하는 인간자원에 대한 관리활동으로 정의할 수 있다.

2) 인사행정과 인사관리

오늘날 사회복지행정조직의 인사행정과 인사관리를 구분하지 않고 같은 개념으로 보고 있기도 하다. 그러한 이유로는 행정의 경영화가 주장되고 공공부문의 인사행정에 기업적 인사관리의 능률성과 생산성을 강조하는 기법들이 도입되면서 양자를 구분하지 않고 인사관리 또는 인적자원관리로 통용하고 있지만 엄밀히 구분한다면 사회복지행정조직에서 인사행정은 인사관리와 몇 가지 특징에서 차이를 둘 수 있다.

첫째, 정부부문의 공조직에 관한 인사행정과 민간부문의 인사관리는 공익을 추구하는 공조직과 이윤을 추구하는 경영이라는 상이한 출발점을 가지고 발달했다.

둘째, 공조직의 인사행정은 정치적 환경의 영향을 많이 받으며 법률에 규정되므로 재량과 선택의 폭이 제한되어 있으며 인사관리에 대한 책임의 방법도 서로 다르다.

셋째, 민간부문의 인사관리는 능률과 생산성을 우선시하지만 공조직의 인사행정은 능률뿐만 아니라 여성과 장애인의 배려 등 사회적 형평성과 같은 복수의 가치나 목적에 제한되기도 한다.

넷째, 공조직의 사회복지행정에는 효율성을 저해하는 요인들이 민간부문보다 더욱 많이 내포되어 있다. 즉, 정부활동의 비시장성으로 말미암아 구성원의 활동과 생산성을 측정하는 데 한계가 있기 때문에 민간부문의 인사관리와 같이 인적 자원의 합리적 선택과 활용에 제한이 많다.

사회복지행정조직의 인사관리는 기본적으로 어떤 구성 요소를 가지는가에 대한 다양한 논의가 있다. 페코라와 오스틴(Pecora & Austin, 1987)은 일반 사회복지조직에서의 인사관리가 어떤 구성 요소를 지녀야 하는가를 사회복지조직의 특성을 감안하여 일곱 가지로 제시하고 있다.

① 직원의 모집, 심사 및 채용, ② 업무과업의 분석과 설계 및 할당, ③ 과업평가의 설계와 실행, ④ 직원 오리엔테이션 및 훈련과 개발, ⑤ 과업 성과의 유지, 제고를 위한 직원의 발전 및 지도 감독, ⑥ 직원 성과에 문제가 있을 때의 처리활동, ⑦ 직원에 대한 보상과 이직관리에 관한 내용 등이다.

연구자마다 인사관리의 요소에 대해서는 강조점의 차이로 인해 다소 차이가 있으나 실제 관리활동의 내용상 차이는 크지 않다. 일반적인 공통 요소는 ① 인적 자원의 확보관리, ② 업무 과업의 분석과 설계 및 할당관리, ③ 교육훈련 및 경력개발관리,

④ 성과평가와 보상관리, ⑤ 조직 내의 갈등관리 및 이해관계의 조정과 통합관리, ⑥ 동기부여를 통한 사기관리 및 이직 등의 인력 유지 관리 등을 말한다.

2 인적 자원 확보관리

인적 자원의 확보는 우선적으로 채용을 통해 이루어진다. 사회복지행정조직에서 사람을 선발하여 쓰는 활동이 채용이며 모집·선발(시험)·임용의 과정으로 이루어진다.

1) 모 집

모집은 사회복지행정조직에서 일하고자 하는 지원자를 확보하는 활동이다. 모집은 사회복지행정조직으로의 근무를 희망하는 사람을 단순히 경쟁하도록 하는 것이 아니라 적극적으로 많은 사람이 사회복지조직에 지원하도록 설득하고 유인하는 활동을 의미한다. 민간경제의 급속한 성장으로 인해 기업에 채용되기를 원하는 지원자는 월등히 많은 반면, 사회복지조직은 낮은 급여 수준과 열악한 근무환경, 사회적으로 낮은 평가 등으로 인해 우수한 인적 자원을 확보하기가 어려운 상황이다. 따라서 우수한 인적 자원을 더 많이 확보하기 위해서는 직업의 사회적 기여도와 사회서비스를 제공하는 전문인력의 장래성에 대한 비전(vision) 등을 적극적으로 홍보하는 모집 과정에 대한 중요성이 부각되고 있다. 그리고 이러한 적극적인 모집으로 우수한 인적 자원을 확보하기 위해서는 사회복지조직의 종사자에 대한 사회적 위상의 제고와 이에 걸맞은 보수 수준의 현실화, 자기 개발의 기회 보장 등 정책적 지원이 선행되어야 한다.

모집을 위한 방법으로는 학력, 연령, 자격, 거주지 등의 지원 자격을 두는 것과 공개·비공개 등 모집 방법을 선택하는 것이 있다.

2) 선 발

선발은 모집을 한 후에 지원자들 중에 해당 직위에 가장 적절한 사람을 선택하는 활동이다. 선발 시에 가장 유의해야 할 것은 선발의 타당성과 신뢰성이다. 선발은 대체로 직무분석·선발 과정 선택·선발 과정 평가의 순으로 이루어지며 인적자원관리의 또 다른 기능적 영역, 즉 인적 자원 기획·모집·교육훈련·보상관리 등에 상당한 영향을 미친다.

선발의 방법으로는 서류전형, 면접, 시험 등이 있으며 대체로 복합적으로 사용된다. 선발의 방법 중 시험의 종류로 필기시험과 실기시험을 비롯해 지능검사, 적성검사, 신체검사 등도 시험의 유형에 포함된다. 선발시험이 갖추어야 할 요건으로는 타당성, 신뢰성, 객관성, 난이도가 있다.

첫째, 타당성은 시험의 결과와 채용 이후의 근무성적에 연관성이 요구되는 기준타당성(criterion validity), 시험 내용과 실제 직무 내용과의 연관성인 내용타당성(content validity), 시험이 측정하고자 하는 내용의 한 면이 아닌 모두를 제대로 포함해야 한다는 구성타당성(construct validity)으로 나눌 수 있다(박천오 외, 2000: 193).

둘째, 신뢰성은 시험이 측정도구로서 가지는 일관성으로 측정환경에 의해 영향을 받지 않는 정도를 말한다. 동일한 시험을 동일한 응시자가 시간과 장소를 달리하여 반복적으로 시행해도 같은 결과가 나올 수 있어야 이상적인 시험이라 할 수 있다.

셋째, 난이도는 시험의 어렵고 쉽고를 뜻하는 것이지만 시험이 효율적이고 변별력을 갖추기 위해서는 시험의 결과가 응시자를 적당히 분포시킬 수 있어야 한다.

넷째, 객관성이다. 시험성적을 채점할 때 채점자의 편견이나 주관 등 시험 외적 요인에 의해 좌우되지 않아 채점의 공정성, 동일성이 확보되어야 한다. 객관식 시험의 경우가 주관식 시험보다는 객관성이 높다고 할 수 있으며, 시험의 객관성을 저해하는 외적 요인으로는 성별, 정치 이념, 지연, 학연 등이 있다.

3) 임 용

모집 및 선발 과정을 거친 후에 임명절차를 밟는 것을 말한다. 통상 사회복지행정조직의 시험실시 기관의 장은 시험의 결과에 따라 합격자를 결정하고 이들의 등록을 받아 합격자 명단을 만드는데 이를 채용후보자명부라 한다. 시험에 합격했다 하더라도 합격자가 등록을 하지 않는다면 임용될 의사가 없는 것으로 간주한다.

시험실시기관에서 실시하는 채용후보자 추천은 원래 각 기관에서 결원을 보충하기 위한 추천 요구가 있을 때 이루어지는 인사활동을 말한다. 추천의 유형에는 동수추천제, 3배수추천제, 지정추천제, 집단추천제 등이 있다.

임용권자는 추천후보자 중에서 필요한 사람을 선발하여 일정한 기간 시보로 임용하고 그 기간 중에 근무성적이 좋은 경우에 정규 직원으로 임용하는데 이를 시보임용이라고 한다.

3 교육훈련 및 경력개발

공・사 사회복지조직의 경우에는 사회복지라는 휴먼서비스적 요소가 강하기 때문에 조직구성원의 능력 수준과 태도 등이 조직 목표의 효과적인 달성과 클라이언트의 유의미한 변화에 큰 영향을 미친다. 따라서 조직구성원의 잠재 능력을 충분히 개발하고 이것이 조직의 목표 달성 과정에 충분히 발휘될 수 있기 위해서는 교육훈련[5]이 매우 중요한 요소이다.

1) 교육훈련의 목적

사회복지행정조직 교육훈련의 목적으로는 조직의 목표 달성에 기여할 수 있도록 능력을 개발하여 조직의 성과를 향상시키는 데 있는데, 이를 구체적으로 살펴보면 세 가지로 나눌 수 있다.

첫째, 사회복지조직의 규범과 활동에 대한 지식을 증진시키고 이해도를 높이는 것이다. 이를 통해 조직과 직원의 가치를 일치시키고 조직에 대한 몰입도를 높일 수 있다.

둘째, 능력과 기술의 향상을 들 수 있다. 과업의 수행 방법과 기술, 문제분석과 해결 능력을 증진시킬 수 있다.

셋째, 조직 내 인간관계의 개선과 조직구성원 간의 상호작용 능력을 향상시킬 수 있다.

2) 교육훈련의 종류

교육훈련의 종류는 목적, 내용, 계층, 분야에 따라 여러 가지로 구분되는데, 일반적으로 교육을 받는 계층에 따라 구분하고 이들 계층에 따른 교육 내용과 교육 방법을 계획하는 것이 일반적이다. 교육훈련을 위한 일반적인 계층별 교육훈련의 구분은 신규채용자훈련, 일반재직자훈련, 감독자훈련, 관리자훈련을 구분한다.

그리고 오늘날 사회복지행정조직은 다양한 배경과 상황에 처한 클라이언트의 복지욕구에 대응하면서도 높은 생산성을 요구받기 때문에 이에 필요한 직무 수행 능력과

---

5) 일부에서는 교육과 훈련을 서로 다른 개념으로 구분하기도 한다. 교육은 직무 수행 전반에 걸쳐 기초가 되는 지식이나 가치관을 변화시키는 것으로 보며, 훈련은 현재 담당하고 있는 구체적인 직무 수행에 필요한 지식이나 기술을 향상시키는 개념으로 구분하기도 한다. 그러나 현실적으로 두 개념을 구별할 실익은 없다.

전문성을 갖추기 위해서는 조직 내 교육훈련(on-the-job-training)뿐만 아니라 조직 외부의 교육훈련(off- the-job-training)을 통해 필요한 전문성과 업무 능력을 갖추어야 하며, 이러한 조직 외부로부터의 전문성에 대한 교육 수요가 급증하고 있는 실정이다.

3) 교육훈련의 방법

교육훈련 프로그램은 조직 목표 달성과 연계되어야 하기 때문에 교육 대상, 목적, 훈련의 여건 등을 고려해 가장 효과적인 방법을 선정해야 한다.

① 강의

강의는 한 사람의 강사가 여러 사람을 대상으로 정보를 전달하는 것으로 가장 많이 사용되며 간단하고 경제적인 교육 방법이다. 강의는 강사가 교육 내용을 신축성 있게 조절할 수 있고 체계적이고 논리적으로 많은 사람에게 정보를 전달할 수 있는 장점이 있다.

그러나 강의는 지식이나 개념 교육에는 효과적이지만 실제 능력이나 행동 변화, 기능의 실습과 습득에는 비효과적이며 수강생들이 능동적으로 참여와 흥미를 유지하는 데 한계를 지니고 있고 교육의 효과를 가늠하기가 쉽지 않다. 또한 강사의 자질과 준비 등 강사의 특질에 따라서도 많은 차이가 난다.

② 회의 · 토의

회의 · 토의는 주로 소집단 형태의 연수요원의 지도 아래 피교육자들의 참여를 통해 교육훈련을 진행하는 방식이다. 이 방법은 구조와 방법에 따라 자유토의, 패널토의, 분임토의 등의 방법을 사용할 수 있다. 이 방법은 교육생의 능동적인 참여와 지식의 발전 및 태도를 수정하는 데 유용한 반면에 참여자들이 회의와 토론에 참여하기 전에 주제에 대해 충분한 지식과 준비를 갖추고 있지 않다면 효과가 반감될 수 있으며, 많은 인원을 대상으로 진행하기가 어렵다.

③ 시청각교육

시청각 기재자를 통해 교육하는 방법으로 많은 정보자료를 전달하는 장점이 있으나 교육훈련 과정이 시청각 매체를 통한 정보의 일방적인 전달이므로 교육생의 수용태도에 따라 전달 효과는 다르게 나타나며, 시청각 교육을 위한 설비와 공간, 그리고 적절한 교육 콘텐츠를 준비해야 한다.

④ 사례연구

사례연구는 선정된 사례를 중심으로 여러 교육생이 사회자의 지도 아래 토의하는 것을 말한다. 사례연구는 피교육자의 능동적 참여를 통해 주입식 교육을 탈피하고 분석적인 사고 능력과 문제 해결 능력을 기르는 데 효과적이다.

⑤ 역할연기

이 방법은 주어진 사례나 문제에서 어떠한 인물의 역할을 실제로 연기해 봄으로써 당면한 문제에 대한 체험을 하는 방법이다. 피교육생에게 실제적인 활동 기회를 부여함으로써 자신에 대한 자각과 통찰을 할 수 있게 하며 타인에 대한 상호작용과 영향력을 발전시키는 계기를 주지만 지식교육에는 효과적이지 못하다.

⑥ 모의교육

실제와 유사한 상황을 중심으로 소집단 구성원 간의 상호작용이나 문제 해결 방법을 체험시키는 교육훈련 방법이다.

⑦ 프로그램 교육

컴퓨터를 활용하여 교육하는 방법이다. 컴퓨터가 가지는 장점을 활용하여 학습, 연습, 피드백 및 강화 원리를 가장 잘 적용할 수 있으며 피교육자가 주어진 학습지시에 따라 학습을 진행해 나가면서 주기적으로 교육담당자와 토의할 수도 있고 원격으로 실시간 쌍방향 교육도 가능하다. 정보통신기술의 발달로 각종 개인화된 맞춤형 교육 학습과 학습 정도의 측정을 손쉽게 할 수 있다.

⑧ 감수성훈련

실험훈련이라고도 하는데 이 방법은 외부 환경으로부터 차단된 상황에서 피훈련자의 비공식적 접촉과 토론 및 상호작용이 이루어지는 과정을 통해 집단 내에서 자기의 입장과 대인관계를 이해하게 하는 것이다. 교육생은 이를 통해 자신의 행동에 대한 민감성을 높이고 자신의 가치 인식의 변화를 가져옴으로써 자신의 행동을 개선하고 대인관계 능력을 향상시키는 기법이다.

⑨ 수퍼비전

수퍼비전(supervision)은 피훈련자가 실제 직무를 수행하면서 상관 또는 감독자로부터 직무 수행에 관한 지식과 기술을 배우는 것이다. 현장훈련은 감독자 또는 상관의 지도가 매우 중요하며 훈련의 성과는 상관 및 감독자의 지도 기술에 많이 의존한다. 이 훈련의 장점으로는 실무적 훈련 및 고도의 기술 및 전문성을 요구하는 경우에 적합하고 교육생과 피교육생의 인간관계 개선에 도움을 준다. 반면에 다수의 교육에 적합하지 않고 감독자 및 상관의 시간이 많이 소요되며 상관의 지도기술이 부족한 경우 비효과적이다.

⑩ 전보 · 순환보직

전보와 순환보직은 피훈련자를 한 직위에만 배치하는 것이 아니라 보직을 바꾸어 가며 여러 직무를 경험하게 함으로써 실무 능력과 지식, 경험과 시야를 넓혀 주는 것이다. 그러나 잦은 전보와 순환보직은 오히려 업무 수행의 전문성과 능률성을 저해하고 행정의 일관성을 침해하는 부작용도 있다. 조직구성원의 능력 개발과 직무지식의 강화를 위한 교육훈련의 방법에는 이외에도 연수, 워크숍, 관찰 및 시찰, 신디케이트 등이 있으며, 다양한 기법들이 혼용 또는 개발되어 사용되고 있다.

4) 경력 개발

경력 개발(career development)이란 조직의 요구와 개인의 욕구가 일치될 수 있도록 각 개인의 경력을 개발하는 활동을 말하며 경력 발전이라고도 한다. 이러한 경력 개발에 대해 사회복지행정의 인사관리는 조직구성원이 조직 내의 직무 수행 과정과 교육훈련 등의 프로그램을 통해 개인의 경력과 자기 개발에 관한 욕구를 적절히 충족시킬 수 있는 기회를 제공해야 하고, 이러한 활동과 경력 개발의 욕구 충족이 조직의 목표 달성에 연계될 수 있도록 해야 한다.

경력 개발이 조직에 미치는 긍정적인 유효성은 다음과 같다. 첫째, 개인은 자기 발전의 동기부여와 능력 향상을 통해, 조직은 인재 육성과 적재적소의 배치 기회를 통해, 개인과 조직 모두 잠재력을 극대화할 수 있다. 둘째, 개인의 사기 저하와 조직의 침체를 방지할 수 있다. 셋째, 인력의 이직을 방지하고 인력자원의 효율적인 관리와 활용을 도모할 수 있다.

경력 개발이 잘 이루어질수록 반드시 조직에 기여하는 것은 아니지만 일반적으로 경력 개발은 ① 승진 등 보상체계와의 연계, ② 조직구성원의 경력 개발에 대한 상사 및 조직의 지원, ③ 경력 개발이 직무 수행에 도움이 될 것이라는 직무의 기대유용성, ④ 자신의 성공적 업무 수행에 대한 믿음인 자기효능감(self-efficacy), ⑤ 멘토의 역할 모델링 및 카운슬링, ⑥ 역할에 대한 갈등이 낮고 직무 수행에 대한 자율성이 높을수록 경력 개발에 긍정적인 영향을 미치고 직무 만족 및 경력몰입 등과 관련이 있다고 볼 수 있다(나종문, 2008: 84).

4 직무분석과 직무재설계

사회복지행정조직의 인사관리에서 가장 중요한 것 중의 하나가 직무분석이다. 직무분석(job analysis)은 직무에 관한 정보를 수집하고 수집된 정보를 분석하여 직무의 내용을 파악한 다음 각 직무의 수행에 필요한 지식, 정보, 능력, 숙련, 책임, 규정 등의 요건을 명확히 하는 일련의 직무합리화 및 과업의 설계 과정을 의미한다. 직무분석은 직무의 개념과 질적 내용을 명확히 함으로써 직무에 바탕을 둔 과학적인 인사관리를 가능하게 하는 것으로서 선발과 배치의 기준, 직무의 이동 경로, 인사고과의 항목 선정, 성과측정과 보상, 교육훈련의 필요성 발견, 직무설계 등의 관리 내용과 밀접하게 연결되어 있으며, 모든 인적자원관리의 출발점이자 기초가 된다.

1) 직무분석의 과정

직무분석의 핵심은 직무기술서의 작성과 분석이다. 직무기술서를 작성하기 이전에 직무분석을 위한 ① 기본계획을 수립하고, ② 직무기술서를 사전 설계하고 시험분석을 해야 하며, ③ 조사를 위한 분석요원의 확보와 교육, ④ 직무분석에 대한 조직구성원의 이해와 홍보가 충분히 선행된 이후에 직무기술서 작성을 통한 자료 수집이 이루어져야 한다.

2) 직무분석을 위한 자료의 수집

직무분석을 위한 자료 수집의 방법은 다음과 같다. 직무분석을 위한 기본계획과 조사설계 시 어느 한 방법을 선정하거나, 어느 한 방법으로 특정 직무에 대한 정보를 만족스럽게 수집할 수 없을 경우에는 몇 가지의 방법을 병행 조사한다.

① 설문지법은 표준화된 질문지를 사용하여 직무분석 대상 조직의 구성원에게 작성하게 하는 방법이다.

② 면접법은 대상 조직구성원과 관리자 내지는 조사원과의 면접을 통해 직무에 관한 모든 정보를 심도 있게 조사하는 기법이다. 면접에는 개별면접과 집단면접 등의 방법이 있다.

③ 관찰법은 직무분석자가 직무분석 대상자의 직무 수행 과정을 직접 관찰함으로

써 정보를 수집하는 방법이다.

④ 체험법은 직무분석 담당자가 분석 대상 직무활동을 직접 체험하여 직무에 대한 정보를 수집하는 방법이다. 이 경우 직무분석자가 체험 직무에 대한 어느 정도의 숙련도를 갖는 것이 필요하다.

⑤ 중요사건법은 직무 수행 활동에 대한 전체를 조사하는 것이 아니라 좀 더 중요하다고 선정한 사건이나 활동에 대해 정보를 수집하는 기법이다.

⑥ 대상자기록법은 직무분석의 대상자가 업무일지 내지는 조사표에 정해진 기입 시간별로 업무를 매일 또는 매 시간 단위로 기술하여 일정 기간 동안 누적된 정보를 수집하는 기법이다.

⑦ 비교확인법은 직무분석 대상의 직무 폭이 너무 넓어 단시간의 관찰을 통해 그 내용을 수집하기 어려운 경우에 사용하는데 대상 직무에 대한 충분한 참고 문헌과 자료가 준비되어 있어야 한다. 이 방법은 지금까지 개발 및 누적된 각종 자료를 참고로 현재의 직무 상태를 확인하는 것이다.

⑧ 그룹토의 기법은 직무분석 대상자를 소그룹으로 편성하여 1일에서 3일 동안 토의를 통해 자료를 수집하는 방법이다. 조사 대상자 간의 직무에 대한 지식, 현장 경험 등을 열린 마음을 가지고 응답할 수 있도록 한다. 모든 직무는 기록자에 의해 목록카드에 작성되어 게시된다. 이러한 직무 내용을 참석자가 토의하여 재배열하는 과정을 반복한다. 이 방법은 타당성이 높은 직무분석을 할 수 있으나 직무에 대한 이해도가 높은 수준의 전문가가 조사해야 한다.

3) 직무분석기법

① DLM(Department of Labor Methodology) 기법이란 미국 노동성기법이라고도 하며 가장 많이 사용하는 분석기법이다. DLM은 직원과 관리자에 대한 면접, 관찰, 기술된 자료 등을 바탕으로 직무를 다섯 가지 차원에서 분석한다. 다섯 가지 차원이란 첫째, 각 직무담당자는 대인관계 · 자료 · 업무를 처리할 때 어떤 일을 하는가, 둘째, 어떤 방법과 기술을 사용하는가, 셋째, 어떤 기계 · 연장 · 도구를 사용하는가, 넷째, 업무의 결과로 생산된 것은 무엇인가, 다섯째, 직원은 어떤 특성을 지녀야 하는가이다.

② 기능적 직무분석(Functional Job Analysis)이란 직무보다 세부적인 업무를 분석의 기본 단위로 하여, 조직의 목표에 따른 업무의 확인과 설명, 척도를 사용한 업무의 분석, 성취 기준의 개발, 필요한 기술훈련 내용의 개발에 대한 내용을 수집하

여 분석하며 DLM보다 세밀하고 직무 수행에 필요한 기술적 측면에 대한 좀 더 세밀한 분석을 할 수 있다.

③ 직위분석 설문지(Position Analysis Questionnaire) 기법은 현재 수행되고 있는 직무에 대한 설명과 분석을 위해 개발된 194개 항목으로 구성된 직무 요소들과 보상에 관한 설문지에 응답자가 기입한 것을 통계분석하는 기법이다. 다른 전통적인 직무분석 기법들과는 달리 직무나 업무에 대한 직접적인 정보보다는 담당자의 행태적 요소의 분석에 초점이 맞추어져 있다.

4) 직무재설계

직무분석의 결과와 조직에 새롭게 요구되는 직무 내용들을 결합하여 새로운 직무 재설계와 업무 분장을 할 수 있다. 사회복지행정조직의 인사관리에서는 조직구성원이 자신의 직무를 통해 성장의 기회가 있으며, 자신의 자율과 책임을 느끼도록 직무 재설계를 하는 것도 조직구성원의 동기부여 요인이 되고 있다. 직무재설계를 위한 원칙으로는 다음과 같은 요소가 강조된다. ① 구성원에게 자신의 일에 대한 책임감을 증대시킨다. ② 개인에게 일부분이 아닌 전체로서 완전한 일을 맡긴다. ③ 업무 수행에 대한 재량권을 부여한다. ④ 정기적인 보고서를 업무 담당자가 직접 만든다. ⑤ 새롭고 난이도가 좀 더 높은 일을 소개한다. ⑥ 개인에게 구체적이고 전문화된 일을 부여하며 전문가로 성장할 수 있는 기회를 제공한다(신유근, 2005: 207).

5 성과 및 보상관리

1) 직무수행 평가 및 업무과업 평가

조직구성원의 성과에 대한 평가는 구성원의 활동과 산출물이 조직의 목적과 일치되는 방향에서 만들어지고 있는가에 대한 평가를 통해 성과와 조직의 목적 사이의 결합을 만들어 내는 과정이며(황성철 외, 2005: 169), 이에 대한 인사관리적 측면이 성과관리이다. 효과적인 사회복지조직의 유지를 위해서나 프로그램을 지속적으로 수행하기 위해서는 조직구성원들에 대한 업무 수행의 정도를 어떤 식으로든 평가하는 것이 필요하다. 사회복지행정조직의 인사관리에서 직무 수행의 평가 내용으로는 직무 수행 능력(생산성, 효율성, 서비스의 질, 효과성), 직무만족도(job satisfaction),[6] 직무 수행 능력 향상을 위한 조건 등이 있다. 직무 수행과 성과에 대한 평가는 개인과 조직 모두에게 직무의 계속적 수행, 징계와 처벌, 경력 개발, 교육훈련, 승진, 보상, 이직 등에 관한 결정과 관리활동에 필요한 기초적 정보를 제공한다.

2) 보상관리

보상관리란 확보되고 개발된 사회복지행정조직의 구성원에게 성과에 대한 평가를 통해 조직에 공헌한 만큼 금전적, 비금전적 대가를 제공하는 활동을 말한다. 보상관리는 조직 전체의 보상 수준을 어떤 기준에 의해 책정할 것인가, 개인 또는 집단의 성과에 대해 어떤 방식의 인센티브를 지급할 것인가 하는 문제이다. 그 밖에도 복리후생은 조직구성원의 생활 안정과 직장과 삶의 조화를 위해 직접적 보상인 보수나 수당 이외에 부가적으로 지급되는 휴가, 시설의 사용, 기념일 선물, 교통 편의 제공, 학위과정 지원 등 다양한 방법으로 실시된다.

조직구성원의 동기부여를 위해서는 구성원에게 조직의 목표 달성에 공헌한 만큼의 대가가 주어지는 성과와 보상의 합치 프로그램이 마련되어야 한다. 성과와 보상관리를 위한 원칙은 다음과 같다.

첫째, 보상의 중요성에 대해 개인마다 느끼는 개인차가 있기 때문에 조직구성원 대부분이 보상을 중요하다고 느낄 수 있어야 효과가 있다는 중요성의 원칙이다.

둘째, 양의 융통성이다. 보상을 할 때 조직원 개인의 독특한 특성을 반영하고 각 성과의 수준에 따라 제공되기 위해서는 보상은 각각의 경우에 따라 융통성 있게 적절한 양을 제공해야 한다.

셋째, 수시성의 원칙이다. 보상이 좀 더 자주 주어질 때 종업원의 성과에 영향을 미치는 수단으로서 유용성이 더 커진다.

넷째, 낮은 비용의 원칙이다. 조직의 관점에서는 보상도 비용이 되기 때문에 보상의 유효성은 크면서도 조직의 비용 부담은 낮을수록 바람직하다는 것이다.

사회복지행정조직에서도 조직구성원의 성과에 따른 메리트 임금제도를 활용하거나 객관적 성과지표를 개발하여 인센티브를 지급하는 것이 필요하다. 그러나 사회복지조직의 목표의 모호성과 비시장성, 형평성의 강조 등으로 인해 성과에 따른 메리트 시스템이나 인센티브제도를 활용하는 데에는 한계가 있다.

---

6) 스미스, 켄달과 헐린(Smith, Kendal, & Hulin, 1969)은 직무 만족을 각 개인의 자기 직무와 관련되어 경험되는 모든 감정의 총화 내지는 균등 상태에서 좌우되는 태도라고 했다. 대체로 조직구성원들의 조직의 직무와 직무환경에 대한 만족 정도이다. 이들이 직무만족도를 측정하기 위해 개발한 JDI 척도에서는 ① 직무 자체, ② 상사, ③ 동료, ④ 보수, ⑤ 승진의 다섯 가지 차원에서 측정했다.

6 조직의 갈등관리

1) 갈등과 갈등관리의 개념

우리나라 사회복지행정조직의 구성원들은 자신이 근무하고 있는 조직의 가치, 신념, 사고방식에 통합되고 수용되지 못해 심각한 갈등을 경험하는 경우가 많으며, 이러한 긴장과 갈등이 해소되지 못하고 조직의 현실과 지속적으로 상충되어 자신의 태도를 바꾸길 강요받거나 아니면 조직을 떠나는 문제를 심각하게 고민하고 있는 경우가 많다. 물론, 현대 조직사회에서 많은 사람들과 집단들이 제각기 목표를 가지고 활동하다 보면 심리적 마찰이나 불편한 관계가 발생하여 갈등(conflict)이 보편적인 현상인 것은 사실이지만, 특히 우리나라 사회복지조직의 환경은 제도적 측면이나 보수적 측면, 승진의 기회나 업무 시간의 과다, 기타 자율성 등에서 매우 열악한 근무환경에 놓여 있기 때문에 사회복지행정조직의 조직구성원은 개인적으로나 조직 내·외적으로, 그리고 클라이언트나 자원봉사자와의 관계에서도 많은 심리적 갈등과 스트레스를 경험하고 있는 실정이다.

갈등이 발생하는 관계나 상황이 매우 복잡하고 다양하기 때문에 갈등에 대한 정의 또한 여러 가지로 규정되고 있다. 토머스(Thomas, 1992)는 "갈등이란 어떤 개인이 관심을 갖고 있는 것에 대해 다른 사람이 부정적으로 영향을 주거나 영향을 줄 것으로 지각할 때 일어나는 과정"이라고 정의하고 있으며, 마일스(Raymond E. Miles)는 "갈등이란 어떤 개인이나 집단의 목표 지향적 행동이나 기대가 다른 집단 구성원에 의해 좌절되거나 방해를 받을 때 나타나는 상태"라고 정의한다(권육상 외, 2004: 261).

조직에서 갈등이 거의 없거나 반대로 그 정도가 너무 높은 것은 모두 바람직한 현상이 아니며, 조직의 유효성을 향상시킬 수 있는 집단의 바람직한 행동을 유발하기 위해서는 적당한 정도의 갈등을 조성·유지하는 것이 필요하다. 그러므로 갈등의 관리란 상황에 따라 갈등을 해소·제거·완화시키는 것뿐만 아니라 갈등을 예방하거나 필요 시 적정 수준으로 갈등을 유지시키는 것까지 포함하는 활동이다.

2) 갈등의 원인

갈등의 요인으로는 첫째, 활동의 방향 및 과업 달성의 평가 기준이 서로 불일치하는 목표의 비양립성 또는 차이이다. 조직 내 직원 간 서로 다른 목표나 목적을 지닐 때 갈등의 가능성은 그만큼 높아진다. 목표 차이는 조직체의 규모가 크고 기능이 다양할수록 조직 내의 분화와 더불어 그 정도가 더욱 심화된다. 그뿐만 아니라 기능의 다양화로 인해 상호작용의 범위도 넓어짐으로써 갈등의 가능성이 더욱 증대되는 것이다(양승일 · 정혁인, 2009: 263).

둘째, 상호의존성이다. 두 개의 단위가 그들 각자의 과업 성과를 위해 협조, 정보교환, 등의 기차 조정적 활동 때문에 상대방에 의존하게 되는 정도이다. 이러한 상호의존성은 공동 협력을 위한 유인을 제공하지만 반면에 집단 간의 갈등의 기회도 제공한다.

셋째, 제한된 자원이다. 목표 달성에 어떠한 자원 또는 수단을 동원할 것인가, 그리고 제한된 자원을 누가 차지할 것인가에 대해 행동 주체 간에 의견이 일치하지 않고 경쟁이 생기면 갈등이 발생한다.

넷째, 지각의 차이이다. 사람마다 가치관, 경험, 지위, 역할, 목표, 처한 입장과 상황 등이 다르므로 이러한 개인차에 의해 서로 다르게 인식하고 주장하므로 갈등이 일어나게 된다.

다섯째, 지위 신분상의 불일치이다. 지위 신분상의 불일치가 있는 곳에, 그리고 지위 신분상의 계층에 변화가 일어났을 때 갈등이 촉진된다. 예를 들면, 근속 연수, 나이, 교육 수준, 급여 수준 등이 여기에 포함된다.

여섯째, 의사소통의 왜곡이다. 갈등의 원인으로 자주 인용되는 것으로 정보가 계층에 따라 위아래로 통과하는 과정에서 정보가 모호해지거나 왜곡되어 갈등의 원인이 된다.

일곱째, 전문가에 대한 수요 증가가 갈등을 일으킬 수도 있다. 오늘날 조직의 모든 영역에서 기술적 전문지식의 필요성이 증대되고 참모 조직의 역할이 확대됨에 따라 계선과 참모 간의 갈등이 종종 일어난다(박차상 외, 2008: 110-111).

3) 갈등관리전략

갈등관리의 전략으로 양승일과 정혁인은 세 가지 전략을, 토머스(K. W. Thomas)는 회피, 순응, 경쟁, 타협, 협력의 방법을 제시했다.

다른 모든 조직과 마찬가지로 공공 및 민간 사회복지행정조직에서도 특유의 조직문화와 조직이 처한 여건에 따라 다양한 갈등이 나타난다. 이러한 갈등들은 갑자기 발생하는 것도 아니며 갑자기 사라지지도 않는다. 그리고 순기능적 갈등이라고 해도

표 6-4 갈등관리전략의 유형

양승일 · 정혁인		토머스	
갈등의 수용	갈등 상황이나 근원을 변동시키지 않고 사람들을 갈등에 적응시키는 방법	회피	갈등에 대응하지 않고 갈등으로부터 물러나게 하는 방법
		순응	다른 사람의 필요나 관심에 비해 자신에게는 중요치 않은 갈등으로 받아들이게 하는 방법
조직 배열의 변화	조직구성원의 조직에의 배치 및 배열에 변화를 주기적으로 주어 갈등을 완화, 회피하는 방법	경쟁	갈등에 물러서지 않고 자신의 필요를 주장하며 경쟁하는 방법
갈등의 조장	갈등의 순기능을 목적으로 조직에 갈등을 적정하게 조장하는 방법	타협	갈등의 당사자가 서로의 일부를 포기하여 갈등을 해결하는 방법
		협력	타협으로도 문제해결이 되지 않고 통합적 방법이 더 큰 이익을 제공하는 갈등일 때 갈등 당사자를 협력시키는 방법

갈등의 원인과 갈등에 대한 여러 가지 복합적 변수로 인해 역기능적 갈등으로 변할 수 있으며 그 반대의 경우도 얼마든지 많다. 그리고 갈등의 제거가 오히려 더 큰 갈등을 야기할 수도 있는 등 갈등의 원인과 내용, 이해 당사자, 갈등의 변수 등에 대한 동태적 변화를 주시하고 대응하는 갈등관리를 공사 사회복지행정조직은 꼭 해야 한다.

7 인력 유지 및 이직관리

인력 유지란 조직 내 인적 자원이 자신의 능력을 발휘하면서 조직 내에 남아 있도록 각종 배려를 행하거나 조직에서 구성원들이 직무를 수행하는 과정에서 나타나는 여러 가지 어려운 문제, 예를 들어 직원 간의 인간관계, 클라이언트와의 갈등, 근무 여건과 승진, 보수 등에 대한 불만 등을 극복하여 최대한 능력을 발휘하게끔 인적 자원을 유지하는 활동이다.

인력유지관리의 주요 과제는 인간관계 개선을 위해 유용한 기법을 마련하는 것과 조직구성원의 불만족과 소진을 초래하는 문제에 대응하는 것이다. 그리고 조직구성원의 이직 의사와 이직의 원인을 규명하고 그것에 효과적으로 대처하는 관리의 문제이다.

1) 직무 만족과 소진의 개념

일반적으로 직무 만족은 사회복지서비스 제공에 종사하는 종사자뿐만 아니라 공공기관과 사기업을 포함한 모든 조직 단위에서 다양한 대상자를 중심으로 활발하게 연구되어 왔다. 통상 직무 만족이란 개인이 자신의 직무에 대해 갖는 일종의 정신적 태도에 관한 것이기 때문에 다양한 정의와 연구 결과가 제시되고 있다.

사회복지행정조직의 인사관리에서 인력 유지를 위한 차원에서 직무 만족과 직무 소진은 중요한 요인이다. 인사관리 차원에서 직무 만족이 중요시되는 이유를 살펴보면, 첫째, 직무 만족이 직무 성과에 직접적인 영향을 준다는 것이다. 사용자들은 직무에 만족하는 사람을 만족하지 않는 사람보다 조직의 성과에 효과적이고 혁신적이며 사려 깊은 사람으로 생각한다는 점이다.

둘째, 직무에 만족하는 사람은 외부 사회에 대해 자기가 속해 있는 조직을 호의적으로 이야기하게 되고 대외적으로 조직을 홍보하며 일반 대중이 그 조직에 호감을 갖게 하도록 하여 조직활동에 대한 합법성과 조직유효성을 높인다는 점이다.

셋째, 자신의 직무를 좋아하는 사람은 조직 밖에서만이 아니라 조직 내에서도 원만한 인간관계를 유지해 나간다는 점이다.

넷째, 조직의 입장에서 볼 때 직무 만족으로 인해 조직에 대한 만족이 높게 되면 이직률과 결근율이 감소하고, 이에 따른 생산성 향상의 효과도 얻을 수 있다는 점이다(고수정, 2005: 10-12).

정과 메긴슨(Chung & Megginson, 1981)은 직무 만족이란 "종사자들이 그들의 욕구를 조직에서 충족하는 정도로서 욕구를 잘 충족할 수 있다면 그들은 만족되었다고 할 수 있다"고 했으며, 헬만(Hellman, 1997)은 "종사자들이 실제로 받는 것과 받기를 원하는 것의 차이에 대한 종사자의 인지적·감정적 반응의 조합 자체"라고 정의했다.

직무 소진(job burnout)이란 "직무 및 직무와 관련된 사람들과의 관계와 부담, 스트레스 등으로 인해 지속적이고 만성적인 정신적·육체적 피로와 탈진, 무기력감, 냉소적이고 부정적인 상태"이며 종사자 개인의 심신 쇠약과 결근, 낮은 직무 성과, 이직 등의 원인이 되기도 한다(Maslach, Schaufeli, & Leiter, 2001: 397).

2) 직무 만족의 요인

직무 만족 요인으로 경제적 유인을 중시했던 사고는 1900년대 초 과학적 관리학파에서 비롯되어 현재까지도 지지되고 있다.

애덤스(Adams, 1963)는 종사자가 내놓을 수 있는 입력(input: 시간, 교육, 경험 등)과 그것과 바꿀 수 있는 출력(outcome: 승진, 보수, 안정성, 인정 등)의 비율이 직무 만족을 결정한다고 보았다. 그륀버그와 진(Grüunberg & Zinn, 1979)은 직무 만족과 관련된 요인을 크게 세 가지 차원으로 보았다. ① 직무의 다양성, 직무의 동질감, 직무의 중요성, 자율권과 피드백 등 직무 그 자체, ② 감독, 임금, 승진, 조직의 유형 등 근무환경, ③ 나이, 성, 근무 경력, 인성 등 개인적인 성향으로 분류했다.

이 밖에도 앨더퍼(Alderfer, 1972)는 일, 급여, 승진, 공로 인정, 부가급부, 작업 조건, 감독, 동료관계 등이 직무 만족에 영향을 미친다고 했으며, 밀턴(Milton, 1981)은 과업 요인, 임금 요인, 승진 요인, 인정 요인, 복리후생 요인, 과업 수행 요인, 감독 요인, 동료 요인, 관리정책 요인 등이 직무 만족에 영향을 준다고 했다(이승부, 2007: 17-18).

사회복지사를 대상으로 한 바더, 무그와 그륀버그(Bader, Moog & Grüunberg, 1986)의 연구에서는 직무 만족의 내적 변수와 외적 변수를 설정하고 내적 변수로는 직무 자체, 성취감, 도전 욕구, 책임감, 안정, 승진 등의 여섯 가지 하위 변수를 제시했으며, 직무 외적 변수로는 임금 수준, 직무안정도, 작업 조건, 상급자 관계, 동료관계, 조직 등의 여섯 가지 하위변수가 전체 직무만족도에 영향을 준다고 했다.

3) 이직의 개념

넓은 의미에서, 이직은 "인력의 조직 외부로의 이동과 조직 내부로의 이동"을 모두 포괄하는 개념인 반면, 좁은 의미에서의 이직은 "인력의 조직 외부로의 이동"으로 제한하고 있다. 경제학자들이 주로 사용하는 노동 이동도 이직과 관련된 개념으로 볼 수 있는데, 노동 이동은 기업 간 이동, 직업 간 이동, 산업 간 이동, 지역 간 이동, 실업 상태에서 고용 상태로의 이동 등으로 분류할 수 있고 기업 간의 이동이 협의의 이직이라 할 수 있다.

블루던(Bluedorn, 1982)은 이직이란 "현재의 담당 업무를 그만두고 다른 직무나 조직으로 옮겨가는 것으로서 자신 스스로나 고용주에 의해 일시적이든 영구적이든 고용이 종료되는 것을 의미한다"고 언급했다. 일반적으로 이직은 다음과 같은 기준에 의해 다양한 유형으로 분류될 수 있다.

첫째, 이직에 관한 의사결정의 주체에 따라 자발적 이직과 비자발적 이직으로 분류할 수 있다. 이직에 관한 의사결정의 주체가 조직구성원 개인이라면 자발적 이직(voluntary turnover)이다. 비자발적 이직(involuntary turnover)은 자기 의사와 무

표 6-5 자발적 이직의 순기능과 역기능

구분	순기능	역기능
조직	• 성과가 낮은 종업원 배제 • 신기술 및 신지식 도입 • 정책 및 관례의 변화 촉진 • 내부 이동의 기획 • 결근, 지각 등 부정적 행위 감소	• 신규 직원 채용 등 비용 발생 • 인간관계, 의사소통 구조 파괴 • 기술 습득 기간 중 생산성 저하 • 고급 인력 손실 • 이직자의 조직 비방
이직자	• 소득 증대 및 경력 제고 • 기존 조직관계 스트레스 해소 • 자기 개발 • 새로운 환경에 따른 자극 유발	• 장기근속 손실 • 가족 및 사회적 관계 손실 • 이동에 따른 스트레스 • 경력의 단절
잔류자	• 내부 이동 기회의 증가 • 신규 사원으로 인한 자극 • 만족, 단결, 몰입 향상	• 대인관계, 의사소통의 패턴 변화 • 동료 손실, 만족, 단결, 몰입 감소 • 업무량 증가

자료: Molbey(1982: 113).

관하게 사용자나 조직에 의해 강제로 조직에서 이탈하게 되는 것으로 여기에는 해고나 일시해고, 정년퇴직, 사망 등이 포함된다.

둘째, 조직에서의 통제가능성에 따라 회피 가능한 이직(avoidable turnover)과 회피 불가능한 이직(unavoidable turnover)으로 분류할 수 있다. 회피 가능한 이직은 사용자가 통제할 수 있는 요인인 임금, 복리후생, 작업 시간, 근무 조건 등의 원인으로 인한 이직을 의미하며, 회피 불가능한 이직은 정년퇴직, 사망, 임신, 가족 부양 등 사용자가 통제할 수 없는 요인에 의한 이직을 의미한다.

셋째, 이직 결과가 조직에 미치는 영향에 따라 순기능적 이직(functional turnover)과 역기능적 이직(dysfunctional turnover)으로 분류할 수 있다.

4) 이직 및 이직 의사 요인

코튼과 터틀(Cotton & Tuttle, 1986), 그리피스 외(Griffeth et al., 2000), 모바라크 외(Morbarak et al., 2001: 631) 등 여러 학자는 기존의 이직에 관한 실증 분석 자료들을 바탕으로 메타분석(meta-analysis)을 통해 이직에 영향을 미치는 유의한 변수들을 직무 관련 요인, 개인 특성 요인 등으로 구분하여 분석했는데, 코튼과 터틀이 제시하는 이직의 주요 원인은 <표 6-6>과 같다.

표 6-6 이직의 원인 변수

직무 관련 요인	개인 특성 요인	외부 환경 요인
• 임금 • 업무 성과 • 직무명확도 • 직무만족도 • 직무반복성 • 조직충성도 • 임금만족도 • 직무 자체에 대한 만족도 • 감독자에 대한 만족도 • 동료에 대한 만족도 • 승진 기회에 대한 만족도	• 연령 • 성별 • 결혼 여부 • 부양자 수 • 교육 • 근속 연수 • 적성 및 능력 • 지능 • 이직 의도 • 기대감에 대한 충족도	• 고용가능성 인지 • 취업 가능성 • 실업률 • 노동조합의 유무

자료: Cotton & Tuttle(1986: 55-70).

5) 이직관리의 중요성

사회복지행정조직에서 이직관리가 중요한 이유는 거시적 조직 차원과 미시적 개인 차원에서 중요한 의미를 가진다. 먼저 거시적 차원에서 살펴보면 이직을 분석하여 국가는 사회복지 인력의 수요·공급, 인력 유형별 이동 및 고용 관계, 사회복지 종사자의 임금 및 연금 등에 관한 종합적인 판단과 정책 수립을 해야 한다. 이러한 필요에 따라 이직 패턴을 분석하고 정책을 정보화해야 한다.

그리고 사회복지행정의 조직구성원이나 복지서비스 제공자의 이직은 사회자본의 손실과 잠재적인 사회적 비용을 초래할 가능성이 높기 때문에 적정 수준의 이직을 유지하는 것 또한 국가 차원에서 중요하다. 데스와 쇼(Dess & Shaw, 2001)는 조직적 차원에서 이직에 따른 신규 인력의 채용, 훈련비용의 증가를 막고, 조직의 불안정성을 감소시키며 유능하고 숙련된 종사자의 이탈을 방지하기 위해 이직관리는 중요하다고 설명했다. 반면에 다른 조직으로부터 이탈한 유능한 종사자를 수용하여, 조직에 적응시키며 조직의 생산성과 경쟁력을 높이기 위해서도 이직 및 이직자에 대한 분석과 대응책의 마련이 중요한 의미를 지닌다고 보았다.

사회복지조직 종사자 개인적 차원에서 이직은 보수 등의 금전적 가치의 중단뿐만 아니라 클라이언트 및 사회와 소통했던 가장 중요한 사회적 관계의 상실을 의미한다. 그리고 개인의 경력 발전과 여러 차원의 목표 달성에 유·무형의 상당한 영향을 주게 된다.

제 7 장

사회복지행정의 재정

복지재정(welfare finance)은 국가와 민간의 복지 관련 재정을 포함하는 개념이다. 이 장에서는 복지재정의 의의와 구성 및 내용과 중앙정부의 복지재정, 지방정부의 복지재정, 민간 복지기관의 복지재정 등을 살펴본다.

I 사회복지재정의 의의

1 사회복지재정의 개념과 주체

광의의 개념으로 사회복지행정의 재정이란 사회복지를 위해 투입되는 모든 경제적 자원을 지칭한다고 할 수 있다. 따라서 사회복지행정에서 재정의 주체는 주로 정부가 되지만, 민간 사회복지 전달체계의 수입과 지출도 넓은 의미의 사회복지재정을 구성하므로 이들도 사회복지재정의 주체로 볼 수 있다.

복지재정은 사회복지행정의 재정적 측면으로서 조직적 차원 및 인사적 차원의 구비와 함께 사회복지행정이 가능하도록 하기 위한 경제적 측면이다.

2 사회복지재정의 특성

우리나라 사회복지재정의 특성은 다음과 같다.

첫째, 성장우선주의로 인한 복지재정의 빈약이다. 우리나라는 1960년대 이후 오랫동안 성장우선주의와 불균형 발전전략을 정부의 정책기조로 삼아 왔다. 사회복지의 영역이 과거에 비해 비약적으로 확대되었지만 기본적으로 성장 우선의 정책기조에는 변화가 없다. 따라서 자원 분배에서 항상 개발 투자를 위한 예산 배분이 우선되었다. 이러한 국가 발전전략의 기조와 우선순위는 실제 재정 측면에서 자원 배분의 결과로 확인할 수 있는데, 정부 전체의 예산 중에서 사회개발비 명목으로 배정되는 복지재정은 상대적으로 작은 비중을 차지했다. 특히 국방비와 교육비를 제외하고 남는 예산 중에서 사회개발비 명목으로 배정되는 복지재정은 우리나라의 복지 수요를 감당하기에는 턱없이 부족한 실정이다.

둘째, 외부수입에 대한 높은 의존성이다. 현대 복지국가들은 복지재원의 대부분을 정부의 예산으로 충당한다. 우리나라도 복지재정에서 정부 예산이 차지하는 비중이 점차 늘어나고 있다. 복지재정의 외부의존성은 경제 발전과 국민소득의 증가로 거의 해소되었지만, 연말 불우이웃돕기, 적십자 회비, 수재의연금 등 각종 명목의 의존수입이 적지 않게 복지재정을 구성하고 있으며, 종교단체를 비롯한 민간 복지기관의 예산도 적지 않다.

셋째, 정치적 영향력을 많이 받는 측면이다. 정권이 바뀌면 정책기조가 달라지고, 기본적 정책 방향까지도 달라질 수 있다. 사회복지를 관장하는 보건복지부 장관보다는 경제문제를 관할하는 기획재정부 장관이 자원 배분 과정에서 복지재정에 미치는 영향이 더 큰 것이 우리의 현실이다.

넷째, 사회복지서비스에서 국가 또는 지방자치단체가 사회복지사업법, 지방자치법, 국가재정법, 지방재정법 등에 의해 원칙적 재정 부담자가 된다는 것이 공비(公費) 부담의 원칙이다. 그러나 공무원의 인건비 충당도 어려운 지방자치단체가 있는 등 일선 현장에서 사회복지예산을 집행하고 있는 지방자치단체에게 이러한 공비 부담의 원칙을 엄격하게 준수하기가 어려운 것이 현실이다.

Ⅱ 사회복지재정의 구성과 내용

1 사회복지재정의 구성과 기능

재정의 주체에 따라 중앙정부의 사회복지재정과 지방자치단체의 사회복지재정, 민간 사회복지재정으로 구분할 수 있다. 중앙정부의 재정은 일반회계예산과 특별회계예산 및 정부관리기금으로 구성되며 지방자치단체의 재정은 일반회계예산과 교육비, 특별회계예산으로 구성된다.

사회복지재정의 수입은 정부의 재정수입과 수익자부담금 및 기부금의 세 가지로 크게 분류할 수 있으며, 정부 재정수입은 일반세 또는 목적세 등의 조세로 충당된다. 사회복지서비스의 재원은 국비와 지방비의 부담 비율이 약 2 : 1 정도이나 지방비의 부담 비율이 점차 증가하는 추세이며, 민간의 기부금도 복지의 중요한 재정수입 중 하나가 될 수 있다. 우리나라의 경우 복지를 위한 민간기부금은 기업과 복지단체들, 그리고 개인 자선가들이며 아직 활발한 상태는 아니다. 사회복지재정의 지출은 복지서비스의 제공을 위해 필요한 경비로 지출되며, 우리나라의 예산 분류상 복지재정은 사회개발비로 분류되는데, 이 개념이 너무나 포괄적이어서 이 중에는 순수한 복지재정으로 간주하기 어려운 부분도 적지 않다.

사회복지재정의 일반적인 기능은 재정의 일반적 기능과도 일치하는데 통상 자원배분 기능, 소득재분배 기능, 그리고 경제적 안정과 성장 등의 역할을 수행한다. 다만 사회복지재정의 성격상 재정의 3대 기능 중 소득재분배 기능이 강한 것이 특징이다.

2 사회복지재정의 규모와 추이

재정(public finance)과 예산(budget)은 다양한 기준에 의해 분류된다. 예산분류제(budget classification)에 의하면 예산은 품목별 · 조직별 · 기능별 · 성질별 등에 의해 분류되며, 품목별 분류의 경우, 전체 예산이나 특정 예산을 인건비와 물건비, 경상이전, 자본지출, 보전재원, 정부 내부지출, 기타, 예비비로 나누어 지출하며, 조직

표 7-1 예산 분류의 주요 내용

분류 기준	품목별	조직별	기능별	성질별
주요 항목	인건비 물건비 경상이전 자본지출 보전재원 정부 내부지출 기타 예비비	대통령실 국회 대법원 보건복지부 국가보훈처 등	방위비 교육비 사회개발비 경제개발비 일반행정비 지방재정교부금 채무 상환 기타 경비	경상계정 자본계정

별 분류는 대통령실에서 시작하여 국회, 대법원, 보건복지부, 국가보훈처 등 소관 조직별로 분류한다.

기능별 분류는 국방비와 교육비, 사회개발비, 경제개발비, 일반행정비, 지방재정교부금, 채무 상환 및 기타 경비 등으로 나누며, 성질별 분류는 세입과 세출을 각각 소모성 경비인 경상 계정과 투자성 경비인 자본 계정으로 나누어 지출하게 된다(강신택, 2006: 17-18).

예산 분류에 따른 복지재정은 조직별 분류에 의하면 문화관광부와 보건복지부, 환경부, 고용노동부, 국가보훈처 등의 예산에 해당하며, 기능별 분류에 의하면 사회개발비에 해당한다. 또한 복지재정은 지출 대상이나 품목별 분류 혹은 성질별 분류에 의해 더욱 세분화될 수 있다.

우리나라의 경우 1979년 이래 국제통화기구(IMF)의 재정통계 작성 기준에 따라 통합예산제도를 도입했다. 통합재정이란 현행 법정 예산제도를 그대로 유지하면서 이와 병행하여 재정활동을 종합적으로 파악하기 위해 정부의 모든 재정활동을 세입·세출뿐만 아니라 보전재원 상황까지 일목요연하게 구분할 수 있도록 한 순계 개념상의 정부예산 총괄표라 할 수 있다. 통합재정은 총체적인 정부 예산의 정확한 규모를 파악하고, 보전재원 상황을 명백히 함으로써 재정이 경제 안정이나 통화에 미치는 영향을 분석하는 데 유용성을 제공하고 있다.

현재 국가재정법에 의한 프로그램예산제에서 복지지출액은 전체 16개 분야 중에서 사회복지 분야와 보건 분야를 포함한 6개 부처의 복지 관련 예산을 모두 합한 것이다. 따라서 여기에는 보건복지부의 보건복지, 국토해양부의 주거복지, 여성가족부의 여성복지, 고용노동부의 고용복지, 국방부의 군인복지뿐만 아니라 공무원연금, 군인연금 정부보전금도 모두 복지재정에 포함된다.

3 복지재정의 수입과 지출

일반적으로 복지재정은 재정의 기능 중 소득재분배 기능이 가장 크다.[1] 즉, 고소득층이 부담하는 수입으로 저소득층에게 복지 혜택을 부여하게 된다. 따라서 복지재정을 수입과 지출로 구분하여 살펴봄으로써 복지재정의 소득재분배 기능에 좀 더 실질적으로 접근한다.

1) 복지재정의 수입

복지재정의 수입원도 다른 재정 분야와 같이 조세에 의존한다. 복지재정에서 거론되는 소득재분배 기능은 일반적으로 고소득층에 대한 누진세, 중과세 제도 등을 통해 저소득층을 위한 조세 감면을 비롯한 차등 과세 제도를 운영하게 된다. 그뿐만 아니라 예산통일성의 원칙에 대한 예외적 성격인 목적세를 통해 필요한 재원을 마련하기도 한다.

그러나 우리나라의 경우, 간접세의 비중이 높아 차등 과세의 실효성이 매우 낮다. 또한 선진국의 복지세와 같이 안정적인 복지재원을 확보할 수 있는 복지 관련 목적세목이 없다는 문제에 직면하고 있다. 따라서 우리나라는 복지재정의 주된 재원을 일반 세목 수입으로부터 할애받을 수밖에 없는 실정이다(김태성 외, 2009: 232).

2) 복지재정의 지출

복지재정의 소득재분배 기능을 활성화시키기 위해서는 복지재정 지출 측면에서 저소득층을 먼저 고려해야만 할 것이다. 우리나라의 예산을 살펴보면 사회개발비가 차지하는 비중이 낮은 편만은 아니지만, 사회개발비가 매우 포괄적으로 되어 있고, 실질적인 사회보장비의 비중은 매우 낮게 책정되어 있다. 또한 국비에 의한 지방자치단체의 복지재정 지원율도 낮아져 자치단체의 부실한 사회복지행정서비스는 물론 자치단체의 재정 악화까지 유발하고 있다.

---

1) 일반적으로 재정의 기능은 자원 배분, 소득재분배, 경제 안정과 함께 경제 성장 등을 담당한다. 먼저 자원 배분 기능이란 국민경제에 큰 영향을 주는 재정을 부문별로 배분하는 기능을 의미하고, 경제 안정 기능은 국민경제에 대한 상대적 재정 규모를 조정하는 기능을 의미하며, 경제 성장 기능이란 특히 정부 주도형 경제체제에서 경제 성장을 주도하는 기능을 말한다. 소득재분배 기능은 재정 수입면에서 중과세와 누진세율 등을 적용하고 재정 지출면에서 상대적으로 저소득층에게 우선적으로 혜택을 부여하여 국민의 소득 수준을 균등화하는 기능을 말한다.

4 복지재정의 구성에 따른 수입과 지출

1) 복지재정의 구성에 따른 수입

복지재정의 수입적 측면을 좀 더 구체적으로 살펴보면, 외환 위기 이전까지 우리나라 복지재정 총액은 정부 예산과 본인 부담금 등을 포함하여 평균적으로 GDP 대비 약 4% 미만이라는 인식이 상당 기간 존속했다. 그러나 국민의 정부 집권 이후 국민기초생활보장제도의 실시, 4대 사회보험의 대상자 확대, 적극적 근로연계복지정책의 확충, 의료보험제도의 통합 등 새로운 사회정책이 입안되거나 기존의 제도가 확대·실시되어 사회정책에 소요되는 비용이 빠른 속도로 증가하여 우리의 복지재정 규모도 상당 부분 증가한 것이 사실이다.

복지재정은 정부의 복지재정과 민간 복지기관의 복지재정으로 구분된다. 정부의 복지재정의 경우, 중앙정부와 각 자치단체의 복지재정으로 재구분되며, 일반회계와 특별회계, 기타 재정으로도 나뉜다.

복지재정은 재원을 자체적으로 창출하는 능력을 갖고 있지 않다. 복지란 시장에서 생산된 자원의 일부를 복지재정의 재원으로 이전시키는 것이 필요하기 때문에 공공부문과 개인이나 기업을 복지재정의 수입원으로 하고 있다. 즉 공공부문에서는 조세와 각종 사회보험료의 공적 징수를 통해 대부분의 복지재정이 조달되며, 민간부문에서는 기여금이나 수익자부담금 또는 본인부담금 등을 통해 조달된다.

2) 복지재정의 구성에 따른 지출

실제로 공공부조의 경우 국비와 지방비로 구성되며,[2] 보훈사업은 보훈기금으로 충당된다. 사회보험의 경우 산재보험을 제외한 모든 사회보험이 본인 부담금과 정부, 사용자, 법인 등의 부담금으로 충당된다. 연금보험의 경우 국민연금을 제외하고, 정부가 공무원연금과 군인연금 및 사립학교 교직원연금에 한해 부담금을 부담한다. 의료보험의 경우에도 공무원 및 사립학교 교직원의료보험과 지역의료보험에 한해 정부가 부담금을 부담한다. 특수직역보험인 산재보험, 고용보험, 선원보험 등에 대해서는 정부의 부담금이 없으나, 군인보험의 경우에만 군인보험 기여금 전체의 2/3를 부

2) 사회복지서비스의 재원 중 지방비의 비중이 점차 증가하여 국비와 지방비의 비율이 약 1 : 2 정도로 증가하고 있다.

표 7-2 복지재정의 전체적 구성

구분	수입	용도 또는 부담자
공공부조	조세 보호기금 재해구호기금 등	기초생활보장 비용 의료보호 비용 재해 구호, 국가유공자 예우, 의사상자 보호 등 비용
사회보험	기여금(정률) 부담금(정률) 보험료(정률) 기타 수입	연금 가입자(국민연금만 정부 부담 전무) 보험 가입자(공교 · 지역의보만 정부 부담) 특수지역의보 가입자(군인보험만 정부 부담)
사회복지서비스	중앙:지방 배분	1 : 2

담하고 있다.

복지재정 중 공공부조와 사회복지서비스에 대한 지출을 제외한 사회보험의 재원은 75% 이상이 사회보험급여와 관리비로 지출되고, 25% 정도만이 단기잉여금으로 국민연금기금의 적립금에 지출된다.

또한 사회보장비의 60%는 공무원과 군인 및 사립학교 교직원의 연금과 의료보험 부담금으로, 나머지 40%는 공공부조와 사회복지서비스의 재원으로 활용된다.

복지재정의 전체적 수입과 지출의 내용을 요약하면 <표 7-2>와 같다.

Ⅲ 중앙정부의 복지재정

1 중앙정부의 일반회계 복지재정

일반적인 의미의 예산은 일반회계예산을 생각하듯이 복지재정도 중앙정부의 일반회계 중 사회개발비의 사회보장비를 말한다. 따라서 중앙정부의 일반회계 복지재정과 구성 과정, 수입, 지출 등을 구분할 필요가 있다.

1) 일반회계 복지재정의 구성

(1) 기능별 구성

복지재정의 경우, 예산의 기능적 분류에 따라 제3장인 사회 개발에 속하고, 다시 하위 기능에 따라 관, 항, 세항, 목으로 세분된다. 복지재정의 기능적 구성은 매해 예산에 따라 차이가 있지만, <표 7-3>과 같이 예시할 수 있다.

표 7-3 복지재정의 기능별 구성

장	관	항	세항	목
사회 개발	3.1 문화 및 체육	3.1.1 문화예술 3.1.2 체육 진흥		
	3.2 인력 개발 및 인구 대책	3.2.1 직업훈련 3.2.2 인구대책 3.2.3 직업 안정	가족 보건	가족보건 보건사회연구원
	3.3 보건 및 생활환경 개선	3.3.1 보건 3.3.2 상하수도 3.3.3 위생 및 공해 방지 3.3.4 보건사회복지행정	보건 교육	보건교육 마산결핵병원
	3.4 사회보장	3.4.1 의료보호 및 보험 3.4.2 보훈 3.4.3 근로자복지 3.4.4 기타 사회복지 3.4.5 국민연금		
	3.5 주택 및 지역사회 개발	3.5.1 주택 3.5.2 도시 개발 3.5.3 지역사회 개발		

(2) 조직별 구성

복지재정을 조직별로 살펴보면 여러 중앙부처의 예산으로 구성된다. 세입의 경우, 국가보훈처, 문화체육관광부, 환경부, 보건복지부, 국토해양부, 기획재정부[3] 등이 있다. 세출의 경우, 하위 기능별로 구분할 수 있는데, 그 내용은 <표 7-4>와 같다.

(3) 수지별 구성

복지재정은 복지 지출에 충당하기 위한 목적 세목이 없으므로 주요한 수입은 조세수입이라 할 수 있다. 또한 복지담당 부처의 세외수입이 여타 재정수입으로 포함된다. 지출의 경우, 기능별 분류를 원칙으로 한다.

3) 국세청, 관세청 포함.

표 7-4 복지재정의 조직별 구성

구분	기능(항 기준)	세입조직	세출조직
항목		기획재정부(조세 수입) 관련 부처(자체 수입)	
	문화예술 체육 진흥 직업훈련 인구대책 직업 안정 보건 상하수도 위생 및 공해 방지 보건사회복지행정 의료보호 및 보험 보훈 근로자복지 기타 사회복지 국민연금 주택 도시 개발 지역사회 개발		문화체육관광부 문화체육관광부 노동부 보건복지부 노동부 보건복지부 환경부 환경부 보건복지부 보건복지부 국가보훈처 노동부 보건복지부 보건복지부 국토해양부 국토해양부 국토해양부

2) 일반회계 복지재정의 수입과 지출

일반회계는 예산통일성의 원칙에 따라 모든 수입이 하나로 집계된 자금(fund)에서 모든 지출이 이루어지는 것이다. 따라서 일반회계의 수입은 특정하게 용도가 정해진 재정일 수 없다. 이러한 일반회계는 조세, 기타 세외수입, 전년도 이월비 등으로 구성되지만, 조세가 차지하는 비중이 매년 95% 정도를 차지하고 있다. 일반회계 수입을 세분화하면 <표 7-5>와 같다.

일반회계에 의한 복지재정의 지출은 이미 확보된 복지재정 수입의 지출로서, 그 구성은 여러 기준에 따라 분류할 수 있다. 즉 지출 대상 및 품목별로 인건비 · 물건비 등으로 분류할 수도 있으며, 기능에 따라 사회개발비로 분류할 수도 있다. 그 밖에 조직별 · 경제 성질별로 구분할 수도 있다.

표 7-5 일반회계 재정수입의 구성

세입 구분	구성	내용
조세	내국세 관세 교통세(방위세)	부가세, 소득세, 법인세 등 목적세(과년도분)
기타 세외수입	재산수입 경상이전수입 재화 및 용역 판매수입 관유물 매각대 융자 회수금	소관 부처별 세외수입으로 처리
전년도 이월금	기타	
차관수입		

2 중앙정부의 특별회계 복지재정

복지재정에는 일반회계와 함께 복지와 관련된 복수의 특별회계가 존재한다. 특별회계(special accounts)는 일반회계와 함께 예산을 구성하는 큰 틀을 구성하며, 일반회계와 달리 예산통일성의 원칙에 예외적인 사항으로서 국가재정법 제4조에 의해 특정 사업의 운영이나 자금 보유의 필요성 등이 있을 때 특정의 수입을 확보하여 특정의 용도에 지출하도록 되어 있다. 특별회계는 협의의 복지와 관련되어 특정의 지출을 충당하기 위해 특정의 수입을 확보하게 된다. 2010년 말 현재 우리나라의 경우, 우편사업 · 우체국금융 · 양곡관리 · 조달 · 책임운영기관 회계의 5개 기업특별회계와 환경개선특별회계, 광역지역발전특별회계, 농어촌구조개선특별회계 등 13개 사업특별회계 총 54조 원 규모의 특별회계가 있다.

특히 농어촌구조개선특별회계의 경우 세입 · 세출을 통해 농림어업인 등의 후생복지 증진 및 소득 보전을 위한 사업에 대한 투자 · 보조 · 출연 · 융자 등을 하도록 규정하고 있어 농어촌에 대한 복지재원을 구성하고 있다. 농어촌구조개선특별회계법 제5조(농어촌특별세사업계정의 세입 및 세출)에서는 세출이 정하는 범위의 사업의 내용으로 농림어업인 연금보험료 지원, 농산어촌의 의료서비스 개선, 농산어촌 여성 및 아동의 복지 증진, 농림어업인의 교육비 부담 경감 지원, 농림어업인에 대한 직업훈련 등 농외 취업을 위한 교육 · 훈련 지원, 농산어촌의 문화 · 복지시설 지원 등을 규정하고 있다.

3 중앙정부의 기타 복지재정

국가재정법 제5조에 의하면, 특정의 목적을 위해 특정의 자금을 운용할 필요가 있을 경우, 법률로써 기금을 설치하여 운용할 수 있도록 하고 있다.

기금은 중앙정부의 일반회계와 특별회계를 제외한 것으로서, 1960년 공무원연금기금이 처음 설치되어 2008년 말 현재 62개 기금이 설치되어 있으며, 62개 기금의 자산규모는 748조 4,043억 원에 이른다.

기금은 조성재원을 통해 설치 근거 법률에서 정한 설치 목적과 사업을 수행하는데 운용된다. 기금 운용의 목적은 정보통신진흥기금, 영화발전기금, 부실채권정리기금, 산업기반신용보증기금과 같이 특정 산업의 지원과 금융시장의 안정을 위한 것이 있으며, 원자력연구개발기금과 같이 특정 분야의 연구활동을 지원하기 위한 것도 있다.

그러나 기금의 상당 수는 광의의 사회복지와 관련 있다고 할 수 있는데, 2008년 말 현재 62개의 기금 중 약 21개의 기금이 연금・보건・재해구호・여성복지・아동・청

표 7-6 복지재정 관련 기금 등의 목적과 주요 사업

기금명	목적	주요 사업
국민연금기금	국민연금사업에 필요한 재원 확보와 국민연금급여 충당	1. 국민연금급여 지급 2. 수급권자를 위한 복지 증진
국민주택기금	주택종합계획을 실시하기 위한 자금 확보	1. 국민주택 건설 2. 주거환경 개선자금 지원
복권기금	복권사업으로 조성된 재원의 투명하고 효율적인 사용과 관리	1. 저소득층 주거 안정 지원 2. 국가유공자 복지사업 3. 저소득층, 소외계층에 대한 복지사업
보훈기금	보훈대상자의 지원과 재향군인회의 사업 지원	1. 국가유공자 대부 지원 2. 국가유공자 복지시설 건립 3. 재향군인회 사업 지원
여성발전기금	남녀 평등 촉진과 여성 발전 수행을 위한 사업 지원	1. 여성인적자원 개발과 양성 평등 2. 여성 권익 및 가족 지원 3. 여성 창업 지원
국가장학기금	국가장학제도 구축과 고등교육 기회의 제공	1. 학자금 무상 지급 및 융자 2. 맞춤형 장학서비스센터 운영
청소년육성기금	청소년 육성을 위한 사업 지원에 필요한 재원 확보	1. 청소년 활동 지원 2. 청소년 복지 및 보호

소년복지 · 고용 안정 · 보훈 · 문화 · 생활체육 등과 같이 넓은 의미의 사회복지를 실현하기 위한 목적에서 조성된 재원을 직 · 간접적으로 운영하고 있는 것으로 분류할 수 있다. 앞의 <표 7-6>은 복지 관련 주요 기금의 목적과 사업을 보여 준다.

Ⅳ 지방정부의 복지재정

중앙재정에 이어 지방재정(local finance)은 공공재정을 구성하는 주요 요소라 할 수 있다. 특히, 1995년부터 본격적인 지방자치가 실시되면서 지방재정의 중요성은 더욱 증대되고 있으며, 지방정부의 복지재정은 지역복지에 대한 주민의 관심에 따라 그 중요성이 매우 높다고 할 수 있다. 따라서 여기에서는 지방자치단체의 복지재정을 중심으로 지방복지 재정의 의의를 파악한다.

1 지방재정의 일반적 특성

지방 복지재정(local welfare finance)에 관한 접근에 앞서 지방재정의 일반적인 특성을 살펴볼 필요가 있다. 지방재정은 각 자치단체 주체가 수입과 지출을 관장하는 모든 재정을 의미한다. 따라서 국가의 전체 재정 중 중앙정부가 직접 집행하는 부분을 제외한 모든 부분이 지방재정에 해당한다. 그러나 중앙재정과 지방재정은 상호 이질적이거나 배타적이라고 할 수는 없다. 왜냐하면 국고보조금, 지방교부세, 지방양여금 등은 지방재정에 대한 중앙재정의 보조적 성격을 갖고 있기 때문이다.

그럼에도 불구하고 지방재정은 복지서비스를 포함하여 각종 행정서비스의 직접적인 전달자라는 점에서 주민의 욕구에 시기적절하게 부응할 수 있는 대응성(responsiveness)을 갖고 있다. 그 결과 우리나라의 경우, 국가 예산 가운데 지방재정이 차지하는 비중은 증가 추세에 있다(행정자치부, 2001: 260).

지방재정의 일반적인 수입과 지출을 살펴보면, 먼저 수입은 자립재원과 의존재원, 일반회계 수입과 특별회계 수입으로 구분할 수 있으며, 시 · 도의 재정 수입과 시 · 군 · 구의 재정 수입 등 주체에 따라 구분할 수도 있다.

그러나 일반적으로 일반회계를 구분하는 방법에 준용하여 지방세(local tax), 협의의 세외수입(non-tax revenues), 지방교부세(local share tax), 조정교부금(control grants), 국고보조금(subsidy), 지정재원(designated financial sources) 등으로 구분하며, 공기업 특별회계, 기타 특별회계로 구분되는 특별회계의 경우에는 사업수입과 사업외 수입,[4] 보조금,[5] 지방채 수입 등으로 그 수입을 구분할 수 있다.

지방재정의 지출 항목의 경우에도 그 기준은 다양하나 일반적으로 지방재정 일반회계의 지출 항목에 따라 의회비(national assembly), 일반행정비(general administration), 사회복지비(social welfare), 산업경제비(industry & economy), 지역개발비(community development), 문화와 체육 및 교육비(culture & physical education), 민방위비(civil defence), 지원 및 기타 경비(support & others) 등으로 구분되며, 공기업 특별회계와 기타 특별회계로 구분되는 특별회계의 경우, 지출 항목은 사업 비용과 사업외 비용[6]으로 구분된다. <표 7-7>은 일반회계의 수입, 지출 항목을 정리한 것이다.

표 7-7 지방재정의 일반적 수지 항목

<table>
<tr><th colspan="3">수입</th><th>지출</th></tr>
<tr><td>지방세</td><td>취득세
등록세
면허세
주민세
재산세
자동차세
농지세</td><td>도축세
마권세
담배소비세
종합토지세
도시계획세
공동시설세
사업소세</td><td rowspan="5">의회비
일반행정비
사회복지비
산업경제비
지역개발비
민방위비
문화, 체육 및 교육비
지원 및 기타 경비</td></tr>
<tr><td>세외수입</td><td>재산 수입
사용료 수입
이월금
교부금</td><td>사업장 수입
과년도 수입
융자 회수금
잡수입 기타</td></tr>
<tr><td>지방교부세</td><td colspan="2"></td></tr>
<tr><td>조정교부금</td><td colspan="2"></td></tr>
<tr><td>보조금</td><td colspan="2"></td></tr>
<tr><td>지정재원</td><td>지방채
융자금 수입
재산매각 수입</td><td>보조금 사용
부담금</td><td></td></tr>
</table>

자료: 김태성 외(2009: 250).

4) 이월금, 융자 회수금, 전입금, 잡수입, 과년도 수입.
5) 국고보조금, 상위 자치단체 보조금.
6) 재산 조성, 지방채 원리상환금, 이자상환금, 전출금.

2 지방 복지재정의 의의

복지재정은 지방 사회복지행정조직, 지방 사회복지행정 인사 등과 함께 지방자치단체의 사회복지행정을 가능하도록 하는 핵심 요소 중 하나이다. 특히, 지방자치가 지역주민의 복지 수요에 부응하기 위함이라는 측면에서 볼 때, 지방재정의 핵심은 지방 복지재정이라 할 수 있다. 실제로 광역자치단체의 경우, 지방재정 지출 항목 중 사회복지비의 비중이 대략 20% 내외의 높은 수준이다. 그뿐만 아니라 관련 복지 분야의 재정까지 포함할 경우 지방자치단체에서의 복지재정의 규모는 더욱 많은 부분을 차지하게 될 것이다.

표 7-8 지방자치단체 총예산 및 사회복지예산

구분	2004	2005	2006	2007	2008 (당초)	증가율 (2004~07)
총예산(A)	98.9조	107.1조	115.5조	128.0조	124.9조	29.6%
사회복지예산(B)	10.7조	12.9조	15.3조	18.8조	21.7조	76.3%
비율(A/B)	10.8%	12.0%	13.3%	14.7%	17.3%	

자료; 동국대학교(2008: 40).

위의 자료에 따르면 지방자치단체의 복지예산이 전체 예산에 비해 빠른 속도로 증가하고 있는 가운데 지방자치단체의 전체 복지예산 증가율보다 사회복지 분야 이양사업 예산 증가율이 더 높게 나타나고 있다.

표 7-9 영역별 복지재정의 중앙·지방재정의 분담 상황

<table>
<tr><th>영역</th><th>중앙 복지재정</th><th>지방 복지재정</th></tr>
<tr><td>협의의 복지재정</td><td colspan="2" rowspan="2">적절한 분담</td></tr>
<tr><td>보건복지 재정</td></tr>
<tr><td>노동복지 재정</td><td>거의 전담(특별지방행정기관)</td><td>일부 분담(기초자치단체)</td></tr>
<tr><td>환경복지 재정</td><td>4대강 수질(특별지방행정기관)</td><td>일부 분담(광역·기초)</td></tr>
<tr><td>교육복지 재정</td><td>일반행정(교육공무원), 고등교육</td><td>지방 교육재정(공·사 유초중등학교 운영 보조)</td></tr>
<tr><td>문화복지 재정</td><td colspan="2" rowspan="2">적절한 분담</td></tr>
<tr><td>주택복지 재정</td></tr>
</table>

또한 지방이양사업에 대한 전체 예산 중 지방비 부담 비율이 이양 이전에 비해 점차 높아지고 있다. 그 결과 사회복지 분야 지방이양사업이 지방자치단체의 재정 압박 요인으로 작용하고 있으며, 자체사업 예산 비율이 점차 감소하는 결과를 초래하고 있다(동국대학교, 2008: 40). 따라서 복지재정의 의의는 중앙정부보다 지방정부에서 더욱 크다고 할 수 있다.

V 민간 복지기관의 복지재정

민간 사회복지기관의 복지재정은 정부 차원의 복지재정과 함께 복지재정의 양대 산맥이다. 민간 복지재정은 복지법인의 재정과 이에 포함된 여타 단체의 재정이라 할 수 있다. 민간 사회복지법인의 재정은 협의의 사회복지 중 공공부조와 사회복지서비스를 제공하지만, 주로 정부 차원에서 다루기 곤란한 사회복지서비스에 집중하는 경향이 있다. 민간 복지법인은 법인 자체의 재정과 정부 부담금의 범위 내에서 다양한 형태의 서비스를 제공한다.

민간 복지재정의 수입과 지출을 살펴보면, 먼저 지출의 경우 사회복지법인의 사업비와 운영비로 구분되며, 운영비의 경우 인건비와 물건비 등으로 나뉜다. 사업비는 수익사업비와 비수익사업비 등으로 구분할 수 있다. 민간 복지재정의 수입과 지출 항목은 <표 7-10>과 같다.

수입의 경우, 관련 법체계를 통해 구체적으로 규정하고 있는데, 각 사회복지법인은 전체 예산 가운데 일정 부분을 자체의 법인 부담금으로 충당하도록 되어 있다. 그

표 7-10 민간 복지재정의 수지

수입	지출
법인 부담금 정부 부담금 및 보조금 수익자 부담금 수익금 기부금 외국 원조 사회복지사업기금 지원	사업비 　수익사업비 　비수익사업비 운영비 　인건비 　물건비

러나 현실적으로 전혀 부담금을 내지 못하는 복지법인이 전체의 1/4에 이르는 등 법적 강제가 실효성을 거두고 있지 못하다. 정부 부담금[7]의 경우에도, '보조금의 예산 및 관리에 관한 법률'에 근거하여 민간 복지법인에 재정 지원을 하고 있다.

민간 복지법인이나 시설의 경우, 수익자 부담의 원칙에 따라 이용자로부터 부담금을 징수할 수 있으나, 의도적으로 수익사업을 전개하여 얻는 수익금과는 수입 항목을 구별한다. 또한 기부금과 해외 원조도 복지법인의 수입에 포함된다. 그러나 기부금품의 경우, 기부금품모집금지법에 따라 행정안전부 장관이나 자치단체의 장으로부터 허가를 받아야 한다(이창희, 2009).

사회복지법인은 비영리법인으로 분류되어 정부로부터 각종의 특례를 인정받는다. 특히, 대표적인 것이 조세 제도상의 특례라 할 수 있으며, 주요 내용은 <표 7-11>과 같다.

표 7-11 사회복지법인에 대한 조세제도상의 특례

구분	세목	수익사업	비수익사업
직접세	소득세	면제	면제
	법인세	납부	면제
	법인세 특별부가세	면제	면제
	상속증여세	면제	면제
간접세	부가가치세	납부	면제
	인지세	납부	면제
지방세	취득세	납부	면제
	등록세	납부	면제
	면허세	납부	면제
	주민세	납부	납부
	재산세	납부	면제
	자동차세	납부	납부
	도시계획세	납부	면제
	공동시설세	납부	면제
	사업소세	납부	면제
세무	원천 징수 의무	제출	제출
	계산서 제출 의무	제출	제출
	지급조서 제출 의무	제출	제출

7) 정부의 책임사업을 대행하는 조건으로 각급 행정기관이나 자치단체가 사회복지법인에 부담하는 재원.

Ⅵ 사회복지행정의 재정관리

1 재정관리의 의의

1) 재정관리의 개념

재정관리란 사회복지행정조직이 사회복지에 관한 수요를 충족하기 위해 필요한 재원을 경제적·합리적으로 조달·배분하고 이를 효율적으로 관리·사용하는 모든 활동을 말한다. 그러나 재정관리의 의미는 공공 사회복지행정조직과 민간 사회복지행정조직에서 다소 의미의 차이가 난다.

일반적으로 재정에 관한 관리기술의 경우 공공 사회복지 전달체계의 경우는 일반행정의 재무행정과 같은 의미이며, 민간 사회복지기관의 경우에는 공공부문의 재무행정과 민간부문의 재무관리를 포함한 의미라고 할 수 있다. 왜냐하면 사회복지를 전담하거나 겸임하는 중앙정부나 지방자치단체의 경우라도 재정과 관련해서는 정부의 재무행정의 기준과 국가재정법에 기속되지만, 민간의 경우는 보조금이나 각종 정부지원금에 대한 회계 및 결산 등에 관해서는 재무행정의 일반과 보건복지부 장관의 사회복지시설 재무·회계규칙 등을 따르지만, 재무적 의사결정을 하고자 할 때에는 부분적으로 민간의 재무관리와 분석기법을 사용할 수도 있기 때문이다.

2) 재정관리의 필요성

오늘날 공공 사회복지행정조직뿐만 아니라 민간 사회복지조직에서도 사회복지 수요의 증가와 활동 영역이 확대됨에 따라 다양한 기능과 활동 분야에 어떻게 필요한 재원을 확보하고 배분하느냐의 문제가 중대한 의사결정 및 관리활동이 되었다. 모든 조직과 마찬가지로 사회복지행정조직에서도 재원은 혈액과 같은 것이므로 조직의 목표를 추구하는 데 혈액의 역할을 하는 자금을 조달·배분·지출하고 물품을 구매하는 재정관리야말로 현대 사회복지행정조직에서 핵심 관리활동이 되고 있다.

2 예산의 개념과 원칙

1) 예산의 개념

재무행정 또는 재정관리에서 예산에 대한 이해는 가장 기초적인 부분이다. 따라서 예산에 대한 개념과 기능, 원칙 등에 대한 이해가 필요하다. 예산에 대한 개념도 실질적 개념과 형식적 개념, 그리고 정책적 개념 등으로 구분해 정의할 수 있다. 먼저, 실질적 개념이란 정부나 지방자치단체 등 어떤 독립적인 실체가 일정한 회계연도에서 정한 장래 일정 기간 동안의 계획된 지출과 그 지출을 위한 자금조달계획의 서술이라 할 수 있다. 둘째, 예산의 형식적 개념이란 국회 또는 지방의회가 의결로써 성립하는 재정계획서의 의미이다. 이러한 개념 정의는 법률적 형식을 강조하는 것이다. 셋째, 예산을 정책적 개념에서 정의하면 국가나 지방자치단체 등이 경제·금융·재정정책·사회정책적으로 달성하기 위한 수단으로서 작성한 재정 수요와 재원의 합리적 배분에 관한 배분서라는 개념이다.

2) 예산의 원칙

① 통일성의 원칙(unity): 예산은 단일해야 한다. 모든 수입을 하나의 공통된 일반세원에 포함해 지출해야 한다는 것으로, 특정한 세입과 특정한 세출을 직접 연결시켜서는 안 된다.

② 한정성의 원칙(limitation): 세출예산의 각 항목은 상호 명확한 한계가 있어야 하며 일정한 기간에 한정시켜 의결되어야 한다. 즉 예산은 정해진 목적과 금액, 정해진 회계연도와 기간 등을 경과해서는 안 된다.

③ 예산총괄의 원칙(comprehensiveness): 예산에는 세입·세출이 모두 계상되어야 한다. 국가재정법은 총계예산주의를 명문으로 규정하고 있다.

④ 사전 의결의 원칙(prior authorization): 예산을 집행하기 전에 미리 의회의 심의·의결을 거쳐야 한다.

⑤ 명료성의 원칙(clarity): 국민이 쉽게 이해할 수 있도록 합리적인 관점에서 분류되며 수지의 추계가 명확하고 수입의 유래와 용도가 분명하게 표시되어야 한다.

⑥ 공개성의 원칙(publicity): 예산안의 편성, 심의 과정, 의결된 예산 및 결산 등이 국민에게 공개되어야 한다는 원칙이다.

이상의 전통적인 예산 원칙은 국민의 감시권이 충분히 발휘될 수 있도록 함으로써 예산의 편성·집행 시에 집행기관의 전횡을 방지하려는 데 목적이 있었다. 그러나 현대 행정에서 복잡한 경제·사회 상황의 급격한 변동에 적극적으로 대응하고자 예산에서도 일정한 신축성과 재량의 확대가 필요하다.

3 예산의 기능

예산의 기능으로는 정치적 기능, 행정적 기능, 경제·사회적 기능을 들 수 있다.

첫째, 정치적 기능이란 예산을 통해 국회나 지방의회가 예산이라는 재정장치를 통해 집행기관을 통제할 수 있고, 시민사회나 압력단체도 정부와 공공 사회복지행정조직을 감독·통제하며 정책결정에 압력을 행사할 수 있다.

둘째, 행정적 기능이란 예산을 통해 사업을 계획적으로 접근하여 집행하도록 유도하고, 예산이 담고 있는 재무적 정보를 근거로 하여 그 조직의 사업에 관한 타당성을 검토할 수 있는 행정관리적 기능을 수행한다.

셋째, 사회복지행정조직의 예산이 가지는 가장 큰 기능은 경제·사회적 기능이며 그 중에서도 소득재분배 기능이 가장 크다. 사회복지행정조직의 예산은 ① 국민경제의 안정화 기능, ② 경제 성장 촉진 기능, ③ 소득재분배 기능, ④ 자원 배분 기능 등을 수행한다. 특히 소득재분배 기능은 복지급여, 사회보험, 사회복지서비스 등을 통해 사회 취약계층과 저소득 계층에 대한 소득 이전의 직접적 효과를 주게 된다.

4 예산제도의 유형

광의의 예산제도란 예산과 관련된 법률체계, 조직, 예산 과정을 말하며, 협의의 예산제도란 예산 규모 결정, 사업 선정 결정, 예산관리, 예산통제를 원활히 할 수 있도록 고안된 분류체계, 정보체계, 분석 과정에 관한 기법 및 방법의 틀을 뜻한다.

1) 품목별 예산제도(line-item budget system: LIBS)

대개 1회계연도를 기준으로 하는 가장 기본적인 예산 형식이며 우리나라의 전통적인 예산제도이다. 구입하고자 하는 물품, 서비스별로 편성하는 예산(투입 중심 예산)

을 말한다. 전년도 예산이 주요 근거가 되며, 회계계정별·구입 품목별로 편성하고, 통제적 기능이 강하다. 품목별 예산제도는 지출의 합법성을 보장하고 회계책임을 명확히 하는 등 재정통제를 엄격히 하는 장점은 있지만 예산의 능률성과 효과성을 파악하는 데에는 한계가 있다.

2) 성과주의예산제도(performance budget system: PBS)

예산을 정부의 사업 또는 활동별로 분류·편성하는 제도를 말한다. 성과주의예산은 일정한 지출을 요하는 사업계획과 이러한 사업계획을 구성하는 세부사업 또는 활동별로 단위원가에 업무량을 곱해 예산액을 산정하여 편성되는 예산제도이다. 성과주의예산제도는 각 사업마다 업무 측정 단위를 선정하여 업무를 양적으로 표시하고 원가에 기해 과학적인 방법으로 예산을 편성하는 것으로 그 집행의 성과를 측정하고 분석·평가함으로써 효율적인 재정관리 및 통제를 가능하게 한다.

3) 계획예산제도(planning programming budget system: PPBS)

목표 달성을 위해 장기적으로 기본 계획을 수립하고 기본계획을 연차적으로 실행하기 위해 프로그램별로 편성하는 예산(산출 중심 예산)을 말한다. 계획자에 유리한 예산 목표와 프로그램을 분명히 이해할 수 있고, 자금분배를 합리적으로 할 수 있으며, 장기적 프로그램 계획을 신뢰할 수 있다. 계획예산제도는 종래의 예산제도가 갖는 단년주의의 단점을 극복하고 장기적인 기본 계획과 예산을 연결시켜 장기적인 예산의 합리적 배분을 뒷받침하고자 한 것이다.

4) 영기준예산제도(zero base budget: ZBB)

전년도 예산을 전혀 고려하지 않고 계속 프로그램별로 매년 새로이 다른 프로그램과의 경쟁적 기반 위에서 우선순위를 정하여 편성하는 예산을 말한다. 기존의 예산제도가 점증적 예산편성 방법에 의하는 것을 시정하여 신규사업이든 계속사업이든 모든 사업과 정책의 타당성을 새로 분석·검토하여 그 우선순위와 예산액을 정하는 예산제도이다. 영기준예산제도는 불요불급한 지출을 억제할 수 있고 예산 운영의 다양성을 수용할 수 있지만 예산편성에 막대한 시간과 노력, 전문성이 필요한데다가 사업의 우선순위를 두고 이익집단의 압력이 크며 의회의 심사가 쉽지 않다는 단점이 있다.

5 예산 과정

공공 사회복지행정조직은 국가재정법과 기획재정부의 예산편성 지침에 따라 사회복지행정을 구체화하기 위한 정부 재원을 배분하는 계획을 수립하는 것을 의미한다. 반면 민간 사회복지행정조직의 예산 수립이란 사회복지기관의 운영·관리 및 서비스 활동을 하기 위해 재정계획을 세우고 재원을 조달하여 여러 가지 목적에 따라 할당하는 과정을 말한다. 따라서 민간 사회복지조직의 재정계획은 사업을 위한 재정을 검토하고 여러 가지 상황을 고려하여 수입가능성을 조사하여 수입과 비용의 기대치를 맞추는 것이다. 재원 조달은 모금운동, 보조금, 수혜자 부담 비용, 기타 수단을 통해 자금 출처를 식별하고 이를 활용하는 것이며, 자금 할당은 예산을 결정하고 이용 가능한 자원으로 나누어 그것을 다양한 목적들을 위해 분배하는 것이다. 따라서 사회복지사업조직의 예산은 조직체의 운영 과정과 정책 및 프로그램의 요약이라고 할 수 있다. 그러므로 예산은 조직체가 어떻게 기능하는가를 가장 잘 알려 주는 자료가 될 수 있다. 이와 같은 예산 수립에서 우선 주요한 과정을 몇 가지 살펴보면 다음과 같다(성규탁, 2003: 286-289).

1) 예산 수립의 절차

사회복지서비스조직의 예산편성이란 특정 목표를 달성하기 위해 필요한 비용을 추정하는 과정이다. 예산편성 과정은 정치적 과정이며 프로그램의 기획 및 관리 과정임과 동시에 궁극적으로 조직을 변화시키는 매우 광범위하고 포괄적이며 미래 지향적인 과정임을 강조한다.

사회복지서비스 프로그램들의 예산편성을 위한 예산안에는 ① 프로그램 목표에 대한 개요, ② 서비스에 대한 정의, ③ 욕구 인구와 서비스 활용 수준에 관한 추정치, ④ 프로그램 비용과 요청되는 자금 등이 기본적으로 포함된다. 예산편성 과정은 예산의 유형에 따라 다소 차이가 있으나 일반적으로 다음과 같은 단계를 거친다.

특히 민간 사회복지조직이 예산 수립시 편성할 수 있는 정부 원천재원으로는 정부보조금(일률적 보조금), 그랜트(grant: 선택적 보조금), 정부의 위탁(계약), 정부로부터 받는 서비스 비용 등이 있으며, 민간측 원천재원으로는 일반 기부금, 기금조성 기부금, 결연 후원금, 특별행사 수익금(만찬, 공연, 특별모금 방송), 유증(유산, 기탁), 개인 및 타 조직으로부터 받는 회비, 동료회원 조직으로부터의 기부, 지역사회 공동

1단계 (목표 설정) 예산 수립에 필요한 구체적 목표 설정, 달성의 정도를 정기적으로 평가하고 관찰 가능한 측정가능성을 제시해야 한다.

2단계 (자료 수집) 조직전체, 부서별, 개인별 업무 내용, 프로그램 실적, 평가, 가용자원, 재정 사항 등 과거와 현재에 관한 자료를 수집 · 분석한다.

3단계 (대안 검토) 기존 프로그램의 능률성, 효과성과 새로운 대안에 대한 능률성, 효과성을 비교 · 검토하여 운영대안들을 도출한다.

4단계 (우선순위) 각각의 운영대안을 조직의 목적 달성과 연계하여 비교 · 검토하여 효율성, 필요성, 시급성, 효과성, 재정 능력을 따져 우선순위를 정한다.

5단계 (잠정 확정) 우선순위에 따른 수입과 지출에 관한 잠정 예산안을 확정한다.

6단계 (원천 확인) 잠정 확정된 예산안을 가지고 다양한 재정 원천을 확인하고 접촉하여 재정수입의 확보가능성을 확인하다.

7단계 (최종 확정) 재정원천과의 접촉을 통해 수입이 확인되면 수입과 지출예산을 조정하여 최종 확정하고 의결기관(이사회)의 승인을 받는다.

그림 7-1 사회복지서비스조직의 일반적 예산편성 절차

모금회의 배분, 서비스(유료)요금, 자체 수익사업 등이 있다.

이 밖에도 스키드모어(Rex A. Skidmore)는 사회복지서비스조직의 예산편성 절차로 8단계를 제시하고 있는데, ① 사전기획, ② 활동의 시작, ③ 자료 수집 및 분석, ④ 목표 수집, ⑤ 목표의 프로그래밍화, ⑥ 예산 준비와 실험, ⑦ 예산 수정, ⑧ 균형예산의 인정이라고 설명했다(지은구, 2007: 335).

2) 예산관리 시스템

사회복지조직의 재정관리에서 예산에 관한 세 가지 관리 기능은 기획, 관리, 통제 활동이며 각 관리 기능의 내용은 아래와 같다.

첫째, 예산의 기획이다. 이는 수입과 프로그램 결과 간의 관계를 주로 다루며, "기관과 프로그램은 얼마나 효과적인가?"라는 질문에 대한 답을 제시하기 위한 것이다

둘째, 예산의 관리이다. 이는 산출물 및 서비스를 포함하여 서비스 단위(중간 산출), 품질 산출, 서비스 종류별로 측정된 프로그램 수입(투입)과 프로그램 산출 간의 관계를 주로 다루며, "기관과 프로그램의 생산성은 어떠한가?"라는 질문에 대한 답을 제시하기 위한 것이다.

셋째, 예산의 통제이다. 통제는 수입과 지출 간의 관계를 주로 다루며, "기관과 프로그램의 재정 상태는 어떠한가?"라는 질문에 대한 답을 제시하기 위한 것이다.

6 예산집행과 회계 - 결산

1) 예산집행

예산의 집행이란 세입 · 세출예산이 담고 있는 정책 목표와 프로그램을 성취하는 데 필요한 수입과 지출을 실행하는 일체의 행위를 말한다(신복기 외, 2008: 333).

예산의 집행은 수입과 지출의 관리뿐만 아니라 회계의 통제, 프로그램관리, 인가관리의 통제, 산출의 통제, 관리행위의 통제를 포함한다. 예산의 집행 시 할당된 예산에 기초하여 수입과 지출에 대한 월별 계획서를 작성해 월별로 배정된 금액의 범위 내에서 예산의 집행 목적에 맞게 집행해야 하며, 관련 법규를 준수하여 수입행위와 지출행위에 관해 집행한다.

2) 보조금의 사용 제한

민간 사회복지기관의 예산 중 상당 부분이 국가 혹은 지방자치단체가 사회복지사업의 수행을 위해 필요한 비용의 전부 또는 일부를 보조해 주는 보조금에 의존하고 있다. 보조금을 지급받는 대상으로는 사회복지법인, 사회복지사업을 수행하는 비영리법인, 사회복지시설 보호대상자를 수용하거나 보육 · 상담 및 자립 지원을 하기 위해 사회복지시설을 설치 · 운영하는 개인 등이 포함된다.

보조금은 원칙적으로 그 목적 이외에는 사용하지 못하게 되어 있지만 예산집행에 탄력성을 부여하고 사업계획이나 여건 변동에 따른 집행의 효율화를 기하기 위해 세출예산의 이월과 예산의 목간 전용이 인정되고 있으나 이 경우 주무부서의 승인을 받아야 한다.

국가 또는 지방자치단체가 이미 교부한 보조금이라도 사위 · 기타 부정한 방법으로 보조금의 교부를 받은 때, 보조금을 사업 목적 이외의 용도에 사용한 때, 법인이 사회복지사업법 또는 시행령을 위반한 때에는 그 전부 또는 일부의 반환을 명할 수 있다.

3) 예산통제의 원칙

예산통제 또는 재정통제라고도 한다. 협의의 의미에서는 예산의 수입과 지출에 관한 행위를 정하고 통제하기 위해 준수해야 할 일반 원칙을 말한다. 신복기 등은 아래의 아홉 가지로 정리하고 있으며 일반 원칙 아래 구체적인 예산집행은 분기별 예산할당, 각종 보고, 사전 승인 등 다양한 수단에 의해 통제되고 있다.

① 개별성의 원칙: 재정통제는 개별기관 그 자체의 제약 조건, 요구 사항, 그리고 기대 사항에 맞게 고안되어야 한다.

② 강제의 원칙: 예산에 대한 집행의 통제에는 강제성이 있는 명시적인 규정이 있어야 한다. 강제성이 없으면 효과가 없기 때문이다.

③ 예외의 원칙: 규칙에는 반드시 예외적인 상황을 고려해야 하고 그러한 상황에 적용되는 다른 규칙도 명시되어야 한다.

④ 보고의 원칙: 통제체제는 보고의 규정을 두어야 한다. 집행에 대한 보고의 원칙이 없다면 관련 행위를 감시, 평가, 통제할 수 없기 때문이다.

⑤ 개정의 원칙: 규칙은 일정한 기간 동안만 적용할 수 있도록 제한되어 있거나, 적용할 때 부작용이 나타날 경우를 대비하여 일정한 기간이 지난 후에는 규칙을 새로 개정할 수 있어야 한다.

⑥ 효율성의 원칙: 예산을 집행하는 것을 통제하는 데 시간과 비용이 많이 들어서는 안 된다. 통제비용의 최소화를 의미한다.

⑦ 환류의 원칙: 예산통제에 관한 규칙, 기준, 의사소통, 계약 등을 적용할 때 발생할 수 있는 여러 가지 부작용 및 장·단점 등을 관련자들로부터 들어서 개정과 개선활동에 반영할 수 있어야 한다.

⑧ 의미의 원칙: 효과적인 통제가 되기 위해서는 규칙, 기준, 의사소통 및 계약 등은 관계되는 모든 사람이 잘 이해할 수 있도록 전달되어야 한다. 그러므로 규칙은 명확하게 쓰여지고 통제자료는 쉽게 얻을 수 있어야 하고 절차의 분류와 해석을 위한 것도 명확히 쓰여져야 한다.

⑨ 생산성의 원칙: 예산통제는 서비스가 효과적이고 효율적으로 전달되도록 하기 위한 수단이므로 이로 인해 서비스 전달이라는 생산성에 장애와 갈등이 발생하지 않도록 유의해야 한다(신복기 외, 2008: 333-334).

4) 회 계

사회복지행정조직에서 회계란 재정적 거래를 분류, 기록, 요약해 그 결과를 해석하는 표준화된 기술적 방법을 말한다. 회계의 유형에는 일정 기간 동안의 수입과 지출 사항을 측정 보고하는 재무회계, 예산의 실행 성과를 분석하는 관리회계 등이 있다.

회계의 주요 활동은 ① 기록 업무, ② 정리 업무, ③ 보고서 작성 업무 등이며, 이러한 회계활동은 회계감사에 필요한 정보를 제공하고 회계감사에 의해 검증의 절차를 거친다. 회계감사란 사회복지서비스조직의 수입·지출의 결과에 관한 사실을 확인하고 검증하며 이를 보고하기 위해 장부 및 기타 기록을 체계적으로 검사하는 것을 말한다.

회계감사의 가장 큰 기능은 기관의 재정 운영이 적법한 규정에 따라 적정하게 집행되었는지 관련 보고서와 근거 자료들에 대한 형식적 적법성과 엄격성을 확인하는 것과 재정 운영이 실제 목적한 것에 적합하게 집행되었는지, 능률적이고 효과적인 집행이었는지 내용상의 적절성을 판단하는 기능이다. 회계감사의 결과는 조직의 재무적 의사결정과 인사 및 조직 운영, 장래의 사업과 프로그램 등에 대한 의사결정을 지원하는 기능도 수행한다.

사회복지법의 회계 방법으로는 원칙적으로 단기부기에 의하며, 경우에 따라 복식부기에 의할 때도 있다. 장부의 종류에는 현금출납부, 총계정원장, 총계정원장 보조부, 재산대장, 비품관리대장, 소모품대장, 수입·지출결의서 등이 있다.

5) 결 산

사회복지서비스기관의 결산이란 일정 기간이 경과한 시점, 즉 회계연도 중의 재정 상태와 경영 성과를 파악하고, 재무 상태의 변동을 밝히기 위해 장부 마감을 하고 결산서를 작성하는 절차를 말한다.

정부의 재정적 지원을 받는 사회복지서비스기관은 결산보고서에 첨부해야 할 서류에서 정한 결산보고서를 작성하여 주무부서의 장에 제출해야 한다. 사회복지법인의 대표이사는 법인회계와 시설회계의 세입·세출 결산보고서를 작성하여 이사회의 의결을 거친 후 다음 연도 3월 31일까지 시장·군수·구청장에게 제출해야 한다. 그리고 시장·군수·구청장은 결산보고서를 제출받은 때에는 20일 이내에 법인과 시설의 세입·세출 결산개요, 후원금품의 수입 및 사용 내역 개요를 시·군·구의 게시판에 20일 이상 공고하고, 법인의 대표이사로 하여금 당해 법인과 시설의 게시판에 20일 이상 공고하도록 해야 한다.

제 8 장

사회복지행정의 마케팅과 홍보

I 사회복지행정조직의 마케팅

1 사회복지행정조직의 마케팅 개념

미국 마케팅협회에서는 마케팅을 "고객의 목적과 기업의 목적을 충족시키는 교환을 조장하기 위해 아이디어, 제품 및 서비스들의 개념, 가격 결정, 촉진, 유통 경로를 계획하고 실행하는 과정"이라고 정의하고 있다. 마케팅에 관해서는 경영학을 중심으로 다양한 연구를 통해 매우 많은 정의가 내려져 있지만 완벽하게 정의된 개념은 없다. 다만 마케팅에 대한 공통적인 개념 요소들을 모아 정의해 보면, 마케팅이란 "제품, 서비스, 아이디어를 창출하고, 이들의 가격을 결정하며, 이들에 관한 정보를 제공하고, 이들을 배포하여 개인 및 조직체의 목표를 만족시키는 교환을 성립하게 하는 일련의 인간활동"으로 규정할 수 있다.

오늘날 사회복지행정조직에서 마케팅 개념이 중요시되는 이유는, 마케팅은 주민들이 현재 사회복지행정조직에 대해 가지고 있는 욕구와 필요를 이해할 뿐만 아니라 잠재된 미래의 욕구와 필요를 예측하고 적절히 대응해 나갈 수 있는 유용한 틀을 제공하기 때문이며, 이것은 결국 공·사 사회복지행정조직의 존속과 발전에 필요한 관리활동인 것이다.

2 사회복지행정조직의 마케팅 필요성

많은 사회복지서비스의 영역이 시장의 내부에 자리잡은 것도 이미 상당히 오래되었다. 개인 차원의 자선적 봉사 수준이 아니라면 거의 모든 우리 사회의 사회복지서비스는 제3자의 후원금이나 정부의 재정적 뒷받침에 의해 운영되고 있다. 이렇게 사회복지조직들의 운영에 공공의 재원이 투입되고 있는 한 어느 기관이라도 자신들이 제공하는 서비스가 얼마나 사회적으로 정당한지 밝혀야 한다. 즉 오늘날 사회복지서비스조직들은 책임성, 비용효과성 문제를 동시에 해결해야 하는 환경 속에 놓여 있는 것이다.

물론 사회복지라는 목표의 모호성이 존재하는 영역이긴 하나 사회복지조직이 스스로의 정당성을 증명하고 더 적은 예산으로 주민과 클라이언트의 욕구와 필요에 부응하기 위해서는 객관화된 지표와 척도를 개발하고 질 좋은 서비스를 제공하는 자구(自救)의 노력이 계속되어야 한다.

이러한 의미에서 마케팅은 클라이언트의 목적과 복지조직의 목적을 충족시키는 교환을 조장하고, 이에 필요한 아이디어, 서비스 창출, 가격 결정, 서비스의 촉진, 전달, 홍보, 자금 확보 등을 더 적은 비용으로 효과적으로 계획하고 실행하는 데 매우 중요한 활동 프레임을 제공하고 있다. 따라서 조직에서의 마케팅활동은 영리조직이든 비영리조직이든 조직의 목적과 특성에 따라 차이는 있지만 조직의 경쟁력을 강화하고 클라이언트에게 더 가깝게 접근하여 클라이언트의 기대를 충족시키는 질 좋은 서비스를 제공하는 데 필요한 관리활동인 것이다.

그리고 현재의 사회복지의 환경은 사회복지서비스조직들로 하여금 '자본화' 필요성을 강조하고 있다. 자본화란 사회복지서비스조직과 같은 비영리기관이 기관 목표의 달성을 위한 프로그램과 서비스의 활동을 위한 충분한 양의 재정자원을 창출하고 보유해야 하는 것을 말한다. 과거에는 기관의 재정적 어려움과 욕구를 강력하게 부각시키는 것이 자원 확보에 유리하다는 경향이 강했으나, 현재의 사회복지서비스조직들은 기관의 장점과 규모, 전문성, 효율성과 책임성, 그리고 경쟁력 등을 강조해야 더 많은 사회적 지원을 이끌어 낼 수 있고, 다양한 활동을 계획할 수 있다. 그 때문에 고객과 기부자에게 원하는 가치를 제공하고 그들로부터 지원과 후원금을 교환하는 마케팅활동이 비영리조직에서도 필요하게 되었다.

3 사회복지행정조직의 마케팅 특징

사회복지와 관련한 비영리조직의 마케팅을 사회마케팅이라고도 한다. 이는 조직의 소비자인 클라이언트, 재정 제공자, 자격 부여기관 및 전체 사회가 사회복지기관에 대해 더 많은 관심과 요구를 갖게 하기 위한 마케팅활동을 뜻한다.

기업마케팅에서 고객에게 행해지는 이윤극대화의 마케팅 행위가 사회마케팅에서는 잠재적 기부자를 기부자로 만드는 활동으로 나타난다. 이 같은 사회마케팅은 기관의 욕구와 가치 및 이상이 잠재적 기부자의 욕구와 가치 및 이상과 좀 더 일치할수록, 그리고 잠재적 기부자가 중요하다고 생각하는 사회문제를 해결할 수 있는 능력을 기관이 갖추었다고 판단할 경우 기부자로 변화할 가능성이 높아진다.

사회마케팅과 기업마케팅의 차이점은 사회마케팅은 사람들이 원하는 활동을 기관에 위임하도록 유도하는 과정(사회문제 해결 능력이 있음을 강조)을 통한 자금 확보이며, 기업마케팅은 기관이 소유하고 있는 것을 사람들이 구매하도록 설득 · 판매하는 이윤극대화에 중점을 둔 과정이라는 점이다.

그리고 사회복지서비스조직은 보통 철저한 대중의 평가를 받는 경향이 있는데, 이는 비영리조직들이 대중이 필요로 하는 서비스를 제공하고 보조금을 제공받거나 세금이 면제되는 사업을 하며 많은 경우 대중의 요청에 의해 형성되기 때문이다. 이것은 사회복지기관과 관련된 마케팅활동이 대중의 평가에 지배되기 쉽다는 것을 의미한다(강용구 외, 2008: 202). 따라서 사회복지행정조직은 대중으로부터 요구되는 책임성, 투명성, 신뢰성에 부응하는 운영과 마케팅을 이루어야 한다.

4 사회복지행정조직의 마케팅환경과 마케팅관리

사회복지행정조직의 마케팅활동과 서로 영향을 주고받는 환경은 내부환경과 외부환경으로 구분된다. 먼저 내부환경은 사회복지행정조직의 사업 영역, 조직구조, 조직문화, 인적 자원, 재정력, 시설, 입지, 전문성 등과 같이 조직과 마케팅 담당자들에 의해 주도되며, 조직이 통제할 수 있는 요인을 말한다.

반면 외부조직이란 일반대중, 클라이언트, 후원자, 정치 · 경제 · 사회 · 법률, 경쟁복지기관 · 중앙정부 및 지방자치단체와 같이 사회복지행정조직이나 내부의 마케팅

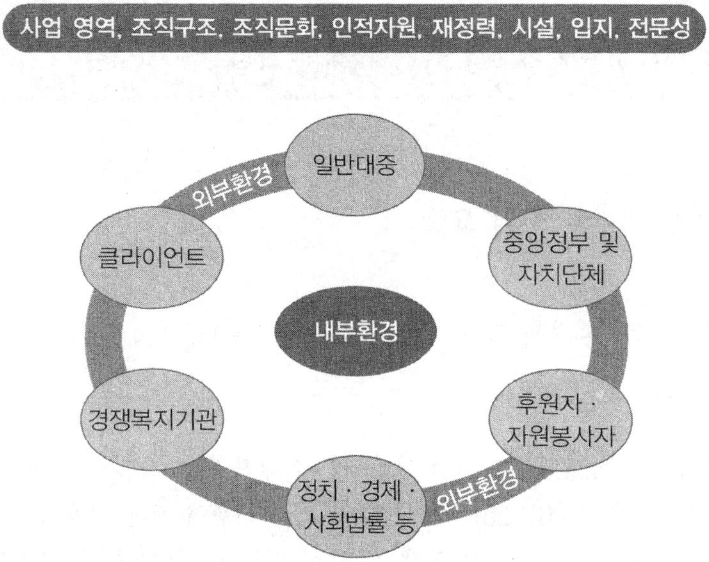

그림 8-1 사회복지행정조직의 마케팅환경

담당자가 통제할 수 없는 대상을 말한다. 외부환경을 통제할 수 없지만 조직이 필요로 하는 자원과 고객은 외부에 존재하기 때문에 외부환경의 조사와 분석은 매우 중요하다고 할 수 있다.

사회복지행정조직에서 기관이 필요한 자원을 확보하고 경쟁력을 높이기 위한 마케팅관리는 이제 필수적인 활동이 되었다. 마케팅관리란 "사회복지행정조직이 조직의 목적을 달성하기 위해 내 · 외부적 환경 변화에 적응해 가며 표적 고객과의 호혜적인 교환을 창출하고 유지하기 위해 일련의 마케팅 프로그램을 계획 · 실행 · 통제하는 활동"을 말한다.

사회복지행정조직의 마케팅활동 과정은 첫째, 마케팅기회분석과 표적시장 선정, 둘째, 마케팅 믹스(4P) 개발과 실행 과정으로 구성되며, 상호 과정이 서로 시너지 효과를 발휘해야 한다.

Ⅱ 사회복지행정조직의 마케팅전략

1 마케팅 개념의 핵심 요소

마케팅의 개념은 다음과 같은 핵심 요소를 포함한다.

1) 표적시장

표적시장(target market)은 어떤 서비스의 실제적 또는 잠재적 구매자들의 집합을 의미한다(박차상 외, 2001: 251). 사회복지서비스 기관이 전체 시장에서 자신에게 가장 유리하다고 판단하여 선택한 고객층으로서 이들에 대해서는 경쟁조직보다 더 가치 있는 상품이나 서비스를 제공할 수 있다고 판단하여 표적화시킨 집단이다.

사회마케팅은 사람들이 원하는 활동을 기관에 위임하도록 유도하는 과정(사회문제해결 능력이 있음을 강조)을 통해 자금을 확보하는 것이다. 그렇다면 예를 들어 저소득계층의 치매 노인에 대한 노인복지를 전문으로 하는 기관이라면 이들의 서비스에 관심과 사용을 촉진하고 비용을 부담하며 나아가 기부나 후원을 할 수 있는 표적집단을 특정화한다면 당연히 저소득 노인 인구층이 많은 지역과 노인 부양 가정, 노인복지 전담부서 등이 될 것이다.

2) 고객 만족

고객 만족(customer satisfaction)은 결과적으로 서비스가 고객의 욕구와 기대에 부응하는 상태로서 서비스에 대한 재사용 및 재구매가 이루어지고 고객과 사회복지서비스조직 간의 신뢰가 연속되는 상태이다. 결과적으로 고객이 만족해야 사회복지서비스조직은 자신이 제공하는 서비스가 사회적으로 정당한지 증명하게 되는 것이며 재구매자를 확보하고 정부의 보조금과 민간의 기부금 등을 확보할 수 있게 된다.

3) 교 환

교환(exchange)은 사회복지서비스기관이 가치 있는 서비스를 제공하고, 고객이 대가를 지불하고 이를 획득하는 행위를 말한다. 저소득계층의 자녀를 위한 공부방을 운영하는 시설이 있다면 이들 시설은 저소득계층의 자녀들을 위한 학습공간 제공과 학습지도, 그리고 정서적 안정에 이르기까지 자신들에게 부여된 사회문제를 가장 잘 해결할 수 있다는 가치를 제공하고, 이에 대한 교환으로 자치단체나 복지재단으로부터 보조금을 받게 된다.

4) 고객의 욕구와 수요

고객의 욕구와 필요는 이를 채워줄 수 있는 서비스의 존재 여부와 연결되며, 이들 고객 욕구의 실제 충족 여부는 서비스와 그에 대한 대상의 교환이 이루어져야 하고, 그래야만 서비스에 대한 만족과 불만족의 감정적 상태를 표시할 수 있는 것이다. 따라서 고객의 욕구와 수요는 마케팅 개념과 활동의 출발점이다.

2 마케팅 믹스(4P)

마케팅 믹스(4P)란 통제할 수 없는 외부환경에 대해 기업, 여기서는 사회복지서비스조직이 사용할 수 있는 마케팅 수단을 의미한다. 이들 마케팅 수단의 복합적·통합적 사용을 통해 마케팅 목표 달성에 시너지 효과를 준다고 하여 마케팅 믹스라 한다. 마케팅 믹스는 마케팅의 기본 골격이며 마케팅 전략의 핵심이다. 마케팅 믹스는 표적시장에서 마케팅 목표를 달성하기 위해 제품·서비스(product), 가격(price), 유통(place), 판매 촉진(promotion)을 종합적으로 결정하는 전략을 말한다. 즉 제품·서비스, 가격, 유통, 판매 촉진 등의 마케팅 믹스가 통합적으로 표적시장의 소비자들이 가진 욕구와 특성, 구매포인트에 맞게 결정되고 실행되어 경쟁자 및 그들의 서비스보다 앞서서 선택되어 소비 및 판매되는 것이다.

마케팅 믹스의 시너지 효과가 극대화되기 위해서는 마케팅 믹스를 투입하게 될 클라이언트와 잠재적 기부자들의 표적시장의 세분화가 최우선 과제이다. 성공적인 마케팅전략은 잠재고객을 중심으로 가장 효과적인 4P의 조합과 무게 중심을 어디에 두느냐에 따라 좌우된다. 마케팅 믹스는 다음의 네 가지 수단으로 구성되어 있다.

1) 제품·서비스

시장에 판매할 제품이나 서비스 자체의 질과 구성을 뜻한다. 좁은 의미로는 제품 자체, 기업의 예를 든다면 노트북의 성능과 사양 자체, 넓은 의미로는 제품을 구성하는 모든 것, 예를 들어 디자인, 제품명, 사용설명서, 로고, 포장, 배송, 액세서리, 브랜드 등도 포함하여 제품의 질을 구성하는 것이다. 비영리조직의 사회복지서비스기관의 제품이란 이들이 클라이언트를 위해 제공하는 서비스와 프로그램이나 후원금 모금 프로그램 등을 말한다.

2) 가 격

가격은 기업과 유통업체의 입장에서는 제조원가·판매원가를 보상하고 이윤을 얻을 수 있는 원천이고, 소비자의 입장에서는 지불 능력과 구매 욕구를 자극하며 상품 효용에 대해 기꺼이 지불하고자 하는 화폐액이다. 제품, 브랜드, 기업의 전략 등이 종합적으로 어우러져 표적시장에서 경쟁제품과 비교 우위를 점할 수 있는 가격은 마케팅의 중요 포인트이다. 마찬가지로 사회복지서비스를 생산하는 비영리조직에서도 양질의 서비스를 다른 경쟁조직보다 합리적이고 저렴한 수준의 비용으로 제공할 수 있어야 한다는 것을 의미하기도 하고, 모금이나 기부에 대한 적정한 후원금을 말하기도 한다.

3) 유 통

제품이 최초 생산자로부터 최종 고객에게까지 전달되는 과정과 시스템이다. 기업의 입장에서는 유통 경로의 단계와 수(생산자→중간판매자→소비자), 온오프 라인(on-off line) 유통 시스템 구축, 물류의 수단과 거리, 적정 수량과 재고의 문제, 유통상의 고객만족 등이 모두 유통의 범주이다. 비영리 사회복지 서비스조직에서 유통은 클라이언트와 일반 대중의 서비스와 후원금 프로그램에 대한 접근용이성, 서비스의 전달 과정 등을 뜻한다.

4) 판매 촉진

판매자와 구매 고객에게 제품의 존재와 가치, 효능 등 핵심적이고 또는 구체적인 정보 등을 얼마나 효과적으로 노출하고, 전파하여 잠재 구매층의 구매욕을 자극하여 실제 구매로 유도하는가의 문제이다. 이를 위해 다양한 광고와 노출 기법, 이벤트와 세일즈 기법(텔레마케팅, 데이터베이스 마케팅, 인터넷 마케팅, 관계마케팅, 맞춤형 마케팅 등) 등이 사용되고 있다. 비영리 사회복지서비스조직의 경우에는 서비스 이용과 후원금 모금을 촉진하기 위한 각종 매체로의 홍보나 클라이언트 및 잠재적인 기부자와의 의사소통 등을 포함한다.

이 밖에도 파인(S. Fine)은 비영리 사회복지서비스조직에서는 전통적인 마케팅 믹스(4P)만으로는 효과적인 마케팅을 수행할 수 없다고 지적하며 생산자(producer), 구매자(purchaser), 조사(probing)의 3P를 추가해 비영리조직의 마케팅 믹스(7P)를 제시하고 있다(Fine, 1992: 4-9).

생산자란 사회복지서비스를 생산하는 기관이나 주체를 의미하고 생산자가 일반 대중으로부터 사회적 서비스 생산에 대한 신뢰감과 그럴 만한 자격을 인정받아야 한다.

구매자는 사회복지서비스기관의 잠재적 후원자를 말한다. 기업의 고객들은 제품의 효용성에 대한 이미지가 중요하지만 사회복지서비스의 구매자에게는 일반 대중이 원하는 사회문제 해결을 기관에 위임해도 좋겠다는 생산자에 대한 정당성과 문제 해결 능력에 대한 특별한 인상이 중요하다.

성공적인 마케팅전략은 잠재적인 후원자를 중심으로 가장 효과적인 마케팅 믹스의 조합과 무게 중심을 어디에 두느냐에 따라 좌우된다고 할 때, 이를 위한 최적의 의사결정은 조사를 통한 정보의 분석이 중요하다는 것을 강조한 것이다.

III 사회복지행정조직의 마케팅 실행 과정

1 환경분석과 자원분석

마케팅의 출발점은 사회복지서비스조직 및 기관이 속한 환경에 대한 분석에서 시작된다. 이 과정은 조직이 마케팅을 위한 준비 상태를 확인하는 과정이기 때문에 조직의 존재 이유, 프로그램, 조직의 자원, 후원의 당위성, 후원자에 대한 혜택 등의 분석이 필요하다. 조직의 환경적 요인 분석을 할 때에는 조직의 내부환경인지, 외부환경인지 세분하여 분석하게 된다. 외부환경의 경우는 모금과 후원에 관련된 각종 법규와 정부정책, 경제 상황 등에 관한 내용을 포함해야 한다. 그리고 조직 내부환경의 경우에는 조직의 강점과 약점을 비롯하여 조직 내 자원과 시스템에 대한 분석을 하게 된다.

조직의 환경분석 단계에서 쓰이는 기법으로는 조직의 마케팅상의 강점과 약점을 확인하고, 외부환경인 기회 요인과 위협 요인을 규명하는 SWOT(strength, weakness,

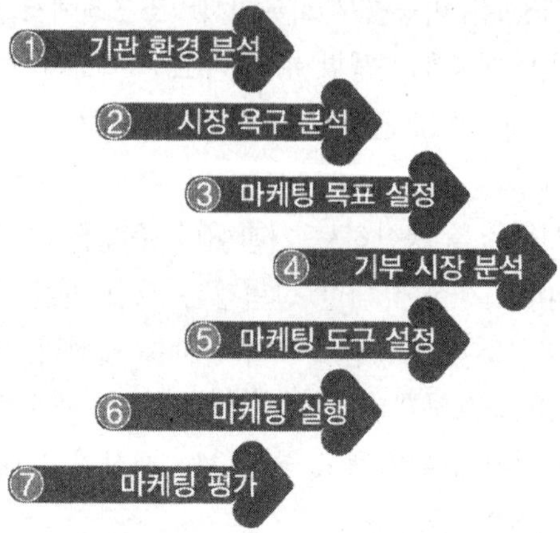

그림 8-2 사회복지행정조직의 마케팅 수행 과정

opportunity, threat) 분석기법이 대표적이며, 이를 통해 조직은 강점에 의해 적합한 목표, 기회, 전략이 추구되어야 하고, 자원 면에서 취약한 부문은 회피해야 한다.

2 시장욕구분석

사회복지서비스조직이 관심을 갖고 있는 문제에 대한 지역사회의 인식과 태도를 분석하는 것으로서 성공적인 마케팅의 토대가 된다. 마케팅의 초기 단계에서 이루어져야 할 활동이며, 마케팅을 하는 기관은 시장에 관해 최소한 다음 네 가지 점을 사전에 파악하고 있어야 한다.

첫째, 상품이나 서비스에 대한 욕구가 있는가? 둘째, 욕구를 지닌 사람들이 상품이나 서비스를 구매하는 데 관심이나 잠재적 욕구가 있는가? 셋째, 그들이 상품을 사기 위한 구매력이 있는가? 넷째, 충분한 돈을 소유한 자들이 그들이 원하는 상품이나 서

표 8-1 시장조사의 예시

후원자 성명	후원 분야	후원 금액	후원시기	후원금 지급 장소	후원금 지급 방법	비고
○○○	아동 결식	10,000(월)	월 1 회	은행, 자택	방문, 지로	지인 권유로 후원

자료: 박차상 외(2008: 254).

비스를 위해 기꺼이 쓰고자 하는 의지가 있는가이다. 마케팅조사는 조사문제의 파악, 시장조사설계, 자료의 수집과 분석, 보고서 작성의 4단계를 거친다.

3 마케팅 목표 설정

목표 설정은 정확한 문제의 진술, 표적집단의 성격과 규모, 기관의 정책, 자원 동원 등의 변수들에 의해 범위와 방향이 정해진다. 목표는 마케팅 기획의 초기 단계에서 명확하게 규명되어야 하며, 특히 세부목표는 그 중요성의 우선순위가 제시되어야 한다. 목표는 목표 자체로 완성될 수 없으며 사전조사와 목표 달성을 위한 프로그램 그리고 결과에 대한 평가가 항상 함께 있어야 한다. 마케팅 목표 설정의 원칙으로는 SMART 원칙이 있다. SMART 원칙이란 목표는 구체적이어야 한다, 목표는 측정 가능해야 한다, 목표는 실현 가능해야 한다, 목표는 결과 지향적이어야 한다, 목표는 시간구조를 가져야 한다.

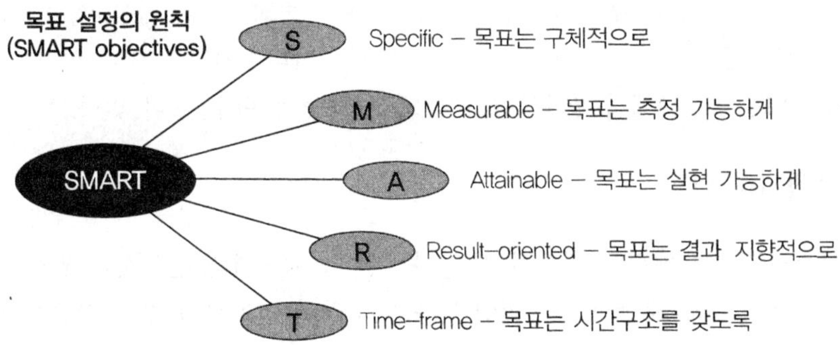

그림 8-3 사회복지행정조직의 마케팅 수행 과정

4 기부시장분석

시장분석 또는 기부시장분석이라고도 하며 사회복지서비스조직이 잠재적인 기부시장을 분석하고 파악하는 활동이다. 기부시장분석은 시장세분화(segmentation), 표적시장 선정(targeting), 시장 포지셔닝(positioning)의 세 과정으로 구성된다.

1) 시장세분화

시장세분화는 전체 시장에서 고객의 욕구, 특징, 행동을 기반으로 비슷한 서비스와 마케팅 믹스를 요구하는 고객집단끼리 서로 구분하여 그룹을 나누는 것이다. 시장세분화의 수준에 따라 서비스를 시장 내 고객들을 구분하지 않고, 전체 고객들을 대상으로 하나의 마케팅 프로그램을 적용하여 대응하는 대량 마케팅이 있다. 이에 반해 세분화 마케팅은 고객들의 욕구가 다양해짐에 따라 서비스 제공 기관들이 일부 세분시장에 마케팅 믹스와 자원을 집중하여 경쟁 우위를 확보하려는 접근 방법이다.

그리고 세분화 마케팅의 하위 유형으로 틈새시장 마케팅과 미시적 마케팅이 있는데, 틈새시장 마케팅은 세분화된 시장을 더욱 세분화하여 더 적은 규모의 고객집단을 대상으로 제한된 자원을 집중하여 비교 우위를 확보할 수 있는 기회를 제공하는 방법으로 주로 규모가 적은 조직들에 유용하다. 미시적 마케팅은 개별적인 고객 수준에서 각 고객의 욕구에 맞춰 서비스와 마케팅 프로그램을 개발하여 제공하는 방법이다.

기부시장에서 후원자의 유형과 기부금의 크기 등에 영향을 주는 요인으로는 지역, 지역의 크기, 인구밀도, 후원자의 소득, 직업, 나이, 종교, 성별, 개성, 생활 스타일, 소속감, 관계의 지속성, 후원자의 기부금 등에 태도, 서비스기관에 대한 신뢰도 등과 같은 지역 변수, 인구통계적 변수, 심리적 변수, 행동적 변수 등이 있다.

2) 표적시장 선정

각 시장세분화의 매력을 평가하고, 하나 이상의 세분화를 선택하는 과정으로 시장세분화 작업을 통해 시장의 동질적인 범주를 파악하여 기관이 공략 가능하다고 선택한 시장이 표적시장이다. 앞서 말했듯이 표적시장이란 사회복지서비스기관이 전체 시장에서 자신에게 가장 유리하다고 판단하여 선택한 고객층(잠재적 기부자)으로서 이들에 대해서는 경쟁 조직보다 더 가치 있는 프로그램과 서비스를 제공할 수 있다고 판단하여 표적화시킨 집단이며, 이 표적집단을 마케팅 믹스에 의한 공략의 대상으로 선정하는 것을 말한다.

표적시장을 선정하기 위한 세분시장의 평가 기준으로는 특정 세분시장에 진입하는 것이 조직의 사업 목표 및 마케팅 목적과 일치하는가를 검토해야 하고, 조직이 특정 세분시장에서 성공하는 데 필요한 기술과 자원을 갖추고 있는가를 검토해야 한다. 그리고 세분시장이 적절한 규모와 성장을 유지하고 있는가를 분석하고, 세분시장이 수익성의 관점에서 매력을 지니고 있는가를 검토해야 한다.

표적시장 분석시 주요 분석 단위는 고객(customer, 잠재적 후원자), 경쟁사회복지서비스기관(competitor)과 기관 스스로(company)에 대한 분석이며, 이것들을 표적시장 분석에 가장 중요한 분석 단위 3C라고 한다.

사회복지서비스조직은 서비스·프로그램들에 대한 시장요인을 최대한 고려하여 시장전략을 선택할 수 있다. 즉 ① 단일 시장만 선택하여 집중하는 단일구획 전략, ② 한 가지 서비스로 다양한 고객층에 접근하는 제품 및 서비스 전문화 전략, ③ 특정 고객층만 대상으로 그들의 상이한 욕구를 충족시키는 서비스로 대응하는 시장 전문화 전략, ④ 운영효율성이 높은 시장만을 선별하여 접근하는 선별적 전문화 전략, ⑤ 모든 고객이 필요로 하는 다양한 서비스와 프로그램을 준비하는 전체 시장 포괄 전략 등의 전략을 선택할 수 있다.

3) 시장 포지셔닝

오늘날 사회복지서비스조직은 시장적 요소에 의한 평가와 비교를 수시로 받게 된다. 복지 기능을 수행하는 공공조직 간에도 비교를 하게 되며, 민간 서비스 전달체계도 그들 간에 고객과 자원을 놓고 경쟁적 관계에 있으며, 때로는 공사조직의 효율성과 성과도 서로 비교하게 된다. 이러한 것을 통해 공·사 사회복지행정조직은 기관의 존립에 필요한 정당성과 자원을 획득하게 되므로 사회복지서비스 시장에서의 다른 기관에 대해 경쟁적 우위를 선점하는 것이 매우 중요한 문제로 대두되었다.

시장 포지셔닝이란 경쟁기관의 서비스가 시장 내에서 점유하고 있는 이미지와 가치를 분석하고, 고객에게 우리의 서비스와 프로그램에 대한 어떠한 이미지와 가치를 심어 줄 것인가에 대한 전략적 위치의 설정을 의미한다. 흐릿하고 부정적 이미지라면 시장에서 성공할 수 없다. 그리고 아무리 훌륭한 이미지라고 할지라도 실제 조직의 내부환경이 감당할 수 없거나 벗어난 포지셔닝 전략이라면 채택될 수 없는 것이다.

일반적으로 시장 포지셔닝은 시장내 고객들의 마음속에 우리의 서비스와 프로그램을 경쟁자들의 그것과 비교하여 어떤 이미지로 새겨둘 것인가이다. 그리고 이에 대해서는 다음 네 가지 포지셔닝 유형이 있다.

첫째, 제품 및 서비스 속성에 의한 포지셔닝이다. 표적 대상이 중요하게 생각하는 제품 및 서비스의 속성에서 우리 제품이 차별적인 우위를 갖고 있음을 직접적으로 강조하는 방법이다.

둘째, 사용 상황에 따른 포지셔닝이다. 제품 및 서비스가 사용될 수 있는 적절한 상황과 용도를 우리의 제품과 서비스에 연계시키는 방법이다.

셋째, 사용자에 따른 포지셔닝이다. 표적시장 내의 전형적인 고객을 겨냥하여 우리의 제품과 서비스가 그들에게 적절한 것이라고 소개하는 방법이다.

넷째, 경쟁제품과 서비스에 의한 포지셔닝이다. 고객의 마음속에 강하게 인식되어 있는 경쟁기관의 서비스에 대해 우리의 서비스가 갖는 차별성을 강하게 제시하는 방법이다.

5 마케팅 도구 설정

사회복지서비스조직이 현실적으로 추구하는 마케팅 목표는 일반 대중으로부터의 기부금과 후원활동, 그리고 기관에 대한 지역사회의 지지나 정치적 지원 등을 이끌어 내는 구체적인 수단들을 말한다. 가장 일반적인 방법은 모금 마케팅이다. 이를 위해서는 연중모금, 자본모금, 전화 및 자동응답 시스템, 특별행사, 재단기부금, 대중매체 광고, 활동집 판매, 직접우편과 같은 방법을 활용할 수 있다. 사회복지서비스조직의 마케팅 담당자는 과거의 수단과 실적에 대한 효과적인 분석을 하고, 고객에 대한 접근성과 수용성이 높은 효과적인 마케팅 수단들을 개발해 제시하는 것이 중요하다.

6 마케팅 실행

마케팅 실행은 사회복지서비스조직이 설정한 전략적인 마케팅 목표를 달성하기 위해 기획한 마케팅활동들을 실제 실행에 옮기는 것을 말한다. 이는 실제로 기부를 요청하는 것을 포함하여 서비스복지기관에 대한 후원과 지지, 참여활동을 요청하는 것도 포함한다. 실행 과정은 마케팅의 성공 여부가 드러나는 가장 핵심적인 단계가 된다. 성공적인 마케팅 실행은 조직의 활동 프로그램, 조직구조와 조직문화, 의사결정 및 보상 시스템, 인적 자원 등의 전략을 지원하는 종합적인 프로그램으로 어느 정도 잘 규합하느냐에 좌우된다. 효과적 마케팅 실행을 위해서는 사회복지서비스조직에서 새로운 환경을 이해하고 목표를 달성하기 위해 전략을 개발·실행하는 데 요구되는 마케팅 정보·계획·통제·평가에 관한 시스템 구축이 필요하다.

7 마케팅 평가

마케팅 평가는 기부행위의 발생에 대한 종합적인 평가와 함께 새로운 기관 외부환경에 대한 분석으로 연계되는 과정이며, 사회복지조직의 마케팅 부서나 담당자가 해야 할 마케팅 평가로는 다음과 같다.

첫째, 포괄적인 평가이다. 마케팅 평가를 수행하는 조직은 소수의 문제 발생 분야뿐만 아니라 특정 부서나 사업의 모든 주요 마케팅활동을 포함해야 한다.

둘째, 체계적인 평가이다. 마케팅 평가를 수행하는 조직은 마케팅 환경, 내부 마케팅 시스템, 특정 마케팅활동을 포괄하는 체계적인 일련의 평가 과정을 내포해야 한다.

셋째, 독립적 평가이다. 마케팅 평가는 자체검사, 상호검사, 상부로부터의 감사 및 평가, 조직의 감사부에 의한 감사, 외부감사 및 평가 등으로 실시될 수 있는데, 감사 및 평가자는 외부로부터의 간섭을 받지 않고 독립적으로 객관적인 평가를 수행해야 한다.

넷째, 주기적 평가이다. 마케팅활동에 대한 평가는 전형적으로 마케팅 실적의 부진, 조직의 사기 저하 등의 문제가 발생한 이후에 실시하며, 조직의 상황이 좋을 때에는 실시하지 않는 것이 바람직하다.

Ⅳ 마케팅 지향적 사회복지조직의 과제

1 사회복지조직의 마케팅 전제 조건

기본적으로 마케팅은 사회복지조직들로 하여금 목적 달성을 좀 더 유효하게 해 줄 수 있다. 영리 추구를 목적으로 하지 않는 비영리조직에서는 이윤극대화보다는 자체 조직의 목적을 달성하기 위해 마케팅활동을 한다. 이러한 비영리조직들이 마케팅활동을 지향하기 위해 필요한 조건은 무엇인가? 그것은 다음 여섯 가지 차원에서 설명할 수 있다.

첫째, 최고관리자의 지원이 필요하다. 최고관리자가 신뢰하고 이해하며 또 다른 상급 경영자의 지지를 얻기 시작하면 강력한 마케팅 지향형 조직이 형성될 수 있기 때문이다.

둘째, 효과적인 조직설계이다. 사회복지서비스조직이 마케팅 지향적으로 변화하기 위해서는 이에 필요한 통계적 분석과 마케팅 도구를 개발할 수 있는 마케팅 부서 또는 전담 직원이 필수적이다. 그리고 이들을 조직 내에 적절히 위치시켜야 한다.

셋째, 조직의 마케팅에 대한 이해의 확산과 훈련이다. 비영리 사회복지조직에서 마케팅의 중요성을 인식하고 모든 조직원이 참여할 수 있도록 하기 위한 이해와 교육은 필수적이다.

넷째, 마케팅 성과에 대한 보상이다. 영리조직이 아니므로 실적과 성과에 대한 평가 및 포상에는 한계가 있다. 그러나 최소한의 객관적 기준을 마련하여 수당이나 직원의 승급 및 승진에 반영하여 조직구성원들이 시장 지향적, 마케팅 지향적 태도를 지닐 수 있도록 인사관리에 반영해야 한다.

다섯째, 조직 전 부문에 걸쳐 마케팅 계획을 수립 · 집행 · 통제 · 평가할 수 있도록 조직구조와 시스템의 개선이 필요하다.

2 정보화 시대 마케팅환경의 변화

1) 마케팅환경의 변화

정보화 시대의 특성으로 과거의 마케팅환경과는 크게 두 가지 차원에서 다르다고 할 수 있다. 첫 번째는 고객 자체가 변했다. 고객의 성격, 취향, 습성, 욕구 등이 달라졌고 고객이 정보를 획득하고 평가 · 반응하는 시간이 빨라졌다. 두 번째는 전자정보통신 수단과 인터넷 등의 발달로 인해 마케팅 실현 수단이 과거에 비해 크게 확대되었다. 이러한 정보화 시대의 마케팅환경의 변화는 다음과 같은 요소들을 고려해 마케팅활동을 하도록 요구한다.

첫째, 고객의 필요와 욕구는 상이하기 때문에 개개 고객의 요구에 맞추어 마케팅활동을 수행해야 한다.

둘째, 고객 특성에 따라 몇 개의 시장으로 세분화하여 각 세분시장의 특성에 맞는 마케팅활동을 한다. 세분화를 많이 할수록 고객 만족은 커지나 비용이 많이 들게 되고, 적게 하면 비용은 적게 드나 고객 만족의 정도가 낮아지게 된다.

셋째, 맞춤 마케팅, 일대일 마케팅을 해야 한다. 데이터베이스의 관리를 통해 고객의 욕구를 정확히 파악하고 인터넷을 통해 고객과 동시에 쌍방향적 가치 교환이 가능해졌다. 예전보다 훨씬 세분화된 고객의 요구에 맞는 서비스의 제공이 가능해졌다.

2) 관계마케팅과 사회적 마케팅의 중요성

일반적으로 구매, 거래는 교환이 한 번 일어나고 끝나버린다는 뜻을 내포하고 있다. 이에 비해 관계 마케팅은 관계라는 용어를 포함하는데, 관계란 사회복지서비스조직과 소비자 간의 교환을 말하며 한 번 교환한 고객은 영원한 고객으로 유지되도록 장기적 관계를 맺는다는 의미를 내포한다.

데이터베이스와 자동화된 고객관리 프로그램들은 관계 마케팅을 위한 훌륭한 수단을 제공하는데, 데이터베이스에 있는 후원자의 지역정보, 인구 통계적 정보, 후원금 지원 정보 등을 통해 개별 고객의 욕구를 파악하여 적절한 지속적인 관계 마케팅활동을 할 수 있다.

사회적 마케팅은 마케팅이 고객의 욕구와 서비스기관의 가치를 교환·충족시키는 활동이지만 어디까지나 사회적 환경과 공공복리를 해치지 않는 범위 내에서 행해져야 한다. 사회복지서비스기관에서도 시장적 요소가 강조되고 이에 따른 마케팅활동이 중요한 요소가 되었지만 사회적 마케팅이 정하고 있는 범위를 넘어서지 말아야 하는 것이다.

V 사회복지조직의 홍보의 의의

오늘날 우리 사회의 정부와 민간조직, 그리고, 비영리조직뿐만 아니라 개인들도 시간과 장소, 수단에 구애를 받지 않고 대중의 앞에 쉽게 노출되는 매스컴의 시대, 인터넷의 시대 속에 살고 있다. 너무 쉽게 그리고 다양한 방식으로 노출되어 빈번한 상호작용을 하는 사회에서는 의미 있는 내용이 기억에 남기보다는 순간의 접촉에 의한 어떤 이미지의 잔상이 기억되어 상대에 대한 좋고 나쁜 이미지로 발전하는 경우가 다반사이다. 이러한 이미지로 인해 개인과 조직은 발전하기도 하고 때로는 어려움을 겪기도 한다. 이 때문에 현대 사회의 개인과 조직은 외부로부터 좋은 이미지를 획득하고 이를 유지·발전시키기 위한 활동을 매우 중요시하게 되었다. 이미지를 활용할 줄 아는 민첩하고 창조적이며 용기 있는 조직은 과거와는 비교할 수 없을 만큼 성장할 수 있는 환경이 된 것이다. 더구나 일반 대중이 있는 외부로부터의 정당성과 신뢰성, 자원 획득을 항상 의존해야 하는 사회복지서비스조직에서 좋은 이미지 관리와 훌륭한 쌍방향적 홍보전략은 조직의 생존전략에 반드시 필요한 관리활동이 되었다고 할 수 있다.

1 사회복지조직의 홍보 개념

일반적으로 홍보라 함은 PR, 즉 대중관계(public relations)를 의미한다. 그 말 자체가 의미하듯이 "조직이 그의 사회적 환경이 되는 대중과의 원활한 관계를 유지하고자 하는 제반 노력"을 일컫는다. 사회복지서비스조직의 입장에서는 조직을 둘러싼 이해 당사자(클라이언트, 가족, 지역사회, 후원자, 정부, 기타 기관 등)들과 다양한 관계를 형성하는 노력을 의미한다.

홍보는 의사소통을 통해 사회복지서비스조직과 관계를 유지하기 바라는 집단이나 개인, 그리고 일반 대중이 알 수 있도록 기관의 노력과 정성을 통해 메시지를 주고받는 것을 말한다. 그리고 홍보는 메시지를 전달하는 일회적 활동이 아니라 상대가 원하는 욕구와 수준에 맞게 메시지를 가공하여 다양한 매체로 전달하는 것이며, 그들이 메시지를 수신하고 일정한 태도의 변화가 있는지를 피드백하여 기관의 의사결정에 반영하는 총체적인 과정이라 할 수 있다.

따라서 효과적인 홍보는 기관이 알리고 싶은 내용을 전파하는 것이 아니라 수신자, 즉 이해관계인이나 일반 대중이 원하는 바를 파악하여 전달하는 것을 뜻한다. 이것은 홍보가 메시지를 무조건 널리 알리는 것으로만 생각하여 전달매체의 선택과 수단에만 초점을 맞추는 경향에 대해 다시 생각하게 한다. 즉, 사회복지서비스조직에서 홍보 시 가장 먼저 생각해야 할 것은 바로 공중이 원하는 바를 먼저 파악하는 것이라는 점이다. 즉, 홍보 시에는 ① 홍보의 목적과 누구에게 메시지를 전달할 것인가를 명확히 하고, ② 공중 입장에서의 언어와 표현을 선택하며, ③ 정보의 수집이 필요하다. 홍보는 이용자와 후원자를 확보하기 위해 먼저 시설, 기관이 존재한다고 하는 사실을 널리 알리고, 전달하고, 기관과 공중 간 상호 원하는 상태로 반응하는 데에 역점을 두어야 한다.

2 사회복지조직의 홍보 특징

홍보의 유사한 개념으로 가장 자주 접하는 것이 광고 또는 선전이다. 메시지를 특정한 대상에게 전달한다는 측면에서는 유사하지만 여러 모로 홍보는 광고 또는 선전과 분명한 차이를 지니고 있다. 이러한 차이로 인해 공・사 사회복지서비스 행정조직이 자신이 알리고 싶은 내용을 전파한다 하여 이를 광고나 선전이라 하지 않는다. 그렇다면 홍보가 광고나 선전과 구분될 수 있는 가장 큰 특징은 무엇인가? 바로 홍보의 대상과 목적, 그리고 대상에게 기대하는 행동의 차이가 광고와 선전과는 다르기 때문이다.

홍보는 공공성을 추구하며 그 대상과의 상호 의사전달 과정이다. 사회복지서비스 조직의 홍보는 기관의 생각이나 계획・활동・업적 등을 널리 알리는 것이며, 이를 통해 고객, 지역주민 또는 일반 대중의 인식이나 이해 또는 신뢰감을 높이는 것이다. 더불어 합리적이고 민주적인 기초 위에 양자의 관계를 원활히 하려는 데 있다.

반면에 광고란 미국마케팅학회의 정의에 따르면 "명시된 광고주에 의한 아이디어, 상품, 서비스의 유료 형식의 비대인적 제시 및 촉진"이다. 그리고 광고는 "소비자나 고객 또는 일반 대중에게 상품이나 서비스에 대한 정보를 제공하여 광고주(advertiser)가 의도하는 방향, 즉 제품의 구매 촉진, 기업 이미지 개선 등에 영향(influence)을 미치기 위한 마케팅 차원"의 커뮤니케이션 활동이다. 이러한 수신 대상, 목적성, 대상으로부터 기대하는 행동의 면에서 비영리단체의 홍보, 사회복지서비스기관의 홍보를 기업의 광고활동과 구분할 수 있다. 그리고 위에서 아래로의 정보를 일방적으로 수용하기를 의도하고, 그 정보가 때로는 과장・왜곡되어 선전 주체에게 유리한 정보만을 제공하는 선전과도 홍보는 구분된다.

3 사회복지조직의 홍보 필요성

사회복지에서 경쟁적 요소와 고객 만족이 그 어느 때보다도 강조됨에 따라 사회복지행정조직들은 다양한 매체와 채널을 통해 고객, 후원자, 정부, 지역사회 및 일반 대중에 대해 적극적인 홍보활동을 전개할 수밖에 없는 시대가 되었다. 이런 이유에서 홍보의 중요성과 필요성에 대한 재인식은 자연스러운 현상이다. 성규탁(2003)은 홍보활동의 필요성을 다음의 세 가지 측면에서 정리했다.

첫째, 책임성의 관점에서이다. 제공한 서비스와 그 서비스 결과로 생기는 효과를 계속 공개해야 하며, 이렇게 함으로써 조직체의 유효성과 사회복지제도의 필요성을 알려 주어 사회적 지지를 계속 확보해 나가야만 하는 것이다.

둘째, 책임성을 수행하고 있음을 알려 주어 지역사회로부터 인적・물적 자원을 좀 더 쉽게 확보할 수 있도록 함으로써 조직체의 서비스 산출을 지속시키는 일이다.

셋째, 조직체의 목표와 제공하는 서비스에 관해 실제적 및 잠재적 클라이언트들, 다른 단체들 및 일반 대중에게 정보를 제공하여 그 조직체의 서비스를 이용하도록 유도하는 일이라고 강조했다.

그리고 곽재복(2005: 17)은 기관에서 홍보가 필요한 이유를 다음과 같이 제시하고 있다.

첫째, 기관의 서비스 프로그램을 널리 알려서 이용자와 잠재 이용자를 안정적으로 확보하기 위해서이다.

둘째, 지역사회에 대해 복지관의 좋은 이미지를 유지하고, 사회복지에 대한 이해를 증진시키며, 인식 개선과 참여를 촉진하기 위해서이다.

셋째, 서비스 이용자가 사회의 구성원으로 통합되어 함께 살아갈 수 있는 분위기를 조성하기 위해서이다.

넷째, 조직이 지역사회로부터의 인정을 획득하고, 그를 바탕으로 자원과 재원을 지속적으로 확보하기 위해서이다.

다섯째, 홍보는 의사소통의 목표 집단인 공중(公衆)과의 지속적인 커뮤니케이션 과정을 통해 공중의 욕구를 파악하고, 그에 따라 기관의 방향을 조정하기 위해 필요하다고 할 수 있다.

4 홍보의 과정

홍보활동은 홍보의 목적을 달성하기 위한 활동으로 일련의 단계적 과정을 지닌다. 사회복지조직이 체계적이고 과학적인 홍보활동을 전개하기 위해서는 다음과 같은 단계적 접근이 필요하다.

1) 조사연구 및 정보 수집 단계

이 단계의 내용은 사회복지행정조직이 홍보계획을 구체적으로 수립하기 위해 필요한 정보를 수집하고 분석하는 것이다. 이 과정을 통해 탐색되어야 할 분석 대상과 내용은 각각 다음과 같다.

첫째, 홍보의 주체가 누구인가의 문제이다. 사회복지행정조직이 홍보를 의뢰할 경우 당해 사회복지행정조직이 홍보의 주체가 된다. 홍보의 주체는 주로 홍보와 관련된 예산을 지원하거나 또는 홍보의 방향을 설정해 주기 때문에 홍보의 주체에 대해 충분한 정보를 획득해야 한다. 기관의 연혁과 기관이 추구하고 있는 이념과 가치, 조직문화, 기관의 서비스 및 프로그램 등에 대한 정보가 수집되고 분석되어야 한다. 이 단계에서 분석되는 내용은 홍보라는 쌍방향적 커뮤니케이션을 통해 고객과 후원자, 일반 대중이 알고자 할 때 제공되어야 할 정보이기도 하다.

둘째, 홍보의 목적에 대한 정보이다. 홍보는 메시지의 전달 과정이므로 홍보활동을 통해 일반 대중, 고객과 홍보의 주체가 어떤 메시지를 전달하고 어떠한 관계를 형성하고자 하는지 홍보의 목적이 있어야 한다. 그리고 홍보의 목적이 어느 유형의 홍보활동에 해당하는지 판단해야 한다. 홍보활동이 대중의 호의적인 여론을 조정하고 진작시킬 목적으로 수행되는 사전 반응적 홍보인지, 문제가 발생하여 그 문제를 해결하기 위한 대중의 설득 과정인 사후 반응적 홍보인지에 따라 홍보의 목적을 어떻게 실현할 것인가에 대한 고민과 방법이 달라진다.

셋째, 홍보 대상이 누구이며 대상의 속성이 무엇인지 이해하는 과정이다. 홍보 대상자를 이해하고 홍보의 방향을 설정하기 위해서는 홍보 대상자의 특성을 이해해야 하는데 일반적으로 여론조사, 욕구조사, 공청회, 면접 등의 방법이 있다.

홍보 대상자에 대한 구체적인 정보는 홍보활동을 계획하는 데 다음과 같은 유용성을 제공한다.

① 쌍방 커뮤니케이션 및 환류(feedback)를 가능하게 한다.
② 대상의 객관적인 속성을 밝혀 준다.
③ 홍보 프로그램의 기획 방향을 제시해 준다.
④ 잠재적 문제점을 발견하게 해 준다.
⑤ 외향적 커뮤니케이션 효과를 높여 준다.

2) 홍보계획의 수립 단계

조사 및 분석 단계를 통해 홍보의 주체, 목적, 대상자에 대한 객관적인 정보가 수집되었으므로 이를 토대로 홍보 목적을 달성할 수 있는 수단들을 비교·탐색해 가며 구체화된 행동계획을 수립한다.

다음은 홍보계획의 구체적인 수립절차이다.

① 문제의 규정: 문제를 규정하기 위해서는 문제를 홍보 주체와 의논하고, 문제의 개념을 먼저 정의해야 한다. 그리고 문제를 해결하기 위한 대안을 개발하며, 조사연구를 실시하고, 홍보 주체의 장기적 목표의 시각에서 아이디어를 추구해야 한다.

② 목표의 설정: 문제가 규정되면 문제를 해결하기 위한 구체적인 실현 가능한 목표들을 설정해야 한다.

③ 수용자의 규정: 홍보활동이 타깃으로 삼는 대상자를 정확하게 규정짓는 것을 의미한다. 메시지가 겨냥하는 가장 중요한 수용자 집단을 가능한 한 정확하게 규정하는 것으로 마케팅의 표적집단 선정과 비슷한 의미이다.

④ 전략 개발: 전략이란 홍보의 목표를 달성하기 위한 대안의 모색과 개발 및 최종 대안을 선택하는 활동을 의미한다. 전략은 목표를 어떻게 달성할 것인가를 기술한 것이다.

⑤ 전술 개발: 전술은 각 목표를 달성하기 위해서 제안된 구체적인 활동들을 유목별로 기술한 계획이다. 커뮤니케이션 도구들을 선정하는 데 커뮤니케이션 도구들이 수용자에게 적합한 것인지를 확실히 해야 한다.

⑥ 시간표 작성: 시간적 차원에서의 홍보활동의 구체적인 활동계획을 말한다. 전체적인 홍보 프로그램의 틀 안에서 각 홍보활동의 시작과 끝을 보여 주는 시간표를 갠트 차트(Gantt chart) 형식으로 준비한다.

⑦ 예산 확보: 홍보활동에 소요될 것으로 예상되는 비용의 조달과 지출계획을 말한다. 홍보계획을 수행하는 데 필요한 비용을 정확히 계산해야 하고, 예산의 10%를 예비비로 책정한다.

⑧ 평가절차: 홍보활동을 수행한 이후 홍보 목적의 달성 정도를 측정하는 단계의 활동이다. 홍보 프로그램의 성공 여부를 평가하기 위해서는 사전에 평가 기준을 수립해 두어야 한다.

3) 계획의 집행 단계

목표 달성을 위해 마련된 수단들을 계획이 정한 대로 집행하는 것이다. 고객과 일반 대중, 후원자 등 홍보계획에서 설정된 대상들에 대해 구체적인 메시지가 전달되어 이들의 태도와 행동의 변화 과정이 촉발되는 시작점이자 가장 중요한 단계이다.

4) 계획의 평가 단계

홍보의 최종 단계로서 성과가 무엇인지, 홍보 대상자의 반응은 어떠했는지, 그리고 홍보 대상자와 조직 사이에 어떠한 유의미한 관계가 형성되었는지 분석하는 단계이다. 이 과정을 통해 산출된 정보는 피드백을 거쳐 새로운 홍보계획의 수립이나 기존 홍보활동의 수정 또는 강화의 판단에 활용된다.

제 3 편

사회복지행정의 실체

제 9 장

아동 · 청소년 사회복지행정

I 아동 · 청소년 복지정책의 기본 목표

1 아동정책의 기본 목표

아동복지의 목표는 아동의 권리를 보장하는 것이다. 아동의 권리를 중요시하는 기본 요소는 아동복지정책의 기초적인 목표가 된다. 즉, ① 가정의 안정적 분위기, ② 가정의 경제적 안정, ③ 영양, 건강, 의료 보호, ④ 교육 기회 부여, ⑤ 안정된 가정생활, ⑥ 여가 선용, ⑦ 특수 보호 등을 고려할 수 있다.[1] 가정은 아동의 성격 형성과 사회화를 위한 기본적인 집단으로서 무척 중요하다. 아동은 가정을 통해 사회의 생활 구조와 관습, 행동의 기준, 도덕적 가치 기준, 윤리 의식 등을 습득하게 되는 것이다. 이러한 점은 특히 영유아기(嬰幼兒期)에 더욱 중요시된다.

1) 가정의 경제적 안정

가정의 경제적 안정, 즉 최소한의 의식주 문제는 아동의 건전한 성장과 발달을 위해 해결되어야 한다. 가정의 경제적 불안정은 생활 수준의 저하로 아동의 정신적 · 신

1) 이러한 기본 요소로서 ① 안정된 가정생활, ② 경제적 안정, ③ 영양, 보건의료 보호, ④ 교육, ⑤ 노동, ⑥ 종교, ⑦ 오락, ⑧ 특수 보호 등으로 보는 견해도 있다.

체적 건강에 악영향을 미칠 것은 당연하다. 이렇게 볼 때 아동복지사업과 관련된 각종 서비스는 기본적인 사회 전체의 소득재배분 정책을 통한 생활보호 정책, 고용정책 등의 확립에 크게 의존한다고 볼 수 있다.

2) 영양, 건강, 의료급여

아동의 건강관리를 위해서는 모자보건, 즉 산모의 임신 중, 분만 전후의 보호와 서비스, 수유아에 대한 건강 진단과 지도, 전염병 예방, 위생시설을 위한 제도적 장치, 좋은 영양, 의료기관의 외래 환자 서비스 등이 아동의 건강을 도모하기 위한 복지의 영역에 포함된다.

3) 교육 기회의 부여

일반적인 학교는 지식의 전당 역할을 하고 전인교육을 목표로 하고 있기 때문에 아동의 교육은 여러 면에서 긴요하다. 우리나라의 교육법에는 모든 국민이 균등한 교육을 받을 권리가 보장되고, 초등 교육의 의무화와 무상교육을 명시하고 있다. 이는 모든 아동 교육에 대한 국가적 책임을 인정한 것이다. 장애인에 대해서는 생활에 필요한 특수교육을 실시해야 한다.

4) 안전한 노동 조건

근로 아동의 장시간 노동, 저임금, 불결한 작업환경, 부당 해고 등 아동을 이용한 성인의 불법적 상행위 등은 개선되고 퇴치되어야 한다. 이를 위해 직업훈련 및 보도 기능을 강화하고 여가활동의 기회를 보장하며 산업체 근로자 학교를 운영해야 한다. 또한 근로 아동의 고충을 상담하고 처리해 줄 것이 요청된다.

5) 여가 선용과 오락

아동이 여가를 건설적으로 활용할 수 있도록 지도해야 하며 취미를 개발시키고 운동에 능동적으로 참여케 하여 방관적 태도를 배제해야 한다. 모든 아동에게 놀이를 통해 정신적·신체적 관심을 갖게 하고 만족감을 갖게 해야 한다. 또한 생활 경험을 제공하여 장래의 생활에 대한 준비나 훈련을 갖게 해야 할 것이다. 오락활동은 아동의 건전한 성장에 기여하며 불량화나 비행(非行)을 방지하게 된다. 건전한 오락 프로그램의 개방과 시설의 구비, 적극적 참여의 유도 등이 필요하다.

6) 특수 보호

아동들 중에는 특수한 문제나 요구를 지니고 있어 특수한 법적·사회적 보호를 필요로 하는 아동이 있다. 불구아(지체부자유아, 맹농아), 심신장애아, 결핵아, 부랑아, 정신박약아, 정서장애자, 비행아 등에게는 특수한 보호와 치료의 기회를 부여해야 한다. 그리하여 부자유스러움을 경감시켜 자신감을 갖고 사회에 적응할 수 있도록 해야 한다. 이를 위해 제반 시설의 확보와 각종 서비스의 시혜 등이 필요하다. 행동이나 정서의 장애를 겪는 아동에 대해서는 상담과 치료시설을 통한 서비스가 필요하다.

2 청소년정책의 기본 목표

일반적으로 청소년(adolescence)이란 아동과 성인의 중간 단계에 있는 자로서 심신의 성장 또는 성숙의 의미를 가지는 라틴어 'adolescere(성숙하다, 자라다)'에서 유래한 용어이다(박차상 외, 2001: 220).

우리나라의 경우, 『범죄백서』에는 14세부터 20세까지를 지칭하고 있고, 『청소년백서』에는 9세부터 24세까지로 규정하고 있다. 법률적 측면으로 구분한다면, 소년법에는 19세 미만으로, 아동복지법에는 18세 미만으로, 청소년기본법에는 9세부터 24세까지로 규정하고 있다. 따라서 우리나라에서는 대체로 청소년을 9세부터 24세까지로 보는 것이 일반적이라 할 수 있다(박경일 외, 2003: 264). 청소년기는 성적·신체적·심리적·지적으로 현저한 변화와 발달이 일어나는 시기로서 향후 인성 발달에 매우 중요한 과정이라고 할 수 있을 뿐만 아니라 청소년기는 아동기를 경험했으나 사회적 활동의 심리적 구조가 전적으로 사회생활에서 기인하는 것으로 볼 수 없기 때문에 상담, 지도, 보호와 함께 앞서 살핀 바 있는 아동복지의 기본 조건 내지 달성해야 할 목표가 청소년 복지에 지속적으로 연결된다고 볼 수 있다. 그뿐만 아니라 중·고등학교 교육과 청소년의 반사회적 비행문제, 사회문화 등이 아동복지에서보다 청소년 복지문제로서 대두된다. 따라서 학교교육의 충실화, 건전한 사회문화의 청소년문화의 조성 등이 청소년 복지정책의 기본 목표로 부가되는 것이다.

2008년 말 현재, 청소년기본법상 우리나라 청소년 인구는 1천백만 명을 넘어서고 있으며, 전 연령에서 남자가 여자보다 많아 심한 성비(性比)의 불균형을 보여 주고 있다.

1) 학교교육의 충실화

학교는 교육이라는 수단을 통해 개인이 갖고 있는 잠재 가능성을 계발하여 인류의 문화문명 사회에 공헌케 하고, 동시에 그 개인의 존재 의미를 충족케 하는 데 있으며, 인류 문화의 전수를 위한 사회화를 꾀함으로써 현재와 과거의 인류 역사를 영속하게 하는 데 있다. 이러한 학교기관은 청소년에게 중요한 의미를 주므로 가까운 미래 사회에 성년으로 활동하게 될 청소년에게 바람직한 활동 능력을 갖추어 주고, 나아가서 변화하는 사회환경에 잘 적응하도록 교육, 훈련을 통해 준비시켜 주는 데 있다.

특히 고등학교의 기능은 부모의 자녀 양육에 대한 짐을 덜어 주고 청소년의 인격 형성에 학교 교원 및 직원이 모범 역할을 함으로써 부모가 갖고 있는 덕목이나 현존 문화의 기풍을 증대 또는 강화시키며 학업 성취에 따른 청소년의 분류를 통해 사회 체제에서 어떠한 지위를 얻는 기회를 제공하며, 다른 곳에서 습득할 수 없는 특정한 학습 지도를 통해 학생이 가족 이외의 복잡한 세상에 적응할 수 있도록 도와 준다고 볼 수 있다(김상규 외, 1990: 239-240).

청소년 시기에 학습을 통한 정서적 만족을 얻고 사회적으로 용인되는 이상(理想)을 포용하게 되면 장차 사회생활에 적응할 수 있겠으나 만약 학교 교육의 과정에서 발육 도상의 청소년의 정신에 상처를 남기게 되거나 학교 환경에 장애가 있으면 학생의 태도, 가치관, 노력에의 의지 및 발달에 지장을 가져오게 되어 반항적 또는 도피적 태도, 권위의 경시, 범죄 내지 비행집단에의 동화(同化) 등이 일어난다(Grinder, 1973: 417).

청소년들은 급변하는 사회에 적응하는 데 곤란과 위기를 느끼고 있기 때문에 우리는 교육을 통해서뿐만 아니라 학교 자체의 구조적 개선이나 다른 사회기관과의 관계 또는 제도적 장치와의 관계 개선을 통해서라도 청소년의 책임감을 성숙시키고 자율적인 의사결정 능력을 개발해 주어 이들이 원만하게 자신들의 생활을 영위할 수 있는 힘을 길러 주도록 노력해야 한다(김상규 외, 1990: 241).

2) 사회윤리 제고 및 건전한 사회문화의 조성

극도의 개인주의 풍조, 사회윤리 의식의 퇴색, 윤리 통제의 약화, 사회적 유대감 결여 등의 현상은 청소년층에 대해 부정적 의식과 행동을 유발시킨다. 또한 대중매체와 사회적 제도, 구조 등 사회적·문화적 환경과 성격에 따라 청소년들에게 가치관의 형성 요인과 행동 요인으로서 직접적인 영향을 미치게 된다.

청소년 주변의 이러한 사회환경은 청소년의 건전한 사고방식과 행동을 유발할 수 있는 요인으로 크게 작용하며 반대로 소년 비행과 소외 의식 등의 바람직하지 못한 현상을 발생시킨다. 따라서 성인층이 중심이 되고 있는 사회 전체적 윤리 의식의 제고와 건전하고 생산적이며 합리적인 사회문화와 청소년문화의 조성이 궁극적으로는 청소년 복지정책의 기본 목표의 큰 부분을 차지하기도 한다.

II 아동 · 청소년 복지사업의 분류

아동복지정책 체제를 구성하는 요소로서 아동복지사업(아동복지서비스)을 살펴보면 다음과 같다. 카두신(Alfred Kadushin)은 아동복지사업의 내용을 지지적(supportive), 보완적(supplementary), 대리적(substitutive) 등의 서비스로 범주화한 바 있다(Kadushin, 1972: 23-24).

1 지지적 서비스

지지적 서비스란 부모와 아동 각자의 책임을 효율적으로 수행할 수 있도록 그들의 능력을 지원하고 강화시켜 주는 서비스를 말한다. 이는 아동이 가정에서 생활하면서 받을 수 있는 서비스이다. 아동복지기관은 보모나 아동의 역할을 대행하지 않고, 다만 역할을 제대로 수행할 수 있도록 원조하는 데 그친다. 이러한 지지적 서비스로 케이스워크 서비스(case work services), 집단 프로그램, 가족치료, 지역사회 프로그램 등이 있다.

1) 케이스워크 서비스

케이스워크란 개별적 면접을 통해 서비스를 제공하는 것으로서 가정의 특수한 현실적 문제에 초점을 두어 원조를 함으로써 부모나 아동의 사회적 · 정서적 긴장을 감소시키고 만족스러운 사회적 역할을 수행할 수 있는 능력을 향상시켜 주는 것을 말한다.

2) 집단 프로그램

여기에는 가정 프로그램과 집단상담 프로그램이 있다. 전자는 치료적 기능과 교육적인 기능을 갖고 있기 때문에 일반적인 문제 상황을 이루는 데 정상적인 가족관계나 합리적인 문제 해결 절차 등을 내용으로 하며, 후자는 보모와 자녀 간의 병리적 관계를 해결하기 위해 실시된다. 부모와 자녀 간에 화합하여 지도자의 도움을 받아 제한된 수의 구성원으로 조직된 집안은 이 프로그램을 통하여 생활 경험을 공유하게 되고, 토의 내용에 깊이 관여하게 됨으로써 부모의 역할에 대해 깊이 이해하고 능력을 키우게 된다.

3) 가족치료

가족치료는 가족 모두에게 행해지는 역동적인 면접을 근거로 하여 통합된 단위로서, 가족에 초점을 두고 가족 성원 모두를 변화시킴으로써 아동의 심적·행동적 태도를 변화시키고자 하는 것이다. 가족 전체의 면접을 통해 가정에 대한 좀 더 정확한 상태를 파악할 수 있으며, 지도력과 통제 형태, 역할 분배, 가족 간의 의사소통, 갈등, 협력과 거부의 내용, 감정, 성격 등을 직접 관찰할 수 있다.

4) 지역사회 프로그램

지역사회 프로그램이란 지역사회를 기반으로 하면서 지역사회를 대상으로 하여 실시되는 사회복지의 전문적 활동의 총칭으로서 개인이나 집단의 욕구를 지역사회의 수준에서 조직적·전문적으로 찾아내어 그 욕구를 개인, 집단 지역사회의 상호 관련 속에서 해결해 가려는 방법이다. 아동복지에 관련해 볼 때 지역사회 프로그램은 지역사회 내 어린이의 건전한 육성이나 아동복지에 필요한 자원과 환경을 지역주민을 활동 주체로 한 지역사회 조직화 활동 과정을 통해 확보하려고 하는 것이다. 즉 그 대상을 지역사회(community)로 하고 그 사회의 복지 욕구에 대응하는 사회 지원을 조정, 정비, 개발해 감으로써 지역주민이나 지역 어린이들에게 간접적으로 효과적인 원조를 제공하려는 것이다.

이상과 같은 여러 유형의 지지적 서비스는 복지기관과 아동상담소에서 제공하고 있으며, 전자는 주로 부모에 대한 서비스 제공 등을 통해, 후자는 아동에 대한 서비스 제공을 통해 문제에 개입한다. 이 두 기관은 모두 지지적 서비스를 통해 부모와 아동이 더 많은 만족감을 갖고 갈등을 최소화하면서 원만한 관계를 유지하며 생활할 수 있도록 변화시키며 결국 가족구성원의 사회 기능을 향상시켜 가족 해체의 위험성을 감소시키려는 목적을 달성하려 한다.

이와 같은 지지적 서비스가 필요한 경우로는 ① 아동 훈육(訓育)상 어려운 경우, ② 부모의 역할이 불만족스러울 때, ③ 부모가 아동의 친구관계나 학교생활에 문제가 있다고 느낀 경우, ④ 형제 간에 불화가 있을 경우, ⑤ 부부 간의 관계에 불화가 있어 아동에게 행동장애를 유발하는 경우 등이다.

2 보완적 서비스

보완적 서비스란 부모의 역할 일부를 대행해 주는 것을 말한다. 이는 가정 내에서 이루어진다. 여기에는 탁아보호 서비스(day care service), 프로텍티브 서비스(protective service), 홈메이커 서비스 등이 있다.

1) 탁아보호 서비스

여러 가지 이유로 낮 동안 보모가 아닌 다른 사람에 의해 보호를 받아야 하는 아동에게 주어지는 보호를 말한다.

탁아보호는 보호 시간, 기관, 목적 등에 따라 다양하다. 두 살 이하의 아동 혹은 그 이상의 나이로 정서적 장애를 가진 아동의 경우는 집단활동에 적응하기 곤란한 점을 고려하여 개별 탁아소에 보호하는 것이 바람직하다. 개별 탁아보호는 가정위탁 보호(foster family), 홈메이커 서비스를 통해 보호를 받는 것이다.

집단 탁아보호의 형태로는 유치원, 보육학교, 탁아소, 탁아보호센터 등이 있다. 유치원과 보육학교의 목적은 교육에 있으며, 탁아소·위탁보호센터는 욕구 충족에 그 목적이 있다.

탁아보호 유형이나 장소에 따라 네 가지 형태로 나눌 수 있다.

① 가정 내 탁아보호(in-home day care)로서 탁아보호를 하는 사람의 집이나 혹은 아동의 집에서 가족이 아닌 사람이 한 가정의 아동을 보호하는 것이다.

② 가정 탁아보호(family day care)란 탁아보호를 하는 사람의 집에서 한 가정 이상의 아동 등을 보호하는 것을 말한다.

③ 가정집단 탁아보호(family group day care)란 탁아보호를 하는 사람의 집에서 그 사람의 자녀를 포함하여 7~12명의 아동을 보호하는 것을 가리킨다.

④ 센터 내 탁아보호(center-based day care)란 집이 아닌 건물에서 13명 이상의 아동들을 보호하는 것이다. 수명의 직원이 있게 된다.

탁아보호를 필요로 하는 상황은 ① 어머니의 직장생활, ② 아동의 장애 상태, ③ 부모와 자녀 간의 불화, ④ 어머니의 사망 또는 병 중환, ⑤ 기아, ⑥ 저급한 생활 형편 등이다.

건전한 탁아보호의 요소로는 탁아보호가 ① 가정의 확대된 성격을 지니며, ② 아동 발육에 도움을 주는 것, ③ 가정과 아동이 도움을 필요로 할 경우 사회가 조직적으로 개입하는 하나의 방식으로서의 기능 등이 있다.

탁아보호 서비스의 장점은 아동에 대해서는 안전한 보호, 행동 능력 향상, 타인과의 협동, 정신훈련, 자립심 고양 등을 기할 수 있으며, 어머니가 안심하고 직장생활을 할 수 있게 하고 가정의 경제를 도우며 객관적으로 자녀의 양육 상태를 파악할 수 있는 점 등이다. 그러나 아동이 신체적이나 정서적으로 유기되고 학대받을 수도 있으며 때로는 불안정하고 건전치 못한 상황에 놓이게 될 수도 있다는 단점이 있다. 또한 아동이 잘 보이지 않는 미묘한 손상을 입으며, 부모와 분리되는 어려움이 있고 집단활동에 장애가 있는 아동에게는 고통을 주며 아동에 따라 프로그램에 적응하지 못하거나 극히 싫어하는 등의 우려가 있을 수도 있다. 또한 때로는 아동에게 긴장감을 주기도 하고 변화가 없는 일과에 싫증을 느끼게 되며 공격적이거나 생활 배경이 판이한 아동과 만나게 된다.

탁아보호자가 자주 바뀌는 등의 역기능적 경우가 있을 수도 있다. 탁아보호사업은 이러한 역기능을 방지하고 소기의 목적 달성을 위해 세심하고 계획적이며 합법적, 그리고 포괄적인 사업의 추진이 크게 요망된다. 이를 위해 기본적으로 탁아보호센터의 이상적인 탁아보호에 적합한 프로그램과 주위 환경 등이 조성되어야 한다.

2) 프로텍티브 서비스

프로텍티브 서비스란 학대를 받거나 적절한 보호 감독을 받을 수 없는 아동을 위한 특수한 아동복지서비스로서 사회단체나 시민의 호소에 의해 이루어지며, 아동은 이용고객이 되고 부모는 치료의 대상이 된다. 즉 유기되거나 학대받고 착취당하고 거부당한 아동에게 특수한 개별 사회 성립을 제공하여 의료를 통해 재발을 방지하려는 목적을 갖고 있다.

3) 홈메이커 서비스

홈메이커 서비스란 아동을 가진 가족에게 조력 서비스(help services)를 제공하기 위해 여자를 고용한 공·사 보건복지기관에서 지원하는 지역사회 서비스이다. 어머니가 부재 중이거나 가정에 도움이 필요한 상황에서 어머니의 가사 의무를 맡을 수 있도록 하고, 기관에서 훈련받은 여자를 고용하여 가정에 위탁하는 서비스를 말한다. 이러한 가정부 서비스의 목적은 어머니와의 별거에서 오는 충격을 감소시키기 위한 가정 밖의 위탁 방지와 무질서한 가정 관리와 가정 회복을 위해 어머니를 훈련시키는 데 두고 있다.

그리고 홈메이커는 가정부(house keeper)나 파출부 서비스(maid-service)와는 다른 것으로서, 소정의 교육을 받은 전문가로서 면허증을 소지해야 하며, 전염병이나 신체적 장애가 없어야 한다. 그리고 정서적으로 안정되어 있어야 하며, 아이를 좋아하는 성격을 가진 자라야 하고 또 연령도 40대 이후가 적합하다. 이들의 임무는 아동의 지도 감독, 세탁, 식단 계획, 주택관리, 장보기 등이다(김상규 외, 1990: 224).

3 대리적 서비스

대리적 서비스란 부모와 자녀 및 가족 관계가 일시적 혹은 영구히 해체될 정도의 상황이 발생한 경우 개입하는 아동보호 수단이다.

1) 입 양

입양이란 그 행위를 당하는 아동에게는 원래 낳아 준 부모가 아닌 성인이 부모와 동등한 법적인 자녀 관계를 형성하는 것을 의미한다. 성인의 입장에서는 자기 자녀가 아닌 아동을 법적으로 자기 아이로 삼는 것을 말한다. 입양의 형태로는 친부모가 가정을 선정하여 아동을 그 가정에 맡기며 그 아이를 맡은 사람에게 양도해 주는 것(독립적 입양), 친부모와 양부모 중 어느 한편이 아이의 보호 감독을 맡으며 보살피는 것(양부모의 입양), 아동을 입양시켜 주기 위해 부모가 국가로부터 인가를 받은 기관에 아동을 양도하는 것(기관 입양), 입양함으로써 친어버이가 되는 사람이 아동을 입양하여 자기의 친자식임을 공개적으로 선언하여 자기 집으로 받아들여 자기 아이처럼 보살피는 것 등이 있다.

2) 가정위탁 보호

가정위탁 보호 서비스란 부모의 이혼, 사망, 아동 유기 등으로 가정이 파괴된 경우, 혹은 아동이 가정환경에서 잘 지낼 수 없는 행동을 하거나 문제를 갖고 있는 경우, 일정하게 계획된 기간 동안 대리적으로 가정적 보호를 하는 것을 말한다. 이는 가정에서 보호되며 사회기관에 마련되는 일정한 계획기간 동안의 보호이다.

가정위탁 보호의 형태로는 ① 위탁받은 가정이 아동 보호를 위해 보수를 받는 것(boarding homes), ② 무보수로 아동을 보호하는 것(free homes), ③ 보호를 받는 아동이 숙식비 마련을 위해 어느 정도의 일을 해 주는 것(work homes), ④ 아동이 숙식비 외의 비용도 벌 수 있는 것(wage homes) 등이 있다.

3) 시설보호

시설에 아동을 수용함으로써 가정에서의 문제가 해결될 수 없고 욕구가 만족될 수 없는 아동을 집단적으로 보호하고 문제를 해결해 주려는 것이다.

신체불구 아동, 정신박약아, 비행아 등과 일반적인 아동 중에서 가정 사정으로 아동이 집을 떠나야 할 필요가 있지만 위탁보호를 할 수 없는 경우, 부모가 이해하기

표 9-1 아동복지서비스의 내용 구분

구분	카두신의 분류	현행 한국의 서비스 내용
지지적 서비스	① 아동상담 ② 가정상담 ③ 지역사회 정신건강 상담 ④ 학대 · 방임 아동 보호 ⑤ 미혼부모 상담	① 아동상담 ② 방임 · 학대아동 보호 : 기 · 미아 보호
보완적 서비스	① 소득보조사업 : 노령, 유가족, 무능력자 보험, 요보호아동 가족수당 ② 가정조정사업 ③ 탁아사업 : 집단탁아, 가정탁아	① 공공부조사업 : 소년소녀 가정세대 보호 ② 보육사업 : 집단(시설)보육, 직장보육, 가정보육
대리적 서비스	① 가정위탁 보호 ② 입양사업 ③ 시설보호 : 긴급보호, 집단가정, 아동시설, 거택보호	① 가정위탁 보호 ② 입양사업 ③ 시설보호사업 : 시설보호 ④ 시설퇴소 연장 아동 자립지원사업

힘든 행동을 하는 아동 등이 시설보호를 필요로 한다고 볼 수 있을 것이다. 앞에서 논의된 탁아보호 사업기관 및 여기에서의 시설보호 사업기관에 대한 정부의 후원 지도, 감독 평가 및 시정 조치 등이 철저히 이루어져야 한다.

4 생활지도와 교육 기회 확대사업

청소년 복지서비스는 아동복지서비스 중 지지적 서비스와 대리적 서비스로 범주화할 수 있는 모든 서비스를 포함한다. 이에 대해 교육 기회의 확대, 사회단체 프로그램에의 참여 유도, 환경 정화, 비행의 예방과 선도, 직업소년서비스 등과 기타 여가, 오락, 사회복지활동에의 참여 기회 부여 등의 모든 서비스를 포괄한다고 본다.

청소년의 생활지도 강화를 위해서는 학교 내외 생활지도 강화를 위한 특별 활동의 활성화, 합창부·포크댄스 등 집단활동 참여 확대, 휴가기간 중 교외생활 지도 강화 등의 제반 시책을 시행하고 있다(김상규 외, 1990: 39-40, 242-249, 298-299).

상담지도 기능 강화를 위해서는 학교상담실 설치 및 교도 주임교사 임용을 확대하고 교도 주임교사의 수업 부담을 줄여 상담 활동 여건을 점차 개선해 나가는 한편 시·도교육위원회와 교육(구)청에 지역상담실을 설치해 학생 및 학부모에 대한 2차 상담과 지역 청소년 및 주민의 상담 지도를 해야 한다.

근로청소년에 대한 교육 기회의 확대 측면에서는 특별 학급 및 산업체 부설 중·고등학교가 있다. 그 설치 취지는 국가 산업 발전의 일익을 담당하고 있는 근로 청소년들에게 산업 현장에 적합한 교육을 받을 수 있는 기회를 제공함으로써 이들에게 긍지를 심어 주고 사기를 진작시키며, 나아가 생산 기술의 향상을 꾀하고자 하는 데 있는데, 우리 교육사상 획기적인 제도였다. 특별 학급 취학자는 학비를 부담하지 않으며, 다만 교과서대, 교통비 등만 본인이 부담하고 있으나 대부분 산업체 경영주나 시·도가 장학금을 지급하거나 교통 편의 등을 제공하고 있어 취업자의 부담은 거의 없다.

5 직업안정화사업

직업 안정 기능에는 노동시장, 정보 채집 분석, 직업 상담, 적성검사 등 직업 지도의 실시와 같은 다양한 기능이 포함되며, 이러한 업무가 모두 직업안정기관에서 이루어지고 있으나 현재 우리나라에서 역점을 두고 있는 것은 구인·구직 개척과 직업상담 및 취업 알선 업무이다(김상규 외, 1990: 254-263, 297).

학비 마련이 어려운 학생에게 학비 조달을 지원하며 직장 체험을 통한 산학 연계의 기회를 조성하고, 한편으로 부족한 인력 수요 충족에 도움이 되도록 하기 위해 정부는 고등학교 및 대학교 재학생 구직자에게 취업 알선을 해야 한다. 그리고 직업훈련기관에서 실시하고 있는 직업지도가 과학적이고 효율적으로 실시될 수 있도록 하기 위해 직업안정기관에서는 좀 더 전문화된 직업지도 요령을 개발, 보급함과 동시에 산업사회의 각종 정보 및 고용 동향에 관한 정보를 제공해야 한다. 정부는 학교와 직업훈련기관을 수료하는 청소년들이 곧바로 직업훈련기관을 통해 취업 알선이 이루어지도록 현재 운영하고 있는 고용정보망을 토대로 하여 구인사업을 더욱 적극적으로 전개해야 한다.

6 환경 정화와 정서함양사업

청소년의 교육 및 정서 함양에 미치는 방송의 영향력은 더욱 심각해지고 있는 실정이다. TV를 통해 사치스럽고 폭력이 나무하는 장면은 허영심과 폭력을 유발할 염려가 많다. 또 저속하거나 음란한 만화와 기타 출판물의 경우 청소년들의 비행 요인으로 작용하기 쉽다. 공연장에서 나이 어린 청소년에게 입장을 시키지 않아야 하는데 입장을 시킨다면 범죄의 유혹에 빠질 소지가 많은 것이다. 각종 접객업소 중 일부 유흥업소에서의 퇴폐행위 등은 건전한 사회생활을 저해할 뿐만 아니라 사춘기의 청소년에게 탈선 또는 범죄를 조장할 소지가 많다.

청소년의 정서 함양과 여가 선용을 위해 각종 문화체육 행사에 청소년 관람객에 대한 할인제를 실시하는 등 청소년 우대를 제도화하고 청소년이 적극 참여할 수 있는 프로그램을 개발, 보급함으로써 건전한 가치관을 확립하는 데 기여해야 한다.

한편, 과도한 인터넷 사용에 따른 인터넷 중독 현상과 청소년의 사이버 범죄 유혹으로부터 멀어지게 하기 위해서는 청소년의 독서하는 습성을 신장시켜 나가야 한다. 그리고 국제화 시대에 걸맞게 정부와 지방자치단체들의 국제간 청소년 교류사업을 좀 더 확대하여 다양한 국제적 교류의 경험을 접할 수 있게 적극 지원해야 한다.

7 비행의 예방과 선도사업

소년 비행이란 12세 이상 20세 미만의 소년에 의한 범죄행위, 촉법행위 및 우범 상태를 말하며, 이러한 행위를 하거나 상태에 놓인 소년을 각각 범죄 소년, 촉법 소년, 우범 소년이라 한다. 범죄행위란 14세 이상 20세 미만인 소년의 형벌령에 저촉되는 행위를 말하며, 촉법행위는 형벌 법규는 위반했으나 12세 이상 14세 미만의 형사 미성년자의 행위로 형사 책임을 묻지 않는 행위이다. 또 우범행위는 ① 보호자의 정당한 감독에 복종하지 않는 성벽(性癖)을 지녔거나, ② 정당한 이유 없이 가정에서 이탈하고, ③ 범죄성을 지닌 사람 또는 부도덕한 사람과 교제하거나 개인의 덕성을 해롭게 하는 성벽이 있어 그 자체는 범죄가 아니지만 범죄를 저지를 우려가 있다고 인정되는 상태를 말한다.

이와같이 소년법 등에서 소년 비행을 일반 범죄와 달리 규정하고 있는 것은, 이들이 아직 인격 형성기에 있고 순화 가능성이 있으므로 엄격한 형사 절차에 따른 구금보다는 환경의 조정과 교정을 위한 보호 처분의 실시와 형사 처분에 관한 특별 절차를 취함으로써 이들을 건전하게 육성하고자 함이다(김상규 외, 1990: 334-348, 378-379).

8 직업청소년에 대한 서비스

1) 연소 근로자의 법적 보호

현행 헌법 제30조 제4항 "여자와 소년의 근로는 특별한 보호를 받는다"는 규정에 따라 이를 구체화한 근로기준법 제5장 중 소년근로자 보호 규정을 살펴보면 다음과 같다.

① **최저 연령과 취직 인허증**(제64조): 15세 미만자는 근로자로 사용하지 못하게 하고 있으며, 다만 노동부 장관의 취직 인허증을 소지한 자는 취업이 가능하도록 하고 있다. 취직 인허증은 본인의 신청에 의해 의무 교육에 지장이 없는 직종에 한해 발행해 주고 있다.

② **사용 금지**(제65조): 여자와 18세 미만자는 신체적인 특수성을 고려해 도덕상 또

는 보건상 유해, 위험한 사업체에 취로하지 못하게 하고 있으며, 15세 미만자의 취업 금지 직종은 근로기준법시행령에서 별도 규정하고 있다.

③ **연소자증명서 비치**(제66조): 취업이 허용되는 15세 이상의 연소 근로자라 할지라도 18세 미만자에 대해 이를 고용하는 사업체는 그 연령을 증명하는 호적증명서와 친권자 또는 후견인의 동의서를 의무적으로 사업장에 비치토록 하고 있다.

④ **근로 계약**(제67조): 친권자 또는 후견인은 미성년자의 근로 계약을 대리할 수 없도록 하고 있는데, 이것은 친권자 또는 후견인이 자신의 이익을 위해 그 보호하에 있는 미성년자를 불리한 업무에 취업시키는 것을 방지하기 위해서이다. 또한 친권자, 후견인 또는 노동부 장관은 근로 계약이 미성년자에게 불리하다고 인정하는 경우에는 언제든지 이를 해제할 수 있도록 하고 있다.

⑤ **임금 청구**(제68조): 미성년자의 임금은 직접 지불의 원칙을 사용자의 의무로 하고 있으며, 미성년자에게 임금의 독자적 청구권을 인정하고 있다. 이는 친권자 또는 후견인이 미성년자를 취업시켜 놓고 임금을 자기가 받는 등 미성년자를 착취하는 사례를 방지하기 위해서이다. 따라서 미성년자라 할지라도 임금 청구에 대해서는 소송을 제기할 수 있다.

⑥ **근로 시간**(제69조): 13세 이상 18세 미만자의 노동 시간은 1일에 7시간, 1주일에 40시간을 초과하지 못하게 하고 있고, 다만 당사자 간의 합의에 의해 1일에 1시간, 1주일에 6시간을 한도로 연장할 수 있도록 하고 있다. 이 밖에 야간 근무 및 휴일 근무 금지(제70조), 갱내 근로 금지, 귀향 여비 지급, 교육시설 설치 등의 규정이 있다.

2) 행정적 보호

연소 근로자에 대한 법적 보호 조치뿐 아니라 정부는 행정적으로도 각종 보호 조치를 취하고 있다. 정부는 불합리한 저임금을 해소하고 취업 및 아르바이트 청소년을 보호하기 위해 최저임금제를 도입, 시행하고 있다. 현재는 편의점 등을 비롯한 각종 배달영업장에 많은 수의 청소년이 시간제 아르바이트를 하고 있어 이들에 대한 임금 및 작업환경의 유해와 안전으로부터 청소년을 보호해야 한다. 사용자는 근로자에게 최저 임금 이상의 임금을 지급해야 하며 이를 위반하는 경우 3년 이하의 징역 또는 2천만 원 이하의 벌금에 처하도록 되어 있으며, 최저 임금 이하의 근로계약은 무효로 하며, 무효로 된 부분은 최저임금 고시 금액과 동일한 임금을 지급해야 한다.

정부는 청소년 등의 체불 임금을 예방하고 이의 철저한 청산을 위해 상습 체불, 위약(危弱) 사업장의 사용자 재산을 추적하여 파악하며 근로감독관으로 하여금 지역별·위약 사업장별 정보책임제를 운영토록 하고 있다.

이 밖에도 정부는 행정적 지도·감독을 통해 청소년 고용사업장에 대한 근로 조건 점검, 작업환경 및 시설의 실태 파악과 개선 권고, 산업안전규정 준수 등을 지도해야 한다.

III 아동·청소년 복지정책의 현황

아동복지정책의 인적 대상은 요보호아동과 일반아동으로 크게 구분되며, 여기에서는 각각에 속하는 아동과 아동복지정책에 관련된 각종 사업을 구분해 설명한다. 아동복지시설에 수용된 아동 중 가장 많은 수를 차지하는 아동은 양육시설의 수용 아동이며, 기타 작업훈련, 보호치료, 자립 지원, 일시보호, 종합시설 등의 아동이다.

1 보육이 결여된 아동의 복지사업

아동이 보호자로부터 보호·양육될 수 없는 경우 필요하다. 즉 가정의 빈부에 관계없이 부모의 질병, 직장생활 등으로 자녀를 최소한의 보호·양육할 수 없는 경우이다. 이 밖에 모친의 출산 시, 질병의 간호, 가정 재해 등의 경우에 해당된다. 이러한 복지사업은 주로 보육기관에서의 서비스가 중심이 되고 있다. 보육시설의 중심은 탁아소와 유치원이지만 아동복지의 관점에서 보면 탁아소가 중심이 된다.

보육시설이란 아동복지시설이므로 보육에 결여되는 영유아를 위한 조치시설이다. 보육기관은 어머니의 노동권과 실질적인 평등을 보장하기 위한 육아보호제도이다. 즉 보육기관에서의 보육이란 가정 보호자가 일하는 시간 동안 영유아를 맡아 뒷바라지나 식사 및 간식, 건강관리 등의 양호적 처우를 적극적으로 실시하고, 병행해서 영유아의 연령 발달 단계 등에 따른 교육적 처우를 실시하는 곳이다. 탁아소 보육은 보호자의 자유 의사에 맡겨진다.

우리나라의 보육시설 수는 최근에 크게 증가하고 있는데, 그것은 아동의 권리 신장에 대한 사회적 인식이 새로이 바뀌고 아동복지법, 아동헌장 및 아동권리선언 등의 노력 때문이라고 볼 수 있다. 또한 그 밖의 원인으로는 다음과 같은 것을 지적할 수 있다. 즉, ① 핵가족화로 인한 다가구의 성립 및 아동 양육 능력 저하, ② 아동 주변의 생활환경 악화, ③ 보육에 대한 부모의 관심 증대, ④ 어머니의 직장생활 등이다. 사회적 · 경제적 요인에 따라 오늘의 보육 욕구는 양적인 증대와 함께 질적으로 더욱더 다양하고 복잡해지고 있다.

이러한 현상의 분석과 앞으로의 과제를 알아보면 다음과 같다(김민경, 2010).

첫째, 출산 후에도 일을 계속하고 싶어하는 여성의 의식이 높아지고 도시를 중심으로 유아 보육에 대한 요구가 높아지고 있다. 이상적으로는 유아기의 육아와 직장의 근무를 가능케 하는 육아 휴업제도를 확충하고 보급, 정착시키는 일이 중요하다.

둘째, 모친의 취업으로 장시간 보육시키게 되고 또한 야간 보육까지 시키게 되는 경우도 있다. 장시간 보육은 영유아의 심신 발달상 정서 불안정 등의 심리적 문제, 집중력이나 지구력 등의 기능 저하 등을 유발하여 아동의 건전한 성장 발달에 지장을 준다. 또한 야간 보육도 아동에게 주는 악영향이 클 것으로 우려되므로 이와 같은 사례를 방지하기 위해서는 영유아의 발달 보장의 관점에 입각해 모친 직장의 직원의 배치 등 신중한 대처가 필요하다.

셋째, 심신의 장애를 갖고 있는 유아가 일반 유아와 함께 보육을 받는다는 것은 심신의 발달 면에서도 효과가 있고 일반 유아의 장애아에 대한 의식이나 태도를 변용시킬 수 있다는 장점이 있다. 그러한 이유에서 지정 보육 방식으로 시범적으로 장애아를 받아들이는 일반보육소가 생겨나고 또 많아지기를 요망하고 있다.

이러한 요망의 수용을 위해서는 함께 육성되는 보육 실천의 성과와 문제점을 분석하면서 보육시설에서의 장애아동의 목표에 대한 직원 집단의 합의나 직원 배치, 가족과의 관계, 장애의 파악이나 처우 방식 등의 전문적 기술을 수득(修得)하기 위한 양성이나 연수, 지역의 전문기관이나 전문가와의 제휴 등이 큰 과제로 등장한다.

인가된 정규 공 · 사립 보육시설의 입소 정원 수는 출생률의 저하와 영유아 인구의 감소 등의 원인으로 도시나 농촌의 일부 지역을 제외하고는 거의 양적인 보육 욕구를 충족시킬 수 있는 상황에는 아직 미달되고 있는 상태이다. 또한 지역에 따라서는 정원 부족으로 경영 위기에 빠진 사립 보육원도 생겨나고 있다.

한편 직장보육시설이나 단지 내 보육소, 개인 탁아소, 야간 보육시설 등의 다양한 보육 형태와 내용을 가진 보육시설의 설립이 요망되고 있기는 하나 미인가 · 무허가의 보육시설이 도시를 중심으로 난립해 있으며, 그 중에는 영리 추구만을 위한 보육기업과 선의의 자원봉사활동이 혼재하고 있다. 행정 당국은 이와 같은 실태를 파악하고 그 위치 설정을 명확히 하여 운영상 합법성과 효율성의 원칙에 따라 적절한 지도·후원·감독 및 시정 조치를 할 것이 크게 요청된다. 아동의 발달 보장을 최종 목표로 하여 관련 시설과 제휴·조절하면서 보육시설 보육은 그 형태와 내용을 개선해야 할 것이다.

이 밖에도 ① 진정한 병아(病兒)보육, ② 휴일보육, ③ 활동보육, ④ 시설의 적정 규모와 아동의 적정 배치의 확립, ⑤ 보육비와 이용자 부담의 적정화, ⑥ 보육자의 자질 향상과 근로 조건의 개선, ⑦ 유아보육 일원화, ⑧ 보육시설의 사회화 등이 이루어져야 한다.

2 양호가 결여된 아동의 복지사업

양호가 결여된 아동이란 보호자가 없거나 있더라도 방임되고, 학대받고 있거나 기타 환경상의 이유로 필요한 감호를 받지 못하는 아동을 말한다. 그러한 경우에 처한 아동을 정확히 파악하기란 극히 어렵다. 여기에서는 양호에 결여된 아동에 대한 복지시설의 중핵을 이루고 있는 유아원이나 양호시설에 입소하고 있는 아동과 위탁보호아동의 실태를 파악함으로써 그 전체를 개관할 수 있다. 한편 개인적 양호사업으로는 위탁, 입양, 보호위탁사업 등이 있다.

1) 위 탁

의무교육 수료 전까지의 요보호아동을 필요한 일정 기간 동안 시장·도지사로부터 적당하다고 인정된 위탁 가정에 위탁해서 보호케 하는 양육제도이다. 이러한 양육 형태는 요보호아동을 가정적인 분위기 속에서 양육하려는 것이며, 특히 성장기에 임한 개인적·가정적 양호를 필요로 하는 영유아에 대해 그 복지를 꾀하기 위해서는 가장 바람직한 제도라고 할 수 있다. 위탁보호에는 무료위탁, 유료위탁, 고용위탁, 거택구호 등이 있다.

2) 입 양

입양은 홀트해외양자회, 대한사회복지회, 대한적십자사연맹, 한국사회봉사회 등에서 입양사업을 담당하고 있다. 그러나 우리나라의 해외 입양은 불명예스럽게도 '영아 수출국'으로 이름이 나 있을 정도인데, 이에 관한 정책적인 차원에서의 검토가 있어야 할 것이다.

3) 보호위탁

의무교육을 마친 요보호아동을 시 · 도지사로부터 적당하다고 인정된 가정이 맡거나 또는 그를 통해 독립자활에 필요한 직업지도와 생활지도를 실시하는 제도이다. 시설 보호상 합법적 운영으로 우선 아동의 인권을 보장하는 근거를 마련하고 사업의 과학적 · 전문적 운영으로 개별 아동의 욕구와 문제 해결을 목표로 해야 한다. 또한 효율적 사용을 극대화해야 할 것이다. 또한 가정 양호의 수요가 감소되고 있는 원인을 정확히 파악하여 이에 기초한 사업 규모를 조정하며 내실화를 기해야 할 것이다.

3 모 · 부자가정의 복지사업

모 · 부자가정의 문제로는 경제적 빈곤의 문제, 아동교육의 불비, 아동 취업의 곤란성 등과 이로 인한 정신적 고통 등이 있다. 모 · 부자가정에 대한 복지사업으로는 상담서비스가 주종을 이룬다. 이에는 개별상담, 집단보호사업, 집단상담사업으로 구분되는바, 보건복지부 가족지원과에서 모 · 부자가정지원사업을 관할하며, 사업 실무는 사회사업기관에서 담당하고 있는 실정이다.

개별상담은 개별적으로 모 · 부자가정의 상담을 받아 그들의 요구에 따라 합당하다고 인정되는 실제적인 서비스를 제공해 주며, 특히 의료서비스나 위탁 및 거택보호의 제공과 친권을 포기한다는 전제로 입양 결연에 대한 알선상담을 진행한다.

집단보호사업은 일정 기간 동안 모 · 부자를 집단으로 수용하여 거택보호를 하는 것으로서 숙식 제공과 출산에 따르는 의료서비스 및 직원훈련 등을 실시한다.

집단상담사업은 소수의 모 · 부자가정, 특히 미혼모를 모아 그들의 문제 해결을 위해 공동으로 해결 방법을 모색하는 과정을 밟는다.

모 · 부자가정의 저소득 문제에 대해 각종 시책이 취해지고 있지만 현재로서는 부족한 실정이다. 따라서 ① 생활상의 문제가 생겨날 경우에 모 · 부자가 다 같이 가벼운 마음으로 상담기관의 전문상담원과 접촉을 가질 수 있도록 그 기능을 높이는 일이 중요하다. ② 모 · 부자원의 사회화가 필요하다. 종래는 모 · 부자가정이라는 것만으로 생활의 터전이 곧

복지시설이었기 때문에 주민들로부터 백안시당하는 일이 더러 있었는데, 이의 개선을 위해 모·부자보호시설이 사회화될 필요가 있다고 본다.

4 심신장애인의 복지사업

신체장애아동복지에 관한 주요한 관련 법규는 우리나라의 경우 특수교육진흥법 제3조에 명시되어 있듯이 시각장애자, 정신박약아, 지체부자유아, 정신장애아, 언어장애아 및 기타 심신장애아로 대별하여 특수 아동의 개념과 동일시하고 있다. 이 밖에도 아동복지법, 모·부자보호법, 심신장애인복지법 등은 모자의 종합적인 보건대책을 목적으로 하고 심신 장애의 예방적 조치 아래 중요한 역할을 하고 있으며, 지체장애인에 관한 직접적인 교육과 복지 조치를 규정하고 있다. 특히 근래에는 장애아·장애인의 인권 확립과 그 사회적 참여가 커다란 과제로 부각되어 있다. 장애아가 정상적으로 생활할 수 있도록 그 여건 조성을 위해 사회인 모두가 협조하지 않으면 안 될 것이다. 한편 정신박약아의 복지에 관한 대책은 아동복지법, 특수교육진흥법, 심신장애인복지법, 모·부자보건법 등에 근거를 두고 있다.

이 밖에 심신장애아동에 대해서는 아동상담소를 중심으로 한 상담활동과 아동복지법에 바탕을 둔 아동복지시설을 통한 치료·보호·생활지도 등이 이루어져야 한다.

5 가출아 · 기아 · 미아 등에 대한 복지문제

도시에 대한 막연한 동경, 구직, 유희시설 이용 욕구, 가정 불화, 가정의 빈곤, 부모의 결손 등의 원인으로 가출 소년이 점차 증가하고 있다. 이들 가출 아동 중 일부는 연고자에게 인계하거나 귀향시키는 경우도 많지만 거의 수배하거나 수용하고 있는 실정이다.

미아는 길을 잃고 가족이나 부양 의무자 등으로부터 일시 이탈된 아동을 말한다. 이들에 대한 수배는 4시간 이내에 처리되고 있고 보호자 인계, 위탁보호, 일시보호, 시설 수용 등으로 처리된다.

기아는 부모 또는 부양 책임자로부터 유기되는 아동을 말한다. 기아의 경우는 경찰관직무집행법 및 형법 제272조에 의해 응급구호로 처리되고 있다. 기아 발생의 원

표 9-2 요보호아동 발생 유형 (단위 : 명)

연도	기아	미혼모 아동	미아	비행 가출 및 부랑아	빈곤, 실직, 학대 등 기타	계
2003	628	4,457	79	595	4,463	0,222
2004	481	4,004	62	581	4,265	9,393
2005	429	2,638	63	413	4,887	9,430
2006	230	3,022	55	802	4,925	9,034
2007	305	2,417	37	748	5,354	8,861

자료: 보건복지부, 정책통계포털(http://stat.mw.go.kr/) 연도별 재구성.

인으로는 생활고, 무분별한 이성관계로 출산한 유아 유기 및 이혼 부모에 의한 기아가 많다.

Ⅳ 아동 · 청소년 복지행정조직

1 보건복지부

1) 아동 · 청소년 복지행정조직의 통합

청소년 업무를 전담하는 최초의 정부조직은 청소년 관련 최초의 종합법률인 청소년육성법이 시행된 1988년 당시 체육부에 설치된 청소년국이다. 이후 여러 부처에 이원화된 청소년 기능들을 2004년 12월 17일 정부혁신지방분권위원회는 정부의 청소년정책 기능(육성 및 보호)을 통합하는 방안으로 국무총리 소속 하에 청소년위원회 설치 방안을 확정 · 발표했으며, 청소년기본법 개정에 따라 2006년 3월 30일 국가청소년위원회로 그 명칭을 변경했다.

2010년 3월 정부의 조직 개편에 따라 종전 보건복지부 아동정책, 여성부 보육정책을 여성가족부로 이관했고, 보건복지부는 청소년정책 관련 업무만 관장하고 있다(보건복지부, 2008: 420).

2 아동복지시설

아동복지법 제16조에서 정하는 아동복지시설의 종류와 시설 유형은 다음과 같다.

① 아동양육시설: 보호를 필요로 하는 아동을 입소시켜 보호・양육하는 것을 목적으로 하는 시설

② 아동일시보호시설: 보호를 필요로 하는 아동을 일시보호하고 아동에 대한 향후의 양육대책 수립 및 보호 조치를 행하는 것을 목적으로 하는 시설

③ 아동보호치료시설: 불량행위를 하거나 불량행위를 할 우려가 있는 아동으로서 보호자가 없거나 친권자나 후견인이 입소를 신청한 아동 또는 가정법원, 지방법원소년부 지원에서 보호위탁된 아동을 입소시켜 그들을 선도하여 건전한 사회인으로 육성하는 것을 목적으로 하는 시설

④ 아동직업훈련시설: 아동복지시설에 입소되어 있는 만 15세 이상의 아동과 생활이 어려운 가정의 아동에 대해 자활에 필요한 지식과 기능을 습득시키는 것을 목적으로 하는 시설

⑤ 자립지원시설: 아동복지시설에서 퇴소한 자에게 취업 준비 기간 또는 취업 후 일정 기간 보호함으로써 자립을 지원하는 것을 목적으로 하는 시설

⑥ 아동단기보호시설: 일반가정에 아동을 보호하기 곤란한 일시적 사정이 있는 경우 아동을 단기간 보호하며 가정의 복지에 필요한 지원조치를 하는 것을 목적으로 하는 시설

⑦ 아동상담소: 아동과 그 가족의 문제에 관한 상담, 치료, 예방 및 연구 등을 목적으로 하는 시설

⑧ 아동전용시설: 어린이공원, 어린이놀이터, 아동회관, 체육, 연극, 영화, 과학실험전시시설, 아동휴게숙박시설, 야영장 등 아동에게 건전한 놀이・오락 기타 각종 편의를 제공하여 심신의 건강 유지와 복지 증진에 필요한 서비스를 제공하는 것을 목적으로 하는 시설

⑨ 아동복지관: 지역사회 아동의 건전 육성을 위해 심신의 건강 유지와 복지 증진에 필요한 서비스를 제공하는 것을 목적으로 하는 시설

⑩ 공동 생활가정: 보호를 필요로 하는 아동에게 가정과 같은 주거 여건과 보호를 제공하는 것을 목적으로 하는 시설

⑪ 지역아동센터: 지역사회 아동의 보호・교육, 건전한 놀이와 오락의 제공, 보호자와

지역사회의 연계 등 아동의 건전 육성을 위해 종합적인 아동복지서비스를 제공하는 시설

3 아동 · 청소년 복지 프로그램

2008년부터 아동 · 청소년 복지 업무가 여성가족부를 주무부서로 통합됨에 따라 아동 · 청소년정책은 '출생에서 자립'까지 생애 주기별로 적정한 서비스가 제공될 수 있는 능동적 복지체계로 재편되었다. <표 9-3>은 여성가족부를 중심으로 통합되어 시행되는 2008년 아동 · 청소년정책과 사업을 정리한 것이다.

기능적으로 활동, 복지, 보호체계를 유지하면서 대상별로 생애주기별 특성에 맞춰 정책의 중심을 달리하고 있다. '영유아(6세 미만)'를 대상으로는 건강 증진, 보육 지원, '아동'(6~12세)을 대상으로는 건강, 안전, 기초학습, 활동 기회 보장 중심이다. 그리고 '청소년'(13~18세)을 대상으로는 비행 · 일탈 예방, 학력 향상, 청소년 활동을 통한 잠재역량 개발 지원정책을, '청년'(19~24세)을 대상으로는 취업과 창업 등 자립능력 지원 중심의 정책을 핵심적으로 추진하는 방향으로 정책 기조를 설정하고 있다.

표 9-3 아동 · 청소년정책 프로그램(2010년 기준)

영역	정책 목표	정책사업 및 프로그램
아동 · 청소년 권리 참여	참여 활성화	1. 청소년참여위원회 2. 청소년운영위원회 3. 청소년참여대회 4. 지역사회 변화 프로그램
	권리 증진	1. 유엔아동권리협약 2. 지역아동청소년권리센터 3. 맞춤형 프로그램 교육개발 · 보급
아동 · 청소년 활동	문화 · 수련활동	1. 아동 · 청소년 동아리 활동 2. 청소년문화존 3. 청소년활동 프로그램 공모 지원
	자원봉사활동 지원	1. 청소년자원봉사센터 설치 · 운영 2. 청소년자원봉사 협력학교 운영 3. 학교, 복지시설 등과 자원봉사 네트워크 형성
	국제 교류활동 지원	1. 국가간 청소년 교류약정 체결 2. 국제행사 및 교류 · 참가 지원 3. 취업관광 프로그램 운영
아동 · 청소년 복지	빈곤아동 청소년 지원	1. 드림스타트 사업 2. 아동발달 지원 계좌사업 3. 아동급식 지원 4. 방과 후 돌봄 및 활동 지원 5. 아동복지교사 6. 청소년공부방 7. 청소년증 발급

	가정보호 및 시설보호	1. 시설보호아동 지원사업 2. 국내 입양 및 가정위탁보호 3. 소년소녀가정 아동보호 4. 공동생활가정(그룹홈) 보호
	아동 · 청소년 상담활동	1. happy call 청소년전화 1388 2. 아동 · 청소년동반자 프로그램 3. 위기청소년자립지원아카데미 두드림존 사업 4. 청소년상담센터 지원
	아동 · 청소년 건강	1. 영양 · 비만 · 흡연 · 정신건강 관리
아동 · 청소년 안전과 보호	아동 · 청소년 안전	1. 아동학대 예방 및 학대아동 보호 2. 청소년 폭력 예방 3. 아동 실종 예방 및 실종가족 지원 4. 아동 · 청소년 안전사고 예방
	아동 · 청소년 유해환경 개선	1. 아동 · 청소년 유해환경 정화 2. 아동 · 청소년 유해약물 예방 기반 구축 3. 사이버 윤리지수 평가
	건전한 아동 · 청소년 매체환경 조성	1. 청소년 유해 매체환경에 대한 사회적 감시체제 강화
	사이버 역기능 대비	1. 아동 · 청소년 인터넷 중독과 대응책 2. 아동 · 청소년 보호를 위한 업계 자율정화 지원
	성범죄로부터 아동 · 청소년 보호	1. 성매매 대상 청소년의 보호 선도 2. 청소년 대상 성범죄자 신상정보 등록 및 열람제도 3. 청소년 대상 성범죄자 취업제한제도 및 신고의무제도 4. 청소년문화센터의 설치 · 운영
아동 · 청소년 교육	교육복지	1. 교육투자우선지역 지원사업 2. 방과 후 학교 3. 농어촌지역 교육 4. 다문화가정 학생교육
청소년근로	청소년 고용 촉진, 근로조건 보호 및 근로 지원	1. 근로청소년특별보호 2. 연소근로자 근로조건 보호 지도점검 및 홍보 3 청소년 취업지도 프로그램 및 온라인 취업 지원 확대
청소년비행범죄	청소년 비행의 예방과 처리	1. 경찰 및 검찰 · 법무부 예방 · 교정활동 지원

제10장

여성 사회복지행정

I 여성 사회복지행정의 입장

우리나라는 1945년 해방을 맞이하여 서구 사조가 파급됨으로써 전근대적 · 봉건적인 구습이 타파되고 민주주의의 보급으로 인한 남녀평등 의식이 광범하게 전파되면서 정치 · 사회 · 문화적인 면에서 커다란 변화를 겪게 되었다. 이에 따라서 남녀평등사상이 강조되고 여성의 사회 참여도가 높아짐에 따라 여성의 권리를 신장시키기 위해 여성들은 각종 여성단체를 조직하여 여권운동을 활발히 전개했으며 여성교육을 위한 교육기관도 급속히 증가했다. 또한 정부에서도 여권을 신장하고 불우한 여성에 대한 복지를 증진하기 위해 행정부 내에 부녀국을 설치하는 등 적극적으로 뒷받침하여 1948년 정부 수립과 함께 공포된 헌법에는 남녀 평등의 개념이 명백히 규정됨으로써 우리나라 여성들의 평등과 발전을 향한 새로운 출발이 시작되었다(보건사회부, 1987: 37).

그러나 현재 우리 사회는 오랜 전통에 의해 전해 내려오는 유교문화의 영향으로 남존여비 사상이 뿌리 깊어 여성은 무조건 복종하고 희생 · 억압받아 왔다고 해도 과언이 아니다. 여성에 대한 인식은 편견에까지 이르게 되고 그것이 보편화된 관념이 되어 버렸다. 헌법상에는 평등이 규정[1]되어 있지만 현실적으로 여성은 취업, 고용 조

1) 헌법 전문에서 "정치 · 경제 · 사회 · 문화의 모든 영역에 있어서 각인의 기회를 균등히 한다"고 선언하고, 헌법 제10조는 "모든 국민은 법 앞에 평등하다. 누구든지 성별, 종교, 또는 사회적 신분에 의

건, 상속이나 사회적 역할에서 현저한 차별을 받고 있다. 산업화·도시화가 진전됨에 따라 모든 면에서 기회의 불평등으로 인해 빈곤선 이하의 모·부자 세대와 저소득층의 근로여성, 불우한 환경에 빠진 미혼모와 성매매 여성이 발생함으로써 사회정의 실현이란 덕목은 허울에 불과하고 인간의 존엄성이 경시되어 사회문제화되어 왔다. 또한 일반 여성들에게도 사회생활에 참여하는 기회를 주어서 여성의 능력을 극대화할 수 있는 사회교육제도를 활성화시켜 능력을 개발하고 최대한 효과를 달성시킬 수 있도록 정부가 여성복지 관련 정책에 반영함으로써 여성에 대한 지위와 여성과 관련된 환경 개선에 많은 관심과 적극적인 투자가 이루어져야 할 것이다. 특히, 무엇보다도 여성에게 기회 균등, 요보호 여성을 위한 최저 생계 보장을 통해 능력을 개발할 수 있는 정책적인 배려가 요구된다.

이제 여성을 위한 사회복지행정은 모든 여성의 욕구를 충족시켜 주고 능력을 개발할 수 있도록 지도함으로써 자신과 사회에 행복을 증진시키려는 방향으로 나아가는 데에서 그 의의와 존재 가치를 찾아야 한다.

Ⅱ 여성복지의 이론

1 여성복지의 개념

'복지'는 사전적 의미로 '행복한 삶', '행복하게 살 수 있는 사회환경'을 의미한다. 이 복지의 개념이 여성이라는 대상과 결부되면서 '여성복지'라는 메커니즘이 나왔는데, 초창기에는 단순히 여성을 적용 대상으로 한 '여성을 위한 복지' 혹은 '여성에게 영향을 미치는 복지정책과 프로그램을 총칭'하는 추상적인 것으로 사용되었으나, 여성복지가 주로 사회국가 원리를 실현하고자 하는 정부의 정책과 관련되고, 그 스펙트럼 또한 정치·사회·경제·교육·문화 등 여러 영역에 걸쳐 있기에 여성의 현 상황을 적극적 개선의 의미를 담기 위한 구체적이고 현실적인 정의를 시도했다.

여성복지가 대두되는 것은 여성만이 가지는 임신, 출산 및 양육의 기능의 중심인

하여 정치적·경제적·사회적·문화적 생활의 모든 영역에 있어서 차별을 받지 아니한다"고 규정하고 있어 국민의 기본권을 보장하고 있다.

여성이 특수한 상황에 처하게 되고 아동과 불가분의 관계를 갖게 되기 때문이며, 또한 헌법상에는 평등이 규정되어 있지만 하위법까지 철저하게 반영되어 있지 못하고 현실적으로 사회적 불평등이 심하기 때문이다. 또한 성매매 여성, 미혼모 등 불행하고 고통받는 여성이 발생함으로써 사회정의가 침해되고 인간의 존엄성마저 저하시키는 여성문제가 사회문제화되고 있기 때문이다.

1980년대 중반 이후 여성운동이 활발해지고, UN여성차별철폐협약을 비준하면서 국제적 수준에 발맞춰 정책 대상에 평범하게 가정을 꾸리며 일을 하는 대부분의 여성도 포함되어야 한다는 인식과 함께, 1990년대 중반부터 여성 스스로 독립적 인격체로서 사회에 참여하고자 하는 욕구와 여성에 대한 차별적 구조에 대한 문제 인식이 확산되며 여성복지라는 이름으로 불리기 시작했다. 그러므로 여성복지는 여성의 문제를 해결하고 욕구를 만족시키며 생의 질을 향상시키기 위한 노력과 그러한 결과의 상태를 말하는 것이다. 따라서 여성복지란 ① 모·부자가족, 미혼모, 성매매 여성 등 사회적으로 취약 여성 계층과 근로 여성에 대한 생활상의 지원, ② 위와 같은 처지에 있는 여성에 대한 고용 기회의 확대, 자원봉사활동의 유도와 장려, 직업훈련, 사회교육에의 기회 보장 등 능력 개발 부문을 포괄하는 공사기관의 정책(사업)과 그러한 목표의 달성으로 부녀자가 행복하다고 느끼는 상태라고 말할 수 있다.

여성의 문제는 모든 국가의 공통적 문제이며 남녀평등, 여성의 사회적 역할 증대 및 지위 향상, 권리 신장 등의 방향으로 적극적 노력이 시도되었다(김영화 외, 2009: 93-95). 특히 여성의 사회 참여나 기회 균등이 의식적으로 거부되어 왔던 유교적 전통을 지닌 한국의 경우 이러한 여성 문제 해결이 곤란해지면 곤란해질수록 그 해결과도 멀어진다고 생각한다.

2 사회문제로서의 여성문제

1) 사회문제의 정의

사회문제의 개념은 일반적으로 탈선행위(deviant behavior) 또는 반사회적 행위이며, 그 밖에 사회적 불평등 또는 사회 해체로 보는 견해도 있다(김영모, 2010). 그러나 사회문제의 개념을 좀 더 구체적으로 정의하면, ① 많은 사람에게 많은 영향을 미치는 조건이며, ② 사회 현상에 미치는 조건은 바람직하지 못하고, ③ 이러한 조건들에 대해 무엇인가 행해지기를 요구하며, ④ 그것은 집단적 사회행동에 의한 사회 개입이 존재하는 것을 의미한다(Horton & Leslie, 1974: 4).

2) 여성문제의 특성

경제의 성장, 발전에 따른 도시화·산업화로 인해 전통적 대가족 기능이 약화되고 핵가족화되었으며, 게다가 성개방 풍조, 개인주의가 만연하여 가족을 지탱해 온 전통적 가치관이 붕괴되었다. 또 이혼, 유기로 인한 가족 해체 및 미혼모, 성매매 여성, 모·부자가정 등의 불안정한 상황이 증가하고 있다. 이와 함께 여성의 취업과 사회활동 참여 증가로 인한 사회문제가 발생했다. 이러한 여성문제를 사회문제로 인식하고자 할 때 여성문제가 내포하는 특성을 고찰할 필요가 있다.

여성문제의 특성은 첫째, 여성은 모성이라는 특성으로 출산, 양육, 가사에서 또는 사회활동 참여나 직장에서 모성 보호 조치를 필요로 하고 있다. 둘째, 여성이 자녀의 양육, 교육 담당자라는 특성은 사회 변화로 나타나는 욕구 상승, 가치관 혼란, 범죄 현상 등 모든 아노미(anomie) 현상에 대처할 수 있는 여성의 가치관 확립을 요청하고 있다. 셋째, 영세 미망인과 그 자녀로 구성된 결손가정은 경제적 빈곤과 결손가정 특유의 문제점을 지니고 있어 이에 대한 영세 모·부자 대책이 제도적으로 요구되고 있다. 넷째, 산업화·도시화의 진전에 따라 증가하고 있는 가출 여성, 미혼모, 성매매 여성에 대한 예방적 노력과 치료적인 사회적·심리적 원조가 필요하다.

특히 영세 가정의 모·부자가족, 미혼모, 성매매 여성 등 요보호 여성들은 다음과 같은 특성을 가지고 있다. 첫째, 생활의 영세성으로 인해 도덕적·윤리적 규범의 틀을 벗어나 행동할 가능성이 있다. 둘째, 이들은 궁핍한 생활로 인해 건강을 돌볼 수 없으며 소외집단이나 소외 계층으로 인식되어 올바른 사회관계를 형성하기가 어렵다. 셋째, 이들의 대부분은 적절한 기능 또는 기술이 없어 일일 잡부, 단순노무직 또는 행상에 종사하는 것 등으로 생활을 영위하여 요보호 여성이라는 생활 범주를 벗어나지 못하고 있다(전수영, 1988: 62-63).

3) 사회복지정책으로서 여성복지정책의 필요성

현대 사회의 궁극적인 목적인 복지국가의 생성과 발전은 사회정책을 거쳐 복지국가로 발전하는 것과 자선사업을 선두로 하여 사회사업을 하면서 복지국가로 진행하는 과정에 있다.

우리나라의 여성복지는 1950년 6·25전쟁으로 인한 전쟁 미망인, 전쟁 고아, 피난

민문제 등이 사회문제화되면서 대두되었다. 일부 여성단체들이 주관이 되어 여성들의 문제인 전쟁 미망인, 성매매 여성들의 생계문제를 포함한 복지문제에 정부조직보다 더 활성적으로 기여했다고 할 수 있으나 지엽적·중복적이었다.

과거의 여성문제는 빈곤 해결이라는 측면에서 어떻게 보면 단순한 측면도 있었지만 오늘날은 도시화, 공업화, 서비스 산업화 등으로 인해 가치관이나 가족의 구조와 기능에 많은 변화를 가져와 여성의 문제와 요구는 복잡다양해지고 있다.

여성복지는 여성의 욕구와 그들이 지니고 있는 문제들을 해결하는 것이 일차적인 과제이다. 여성들의 욕구와 문제가 무엇인가를 파악하고 그것을 효과적으로 해결하기 위해 여성들의 기회 균등을 확보하고 불우 여성들의 최저생활의 보장과 여성 능력의 개발이라는 차원에서 정책적으로 전개해야 한다. 불우한 환경에 처해 있는 미혼모, 성매매 여성, 그리고 부랑 여성자 등에게 최저생활이라도 유지할 수 있는 길을 마련해 주어야 한다. 따라서 여성복지는 여성의 자아 실현 및 인간다운 삶을 영위함과 동시에 윤리와 과학이 조화되는 건전한 가정을 육성해야 한다. 또는 복지사회 건설을 위해 여성의 잠재 능력을 개발하고 사회 참여 기회를 확대해 나가야 하며, 가정의 기능을 강화하여 가정문제의 사회문제화를 방지함과 동시에 요보호 여성에 대한 복지 증진에 기여해야 한다.

3 여성복지의 국제 조약 및 국제적 동향

사회경제적 여건이나 정치체계, 사회복지에 대한 인식 등의 차이로 인해 각 국가간의 사회복지 수준이나 제도는 서로 다르다. 그러나 국민의 생존권을 보장해야 한다는 사회복지 이념 자체는 국경을 초월해 규범과 내용을 구체화하려는 노력으로 국제기구의 주도 하에 선진 각국은 물론 제3세계 국가에서도 다양하게 행해져 왔다.

1) 세계인권선언

1948년 12월 10일 제3차 유엔총회에서 채택된 세계인권선언은 사회복지가 인간의 기본적 권리임을 명백히 확인시킴으로써 사회복지를 국제사회에 정착시키고 이에 공통되는 기반을 마련하려는 최초의 시도라는 의미를 지닌다. 이 선언문은 남녀 평등과 특별히 모·부자의 보호와 원조를 받을 권리를 명시하고 있으나 남녀 평등문제가 본격적으로 제기되지 않아 추상적인 표현에 그치고 있는 것으로 이해된다.

2) 세계인권규약

세계인권선언에 명시된 여러 권리에 실효성을 부여하기 위한 노력이 '경제적 · 사회적 · 문화적 권리에 관한 규제규약'(A규약)과 '시민적 · 정치적 권리에 관한 국제규약'(B규약), 그리고 'B규약에 대한 선택의정서'로 나타났다.

각 규약에서는 특히 여성복지와 관련하여 규정하고 있다. 즉 A규약 제9조는 동일 노동에 대한 동일 임금을 포함하여 노동 조건상의 양성 평등을 보장하며(A규약 제7조), 산전산후의 상당 기간 동안 어머니에게 특별한 보호가 주어져야 하며, 직장생활을 하고 있는 어머니의 경우에는 그 기간 동안 유급휴가나 이에 상당하는 사회보장의 혜택이 따르는 휴가가 주어져야 한다(A규약 제10조 2항). B규약 제23조는 가정이 사회와 국가의 보호를 받을 권리를 가짐을 확인하면서(제1항) 배우자 쌍방이 결혼생활을 하는 동안 또는 이혼하게 될 때 평등한 권리와 의무를 누릴 수 있도록 조치를 강구해야 한다(제4항)고 밝히고 있다.

그런데 국제인권규약 심의 과정에서 A규약 제10조 2항의 여성보호 기간을 둘러싸고 양성 평등과 여성에 대한 보호문제가 활발하게 논의되었다(윤후정 · 신인령, 2001: 74-75). 이후 ① 특별보호는 출산 전후의 단기간에 한정해야 한다는 것, ② '성에 의한 분업'을 부정하고 자녀 양육은 남녀 공동 책임으로 하지 않으면 안 된다는 것을 유엔의 기본 입장으로 하게 되었다.

우리나라는 이 규약을 1990년 4월 10일에 비준함으로써 같은 해 7월 10일부터 국내법과 같은 효력을 가지게 되었다.

3) ILO의 조약 및 보고서

ILO는 사회보장에 대한 많은 권고와 조약을 채택함으로써 구속력을 갖는 사회보장의 국제적 기준을 마련하고자 노력해 왔다. 가사, 육아, 책임을 여성이 전담하는 것을 전제로 한 성분업을 인정하고 직장 여성이 가정과 직정을 양립시킬 수 있도록 보장하는 조치를 주된 내용으로 했던 ILO의 기본 관점은 유엔이 정한 '세계 여성의 해'(1975)를 기점으로 변화하기 시작했다.

ILO는 1975년의 '여성 근로자의 기회와 대우의 균등에 관한 선언'과 이를 촉진하기 위한 행동계획을 채택함으로써 가사와 육아를 여성의 고유한 역할로 인식하는 성에 의한 분업의 관점을 탈피했다. 1979년 유엔 여성차별철폐협약이 발효된 이후 1981년에 발표된 「21세기를 향하여: 사회보장의 발전」이라는 보고서에는 사회보장

표 10-1 세계 속의 우리나라 여성 지위

구분	1997년	2001년	비고
HDI	• 순위: 32위(총 175개국) • 점수: 0.890(세계 평균: 0.764) • 1위: 캐나다 (0.960)	• 순위: 27위(총 162개국) • 점수: 0.875(세계 평균: 0.716) • 1위: 노르웨이(0.939)	우리나라 국민의 인간다운 삶의 질을 나타내는 수준(HDI)은 상위권에 속한다.
GDI	• 순위: 35위(총 146개국) • 점수: 0.826(세계 평균: 0.637) • 1위: 캐나다 (0.939)	• 순위: 29위(총 146개국) • 점수: 0.868 • 1위: 노르웨이(0.937)	남녀평등 차원에서 우리나라 여성의 삶의 질 수준(GDI)은 상위권으로 선진국 수준으로 접근하고 있다.
GEM	• 순위: 79위(총 94개국) • 점수: 0.302(세계 평균: 0.418) • 1위: 노르웨이(0.795)	• 순위: 61위(총 64개국) • 점수: 0.358 • 1위: 노르웨이(0.836)	우리나라 여성의 전치 · 행정 등 사회 진출 정도(GEM)는 세계 최하위권으로 개도국의 평균에도 미달된다.
비고	• 행정관리직 여성 비율: 42% (세계 평균: 14.1%) • 정무직 여성 비율: 2% (세계 평균: 7%)	• 행정관리직 여성 비율: 5% (일본: 9%) • 정무직 여성 비율: 0.8% (일본: 10.8%)	-

* HDI(인간개발지수):human development index
* GDI(여성개발지수):gender-related development index
* GEM(여성권한척도):gender empowerment measure

자료: UN인간개발보고서, 여성가족부 홈페이지에서 재인용(http://www.pcwa.go.kr/main).

부문에서 성별 역할 분업론에 근거한 남녀 불평등한 취급의 개혁을 초점의 하나로 설정하고, 가사노동의 가치를 인정하여 처의 독립된 연금 수급 인정 등 구체적인 여성복지 조치들을 촉구하고 있다(아산사회복지사업재단, 1986: 320).

4) UN 여성차별철폐협약

1979년에 채택된 '유엔 여성차별철폐협약'의 모든 내용이 여성복지와 긴밀하게 관련되지만 특히 제11조 제1항 5호에 사회보장(퇴직, 실업, 질병, 노령 및 기타 노동, 무능력의 경우)에 대한 남녀 모두 평등한 권리를 명시하고 있고, 결혼 또는 모성을 이유로 하는 차별을 방지하기 위해 사회보장을 통한 지원을 수행할 것을 규정하고 있다. 협약은 여성에 대한 '평등'과 '보호'의 공존 원칙을 좀 더 명확히 하면서, 평등의 개념을 전통적인 성역할 분리를 넘어 가정과 사회에서의 남녀 간에 평등을 촉진하기 위해 마련되는 특별 조치는 감정적으로 인정한다는 태도를 취하고 있다. 남녀 평등의 법리를 집대성한 이 협약을 우리나라는 1984년 12월 18일에 비준하였고, 이로써 협약은 1985년 1월 26일부터 국내법과 같은 효력을 가지게 되었다.

4 여성복지 관계 법제 분석

여성복지 관계법이란 사회복지 관계법 중에서 특히 여성의 복지와 지위에 관계된 법의 총체를 말하며, 사회복지 관계법이란 국민의 생존권 보장을 위해 국가나 사회가 분배의 실질적 평등을 도모하려는 법의 총체라 할 수 있다(이혜경, 1990: 11). 이 영역에 포함되는 법들은 크게 사회보장법과 사회보장 관련법으로 나눌 수 있다.

여성복지 관계 법제의 헌법적 근거는 생존권 보장 규정(제32조 1항)과 함께 국가의 기본권 보장 의무를 규정한 인간으로서의 존엄과 가치, 행복추구권 조항(제10조), 그리고 평등권 보장 규정(제11조)에서 찾을 수 있다. 특히, 1980년대에 들어와 부분적이나마 여성복지문제에 대한 대안을 마련하기 위해 1983년 한국여성개발원을 발족하고, 1989년에는 가족법을 개정했으며, 1989년에는 윤락행위 등 방지법의 개정, 1989년 모자복지법의 제정, 1987년과 1994년에는 모자보건법에 대한 두 차례의 개정이 있었으며, 1994년에는 성폭력 범죄의 처벌 및 피해자 보호 등에 관한 법률의 제정이 있었고, 1987년 제정된 남녀고용평등법을 1995년 개정했다.

그뿐만 아니라 1995년에는 여성발전기본법을 제정했고, 1997년 영유아보육법, 가정폭력 방지 및 피해자 보호 등에 관한 법률, 가정폭력 범죄의 처벌 등에 관한 특례법 등을 제정했다(김옥희, 1998: 326). 이와 함께 최근에는 사회 변화를 반영하여 여성복지와 관련된 법률들의 일부가 국민기초생활보장법, 국민건강보험법 등으로 통합되거나 일부 변경되기도 했다.

III 여성복지의 현황

1 미혼모

1) 미혼모 발생 원인에 대한 기존 이론

(1) 가정적 요인

이 요인으로 구조적·기능적 결원 가정을 들 수 있는데(한쪽의 편친이 없는 가정),

가족 내의 구조적 결손은 부모의 보호 지도권 밖으로 나가 있기 때문에 미혼 부모가 될 가능성이 높다. 부부의 애정적 결함, 파탄, 부모의 사망, 별거, 이혼, 방임 등은 자녀의 건전한 정신 발달과 인격 형성에 악영향을 미쳐 가출을 촉진하여 미혼모가 되는 경우는 여러 조사에서 나타나고 있다.

우리나라에서는 가족의 기능적 결손이 미혼모 발생에 어떤 영향을 미치는지에 관한 조사가 없으나 개인적·심리적 요인, 사회적 요인, 교육적 요인 등을 주요 원인으로 생각해 볼 수 있다.

(2) 개인 및 심리적 요인

퍼만(Louis A. Perman)은 주된 요인을 가정 결손과 기회의 부족으로 인한 사회적 측면과 유전, 저능, 정신적인 허약 등의 개인적인 측면으로 해석했다. 개인적 요인에 의한 미혼 부모의 일반적인 특징은 개인이 자신의 행동에 대한 결과를 생각할 능력과 통제력이 없이 충동적, 무분별, 무책임하다. 또한 성에 대한 지식이 없으며 자신에 대해 부정적이고 가학적인 경우가 많다.

(3) 사회적 요인

첫째, 산업화·도시화 시대에 따른 성규범의 변화는 미숙한 이성 교제, 성교육 결함, 성개방 풍조, 외지에서 교제의 기회가 많아지고 부모의 보살핌 없는 이성 교제는 미혼 부모 발생의 중요한 요인이 되고 있다. 둘째, 건전한 인격 형성과 사회화를 위한 여가시설이 부족한 탓으로 정신적으로나 지적으로 판단 능력이 부족한 요인이다. 셋째, 성윤리에 대한 변화로 남녀 평등의 성윤리가 인간성의 존중이란 측면에 부각되었다. 넷째, 성적 자극물에 의한 영향의 증가이다. 자극적인 TV, 비디오, 잡지, 광고 등 성적 자극의 범람으로 일시적 충동이나 자극제의 역할을 한다.

(4) 교육적 원인

인간의 기본적인 욕구 중의 하나로 생리적인 현상, 호기심과 충동을 조절할 수 있는 심리적 가치관을 심어 주어야 한다. 성이란 것은 은폐해야 한다는 의식이 지배적이다. 그 밖에도 생계를 해결하기 위해 직장을 구하거나 가출을 하는 경우가 있을 것이며, 임신이 되었으나 돈이 없어서 중절을 못하는 경우 이를테면 경제적 원인도 미혼모 발생의 원인이라 할 수 있다.

2) 미혼모의 실태 및 특성

(1) 미혼모의 연령

여성가족부의 '2005미혼모욕구조사'(2005) 자료에 따르면 21~25세 사이의 미혼모가 45.8%로 가장 높은 비율을 보였으며, 20대 이하 미혼모는 전체의 33.2%를 차지하고 있어 미혼모 예방과 보호대책의 집중적인 연령대는 10대부터 집중해야 한다는 점을 시사한다.

우리나라에서도 서구의 성개방 풍조의 영향을 받고 있으며, 청소년들이 향상된 생활 수준과 충분한 영양 섭취로 신체적·정신적으로 성숙 연령이 낮아지고 성교육이 미흡한 상태에서 남녀 교제의 연령이 낮아짐에 따라 미혼모의 연령 저하와 10대 미혼모가 심각한 사회문제가 되고 있다.

(2) 미혼모의 교육 수준

1970년대의 경우, 미혼모의 발생률은 교육 수준이 낮을수록 높게 나타났으나 최근에는 중·고등학생을 중심으로 한 미혼모의 발생률이 높게 나타나고 있다.

2 성매매 여성

1) 성매매의 개념

사회생활에서 성을 매개로 한 인간관계는 인간의 생리적 욕구에 기초한 관계이기 때문에 기본적이며, 그 욕구의 충족에는 많은 사회적 규제가 설정되어 있다.

성매매의 개념은 국어사전에 의하면, "타락하여 몸을 버린 여자"라고 되어 있다. 또한 성매매는 일반적으로 매춘·매음, 즉 보수를 받고 아무에게나 정조를 파는 것으로 인식되고 있다. 윤락행위방지법 제2조에 의하면, 윤락이란 불특정인으로부터 금전 및 기타 재산상의 이익을 수수 또는 약속을 하거나 기타 영리의 목적으로 성행위를 하는 것을 말한다.[2] 즉 여러 사람과 물질적 이익 또는 영리적 목적으로 성행위를 하는 여성들을 윤락여성이라고 규정하고 있다.

---

2) 윤락행위등방지법은 2004년 폐지되고, '성매매 방지 및 피해자 보호 등에 관한 법률'과 '성매매 알선 등 행위의 처벌에 관한 법률'로 대체되었다. 성매매 알선 등 행위의 처벌에 관한 법률에서 정한 성매매는 불특정인을 상대로 금품 그 밖의 재산상의 이익을 수수·약속하고 하는 성교행위와 유사 성교행위까지 포괄적으로 규정하고 있다.

외국의 예를 보면 일본의 매춘방지법은 "매춘이란 보상을 받거나 받기로 약속하고 불특정의 상대방과 성교를 하는 것을 말한다"라고 정의하고 있다. 미국 뉴욕 주의 형법 제203조에는 "매춘이란 그 대가로서 금전을 수수하고 성행위를 한 것으로 계약 또는 동의하여 성을 제공할 때 유죄이다"라고 기술하고 있다. 「사회사업사전(*The Social Work Dictionary*)」에도 "매춘이란 돈이나 혹은 다른 이익과의 교환으로 다른 사람과 성접촉을 위해 자신을 제공하는 불법행위"라고 되어 있다(Barker, 1987: 127). 이와같이 매춘의 정의는 어느 나라나 비슷하여 성매매는 매춘(prostitution)과 동의어로 사용된다.[3]

성매매의 문제는 인류의 역사와 더불어 하나의 필요악으로 사회에 존재해 왔다. 성매매 행위를 법적으로 규제 내지는 금지, 폐창(廢娼)하는 국가와, 성의 개방으로 별로 문제시하지 않거나 독일과 같은 공창(公娼)제도를 인정하는 나라로 구분할 수 있다. 전자에는 동남아가 속하며, 후자에 속하는 나라는 서유럽 국가들로서 하나의 직업으로 인정하고 있는 추세이다.

그러나 현대 사회에서 성매매 행위를 필요악이라 하여 방치할 수는 없다. 현대의 성윤리관과 사회구조의 변화로 성의 문제는 지극히 개인적 차원에서 논의되고 있으나, AIDS와 같은 병의 만연은 결코 개인적 차원의 것으로 머물 수 없는 사회문제의 범주에 해당된다. 또 성매매 여성의 인권문제도 논란의 대상이 되고 있다.

2) 성매매의 요인

오늘날은 사회구조의 복잡성으로 인해 성매매화의 요인도 복합적으로 대두되고 있다.

(1) 개인적 요인

개인적인 성격은 한 여성이 성매매하는 데 결정적인 역할을 하게 된다. 퍼만은 지능지수가 낮은 여성은 잠재적으로 성매매화할 가능성이 높다고 했다. 또는 성에 대한 무지와 호기심, 안일, 편의주의, 과중한 부양가족 등의 특수한 개인 사정에 따라 성매매 여성의 길로 전락하기가 쉽다.

(2) 가정적 요인

정상적인 가정은 가족 성원의 기본적 욕구를 원활하게 충족시켜 준다. 따라서 정

3) 성매매행위를 필요악으로 인정한 대표적인 인물로는 아우구스티누스(Aurelius Augustinus), 아퀴나스(Thomas Aquinas), 엥겔스(Frederick Engels), 베벨(August Bebel) 등을 들 수 있다.

상적인 가족 기능의 해체는 그 자체가 원래의 기능을 완수하지 못하기 때문에 비행, 범죄 등 또 다른 사회문제를 야기한다. 이 가정적 요인을 세분화하면 가정의 해체에 따른 의사소통의 단절, 가정 불화, 유아 시절에 겪은 가족 애정의 결핍, 부모 형제 등 가족 중에서 문란한 생활을 하는 사람이 있는 가정을 들 수 있다.

데이비스(Kingsly Davis)는 성매매의 근본적 원인으로 성에 대한 제도적 통제, 계급 간 남녀 사이의 불평등한 경제적·사회적 제도를 들면서 미혼 남자가 결혼이나 구애를 위해 절차나 비용이 필요한데, 매춘 여성과의 관계는 아주 적은 비용만 필요하므로 누구나 가능하다는 이유를 매춘의 원인이라고 믿고 있다(Merton & Mibest, 1961: 274-275, 286).

(3) 경제적 요인

경제 발전과 산업구조 등의 변화에 의한 사치 향락산업의 급증으로 서비스산업이 발달하게 되고, 이에 따라 금전 만능사상과 요행심이 작용하게 되며 사치성 소비 생활에 대한 동경을 하게 되어 가장 쉽게 돈을 벌 수 있다는 유혹에 빠진다. 블라쉬크(W. S. Blaschke)는 그의 저서 「19세기의 매춘」에서 매춘의 중요한 요인은 산업 발전으로 인한 대도시의 성장과 혼합성, 경제시장 속에서의 고용의 불안정성, 불확실성은 매춘의 계기가 된다고 주장한다. 그러나 골드먼(E. Goldman)은 매춘의 원인이 경제적인 면도 있지만 결혼을 해야 하는 사회 관습과 성에 대한 현저한 무지와 순결교육 등 잘못된 성교육제도에 있다고 보고 있다(Goldman, 1995: 323-324, 332).

(4) 사회문화·환경적 요인

서구의 성개방 물결의 영향과 성적인 쾌락을 추구하는 사회 풍조는 성을 상품화하는 경향이 있다. 또 여성 근로자의 저임금은 쉽게 돈을 벌 수 있다는 유혹에 빠지기 쉽다. 시몬 드 보부아르(Simon de Beauvior)는 「제2의 성」에서 가족의 배경, 전쟁 등 사회적 배경, 경제제도 등에서 매춘의 원인을 규명했으며, 매춘부 즉 성매매 여성을 다른 여자들을 보호하기 위한 '속죄양'으로 보았다(Beauvior, 1981: 632).

3) 성매매문제의 현황 및 특성

한국 성매매문제의 내용을 분석하면 다음과 같다.

첫째, 성매매 여성에 대한 개념 분류의 혼동이다. 우리나라는 현재 공창제도가 없으나 사회통제의 수단이라는 측면에서 나눈 공창과 사창, 지역 점거 형태상으로 나눈 집창(集娼: 기지촌, 집단지역)과 산창(散娼), 성매매 여성의 행동 형태 등에 의한 분류를 할 수 있다. 둘째, 성매매 여성의 수는 정확히 파악할 수는 없으나 대략 100만 명 정도로 추정하고 있다.[4] 셋째, 성매매 행위를 이론상 필요악으로 인정하는 사회 인식이다. 넷째, 성매매 동기는 43.2%가 자진이며, 친구 소개 29.5%, 직업 소개 22.4%, 포주 주인 4.1%, 폭력배가 0.8%를 보이고 있으며, 연령은 20대가 가장 많고 학력은 고학력으로 상승하는 추세에 있으며, 유흥접객소, 콜걸 등의 교육 수준이 집단 지역 및 기지촌에 비해 높다(강숙자, 1997: 106). 다섯째, 전달체계에서는 전문인 여성 상담원이 전문직으로서의 자질이 미흡하고 조직에서 선도조직과 단속조직의 이원화로 효율성을 기할 수 없으며, 지원체계에서는 재원이 국고나 지방비로 충당되므로 중앙집권의 가치를 가져 경직과 제한을 수반하여 자율성이 없는 점 등 많은 문제점을 가지고 있다. 여섯째, 성매매 여성 등 선도에 대한 과제로는 성도덕이 확립되고 새로운 경향에 대비해야 하며, 가출 여성 사후 지도, 직업보도 과목의 현실화, 포주 등으로부터의 보호, 여성 상담원 증원, 저소득 여성 선도, 여성 직업보도 증설 및 성병 예방이 정책결정에 포함되어야 한다.

3 저임금 근로여성

매년 여성의 취업과 사회 진출은 늘어나고 있지만 여성 인력의 경우 상대적으로 고용 안정성이나 임금 수준이 떨어지는 임시·임용직 비중이 남성보다 월등하게 높다. 아울러 육아에 대한 부담으로 30대 이후 여성의 경제활동 참가율이 남성에 비해 현저하게 떨어지면서 여성의 임금 수준이 오르지 못하는 등 남녀 임금 격차가 크게 발생하고 있다.

앞으로 우리나라는 다음과 같은 사회적 성격을 지니게 되면서 여성의 취업 기회가 더욱 증가할 것으로 보인다.

첫째, 여성의 교육 기회의 확대는 여성의 지식 수준을 향상시켜 취업 의욕을 더욱 갖게 할 것이다. 둘째, 산업화의 심화로 여성에게 적합한 노동력이 더욱 필요해질 것이다. 즉 사무직과 서비스 분야 등이 그것이다. 셋째, 서구식 개인주의 사상과 핵가족화로 여성이 가사 이외의 사회활동도 원하게 될 것이다.

---

4) 우리나라의 접객업소 중 안마시술소, 이발관, 여관, 요정, 술집, 카페 등이 10만 개로 추정된다는 것이다. 따라서 1개 업소당 10명의 종업원이 있다는 것을 가정할 때 접객업소 종사자를 약 100만 명으로 추정할 수 있다.

경제활동 인구를 직업별로 보면 전문·기술 행정관리직, 사무직 등 화이트칼라 직종은 남자들이 대부분을 차지하고 여성들은 서비스직, 판매종사직의 큰 부분을 차지하며, 임금구조면에서도 남자의 60% 수준에 머물러 있는 실정이다.

현대 사회의 여성문제의 핵심은 여성 노동을 둘러싼 문제 상황이다. 여성노동화는 경제적 필요성에서 그 주된 원인을 찾을 수 있으나 현 단계에서는 저렴한 노동력에 대한 창출로서, 특히 한국 여성 노동이 안고 있는 문제를 살펴보면 다음과 같다.

① 노동권의 불안정성과 차별적 고용관리: 여성 노동력이 수요에 비해 과잉 공급 상태에 있다.

② 저임금 상태와 격심한 임금 격차: 여성 노동이 저숙련, 단순노동에 집중, 보조적 직종에 종사하고 있고 부당한 대우를 받는 경우가 많다.

③ 노동력의 열악성: 노동 일수, 총노동 시간이 장시간으로 남성보다 다소 길다.

④ 직장노동과 가사노동의 이중적 부담: 모성 보호 소홀과 사회적 시설의 불충실이 부담을 가중시키고 있다.

⑤ 지위 향상을 위한 노동의 참여 제약: 각종 운동 참여에 제한을 당하고 남성 우위, 여성 열등의 신화를 받아들이는 미성숙의 결과이다.

근로 여성의 지위 향상을 위한 목표와 조건은 ① 여성의 노동권과 고용의 평등한 기회 보장, ② 임금, 노동 조건의 개선과 평등 대우, ③ 모성 보호의 확대 및 충실화, ④ 가족 부양 책임이 있는 근로여성의 고용 보장, ⑤ 각종 의사결정 과정에서의 폭넓은 참가, ⑥ 여성 노동력 정책의 한계와 극복 등이다.

Ⅳ 여성복지의 문제점 및 대책

1 미혼모

1) 미혼모의 문제점

미혼모와 사회사업가가 동시에 느끼는 미혼모문제로는 ① 부양 능력, 분만비, 산전

의료비, 분만에 대한 불안, 공포 등 임신한 아기에 대한 문제, ② 사회적 전통과 관념에 따른 가족과 친지들의 비난과 조롱 때문에 가정을 떠나야 하지만 거주할 곳이 없으며, ③ 미혼모는 상대 남성에 대해 증오나 적개심을 느끼고 사회에 대해 반항적·자학적 태도를 가지거나 공포와 불안을 느끼고, ④ 자기 결정 능력이 부족해 맹종이나 복종적 태도를 보이며, ⑤ 성격 구조상의 문제로는 자아 기능의 약화, 초자아의 미확립, 그리고 자신의 상황과 문제 원인에 대한 객관적 판단 능력의 부족이 있다. 그리고 ⑥ 부모, 미혼부, 친구와의 대인관계 문제, ⑦ 건전한 사회인으로 재적응하는 문제, ⑧ 사생아 보호, 양육, 입양, 시설보호, 가정보호 문제 등을 가지게 된다.

미혼모 자신이 느끼는 문제로는 ① 사회의 냉대와 거부로 죄의식, 수치심, 소외감에 봉착하게 되고, ② 직장 사직 등으로 인해 경제 기반을 상실하여 겪게 되는 생활고, ③ 육체적·정신적인 불안 등의 고통으로 정상적인 사회 재적응이 곤란하다.

미혼모 자녀가 갖는 문제로는 ① 정상적인 산전관리 부족으로 미숙아, 정박아 및 조산아 등의 출산율이 높고, ② 미혼모 자신의 양육상의 곤란으로 입양 또는 보호시설에 수용되는 경우가 대부분을 차지한다. ③ 미혼모가 양육할 경우 정상적인 가정기능의 상실로 인한 결손가정으로 감정적·교육적·경제적 문제 등으로 부적응 상태를 초래할 가능성이 높아진다. ④ 이러한 자녀들은 청소년 비행의 사회문제를 초래할 가능성이 높다.

2) 미혼모를 위한 대책

미혼모에 대한 서비스는 두 가지 분야로 제공될 수 있다(김상규 외, 1990: 255). 첫째, 사회적 치료로서 수입의 유지, 주거지 확보, 임시 위탁가정 선정, 그룹홈, 산전산후의 진료와 법률상담, 직업상담, 교육상담을 통해 사회적 자원을 이용하고 재적응되도록 서비스를 제공한다. 둘째, 심리적 치료로서 정서장애, 갈등, 대인 관계(가족, 미혼부, 동료), 임신과 출산에 대한 반응, 아동에 대한 계획, 자아 개념 등 임신으로 인한 전반적인 정서문제를 다루어 자아의 분열을 막고 건전한 자아로 하여금 자신의 문제를 해결하도록 돕는 서비스를 제공한다.

미혼모의 복지정책 및 개선 방향은 다음과 같다.

첫째, 미혼모 발생 예방을 위해 예방교육 대상을 사업장 근로자, 중고등학교, 접객업소 종사자, 부모 등으로 확대해 청소년의 정신적·육체적인 변화에 의한 성교육을 실시한다. 그리고 성도덕에 관한 윤리관 정립을 위한 교육을 실시해 기성 세대에 대한 책임 의식을 제고한다.

둘째, 복지기관에 수용 보호되고 있는 미혼모들을 위해 퇴소 후 경제적 자립 능력을 배양할 수 있도록 효과적이고 효율적인 방안으로 직업훈련 및 직장 알선을 위한 서비스를 개선, 확충하여 그러한 서비스를 원할 경우 모든 미혼모들이 받을 수 있도록 전문적인 기술 및 능력을 배양할 수 있는 기회를 제공한다. 여성가족부를 비롯한 보건복지부에서 운영하는 주요 사회복지시설을 보면, 생활시설로는 미혼모시설과 일시보호시설이 있으며, 이용시설로는 여성복지관, 모·부자상담소 등이 있다.

셋째, 미혼모의 산전산후 관리를 위해 안전하게 분만할 수 있도록 사전 건강진단을 실시하고 정신적·육체적으로 혼전임신이라는 위기 상황을 극복할 수 있도록 해야 한다. 또 미혼모들을 수용, 보호하고 있는 미혼모 복지기관들은 시설 퇴소 후에도 미혼모들과 지속적인 관계를 유지하며 사회 및 가정에서 그들이 정상적인 활동을 할 수 있는 서비스 프로그램도 개발해야 한다.

넷째, 미혼모와 사생아를 적극적으로 보호하기 위한 법적인 제도를 제정하고 등록제도를 실시해야 한다. 이러한 제도가 마련됨으로써 정확한 건강 상태와 문제점을 파악하여 숙식 보조, 분만비 보조, 의료 혜택, 상담기관 알선, 직업훈련 실시, 취업 알선 등 다양한 프로그램을 개발하여 교육을 실시하고 적극적인 홍보 및 각종 지원정책을 실시해야 한다.

이상에서 살펴본 바와 같이 미혼모에 대한 예방적 차원에서의 성도덕 교육 강화, 상담서비스 확대 등이 필요하다. 아울러 이들의 문제를 개인적인 책임으로만 전가하지 말고 사회적인 차원에서의 대책 마련이 필요하며, 미혼부에 대한 철저한 성교육과 법적 제재 조치를 강화해야 한다.

2 성매매 여성

1) 문제점

첫째, 성매매 관계 법규의 규정이 미흡하다. 서구 각국과 같이 성매매 여성의 등록관리제를 실시하지 않아 정확한 실태를 파악하기 곤란하며, 성매매자에 대한 동등한 법률 규정을 하고 있지만 현장에서의 실질적인 감시·단속의 대상은 여전히 여성 중심으로 행해지고 있으며, 처벌의 일환으로는 보호시설의 수용으로만 인식하고 있다.

둘째, 정부기관에 의한 강력 단속 시에는 정보의 누설 등으로 인해 주택가 등에 침투 확산될 우려가 있으며, 성매매 여성의 교육 수준도 향상 추세이다.

셋째, 전업이 어렵다. 성매매 여성의 과거의 직장은 회사원 및 공장 직원 등 근로여성으로 열악한 근무 조건에서 있었기 때문에 수입의 현저한 차이와 사회의 부적응 및 소외감을 느낀다. 최근에는 학생의 수도 증가 추세이다.

넷째, 성매매 형태가 자발적으로 변모하여 자발적인 성매매 여성의 증가를 들 수 있다. 성매매 형태가 과거의 대집단에서 소집단으로 변화되어 가고 있으며, 성매매 여성이 되는 경우도 긴박한 상태에서 자의(自意)가 늘어가며, 생계형 성매매에서 돈을 벌기 위한 성매매로 변화됨에 따라 개별 상담에 의한 선도가 어려워지고 있다.

다섯째, 성매매 여성을 수용할 수 있는 전문기관이 부족한 실정이며, 교육 및 선도할 전문요원의 인력도 부족하다.

2) 성매매 여성을 위한 대책

첫째, 성매매화를 미연에 방지하기 위한 예방사업을 강화해야 한다. 역 및 터미널 등 취약지역 등에서의 가출 여성 등의 성매매 방지를 위해 상담 요원을 집중 배치하여 선도해야 하며, 여성단체 및 민간단체 등에서 상담사업의 일환으로 전문요원을 양성하여 적극적인 참여를 할 수 있도록 정책을 추진해야 한다. 그리고 저소득 근로여성, 학생, 접객업소 종사자, 학부모 등에게 성교육을 초기에 실시하고 성매매 예방을 위한 교육을 여성뿐만 아니라 공공기관과 기업 등의 성희롱 예방교육이나 사내교육을 통해 남성에게도 확대해야 한다.

둘째, 성매매 방지를 위한 제도 개선이 이루어져야 한다. 성매매 여성은 수요자가 있기 때문에 존재하는 것이므로 성매매 여성을 처벌할 경우에 그 상대방인 남성도 동시에 동등한 형량에 의한 처벌을 할 수 있는 제도가 마련되어야 한다. 유흥 접객업소, 불량배, 포주 등에 대한 강력한 단속이 이루어져야 한다.

셋째, 성매매 전의 직업이 대체로 저임금 등 근무 조건이 열악한 계층에 분포되어 있는데 열악한 근무 조건을 개선하기 위한 사회적 대책, 즉 임대아파트, 복지관 확대, 임금제도의 현실화 등이 조속히 실시되어야 할 것이다.

넷째, 성매매 여성의 교양교육 제도화를 통한 자질 향상을 도모해야 한다. 성교육, 예절교육, 건강교육 등을 실시하고 기술교육기관의 알선 및 적극적인 홍보를 하여 취업에 적절한 기술교육과 사회적응력을 길러 주어 경제적 · 정신적인 자립 기반이 될 수 있도록 적극적인 지도를 해야 한다.

3 저임금 근로여성

1) 문제점

첫째, 채용 시의 남녀 차별 대우를 들 수 있다. 채용 시의 자격 요건은 여성에게는 남자보다 낮은 연령을 요구하며 미혼을 고집한다. 또한 모집 직종에 성별을 표시하여 여성은 응모할 수 없게 하거나 동일 학력, 동일 경력일 경우에도 남성보다 낮은 직급에 채용되는 등 차별이 행해지고 있다.

둘째, 승진, 승급 시의 차별을 들 수 있다. 즉 업무 분담에서 남성 근로자는 주요 업무를 담당함으로써 책임 업무량이 커지는 데 비해 여성 근로자는 대체로 보조 업무를 맡음으로써 업무에 능숙해져도 주업무를 배정받지 못하며 교체해도 업무상 공백이 크지 않은 직종이기 때문에 이러한 차별은 여성 근로자의 업무 수행 의욕을 저하시키며 직장에 대한 충성심과 생산성을 저하시키는 요인이 되고 있다.

셋째, 임금에서의 남녀 차별을 들 수 있으며 그 격차도 상당히 크다. 동일 학력 내에서도 저학력일수록 임금 격차가 심화되고 있다(고용노동부, 2000). 이러한 요인은 여성 근로자의 대부분이 저숙련 단순노동과 보조적 업무를 담당하기 때문이며 전문직에서도 근속 연수가 많아도 시정되지 않고 있다.

넷째, 근로 시간에서 1일 평균 근로 시간은 남성은 9.0시간, 여성은 9.2시간으로 0.2시간 긴 실정이다. 이와 같은 이유는 임금 수준이 워낙 낮아 연장근로와 휴일근로 등을 통해서라도 생계비 부족을 보충해야 하며, 여성 노동력의 공급 과잉으로 일자리를 지키기 위해서는 장시간 노동력을 감수해야 하기 때문이다.

다섯째, 기혼 여성의 차별 고용으로서 여성 채용 시 연령 제한 및 기혼 여성 불채용으로 기혼 여성 기피 및 제한을 두고 있다. 제도상으로는 근로 시간 제한, 산전산후 휴가, 육아 시간, 생리휴가 등의 보호 규정이 설정되어 있지만 현실적으로 제한하는 현상이 뚜렷하며 이러한 요인들이 여성들의 직장 진출을 제한하는 요인이 되고 있다.

여섯째, 결혼퇴직제와 조기정년제를 들 수 있다. 이와 같은 것은 헌법 제5조의 평등권 인정 및 근로기준법 제10조의 남녀 평등 처우에 위반하는 것은 이론이 없는 실정이지만 회사 관행상 입사 시 결혼할 경우 퇴직한다는 각서를 받거나 퇴직을 종용하는 분위기 때문에 어쩔 수 없이 퇴직하게 되는 경우이다.

일곱째, 근로 여성을 위한 육아시설 등 복지시설 설치를 국가의 의무 규정으로 하지 않고 임의 규정으로 정하고 있는 점을 들 수 있다.

2) 대 책

첫째, 남녀 차별대우 금지의 구체화가 필요하다. 근로기준법 제5조의 남녀 차별 대우의 금지 조항은 매우 추상적이어서 무엇이 남녀 차별에 해당하는가에 다툼이 있을 때 판단이 어렵다는 것이다. 모집과 채용에서의 성차별, 임금 및 승진제도의 차별, 특정 직종에는 남자만 한정시키며, 여성 근로자의 결혼퇴직제 및 조기정년제, 기혼 여성의 채용 제한 등 남녀 차별의 고용 관행은 노동계에서 수없이 많지만 구체적으로 근로기준법 제6조(균등한 처우)의 위반 사항도 모호하다. 그러한 근로기준법 제6조를 회사에서 자의적으로 해석하는 것을 방지하기 위해서는 그 실제의 예를 구체적으로 열거하거나, 어떤 행위는 차별행위로 다룬다는 규정을 두거나 또는 차별 행위인지 아닌지의 입증책임을 사용자에게 부담시키거나 하여 위 사항을 위반했을 경우 강력한 법의 제재 조치를 강구하는 등 좀 더 실효성 있는 대책을 강구해야 한다.

둘째, 여성의 직업훈련을 강화하고 여성전문 취업정보센터를 설치해야 한다. 산업이 발달함에 따라서 전문적이고 다양화된 직업훈련의 기회와 관리 능력의 향상을 위한 교육의 기회가 부여되어야 하며, 여성의 고용 기회 확대를 위한 각종 직업에 대한 정보 제공과 취업 알선 및 관련 전문인력 양성을 위한 여성전문 취업정보기관을 설치하여야 한다.

셋째, 여성 근로자 보호의 경향이 모성 보호라는 측면에서 근로 시간 제한, 산전산후 휴가, 육아 시간, 생리휴가 등의 보호 규정이 현실적으로 실현되도록 강력하게 지도 감독해야 하며, 근로여성을 위한 육아시설 및 복지시설 등을 국가의 의무 규정으로 정해 설치해야 한다. 그러나 최근 금융권 등을 중심으로 직장 내 남녀 차별을 과감히 철폐했다는 소식이 있는데 이러한 운동이 많은 산업체로 확산되어야 할 것이다.

제11장

노인 사회복지행정

I 노인문제의 대두 배경

1 현대 사회에서의 노인문제

1) 가치관의 변화

전통 사회의 경우, 효도를 강조하고, 연장자들의 권위가 유지될 수 있는 사회적 분위기를 쉽게 찾아볼 수 있으며, 또한 노인들도 젊은 사람들로부터 존경을 받을 만한 지식과 경험을 제공하고, 부모와 자식의 관계에서는 효행이 당연히 지켜야 할 덕목으로 강조되었다.

그러나 사회가 근대화·산업화되면서 전통적인 가족구조는 해체 과정을 겪어 가정과 직장이 분리되고, 정치적·종교적·교육적 기능이 점점 분화되기 시작했다. 그리고 과학기술의 발달은 '능률지상주의'를 추구하게 되었고, 이익의 극대화 현상은 '능력 없는 자의 도태'를 의미하게 되므로 점점 인정(人情)과 정서가 결핍되고, 이해타산 중심적으로 진행하기에 이르렀다. 이러한 관점에서 볼 때, 노인도 옛날의 가부장적 권위는 실추되고, 무능력, 무기력한 존재로서 비생산적인 위치로 전락하게 된 것이다.

2) 가족 개념의 변화

우리나라의 가족제도는 부모 세대의 핵가족과 자녀 세대의 핵가족이 결합하여 동일 장소에서 거주하는 확대가족으로 규정지을 수 있다(정철수 외, 1990: 114-122). 그러나 전근대 사회에서 근대 사회로 전환되면서 가족제도는 대체로 확대가족제도에서 핵가족제도로 변화하고 있다.

산업화 과정 이후 가족의 경제적 기능은 소비 중심적인 것으로 전환되었고, 이러한 기능의 변화는 구성 규모를 축소시키는 직접적인 동기가 되었다(정철수 외, 1990: 123-125). 그리하여 핵가족의 형태에서는 노인의 지위가 배제되었고, 부부와 자녀들을 우선하는 가치관을 갖게 된 것이다(김성순, 2003).

가족 상호간의 부양과 원조가 점점 감소하게 되어 노인 세대를 비롯한 취약인구 계층의 부양문제가 제기되고 있는데, 이것이 공적 사회부조에 의존하는 결과를 초래하게 되었다(박종기 외, 1981: 402).

이와 같은 핵가족화의 추세는 효도, 동거, 존경, 부양 의식의 약화, 노인의 권위 약화와 도시화·산업화, 경제적 빈곤까지 겹쳐 노인문제는 개인의 문제를 떠나 가정, 사회문제로 대두되고 있다. 말하자면 선진국들의 노인층은 물질적 보장이 전제된 정신적·심리적 고독, 소외 등이 문제시되고 있으나, 우리나라는 핵가족화의 과도기 과정에서의 물질적 문제뿐만 아니라, 물질적·인간적 부양의 문제까지 부담해야 하는 상황에 처해 있다(김성순, 2003: 20).

3) 사회경제적 구조의 변화

산업화·공업화·도시화는 인구 이동을 유발시켰고, 가족의 분화를 초래했다. 즉 인구의 급격한 도시 집중 현상은 대도시의 저임금, 저소득 생활자와 무주택 가구를 증가시켜 가족의 분화를 불가피하게 만들었으며, 노인 인구를 증가시키는 결과를 발생시켰다.

농업을 중심으로 한 정주(定住) 사회에서는 여러 세대가 동일한 직업을 이어받아 살아왔으나, 공업사회는 '변화하는 사회'이기 때문에 이동이 잦고, 기민성과 국제화 등을 요구하기에 이른다. 따라서 노인의 능력과 경험은 이러한 기동력 사회에서는 특별한 가치를 갖지 못하게 되었고, 영농의 합리화·근대화가 진행됨에 따라 그나마도 농업에 참여할 수 있는 기회마저 적어지게 된 것이다.

이와 같은 현상을 파슨스(Talcott Parsons)는 "산업화로 인해 사회구조가 급변하는 사회의 일반적인 특징은 노년기의 역할을 부인할 뿐만 아니라 이들을 사회적 고립(social isolation)으로 몰아넣기 때문에 사실상 노인은 문화유산 전승자로서의 지도적 역할을 수행할 수 없다"고 했다(Parsons, 1954: 103). 즉, 경제 성장과 개발의 열매가 모든 국민에게 똑같이 배분되지 못하고 있는데 주로 경제 능력이 없는 노인, 심신장애인, 실업자 등에게 심각한 불균형이 더욱 큰 문제가 되며, 따라서 이들을 위한 제도적·구조적 장치를 마련해야 할 것이다.

2 인구학적 측면에서의 노인문제

1) 노인 인구의 인구학적 의의

1960년대 중반부터 시작된 우리나라의 인구 전환 과정은 연령 구조의 변화를 초래했다.

특히, 노인 인구는 급속한 성장 경향을 나타내었다. 우리나라의 경우, 2000년 7월 1일을 기준으로 한 전체 인구는 47,275,000명이며 이 중 노인 인구가 차지하는 비율은 전체의 7.2%인 3,371,000명이다. 이러한 추세로 진행될 경우, 65세 이상 고령인구는 기대수명 연장 및 출산율 감소로 2000년 7.1%, 2005년 9.1%로 상승하고, 2018년에는 14.3%로 고령사회에 진입할 것이다. 그리고 2026년에는 20.8%로 초(超)고령사회[1)]에 도달한다.

표 11-1 연령 계층별 구성비 추이

(단위 : %)

구 분	1990	2000	2005	2010	2018	2020	2026	2030	2050
0~14세	25.6	21.1	19.2	16.2	12.7	12.4	11.7	11.4	8.9
15~64세	69.3	71.7	71.7	72.9	72.9	72.0	67.5	64.4	53.0
65세 이상	5.1	7.2	9.1	11.0	14.3	15.6	20.8	24.3	38.2

자료: 통계청, '통계포털 통계마당(http://kostat.go.kr)', 장래인구 추계.

이러한 노인 인구의 급성장 추세는 국민소득의 향상과 생활 수준의 개선, 의학의 발달과 보건위생의 개선, 이로 인한 평균수명의 연장 등으로 분석되고 있다(김태성 외, 2009: 388). 평균수명의 경우에도 1971년 남자 59.0세, 여자 66.1세였으며, 2005년

1) 고령사회는 총인구 중 고령인구 구성비가 14%이며, 초고령사회는 20%를 말한다.

도에는 75.1세, 여자 81.9세로 많은 진전을 보이고 있으며, 2030년에는 79.8세 및 86.3세로 예상되고 있다.

표 11-2 우리나라의 평균수명 추이 (단위: 세)

구분	1971	1980	1990	2000	2005	2010	2020	2030	2050
기대수명	62.3	65.7	71.3	76.0	78.6	79.6	81.5	83.1	86.0
남자	59.0	61.8	67.3	72.3	75.1	76.1	78.0	79.8	82.9
여자	66.1	70.0	75.5	79.6	81.9	82.9	84.7	86.3	88.9

자료: 통계청, '통계포털 통계마당(http://kostat.go.kr)', 장래인구 추계.

또 우리나라의 인구 성장 추세는 1955년에 2,150만 명이던 것이 1966년에는 2,916만 명으로 증가하여 766만 명의 순증(純增)을 나타내었다. 그리고 1980년 우리나라 인구는 3,812만 명으로 연평균 2.8%의 높은 성장률을 나타내었다. 2005년 우리나라 인구는 4,813만 명으로 세계 인구의 0.74%이며 세계 25위 수준이다. 2020년 4,932만 명(세계 28위), 2030년 4,863만 명(세계 32위)으로 변화할 전망이며 2020년을 정점으로 인구가 감소할 것으로 추정된다.

표 11-3 우리나라의 총인구 및 인구성장률 (단위: 천 명, %)

구분	1970	1980	1990	2000	2005	2010	2020	2030	2050
총인구	32,241	38,124	42,869	47,008	48,138	48,875	49,326	48,635	42,343
인구성장률	2.21	1.57	0.99	0.84	0.21	0.26	−0.02	−0.25	−1.07

주: 1) 인구성장률은 전년 대비 인구증가율임.
자료: 통계청, '장래인구 추계'(2006. 11).

우리나라는 머지않아 빠른 속도로 고령사회 및 초고령사회에 도달할 것으로 예측된다. 상당히 빠른 고령화와 부양인구 증가로 인해, 특히 15~64세의 생산가능 인구가 부양해야 할 유소년부양비와 노년부양비 합인 총부양비는 2005년 현재 39.4%에서 2016년 36.3%로 가장 낮아진 후, 2030년 55.4%, 2050년 88.8%로 주요 선진국보다 높은 수준이 될 전망이다.

2) 노인 인구의 증가에 따른 고령화사회의 문제점

고령화사회에서 발생되는 노인문제, 즉 경제적 문제, 건강에 관한 문제, 여가에 관한 문제, 소외 · 고독 · 갈등과 관련된 문제들에 관해 구체적인 접근과 이를 통한 해결 방안이 제시되어야 할 것이다.

고령화사회의 노인문제에서 노인들의 경제적 측면을 살펴보면, 오늘날 노인에게 가장 많은 부분을 차지하는 고민은 소득의 감소나 중단으로 인한 경제적 곤란이라 할 수 있다.

2008년 보건복지부에서 실시한 노인 실태조사에 의하면 월평균 소득이 20만 원 미만인 노인들이 전체 조사 대상의 33.4%로 조사되어 매우 낮은 소득 수준이다.

표 11-4 주요 국가 고령화 속도 및 부양비 추이 비교 (단위: 천 명, %)

국가	인구구조									총 부양비		
	2005년			2030년			2050년			2005	2030	2050
	0~14	15~64	65+	0~14	15~64	65+	0~14	15~64	65+			
전 세계	28.2	64.5	7.4	23.0	65.2	11.8	20.2	63.7	16.1	55	53	57
선진국	17.0	67.7	15.3	15.4	62.1	22.5	15.6	58.4	25.9	48	61	71
개도국	30.7	63.7	5.5	24.4	65.7	9.9	20.9	64.5	14.6	57	52	55
한국	19.2	71.7	9.1	11.4	64.4	24.3	8.9	53.0	38.2	39	55	89
일본	14.0	66.3	19.7	12.3	57.5	30.1	13.4	50.7	35.9	51	74	97
미국	20.8	66.9	12.3	18.1	62.6	19.2	17.3	62.1	20.6	49	60	61
이탈리아	14.0	66.0	20.0	11.9	59.0	29.1	13.1	51.3	35.5	51	69	95
프랑스	18.2	65.2	16.6	16.1	59.6	24.2	15.7	57.1	27.1	53	68	75
중국	21.4	71.0	7.6	16.9	66.8	16.3	15.7	60.7	23.6	41	50	65
인도	32.1	62.7	5.3	22.6	68.1	9.3	18.3	66.8	14.8	60	47	50

구분	도달 연도			증가 소요연수	
	7%	14%	20%	7% → 14%	14% → 20%
일본	1970	1994	2006	24	12
프랑스	1864	1979	2018	115	39
독일	1932	1972	2009	40	37
영국	1929	1976	2026	47	50
이탈리아	1927	1988	2006	61	18
미국	1942	2015	2036	73	21
한국	2000	2018	2026	18	8

자료: UN, 「World Population Prospects: The 2004 Revision」, 2005 및 통계청, 통계포털 통계마당. (http://kostat.go.kr), 장래인구 추계 재구성.

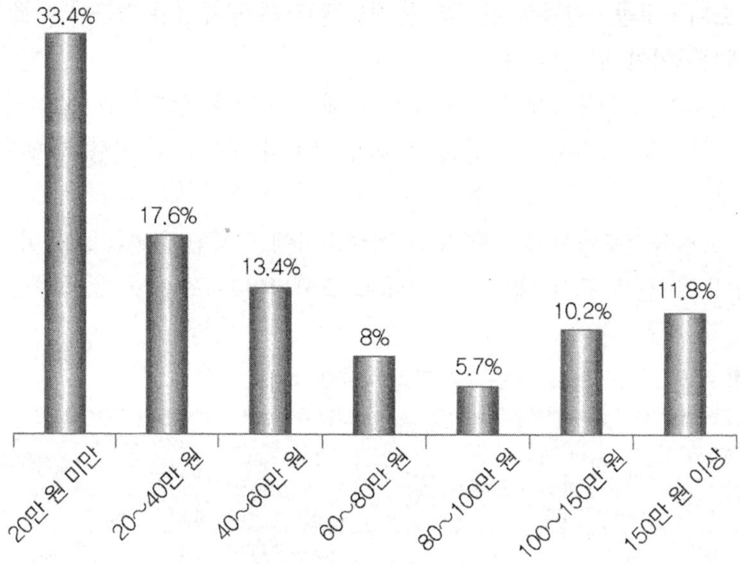

그림 11-1 노인 월소득 수준

자료: 보건복지부(2009b: 255).

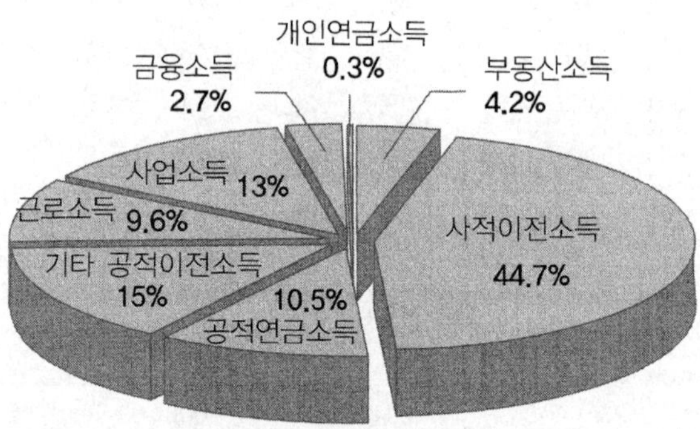

그림 11-2 노인의 소득 구성

자료: 보건복지부(2009b: 258).

노인의 소득원을 살펴보면 자녀나 친지 등으로부터 받는 사적 이전소득이 전체 소득원의 44.7%이며, 공적 연금소득(국민연금과 특수직역연금의 급여소득)을 포함한 기타 공적 소득(보훈급여, 실업급여, 산재급여, 기초노령연금, 교통수당, 장애수당 등)으로 이루어진 공적 이전소득이 25.5%로 노인 소득원의 대부분을 차지했다.

형편이 나은 노인들의 경우에는 자산소득(금융, 부동산, 개인연금)과 근로 및 사업을 통한 소득원을 가지게 되는데 이들 소득원의 비율은 29.8%로서 높지 않은 비율을 보여 주었다.

<표 11-5>는 생애주기별 2008년도 기초생활수급자 구성 비율이다. 2008년도 기초생활수급자는 전 국민의 2.9%로서 약 153만 명이며, 이 중 노년기(65세 이상자) 수급자는 26.5%로서 약 40만 5천 명 정도에 이른다.

표 11-5 생애주기별 기초생활수급자 비율 (단위: %)

일본	계	영유아기	학령기	청소년기	청년기	중년기	노년기
수급자 백분율	100.0	1.9	4.9	21.3	12.2	33.3	26.5
총인구 대비 비율	2.9	1.2	2.5	4.5	1.1	2.8	7.5

자료: 보건복지부(2009d: 14).

경제적 곤란과 함께 노인들에게 가장 심각한 문제는 건강 악화와 이로 인해 발생되는 일상생활에서의 장애 노인의 건강문제라 할 수 있으며, 특히 거동이 불편하거나 의료비 지출에 대한 부담, 간병 등에서 발생하는 문제가 주종을 이루고 있다.

더욱이 노인들은 병이 발생할 빈도, 즉 유병률이 전체 인구에 비해 2~3배나 높으며, 만성적인 질병이거나 퇴행성 질병이기 때문에 시간과 경비가 많이 소요되는 것에 비해 완치율이 낮고 그 효과도 크지 않다(김태성 외, 2009: 139-141). 따라서 노인들의 건강은 전반적으로 열악한 상태라 할 수 있다. 게다가 최근에는 신체적 질병뿐만 아니라 <표 11-6>과 같이 전체 노인의 8.4%가 발병할 가능성이 있는 치매

표 11-6 65세 이상 노인 중의 치매 노인 추정 (단위 : 천 명)

연도	2008	2009	2010	2020	2030	2040	2050
인구(65세 이상)	5,016	5,193	5,357	7,701	11,811	15,041	16,156
치매 노인 수(65세 이상)	421	445	469	750	1,135	1,685	2,127
치매 유병률(%)	8.4	8.6	8.8	9.7	9.6	11.2	13.2

자료: 서울대학병원(2008: 138).

(Alzheimer's disease) 등의 노인성 정신질환으로 인해 가족 중심의 간병에 어려움을 가중시키고 있다.

고령화와 치매 유병률의 증가로 우리나라 65세 이상 노인 인구의 치매 환자 수 또한 가파르게 늘어나, 20년마다 치매 환자 수가 2배로 증가될 것으로 예상된다. 2005년 인구 센서스 기준 연령, 성별, 교육, 거주지역 표준화 치매 유병률로 추산한 치매 환자 수는 3년 후인 2012년에 521,516명으로 50만 명을 넘어설 것이며, 2027년에 처음으로 100만 명을 넘게 되어, 2030년에는 113만 명, 2050년에는 212만 명에 이를 것으로 전망된다(서울대학병원, 2008: 131).

노인 인구의 증가와 고령화사회로 인하여 노인들이 경험하게 되는 곤란으로 경제적 측면이나 건강문제와 더불어 여가에 대한 문제를 제기할 수 있다.

노인들에게 여가활동은 친구나 친척 방문, TV 시청 및 라디오 청취, 집안일, 장기, 화투, 단순한 잡담 등으로 시간을 보내는 일이다. 따라서 오늘날 우리나라 노인들의 여가활동은 노인의 사회심리적 욕구에 맞고, 노인들 자신의 여명(餘命)을 의미 있고 가치 있게 만들 수 있는 활동으로 발전되지 못하고 있다는 점이 가장 큰 문제라 할 수 있다.

그리고 외환위기 이후 나타난 관행적인 명예퇴직과 비정기적인 구조조정으로 인한 실업과 함께 연소 노인(young old), 즉 55세에서 65세 사이로 아직 사회적으로 일을 하고 있으며, 능력도 절정에 달한 사람들을 예비 노인으로 만들어 버리는 경향도 있다(Neugarten & Weinstein, 1974: 187-198). 특히 사회적 분위기로 인한 연소 노인의 양산은 55세나 60세를 기준한 평균여명[2]만 보더라도 사회적으로는 인적 자원의 낭비이며 개인적으로는 퇴직 이후 무엇을 하며 어떻게 지내야 하는가 하는 고민이 최근 노인문제의 새로운 이슈로 자리잡고 있다. 더욱이 소득 수준이 낮고 문화·여가 시설이 절대적으로 부족한 농촌지역의 노인일수록 여가활동이 제한적이다.

대부분의 노인은 여가의 의미를 바르게 인식하고 있지 못하고 있으며, 설령 인지한다고 해도 노인 자신들의 참여 의식이 부족하고, 여가시설이나 여가 프로그램 등이 절대적으로 부족하여 노령기의 욕구를 만족시킬 수 있는 의미 있고 보람된 시간을 보내기가 쉽지 않다(김익기 외, 1999: 319-322).

그뿐만 아니라 최근에는 노인의 소외, 고독, 갈등 등에 관한 문제도 고령화사회의 노인문제에서 주요한 부분으로 인식되고 있다. 특히, 최근 우리나라와 같이 세대 간

2) 55세를 기준한 평균여명의 경우, 남녀 각각 18년과 25년이고, 60세를 기준으로 한 평균여명은 남녀 각각 15년과 21년이다(최성재, 1999: 12.).

표 11-7 농촌지역 노인의 여가활동

여가의 종류	남	여가의 종류	여
전체	100	전 체	100
TV, 비디오 보기, 라디오 듣기	54.2	TV, 비디오 보기, 라디오 듣기	46.8
신문잡지책 읽기	5.7	신문잡지책 읽기	0.7
화투, 장기, 바둑	4.5	화투, 장기, 바둑	3.0
운동, 등산, 낚시	3.7	운동, 등산, 낚시	1.0
그림그리기, 글쓰기	0.3	그림그리기, 글쓰기	0.2
화초 재배, 정원 손질	1.3	화초 재배, 정원 손질	2.3
이웃 · 친구와 이야기	1.3	뜨개질, 수예, 바느질	0.3
집에서 쉰다.	15.6	이웃 · 친구와 이야기	18.6
		집에서 쉰다.	25.3
기타	1.7	기타	1.7
응답자 수	616	응답자 수	948

자료: 통계청, 통계포털, "2004농촌생활지표조사" 재구성.

의 교육 수준이나 가치관의 차이가 명확히 구분될 경우 청소년과 부모, 노인과 자식 사이에 갈등의 벽을 만들게 될 뿐만 아니라 노인들의 경우에는 각종 집안 대소사에서 의견이 배제되거나 처음부터 의견을 제시할 기회조차 잃게 되는 경우가 자주 발생한다. 또한 흔히 말하는 고부간의 갈등도 넓은 의미로 볼 때 세대 간의 차이에서 야기된다고 할 수 있다(김태성 외, 2009: 217-226).

[그림 11-3]은 2008년 노인 실태조사에서 1년 중 가장 즐거웠던 활동으로 응답한 노인의 52.3%가 가족과 함께했던 활동을 꼽았으며, 18.5%는 친구들과의 만남으로 응답했다. 따라서 노인에게 가족이나 친구로부터의 단절과 소외는 큰 고통이 되고 있다. 그러나 최근에는 조기 퇴직과 이에 대한 사회적 프로그램이 부족하여 국가나 지역사회 혹은 소속 집단으로부터 소외되었다는 느낌마저 갖게끔 방치하고 있다. 결론적으로 우리나라 노인들은 사회나 가족, 때로는 노인집단에서조차도 소외나 고독, 갈등 등을 경험하고 있다. 이제 노인복지는 노인의 경제적 문제, 건강문제, 여가문제, 소외와 고독 그리고 갈등의 문제에 대해 가족, 지역사회, 자치단체, 중앙정부, NGO 등을 총망라하는 대안이 요구된다.

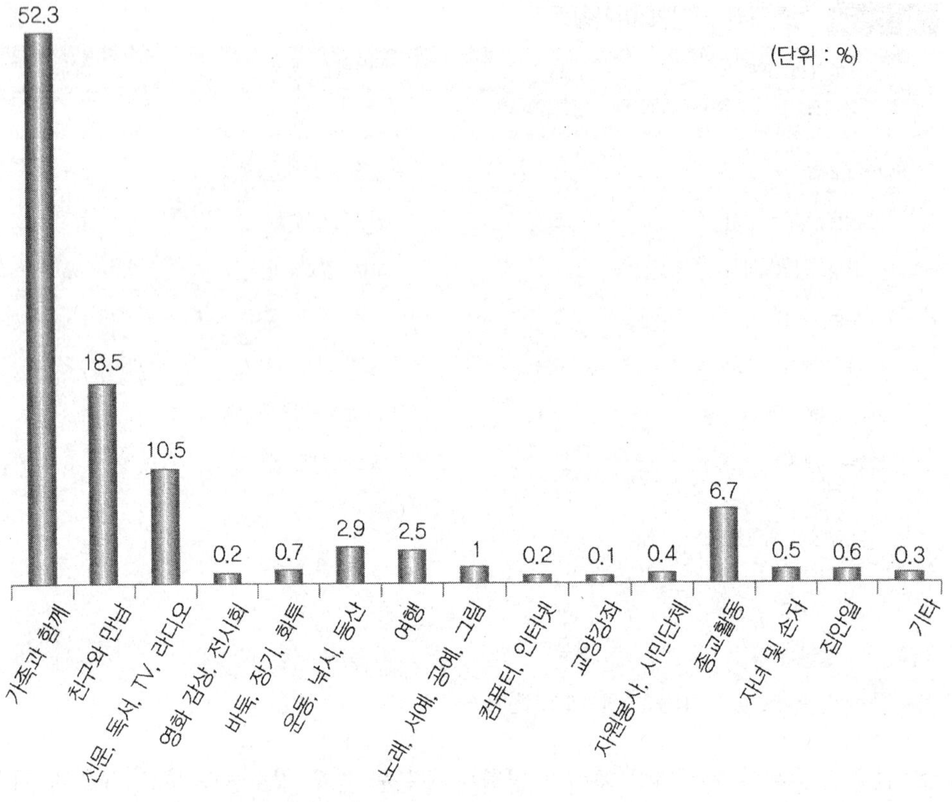

그림 11-3 지난 1년 중 가장 즐거웠던 활동

자료: 보건복지부(2009b: 445) 재구성.

Ⅱ 노인복지의 개념

1 노인의 개념

노인복지의 개념을 정의할 때 우선 노인의 개념을 밝혀야 할 것이다. 노인의 개념을 엄밀하게 규정하기란 그리 쉬운 일은 아니다. 일반적으로 노인이란 개념을 연령에 준거해서 연령화 과정에 처해 있는 사람으로 규정짓는다.

노인의 개념을 규정하는 학계의 견해는 두 가지로 대별되는데, 그 중 하나가 '노인' 자체를 몇 가지 특성을 들어서 개념 규정을 하는 것이고, 또 다른 하나는 노령에 기준하는 것이다. 우선 1951년 7월 미국 세인트루이스 시에서 열린 제2회 국제노년학회(International Conference of Gerontology)에서 내려진 노인에 대한 정의를 살펴보면 다음과 같다. 즉 ① 환경 변화에 적절히 적응할 수 있는 자체 조직에 결함이 있는 사람, ② 자신을 통합하려는 능력이 감퇴되어 가는 시기에 있는 사람, ③ 인체의 기관, 조직, 기능에 쇠퇴 현상이 일어나고 있는 시기에 있는 사람, ④ 생활체의 적응성이 정신적으로 결손되어 가고 있는 사람, ⑤ 조직 및 기능 저장의 소모로 적응 감퇴 현상에 있는 사람이라고 한다. 또한 노인이란 "인간의 노령화 과정에서 나타나는 생리적 · 육체적 · 심리적 · 정서적 · 환경적 및 행동의 변화가 상호작용하는 복합 형태의 과정에 있는 사람"이라고 정의하고 있다(Tibbitts, 1960: 10).

이와같이 노인의 개념을 규정하는 데는 그가 처한 사회적 여건과 그의 개인적인 신변상의 여건 변화를 근거로 다양한 개념상의 차이가 있을 수 있으나 결국 노인이란 인생 여정(人生旅程)의 최종 단계에 돌입하면서 신체적 · 정신적인 측면에서의 상실(loss) 현상, 즉 신체의 노쇠화와 심리적 고독을 겪으면서 사회적 참여의 기회를 상실 — 직업 상실, 수입원의 상실 — 하는 연령적으로 65세 이상에 있는 사람을 노인이라고 볼 수 있다.

과거에는 노인 연령을 60세(회갑 연령)로 보는 경향이 있었으나 최근 평균수명이 연장되어 60세의 나이로써는 노인이라고 부르기에는 젊다는 주장과 우리나라 기초노령연금법에 65세부터 기초노령연금을 수급할 수 있다는 것으로 하여 65세부터 노인으로 보고 있다. 그러나 최근 우리나라의 평균수명의 연장 등으로 인해 노인을 70세 이상으로 하자는 주장도 제기되고 있으며, 일반 국민을 대상으로 한 여론조사에서도 노인을 70세 이상으로 보고 있다(황진수, 2005). 그러나 노년학에서는 55~64세 연령을 젊은 노인(young old), 65~74세 연령을 중간 노인(middle old), 75세 이상을 늙은 노인(old old)으로 구분하기도 한다.

2 노인복지의 개념

노인복지는 사회복지의 한 분야로서 노령에 의해 야기되는 사회생활상의 곤란에 대한 사회복지적 원조라 할 수 있다. 사회복지는 사회보장이나 직업 안정, 의료, 위생, 주택정책 등과 아울러 사회생활상의 곤란을 타개하는 제도이지만 그 생활상의 곤란에 대한 타개의 접근 방법이나 원조 상태에서 명확한 특성을 지니고 있다(장인협 · 최성재, 1998: 299).

사회복지의 기능이 ① 예방적 사회복지, ② 보호적 사회복지, ③ 개발적 사회복지, ④ 조정적 사회복지를 전제로 한다면, 노인복지는 사회복지의 한 분야인 관계로 노인복지의 기능으로서도 위와 같은 기능이 있게 된다. 즉 노인복지에는 ① 예방적 기능, ② 개발적 기능, ③ 조정적 기능이 있게 된다. 따라서 노인복지의 서비스 형태도 또한 ① 예방적 노인복지, ② 보호적 노인복지, ③ 개발적 노인복지, ④ 조정적 노인복지로 분류할 수 있다.

Ⅲ 노인복지정책의 현황

1 노인복지정책의 기본 이념

현대 사회가 고도로 산업화, 도시화함에 따라 노인을 위하는 풍조가 더욱 아쉬워지고 있다. 이러한 사회윤리적 상황 속에서 노인이 정신적으로 느끼는 소외감은 말할 것도 없이 물질적인 결핍과 신체적인 노쇠 현상으로 인한 가치의 상실 의식, 이로 인한 사회적인 파급 효과의 문제는 심각하다. 각국은 이러한 노인문제를 분석, 파악하면서 행정적 · 법제적 대책을 마련해 놓고 노인의 지위 향상과 경제적인 결핍 상태의 탈피를 위해 노력하고 있다. 현재 우리나라의 노인 관련 정책에는 노인정책에 대한 현대적 의미의 정책적 접근뿐만 아니라 경천숭조(敬天崇祖) 사상, 불교 및 유교의 효사상, 경로사상 등 전통 사회의 노인에 대한 가치관과 이념도 배경이 되고 있다.

2 우리나라 노인복지정책의 과제

복지제도적 측면에서 볼 때도 과거의 노인은 농업에 관한 한 가장 권위적인 어른이었을 뿐만 아니라 농경지를 비롯한 재산권과 가족의 생명까지도 좌우할 수 있는

막강한 영향력을 가진 존재였다. 따라서 특별히 복지제도가 없었어도 가부장적 권위 속에서 부수적으로 창출된 복지의 수혜자였다. 미래의 노인은 국가의 사회복지제도를 중심으로 하여 3층 보장체제 속에서 자신의 삶을 윤택하게 영위할 수 있는 기본적 역량을 갖춘 노인으로 추측해 볼 수 있다. 그러나 현재의 노인은 과거 노인의 가부장적 권위와 영향력을 상실했고 미래의 노인이 갖게 될 각종 연금제도를 비롯한 국가의 복지제도의 수혜에도 미치지 못하는 복지의 사각지대에 놓여 있는 존재이다.

그런데 현재의 노인을 위한 정책환경은 '선 가정보호 후 사회보장'의 정책 기조를 유지했고 공공부조 대상 노인만 정부가 돌보는 '낮은 단계'의 노인복지 수준에 머물러 있다. 이 정책은 '선 성장 후 분배' 정책과 호흡이 맞았고, 이는 일부 관료들과 정치인들이 주장하는 복지는 '고비용 저효율'이라는 차원에서 제기한 '복지국가위기론'과도 호흡이 맞았다(황진수, 2002).

우리나라에서 노인문제가 발생하게 된 배경은 평균수명의 연장과 노인 인구의 급속한 증가, 산업화·도시화·정보화로의 이행, 가족구조의 변화와 가치관 변화 등으로 요약된다. 이미 우리 사회는 고령화사회로 진입했고 앞으로 급속도로 증가할 전망이다. 노인이 겪는 고통은 빈곤과 건강의 악화, 소외, 역할의 상실 등 크게 네 가지로 나뉜다. 우리나라 노인 계층은 전체 국민기초생활 대상자 중 30%가량을 차지할 만큼 가난하다. 노인을 대상으로 한 경로연금도 한마디로 '코끼리 비스킷'에 비유할 만큼 적다. 또 노인은 소외와 고독 속에서 산다. 가족과 동거해도 별거하는 것 이상으로 대화가 없다고 말한다. 노인들을 위한 여가정책이 빈약할뿐더러 이들이 사회 속에서 통합적 역할을 하길 기대하기는 더더욱 어렵다. 전국 57,000여 개 노인정에서 노인들이 화투나 장기로 소일한다는 비판이 있지만 노인이 누릴 수 있는 여가문화가 없다는 현실이 우울할 뿐이다. 그런데 우리나라의 노인복지정책은 중·장기적 정책 비전이 없이 과거 정책의 기준에 약간씩 변경하는 점증주의(incrementalism)적 관점에 머물러 있다. 우리의 노인복지 예산 규모는 OECD 국가 중 최하위에 머물러 있고, 정책대안도 백가쟁명(百家爭鳴)이지만 획기적인 정책결정도 없는 상태에 머물러 있다.

3 노인복지정책의 환경적 요소

1) 정책 과제로서의 노인문제

여기에서는 노인문제를 사회문제의 대상으로 규정하고 이를 정책 대상으로 하는 당위성을 논의해 보고자 한다.

첫째, 노인은 빈곤하다. 가난하다는 것은 자본주의 사회에서는 경쟁이나 사유재산의 소유에 입각한 희소가치에의 도전에서 실패한 것이다. 외국에서처럼 노인연금제도가 제대로 되어 있는 것도 아니고, 공공부조의 범위가 광범위하지도 않다.

2008년도 전국 노인 실태조사에서도 65세 이상 노인의 경우 노후대책을 마련하고 있거나 준비한 경우가 불과 37.7%였으며, 노인이 생각하는 노인을 위해 가장 필요한 정책은 '기본적 생활 유지를 위한 소득 보장'(67.7%)이 가장 높고, 그 다음으로 '일자리 지원'(12.1%), '건강 증진 서비스'(7.5%) 순이었으며, 이는 노인복지정책의 우선순위로 시사하는 바가 크다(보건복지부, 2009b: 514).

둘째, 노인은 건강의 악화로 인해 각종 질병에 시달리고 있다. 나이가 들면 신체적 기능들이 원만하지 못하고 각종 질병의 위협 속에 이환율이 높기 때문이다. 그러나 문제는 노인이 각종 질병에 신음한다 해도 빈곤에 시달리기 때문에 제때에 양질의 진료를 받기 어렵다는 데 있다.

셋째, 역할의 상실이다. 오늘날 산업사회의 구조적 특성 중의 하나의 핵가족제도이다. 이 핵가족제도 하에서 노인은 가족 내에서의 가부장적 권위를 상실했다. 거기에다 가족과 사회로부터 냉대를 받는다. 그야말로 가족 내에서 몰이해의 존재로 전락되었다. 또 노인의 역할의 상실은 정년퇴직으로 인한 사회에서의 역할의 상실을 포함하여 배우자의 사망으로 인한 역할의 상실, 자녀의 성장, 출가로 인한 역할의 상실, 가까운 친구, 친지들이 세상을 하직하면서 생기는 역할의 상실을 들 수 있다.

넷째, 소외와 고독감이다. 노인의 소외와 고독감은 노인 부양의 문제와 깊은 관련이 있다. 노인의 부양은 그동안 세 가지로 분류하고 있는데 생활용품이나 금전과 같은 물질적 부양이 있고, 일상의 시중 및 병간호 같은 신체적 부양이 있으며, 문안, 대화 및 가사에의 참여 등과 같은 심리적 부양이 있다. 이 세 가지 중 노인의 고독과 불안감은 심리적 부양의 결핍에서 온다고 본다(황진수, 1999b: 115-119).

이러한 노인들의 현실에 국가정책은 어떻게 대응하고 있는가. 그리고 정치인들은 이 역사의 고통과 함께해 온 오늘의 노인을 어떻게 생각하고 있는가. 또 노인복지정책을 수립·집행하는 관료들은 이 문제에 대해 어떤 시각으로 의미를 부여하고 있는가.

불행하게도 우리나라의 노인복지정책에 관한 성격을 보면 형식에 치우치는 경향이 있다. 그것은 헌법 조항부터 그렇다. 헌법 10조와 32조에 인간다운 삶의 보장을 규정하는 등 복지국가의 이상을 천명했으나 이것은 선언적 의미일 뿐이다. 또 노인복지법의 경우도 역시 비슷한 수준에 머물고 있는 실정이다. 그야말로 돈 안 들이고 입으로

만 서비스를 하는 수준에 있다는 것이다.

우리나라의 노인복지정책을 비롯한 사회복지정책은 국가 편의 내지 관 주도적 성격이 두드러진다. 따라서 이러한 정책환경을 바꾸는 대안은 무엇인가. 그것은 사회복지와 경제 성장이라는 두 개의 기둥을 전제로 하여 그 개념에서 파급된 여러 요인을 상대적으로 연계시키는 일이다. 노인복지라는 문제도 다분히 소비적이고 잔여적 개념으로만 볼 것이 아니라 처음부터 정책구도를 다시 짜야 한다는 것이다. 또 하나는 위정자의 복지관에 대한 변화를 추구해야 한다. 그동안 위정자들이 정의한 편협한 성장 위주의 복지관을 공동체 지향적이며 분배적 정의가 실현되는 정책으로 바꾸어야 한다.

2) 노인 권익운동

이 노인 권익운동은 보는 시각에 따라 긍정, 부정적 관점이 있겠지만 이 운동이 갖는 긍정적인 면은 다음과 같이 정리할 수 있다.

첫째, 과도적인 한국의 정치구조 속에서 흔히 일어나는 급진적 사회 변혁이 아니라 안정적 사회구조 속에서 정치 발전이나 사회 발전을 도모할 수 있다는 점이다. 노인들의 문제가 이 권익운동을 주관하는 단체를 통해 이루어진다 할 때 사회의 갈등을 소화시킬 수 있다.

둘째, 정부나 의회에 대해 정책결정 과정에서 많은 정보를 제공할 수 있다. 아무리 정부의 기능이 확대되고 사회가 활발한 역할을 한다 해도 복잡하고 수많은 정보를 독점할 수 없으며, 이를 정책에 반영할 수는 없는 것이다.

셋째, 노인 권익운동을 한다면 그것은 구성원의 이익 추구활동을 통한 각종 행사를 통해 국민에 대한 정치교육을 할 수 있다. 노인 권익단체의 정책과 각종 홍보물을 통해 국민들에게 경로효친의 사상과 노인의 권위를 확인시켜 주는 교육적인 효과도 있을 것이다.

넷째, 이 운동은 이를 주도하는 지도자들에게 정치적 훈련의 기회를 제공할 것이며, 사실 역사적으로 보면, 그 동안 이와 유사한 노동운동, 민족독립운동을 주도한 인사가 정치인으로 대중적 지지를 획득하고 있다. 그러나 문제는 노인이라는 은퇴집단이 이러한 권익운동을 할 수 있는가에 대한 의구심이다.

여기에서 몇 가지의 우려를 정리해 본다. 첫째, 현재의 노인들을 둘러싸고 있는 향리형(鄕里型) 정치문화 내지 신민형(臣民型) 정치문화의 테두리를 벗어나 과감하게 참여형으로 진행할 수 있을까에 대한 우려이고, 둘째는 이 운동이 지속적이고 장기적 차원에서 이루어져야 하는데 과연 기력이 약한 노인들이 개인의 문제를 벗어나 공동의 문제를 가지고 그렇게 할 수 있겠는가에 대한 염려이며, 셋째는 이 운동 과정에서 올 수 있는 각종의 협박 내지 유혹을 어떻게 슬기롭게 처리할까에 대한 걱정이다.

노인운동을 할 때 위에 나열한 몇 개의 문제를 해결할 수 있는 신념과 의지를 가지고 있다면 그 운동은 어느 정도의 가능성은 있을 것이다. 그러나 우리나라의 노인 권익운동은 아직 여러 가지 면에서 수준에 미달된 것이 현실이다. 우선 노인 권익운동을 이끄는 NGO끼리의 연대활동의 미비, 새로운 아이디어에 대한 추진력의 문제, 재원의 확보문제, 강력한 지도자의 문제, 대정부 로비력의 문제, 대(對)의회 진출의 문제 등이 풀어나가야 할 숙제로 남아 있다(황진수, 1999a).

4 우리나라 노인복지정책의 과제

1) 소득보장정책

① 노인 단독기구, 독거노인 등 근로 능력이 거의 없는 노인 계층을 특별히 배려하는 정책 대안이 모색되어야 한다.

② 고용상 연령 차별 금지 및 고령자 고용 촉진에 관한 법이 임의 조항으로 되어 있는데 이를 강제 조항으로 바꾸고 300인 이상 사업장에 적용되는 기준고용률[3]을 100인 이상 사업장으로 그 기준을 낮추어야 한다.

③ 기초노령연금의 수혜 범위를 넓히고 수혜 금액을 대폭 인상해야 한다.

④ 고령자 적합 직종 77개 직종을 대폭 넓히고 이를 강제 규정으로 바꾸는 정책이 마련되어야 한다.

⑤ 고령자 취업을 활성화하기 위한 정년 연장제도 또는 정년제도를 없애는 정책이 모색되어야 한다.

⑥ 노인복지 공장을 활성화시켜 노인에게 일자리를 마련하는 정책을 수립해야 한다.

---

3) 고용상 연령 차별 금지 및 고령자 고용 촉진에 관한 법률 제2조 5호의 "기준고용률"이란 사업장에서 상시 사용하는 근로자를 기준으로 하여 사업주가 고령자의 고용 촉진을 위해 고용해야 할 고령자의 비율로서 고령자의 현황과 고용 실태 등을 고려하여 사업의 종류별로 대통령령으로 정하는 비율을 말한다. 즉, 제조업은 그 사업장의 상시근로자 수의 100분의 2, 운수업, 부동산 및 임대업은 그 사업장의 상시근로자 수의 100분의 6, 그 밖의 산업은 사업장의 상시근로자 수의 100분의 3을 말한다.

⑦ 중고령자를 위한 직업훈련제도를 활성화시켜서 새로운 직종에서 일할 수 있도록 정책적 배려를 해야 한다.
⑧ 노인 창업을 위한 정부, 지방자치단체 및 공기금 차원의 대응책이 모색되어야 한다.
⑨ 직장과 재산을 가지고 있는 사람이 은퇴를 했을 경우 부동산에 대한 세금을 감면해 주는 방안이 모색되어야 한다.
⑩ '효자송금법' 제도 운용을 모색할 필요가 있다. 자녀가 노부모에게 생활비를 송금하면 송금액에 비례하여 세금을 감면해 주는 제도를 응용 도입할 필요가 있다.
⑪ 노인을 비롯한 중고령자를 취업시키는 기업체에 대한 정부의 보조금정책을 활성화시켜야 한다.
⑫ 중고령자 및 노인의 취업 알선 기관이 너무 난립해 있다. 보건복지부의 시니어클럽, 노동부의 고령자인재은행, 서울시의 고령자 취업알선센터, 대한노인회 취업지원센터가 혼재되어 있으므로 이를 단순화, 일원화시켜야 한다.
⑬ 노부모를 봉양하는 가구에 대한 세금 감면, 아파트 신청 시 우선권 부여, 진료비 감면 혜택, 학군 배정시 우선권 등이 고려되어야 한다(황진수, 2002: 11-14).

2) 보건의료정책

① 현재 중증 질환자에게 적용되고 있는 건강보험의 혜택 범위를 만성 질환자에게도 확대 적용하여 의료비의 25%만 내도록 해야 한다.
② 치매에 대해서는 조기검진과 치료비 및 케어서비스 지원 등 집중적인 예방 및 치료관리 정책을 추진해야 한다. 또한 일반 서민이 이용할 수 있는 실비요양시설, 실비전문요양시설의 대폭 증설과 실비시설 운영 복지법인에 대해 인건비, 운영비 보조가 필요하다.
③ 저소득층 노인을 위한 보조기, 의수족, 보청기, 안경 등에 대한 저렴한 가격 또는 무료 지급 방안이 모색되어야 한다.
④ 노인복지법 제27조에 정한 노인건강진단 제도를 65세 이상 국민기초생활보장 대상자 중 신청한 노인에게만 할 것이 아니라 수혜 대상, 진단 과목, 검진 결과에 따른 후속 조치를 활성화시켜야 한다. 또 예방 의료적 차원에서 65세를 55세로 낮추는 방안이 모색되어야 한다.
⑤ 모든 노인에게 건강수첩을 교부해야 한다. 고령 후기 노인에게 간병간호사업, 물리치료사업, 기능회복사업을 포함시켜야 하고, 그 비용은 정부가 부담하는 방

안도 모색되어야 한다.

⑥ 노인전문 의료시설의 확충을 들 수 있다. 노인 질환의 경우 기초적이고 간호 중심의 의료를 필요로 하므로 노인 치료와 보호를 담당하는 노인 요양시설과 중간시설을 설치하여 연계적인 운영을 해야 한다.

⑦ 지역사회 보호제도의 도입이 이루어져야 한다. 지역사회서비스 방법으로는 노인보건교육, 가사보조서비스, 가정노인간호보호, 노인가정방문 등이 있는데, 이를 보건소와 사회복지관 그리고 자원봉사기관이 협력하는 방안도 모색되어야 한다(황진수, 2002: 11-14).

3) 여가활동 지원정책

① 노인 교육의 내실화가 필요하다. 우리나라 노인 교육은 주로 사회단체, 종교단체, 자선단체, 독지가 또는 지역사회 공동체에 의해 운영되고 있는데 좀 더 내실화할 필요가 있다. 노인교육을 위한 교재 개발, 강사의 질적 향상을 위한 강사뱅크제도, 노인교육 프로그램의 다양화가 필요하다. 기존의 교육기관 이외에도 매스컴에 의한 교양강좌, 대학에서의 강좌 개설, 구민회관 등에서의 특별강연회, 종교기관에서의 노인강좌 개설, 노인 교양서적의 구매 보급 등을 위한 정책 개발이 필요하다.

② 경로당 운영에 획기적 변화가 필요하다. 경로당 운영 프로그램의 개발, 노인 레크리에이션, 노인 취미클럽, 노인 솜씨 개발, 노인 여행 등의 프로그램을 개발하고 정부 차원에서 이를 적극 후원해야 한다.

③ 노인단체의 활성화가 필요하다. 대한노인회를 비롯한 노인단체는 노인을 위한 복지정책의 개발, 노인조직의 활성화를 위한 각종 모임의 주선, 노인의 권익 보장을 위한 각종 사업을 전개해야 한다.

④ 노인종합복지관, 노인복지기관 프로그램의 다양화, 전문화가 이루어져야 한다. 우리나라 노인복지관의 프로그램은 거의 비슷하다. 따라서 그 지역과 노인의 소득 수준, 주거 및 지식 수준에 알맞게 다양한 프로그램을 개발해야 한다.

⑤ 노인 자원봉사활동의 적극적 지원이 필요하다. 노인의, 노인에 의한, 노인을 위한 노인 자원봉사활동이 뿌리를 내리도록 정부, 지방자치단체는 그 대안이 마련되도록 해야 한다. 노인에 의한 지역사회봉사, 노인에 의한 임종, 호스피스 봉사, 노인에 의한 전통문화 예술 분야의 강연 교육 및 프로그램이 활성화되어야 한다.

⑥ 노인 여가시설의 확충이 필요하다. 우리나라에는 노인을 보호하기 위한 수용시설도 부족하지만 건강하고 시간적 여유가 있는 노인이 이용하기 쉽고, 접근성이 있는 노인 여가시설이 많이 부족하다. 따라서 노인 여가시설이 대폭 증설되어야 한다.

⑦ 재가복지서비스사업으로 주간(야간)보호, 단기보호, 방문간호, 방문요양, 방문목욕 서비스 등을 들 수 있으나 앞으로는 방문간호를 비롯해 안부 전화, 교통 편의 제공, 식사 배달 서비스 등 다양한 프로그램이 제공되어야 한다.

⑧ 100세 장수 노인을 위한 장수 프로그램이 나와야 한다. 현재 노인이 농경사회의 주역이었다고 한다면 앞으로의 노인은 정보화·산업화사회에서 삶을 영위할 수 있는 정책과 장수 노인의 소득, 의료보건정책, 여가 등을 포괄하는 정책이 나와야 한다(황진수, 2002: 11-14).

그런데 정치적 입장의 노인복지 수준의 향상 여부는 결국 노인복지를 요구(demands)하거나 지지(supports)하는 세력이 정책결정기구에 얼마나 어떻게 자극을 주는가에 달려 있다. 따라서 노인복지정책을 연구하는 학자, 노인문제를 실현하는 사회복지계 인사, 노인단체 인사, 노인문제를 담당하는 관련 공무원 등의 노인복지를 위한 고뇌와 결과물에 따라 노인의 복지 수준이 향상될 수 있을 것이다.

제12장 장애인 사회복지행정

I 장애인복지의 개념과 성격

1 장애인의 개념 및 장애인관

장애인에 대한 개념은 매우 복합적인 성격을 지니고 있어 명확한 정의를 내리기는 쉽지 않다. 장애의 연령이나 종류, 장애의 정도와 그 판별 방법, 기타 조건, 장애인에 대한 판별 시각(교육 대상 혹은 복지 대상) 등에 따라 장애인의 의미가 달라지고 또한 시대의 변천에 따라 각기 다른 의미를 지니게 된 것이다. 장애인의 일반적 개념을 규정할 때 기능상실(impairment), 기능장애(disability) 및 사회적 장애(social handicap) 등의 용어를 중심으로 고찰하는 경우가 있다.

첫째, 기능상실의 개념은 대체로 사지(四肢) 중의 하나가 절단, 상실, 기형인 상태와 해부학적인 면에서의 기능상실을 의미한다. 따라서 간, 허파, 감각기관, 정신, 신장 등의 상실이나 기능장애를 포함하며, 주로 의학적인 진단에 의해 부상의 범위와 정도가 책정된다. 대체로 이 기능상실은 세 분야로 구분할 수 있다. 즉 ① 뇌일혈・뇌성마비 등의 뇌기능 상실, ② 언어장애・시각장애・청각장애 등의 시청각 상실, ③ 심장 호흡기장애 등과 정신질환, 백치, 치우, 노둔(魯鈍) 등의 심신질환 등이다.

둘째, 기능장애란 위와 같은 기능 상실로 인한 일상생활이나 사업행위상의 제한이나 장애를 말한다. 기능상실이 반드시 기능장애를 수반하는 것은 아니다. 기능상실이 일반적으로 영구적 성질을 지니는 반면 기능장애는 적절한 치유에 의해 제거 혹은 완화될 수 있다는 점에 차이가 있다.

셋째, 사회적 장애란 기능장애로 야기되는 사회적 결과를 총칭한다. 엄밀한 의미에서 보아 기능상실과 기능장애는 상대적 의미를 지니고 있어 한 개인의 사회적·경제적·교육적 환경이나 성격구조에 따라 사회생활의 제한 요소가 될 수도 있고 그렇지 않을 수도 있다. 만일 제한적 요소가 직접적으로는 되지 않는다 해도 일종의 기능상실자가 되었다는 것은 통계학적 내지 규범적 보편성에 위배되는 것이기 때문에 이로 인해 야기되는 사회적 반응, 선입관, 편견 등으로 당하게 되는 모든 상황을 사회적 장애화라고 할 수 있다. 이러한 개념을 강조하는 이유는 기능상실과 기능장애의 치료와 재활은 대체로 의학에서 전담해야 할 분야를 규정지을 수 있으며, 사회복지가 좀 더 직접적으로 개입해야 할 부분은 제반 사회적 장애라는 점 때문이다.

장애의 개념을 정의할 때 세계적인 학계의 추세는 종래의 의학적인 접근 방법을 지양하고 장애의 사회적 차원에 관심이 집중되고 있다. 이와 같은 학문적 추세에 나타난 장점은 세 가지로 요약된다.

첫째, 인간은 모두가 나름대로의 장애를 소유하고 있다는 상대적 사실을 보편화함으로써 심신장애인에게 집중되었던 편견적인 태도를 제거하는 계기가 된다.

둘째, 사회복지나 사회정책의 개인 대상을 심신장애를 초월한 어떠한 개인적·경제적 신분상의 장애에 의해서든 복리 추구에 지장을 받고 있는 모든 사회구성원을 대상으로 해야 된다는 가치관의 확립이다. 심신장애인을 위한 서비스는 사회복지의 한 국면에 불과하며, 질병·고아·미혼모·양호·영양·실업·빈곤 등의 사회적 위치나 상황에 의해 야기되는 각종의 장애야말로 사회정책의 근본 과제라 할 수 있다.

셋째, 사회적 장애라는 개념을 채택함으로써 종래와 같이 일종의 장애를 소유하고 있거나 피해를 당한 당사자에게만 책임을 전가하던 가치관을 지양하고 장애인을 천대, 멸시, 편견시하는 사회적 태도와 동기 그 자체에 따른 문제점이 있다는 이론적 입장을 취함이다.

그러나 세 번째 입장의 사회적 장애를 포함한 사회문제가 문제를 지닌 개인에게만 그 책임이 있지 않고 사회구조상의 문제점에서 야기되어 사회적 책임 하에 해결되어야 한다는 논리는 타당성이 있다고 본다.

일반적으로 장애인이라 하면 신체장애인과 정신박약인을 통틀어 부르는 말이며, 이를 구체적 단일어로는 심신장애인이라고 말하기도 한다.

다음으로 장애인에 대한 실정법상의 개념 정의는 다음과 같다. 미국의 재활법(1973)에서 장애인이란 주요 생활 분야에서 한 분야 이상 실질적인 제한을 주는 신체적·정신적 결함을 갖고 있는 자라고 하는가 하면, 일본의 심신장애인대책기본법에서는 장애인이란 지체부자유, 시각장애, 청각장애, 심장 기능장애, 음성 기능장애, 언어 기능장애, 평형 기능장애, 호흡기 기능장애 등의 고정적 장기간 장애 및 정신박약 등의 정신적 결함이 있기 때문에 장기적으로 일상생활이나 사회생활에 상당한 제한을 받는 자라고 밝히고 있다.

1981년 제정된 한국의 심신장애인복지법에서는 심신장애인을 지체부자유, 시각장애, 청각장애, 음성·언어 기능장애 또는 정신박약 등 정신적 결함으로 인해 장기간에 걸쳐 일상생활 또는 사회생활에 상당한 제약을 받는 자로서 대통령령으로 정하는 기준에 해당하는 자로 규정하고 있다. 여기에서의 장애인복지 연구상 장애인이란 위에서 분류하여 규정한 기능상실자와 기능장애인을 포함하며 사회적 장애까지도 포함하는 것으로 정의하고자 한다.

현대에 이르러 대부분의 국가가 복지국가를 지향하고 있거나 복지국가를 경험하고 있는 가운데 인간의 존엄성을 유지하고 모든 사람의 복지를 이룩하여 삶의 질을 향상시키려 하고 있다. 사회문제의 해결과 인간다운 삶의 권리를 신장시키기 위한 복지국가 간의 정책 목표 가운데 장애인 문제의 복지 확보는 이러한 견지에서 보아 지극히 기본적이고 필수적인 과제로 인식된다. 장애인에 대한 기본적인 인권으로서의 생존권 보장 사상과 복지 이념이 싹트게 된 것은 제1차 세계대전 중 또는 수년 후부터이다. 제1차 세계대전에서의 신체장애인의 급증 현상으로 국가를 위해 봉사하고 희생된 사람들에게 경의를 표하는 의미에서도 원조를 하는 것이야말로 명분이 선다는 사고방식이 생겼다. 이때부터 유럽 각국은 장애인의 재활을 위한 각종 입법 조치를 하게 되었으며 그 재활의 목표는 장애인이 지역사회의 제반 활동에 참여할 수 있도록 하는 데 두고 있으며, 재활서비스 역시 시설에서보다 지역사회에 근거하는 자연스러운 환경에서 이루어지도록 하고 있다.

장애인에 대한 사회적 인식과 태도, 그리고 당사자 자신의 의식과 사회적 태도에 대한 인식의 성격에 따라 장애인 자신의 행복 혹은 불행의 원인이 되기도 한다. 따라서 장애인의 재활과 적극적 생활 태도 및 사고방식의 확보, 그리고 사회적 적응과 일탈 방지 및 통합을 위해 장애인도 정상인과 같이 인간다운 생활을 영위할 수 있다는 의식을 장애인과 일반 사회에 보편화되도록 함이 필요하다고 본다.

2 장애인복지의 개념

장애인복지의 개념은 두 가지 측면에서 고려되어야 한다. 하나는 장애인에 대한 바람직한 이념이나 목표의 정립과 관련되는 목적적 개념이다. 이것은 신체적·정신적·사회적 장애를 갖는다 해도 인간의 존엄성과 가치가 인정되고 장애인 스스로 최선의 노력으로 만족된 생활을 영위해 나가는 것을 이상으로 한다. 이를 위해 인간의 전면 발달의 최적화된 기회를 보장하는 것이 장애인복지의 기본 이념이며 목표이다. 복지사회는 사회문제들을 해결하고 삶의 질을 향상시킬 당위성을 갖고 있으므로 인간의 존엄성에 기초를 두고 장애인의 정당한 생존권을 보장해야 한다. 이러한 장애인복지에 대한 목적론적 개념은 장애인의 존재를 인식해 장애인들도 정상인과 같이 동등한 인권을 가진 사회구성원이라는 올바른 장애인관을 확립하고 인격체로서 정당한 대우를 받도록 하는 것을 의미한다.

장애인복지의 또 다른 측면의 개념은 복지정책, 제도, 원조활동, 교육, 의료 등을 포함한 사회정책의 체제를 의미하는 실제적 개념이다. 뮈르달(Karl Gunnar Myrdal)은 사회복지사업이 임상적 측면과 사회정책적 측면을 양극으로 하는 연속성 속에서 찾아지고 이 양자의 관계는 분리된 것이 아닌 통일체의 양 극면이 되는 사회복지의 실체 개념을 제시했다. 이 개념을 장애인복지라는 측면에서 보면 장애인의 생존권과 자아를 실현할 수 있는 권리를 보장하는 정책에 대한 제도적 측면에서부터 임상적 측면까지를 조직적으로 망라하는 대책이라 할 수 있다. 이러한 실체적 개념상 장애인복지는 연금이나 보험에 의한 소득보장에서 출발해 심신의 기능 회복 지도, 물리적·심리적 처우 및 노동환경의 정비 등 질병, 교육, 노동에 관한 장애인의 모든 욕구에 대응하는 정책에서 기술적인 측면에 이르기까지 일련의 정책을 포함하는 것으로 볼 수 있다.

오늘날 장애인복지 체제는 이러한 목적적 개념과 실체적 개념을 동시에 포괄한 것으로 이 두 개념 간에는 유기적 관련성을 지녀야 한다고 본다.

결국 장애인복지란 국가와 사회적 수준에서 장애인에 대한 인간으로서의 존엄한 권리를 보장하고 사회적으로 동등한 대우를 받도록 하며 정상인과 같이 복지국가 사회의 목표인 삶의 질적인 향상의 혜택을 받도록 하기 위한 복지 이념의 개념을 확립하고 이의 달성을 위해 필요한 제반 국가 및 사회의 복지정책을 수행하는 복지의 실체적 측면을 포함하는 개념으로 요약될 수 있다.

첫째, 사회통합이란 장애인들이 정상인들과 마찬가지로 인간의 권리를 누리고 살 수 있도록 장애인의 소외감을 극복하며, 동정적・자선적 행위의 대상보다는 국가사회의 발전에 동참하고 헌신할 수 있는 적극적 존재라는 인식을 장애인 자신이나 전체 사회구조적 측면에서의 인식으로 확립시키는 것을 의미한다. 이에는 인식구조 개혁과 장애인을 의한 생활환경의 개량 등과 같은 것이 포함된다.

둘째, 재활이란 장애인의 잠재 능력을 개발시키며 장애를 극복하여 자립적 활동을 하게끔 하는 것을 말한다.

셋째, 보호란 주로 물질적 보상으로 장애라는 핸디캡으로부터 수행되지 못하는 직업활동의 보수를 보상하는 것을 말한다.

넷째, 예방이란 장애인이 발생될 수 있는 소지를 방지하고 장애인을 조기에 발견하는 것을 말한다.

3 장애인복지정책의 대상 및 방향

장애인복지정책을 수립하고 각종 사업을 집행・운용하는 과정에서 모든 국가는 지극히 단순하고 온정주의적이며 비과학적인 태도를 취해 왔다. 따라서 장애인의 자활능력의 정도를 기준으로 분류함으로써 국가 개입의 방법을 고찰해 볼 수 있다. 장애인복지정책의 대상자를 정리하면 다음과 같다.

첫째, 완전 자활집단으로서 일단 기능상실이나 장애의 요인을 감소, 제거하기 위한 치료, 재활 과정을 거쳐 독자적으로 재활할 수 있는 능력을 소지한 사람들을 말한다. 기능상실의 형태도 잔여적이 아니어서 완치가 가능한 경우가 많고 사회계층 면에서도 부정적인 사회적 장애를 비교적 용이하게 극복할 수 있는 신분의 사람들이다. 따라서 이 집단에 속하는 자들이 요구하는 서비스는 단기성을 띠게 되고 주로 기능 상실 장애로 인해 야기된 적응문제가 사회사업 개인의 목표가 된다.

둘째, 반자활집단으로서 일단 기능상실이나 장애의 요인들을 감소, 제거하기 위한 재활 과정을 거쳤음에도 불구하고 완전 자활이 어려운 자들이 포함된다. 잠정적인 장애나 상실이 크기 때문에 일상생활의 영위를 위해 어느 정도의 보호를 필요로 한다. 뇌일혈 환자, 뇌성마비자, 하반신 불구자, 정신박약아 등이 이에 속한다. 직업재활을 기할 때에도 보호작업장(sheltered workshop)을 이용한다.

셋째, 절대 의존집단에는 극히 소수가 포함되며 노령자와 관련이 깊다. 이 집단에 범주화될 수 있는 사람들은 대개 일상생활상 여러 면에서 타인에게 직접적으로 의존하거나 보호받아야 할 정도의 장애를 가지고 있다.

반자활집단과의 한계가 뚜렷이 구분되기 어려운 경우도 있다. 이 집단은 사회복지(정책)의 가장 중심적인 대상 집단으로 볼 수 있다. 사회복지행정 목표의 효과성과 정책(사업) 집행상의 효율성을 증진하고 장애인 개개인이 특수한 장애 상태를 전문성을 높이면서 정확히 파악하여 적절하게 치료하기 위해 이러한 자활 능력 정도에 따른 구분은 필요하다.

장애인의 복지정책은 물론 구현하고자 하는 장애인의 복지 상태, 즉 복지 이념 및 목표에 따라 그 내용상의 과제, 수단, 방향이 정해져야 한다. 장애인복지정책의 하부체제로서 사회 통합, 재활, 보호, 예방을 지적한 바 있다. 이러한 하부체제가 장애인 복지정책의 과제이며 또한 방향이라고 볼 수 있기 때문에 이를 중심으로 논의한다.

1) 사회통합정책

이는 장애인들이 스스로 적극적인 사고 방식을 갖고 생활을 영위해 나갈 수 있도록 그 가능성을 인정하며 그러한 가능성을 장애인 자신들이 가질 수 있도록 하는 것이다. 또한 개인의 능력에 따라 사회적 역할의 가능성을 발굴하고 이를 전문화하여 사회구성원으로 통합적 수준에서 그 역할을 수행하게 하는 것이다. 이를 위해 장애인에 대한 편견을 제거해 올바른 장애인관을 확립하고 또한 장애인을 이해하기 위한 사회교육, 노동, 교육정책의 재평가, 건물 구조와 설비의 개조 등을 실시하며, 장애인 전문가, 여론, 대중매체 등의 장애인 권리에 대한 홍보활동이 필요하다. 장애인 자신의 열등감, 의존성, 몰이해에 대한 공포, 장애 은폐 의식 등의 소극적 · 자기 부정적 성격과 그로 인한 사회부적응 성향을 제거하기 위한 정책적 노력도 필요하다. 이러한 프로그램의 시행에는 사회사업가, 임상병리학자, 고충상담자, 정신과 의사, 장애인복지 지도자 등의 원조가 필요하다.

2) 재활정책

재활정책은 현대 과학을 최대한으로 활용하여 회복 가능한 능력을 회복시켜 잔존 능력을 개발하고 대상 능력을 기능화시켜 심신의 능력 회복과 장애의 극복으로 최대한으로 자립적 생활에 접근시키려는 개별 원조 대책이다. 즉 심신장애인에게 의료적 · 사회적 · 교육적 · 직업적인 재훈련을 통합적 · 협동적으로 실시함으로써 장애인의 잠재 능력을 개발시켜 독립적인 삶을 영위하도록 하는 정책이다.

재활 과정은 다음과 같은 유형의 서비스들이 상호 관련되어 제공된다. ① 조기 발견과 진단, ② 의학적 치료 및 퇴치, ③ 각종 치료사 및 심리학자에 의한 치료법, ④ 운동 능력, 의사소통, 일상생활 기술을 포함하는 신변 처리의 훈련, ⑤ 특수교육, 직업평가, 훈련과 배치, ⑥ 사회적 상담 및 기타 원조, ⑦ 사후 지도 등이다. 이러한 내용을 포함하는 각종 재활정책의 서비스 형태는 의료재활사업, 교육재활사업, 직업재활사업 등이 대표적이다.

(1) 의료재활사업

의학적 재활은 변형의 고정, 마비의 회복 훈련 등 기본적 기능 장애의 개선을 도모하고 기본적인 기능장애의 회복에 한계가 있을 때 다른 기능을 훈련에 의해 보통 이상으로 발달시켜 보완하는 전체적인 능력의 회복이나 향상을 도모하는 것, 그리고 보장구 등에 의한 기능 장애를 대상(代償)하여 능력을 신장시키는 것이다. 또한 장애인이 자립생활을 영위할 수 있는 생활환경이나 직장환경의 개선 등을 의학적 측면에서 접근하여 지도 원조하는 것으로 보는 견해가 있다.

의료재활이란 질병이나 사고에 의한 후유증, 만성 질병, 노인병 등 장기 치료를 요하는 환자의 잠재 능력을 개발하는 내과적 · 외과적 치료의 응용과 함께 모든 물리적 · 심리적 수단을 보충적으로 병용하는 일련의 의료 조치로 볼 수 있다. 의료재활사업은 그 적용 범위를 확대해 나가야 한다. 정서장애, 정신장애, 허약 아동에 대한 의학적 측면에서의 재활이 이루어지도록 정책적 배려가 있어야 하며, 일반적 장애인에 대한 재활 영역도 확대해 나가야 할 것이다. 의료재활은 의사 이외에도 사회사업가, 심리학자, 직업상담자 등이 함께하는 협동적 사업이 되어야 한다.

(2) 직업재활사업

이 사업에는 장애인의 직업적 능력의 평가, 적성검사, 직종 개발, 직업훈련과 배치, 취업 알선, 취업 상담, 사후 지도 등이 포함된다. 직업재활사업을 실시하기 위해서는 기본적으로 장애인에 대한 국가적 고용정책과 직업훈련정책이 전제되어야 한다. 기업체에 대한 장애인의 의무고용제와 특정 직종에 대한 채용우선권 부여 등이 실시되어야 하며, 직업 활동에 관한 전문 인력의 양성과 직업재활 상담원의 양성이 필요하다.

직업재활사업의 궁극적 목적은 장애인의 능력과 적성을 모색하여 훈련시킴으로써 장애인이 사회적 직업을 갖고 그 속에서 생의 보람을 찾도록 하기 위한 것이다. 아울러 직업재활은 직업적 기술을 베풀기만 하는 단순한 의미의 직업인이 아니라 사회적 역할을 수행하는 인격체로서 자신과 타인에게 인식됨으로써 대인관계상 장애가 없도록 하게 하는 노력도 필요하다.

(3) 교육재활사업

교육재활사업이란 장애인의 잠재 능력을 최대한도로 발휘케 하여 사회생활에 도움을 주는 교육의 제도, 방법, 기술 등을 총칭한 것을 의미한다. 이러한 교육은 특수교육이라고도 칭해진다. 특수교육과 동시에 물리치료 등 의료적 치료와 침구(鍼灸) 등 직업기술 훈련이 병행될 경우 장애인의 재활사업은 더욱 큰 성과를 거둘 수 있을 것이다.

3) 보호정책

이는 재활체제의 원호 기술을 적용하는 데 부적격인 중증장애인에게 주로 보상의 관점에서 필요한 시책을 펴는 원조활동이다. 이는 보상, 보장, 보호 등에 관련되는 정책으로서 장애 정도에 따른 연금 및 보장금을 지급, 주택의 분양, 시설수용 보호, 거택서비스 등과 같은 현금, 시설, 설비, 노력, 봉사의 모든 서비스가 제공되는 결손 능력의 보상 체제이며 재활과는 밀접한 관련을 맺고 있다. 이는 보상과 소득 유지라는 계획사업으로 구분된다.

4) 예방정책

장애인의 예방정책이란 장애의 조기 발견까지도 포괄한 것으로 장애 발생의 방지를 위한 사전 대책을 말한다. 장애인의 발생 예방과 조기 발견은 의료기관이나 상담소 등에서 위생학적 지도, 모성 지도, 신생아나 영유아(嬰幼兒) 검진, 기타 화학적·약학적 수단을 통한 검진, 모성 보호에 의한 선천성 또는 출산시의 사고를 미리 방지하는 것 등이 필요하다. 오늘날 약물 중독으로 인한 선천성 장애인, 산업재해 장애인, 교통사고 장애인, 소아마비, 뇌성마비, 환경 공해로 인한 장애인 등의 환자가 증가함으로써 이에 대한 사전 대상이 요망되고 있는 실정이다.

Ⅱ 장애인복지정책의 현황

1 장애인 인구의 현황

2008년 11월 기준으로 보건복지부 장애인 등록 데이터베이스에 등록된 장애인 수는 2,283,815명으로 우리나라 인구(4천 9백만 명)의 약 4.7% 정도의 수준이다. 우리나라의 장애인 출현율은 WHO의 세계 장애인 비율 10%보다 적다.

이는 우리나라에 장애인의 수가 적다는 의미보다 우리나라에서 인정하는 장애인의 범주가 다른 나라보다 상대적으로 적다는 점에 있다. 장애의 범위는 지체장애, 뇌병변장애, 시각장애, 청각장애, 언어장애, 지적장애, 자폐성장애, 정신장애, 신장장애, 심장장애, 호흡기장애, 간장애, 안면장애, 장루·요루장애, 간질장애 총 15종류[1)]의 장애이다.

이외에 등록되지 못한 장애인들은 장애에다 국가의 복지 혜택도 받지 못하는 등 열악한 생활을 해나갈 수밖에 없으며 복지의 사각지대에 놓일 수밖에 없다. 그리고 우리나라 장애인의 약 90% 이상이 후천적인 장애인이다. 이들은 후천적 발병에 의한 병변, 교통사고, 산업재해 등으로 인해 장애인이 되어 나머지 인생을 장애인으로 살아가야 하는데 생활에 대한 대책이 거의 없는 실정이다.

국가에서는 매년 「장애인복지사업안내」라는 책자를 발간하면서 장애인 복지시책이라고 홍보한다. 그렇지만 국가의 복지시책은 그 대상자가 한정되어 있으며, 주어지는 시책도 많은 조건이 따르고, 그나마 혜택을 받는 시책도 삶을 살아가는 데 많은 도움을 주지 못한다. 이에 국가의 보건복지부에서 발간하는 장애인복지사업을 중장애인에게 실질적인 시책의 대상, 지원 방법 및 절차를 길버트(N. Gilbert)와 스페트(H. Specht)의 평가분석들을 가지고 분석하고 각각에 대한 문제점에 대해 논하고자 한다.

---

1) 장애인복지법의 개정에 따라, 2003년 7월 이전에는 장애의 범주가 지체장애, 뇌병변장애, 시각장애, 청각장애, 언어장애, 지적장애, 자폐성장애(자폐증), 정신장애, 신장장애, 심장장애의 10종류였으나 2003년 7월부터 5종류(호흡기장애, 간장애, 안면장애, 장루·요루장애, 간질장애)의 장애가 확대·포함되었다.

표 12-1 지역별 등록 장애인

(단위: 명, %)

지역	장애인 수	백분율	지역	장애인 수	백분율
전국	2,283,815	100.00	강원	91,324	4.00
서울	380,307	16.65	충북	85,507	3.74
부산	159,244	6.97	충남	116,560	5.10
대구	106,969	4.68	전북	123,655	5.41
인천	121,269	5.31	전남	135,837	5.95
광주	62,514	2.74	경북	152,368	6.67
대전	64,886	2.84	경남	163,019	7.14
울산	45,182	1.98	제주	27,626	1.21
경기	447,540	19.60			

자료: 한국보건사회연구원(2009: 43).

표 12-2 장애인복지법에 따른 장애 유형 분류

대분류	중분류	소분류	세분류	확대 예상 장애 범주
신체적 장애	외부 신체 기능의 장애	지체장애	절단장애, 관절장애, 지체기능장애, 변형 등의 장애	
		뇌병변장애	중추 신경의 손상으로 인한 복합적인 장애	
		시각장애	시력장애, 시야결손장애	
		청각장애	청력장애, 평형기능장애	
		언어장애	언어장애, 음성장애, 구어장애	
		안면장애	안면부의 추상, 함몰, 비후 등 변형으로 인한 장애	
	내부 기관의 장애	신장장애	투석치료 중이거나 신장을 이식받은 경우	소화기장애, 비뇨기장애, 만성통증, 기타 암
		심장장애	일상생활이 현저히 제한되는 심장 기능 이상	
		간장애	일상생활이 현저히 제한되는 만성·중증의 간 기능 이상	
		호흡기장애	일상생활이 현저히 제한되는 만성·중증의 호흡기 기능 이상	
		장루·요루장애	일상생활이 현저히 제한되는 장루·요루	
		간질장애	일상생활이 현저히 제한되는 만성·중증의 간질	
정신적 장애	지적장애		지능지수가 70 이하인 경우	
	정신장애		정신분열병, 분열형 정동장애, 양극성 정동장애, 반복성 우울장애	만성알코올·약물중독, 기질성뇌증후군, 치매
	자폐성장애		소아자폐 등 자폐성 장애	기타 정신자폐성장애

2 길버트와 스페트의 평가분석틀

길버트(N. Gilbert)와 스페트(H. Specht)는 사회복지정책이란 시장 외부에서 일어나는 급여와 할당의 메커니즘이라 규정하면서 사회적 급여를 누구에게, 어떤 방식으로, 어떻게 전달하며 재원은 무엇인가에 대한 일련의 선택으로 간주하고, 이 선택을 체계적으로 분석할 수 있는 틀을 제시했다(Gilbert & Specht, 1974: 24).

사회적 급여를 누구에게 제공하는가는 할당(social allocation)이라고 할 수 있는데, 이에는 사회적 급여의 수급자격 요건으로, 거주 여부, 거주 기간, 인구학적 조건, 기여의 여부, 근로 조건, 소득 수준 등이 있다. 이는 할당 영역이라고 할 수 있다.

'어떤 방식으로'는 사회적 급여로서 무엇을 제공하는가를 나타내면 사회적 공여(social provison)라 할 수 있으며, 급여의 형태에는 크게 현금, 현물, 증서, 기회, 권력이 있다. 이는 대책 영역이라고 할 수 있다.

'어떻게 전달되는가'는 사회적 급여를 수혜자에게 전달하는 방법으로 이러한 전달방법은 새로운 변화에서 정책과 수혜자의 갈등을 조절할 수 있기 때문에 중요한 의미를 갖는다. 또한 이는 전달 영역으로 분류한다.

'재원은 무엇인가'는 재원을 어떻게 충당할 것인가로 볼 수 있는데, 사회복지 재원은 보통 정부나 지방자치단체가 지출하는 공공부문의 재원과 민간부문의 재원으로 나눌 수 있다. 이는 재정 영역(finance)이라고 할 수 있다.

3 평가분석틀을 적용한 장애인 복지시책

길버트와 스페트의 사회복지정책 분석틀은 장애인 복지시책에서도 적용할 수 있다. 여기서는 보건복지부에서 시행하는 대표적인 2009년도 장애인복지사업을 통해 살펴본다.

1) 장애수당

장애수당은 다른 사람의 도움이 없이는 일상생활을 영위하기 어려운 기초생활보장 수급자 및 차상위 계층의 장애인에게 장애로 인한 추가 비용을 보전하기 위한 수당을 지급하여 저소득 장애인 가구의 생활 안정을 지원한다.

① 할당 영역: 국민기초생활보장법에 의한 수급자 및 차상위 계층의 18세 이상 등록 장애인이다.
② 대책 영역: 기초수급 중증장애인 1인당 월 13만 원, 기초수급 경증장애인 1인당 월 3만 원, 차상위 계층 중증장애인 1인당 월 12만 원, 차상위계층 경증장애인 1인당 월 3만 원이 지급된다. 그 밖에 보장시설 기초 중증장애인은 1인당 월 7만 원, 기초 경증장애인은 1인당 월 2만 원을 지급받는다.
③ 전달 영역: 지급일은 매월 20일에 지급하는 것을 원칙으로 하며 지급일이 토・일요일 및 공휴일이면 그 전일에 금융기관 또는 우편관서의 수급자 계좌에 시장・군수・구청장이 새올행정 시스템을 통해 직접 입금 조치한다.

2) 장애아동수당

기초생활보장 대상자 및 차상위 가구의 18세 미만 재가 장애아동에게 장애로 인한 추가 비용을 지원하여 장애아동의 양육환경을 개선하고 장애아동 가구의 생활 안정을 도모한다.

① 할당 영역: 국민기초생활보장법에 의한 수급자 및 차상위 계층의 18세 미만 재가 장애아동의 보호자 또는 당사자에게 지급된다.
② 대책 영역: 기초수급 중증장애인 1인당 월 20만 원, 기초수급 경증장애인 1인당 월 10만 원, 차상위 중증장애인 1인당 월 15만 원, 차상위 경증장애인 1인당 월 10만 원이다.
③ 전달 영역: 지급일은 매월 20일에 지급하는 것을 원칙으로 하며 지급일이 토・일요일 및 공휴일이면 그 전일에 금융기관 또는 우편관서의 수급자 계좌에 시장・군수・구청장이 새올행정 시스템을 통해 직접 입금 조치한다.

3) 장애인 의료비 지원

생활이 어려운 저소득 장애인에게 의료비를 지원하여 생활 안정 및 의료보장을 도모한다.

① 할당 영역: 의료급여법에 의한 의료급여 2종 수급권자인 등록장애인이다.
② 대책 영역: 장애인 의료비 지원의 대책 영역은 첫째, 1차 의료급여기관에서 처방전 교부 시 본인 부담금 1,000원 중 750원, 처방전을 교부하지 않고 진료하거나 약사법 제21조 제5항의 규정에 의해 의약품을 직접 조제하는 경우 본인 부담금 1,500원 중 750원을 지원한다. 세부 지원 내용은 <표 12-3>과 같다.

표 12-3 장애인 의료비 지원 내용

<table>
<tr><th>구분</th><th colspan="2">의료급여기관</th><th>구분</th><th>본인부담금</th><th>장애인의료비
지원 내용</th></tr>
<tr><td rowspan="7">외래</td><td colspan="2" rowspan="2">제1차 의료급여기관
(의원, 보건의료원)</td><td>원내 직접 조제</td><td>1,500원</td><td>750원</td></tr>
<tr><td>그 이외의 경우</td><td>1,000원</td><td>750원</td></tr>
<tr><td rowspan="4">제2차
의료
급여
기관</td><td rowspan="3">제17조
만성질환자</td><td>원내 직접 조제</td><td>1,500원</td><td>전액</td></tr>
<tr><td>그 이외의 경우</td><td>1,000원</td><td>전액</td></tr>
<tr><td>특수장비 촬영
(CT, MRI, PET)</td><td>특수장비 총액의 15%
(등록 암환자 10%)</td><td>전액</td></tr>
<tr><td>만성질환자 외</td><td colspan="2">의료급여비용 총액의 15%</td><td>전액</td></tr>
<tr><td colspan="2">제3차 의료급여기관</td><td colspan="2">의료급여비용 총액의 15%(등록 암환자 10%)</td><td>전액</td></tr>
<tr><td rowspan="2">입원</td><td colspan="2" rowspan="2">제1·2·3차 의료급여기관</td><td colspan="2">의료급여비용 총액의 15%(중증 환자 10%)</td><td>전액</td></tr>
<tr><td colspan="2">본인 부담 식대</td><td>없음</td></tr>
<tr><td rowspan="2">약국</td><td colspan="2" rowspan="2">약국에서 의약품을
조제하는 경우</td><td>처방조제</td><td>500원</td><td rowspan="2">없음</td></tr>
<tr><td>직접조제</td><td>900원</td></tr>
</table>

자료: 보건복지부(2009c: 127).

③ 전달 영역: 의료비 지원 대상자인 장애인이 의료급여법에 의한 의료급여기관에서 외래, 입원 진료 및 장애인용 보장구 급여를 받을 때에는 '장애인등록증'과 '의료급여증'을 제시한다. 진료기관에서는 해당 장애인이 의료비 지원 대상자임을 확인 후 진료를 행해야 하며, 해당 장애인의 지원 대상 의료비를 본인에게 부담시켜서는 안 된다.

4) 장애인 자녀교육비 지원

비장애인에 비해 소득활동에 제한을 받으면서 의료비, 교통비, 보장구 구입비 등 교육 간접비용이 상대적으로 높은 저소득 장애인 가구의 자녀에 대한 교육비를 지원하여 경제적 부담을 줄여 줌으로써 최소한의 교육 기회 보장과 장애인 가구의 생활 안정을 도모한다.

① 할당 영역: 1~3급 장애인 중학생 및 고등학생이나, 1~3급 장애인의 중학생 자녀 및 고등학생 자녀를 둔 개별 가구를 대상으로 가구별 소득과 재산을 조사하여 해당자에게 지급한다. 2009년의 경우, 1인 가구 소득 인정액은 638,099원이고, 4인 가구의 경우에는 1,724,592원이다.

② 대책 영역: 지원 내용은 입학금·수업료를 포함한 학비, 교과서대, 부교재비, 학용품비 등이다.

③ 전달 영역: 교육비 지원 대상 학생의 수업료 및 입학금 등은 지원 대상 장애인 가구의 가구주 복지급여 계좌에 입금한다.

5) 장애인 자립자금 대여

저소득 장애인에게 생업, 기술훈련, 재활보조기구 구입 등에 필요한 자금을 장기 저리로 대여하여 자립을 유도하고 생활 안정을 지원한다.

① 할당 영역: 개별 가구를 대상으로 가구별 소득과 재산을 조사하여 해당자에게 지급한다.

② 대책 영역: 자립자금 대여는 그 목적이 있어야 하는데 생업자금, 취업에 필요한 지도 및 기술훈련비, 창업에 필요한 비용, 기능 회복 훈련에 필요한 고가의 재활 기기 구입비, 사무보조기기 구입비, 기타 시·도지사, 시·군·구청장이 장애인 재활에 필요하다고 인정하는 비용으로 사용할 수 있으나 생활가계자금, 주택전세자금, 학자금, 출퇴근을 위한 자동차 등의 용도로는 융자를 불허한다. 2009년에는 보증대출은 1가구당 2,000만 원, 무보증대출은 1가구당 1,500만 원까지 대출을 했다.

표 12-4 장애인 자립자금 대여 대상자 기준

구분	내용						
가구별 월소득 인정액 기준	1인 가구	2인 가구	3인 가구	4인 가구	5인 가구	6인 가구	7인 이상 가구
	98만 원 이하	167만 원 이하	216만 원 이하	265만 원 이하	314만 원 이하	363만 원 이하	1인 증가 시마다 49만 원씩 증가
장애인	18세 이상의 등록장애인 본인						

자료: 보건복지가족부(2009c: 126).

6) 장애인 재활보조기구 교부

생활이 어려운 저소득 장애인에게 일상생활의 편익 증진 등을 위한 재활보조기구를 교부함으로써 이들의 생활 능력 향상 및 복지 증진을 도모하기 위한 시책이다.

① 할당 영역: 장애인복지법 제32조의 규정에 의거 등록한 지체·뇌병변·시각·청

각·심장장애인으로서 국민기초생활보호법상 수급자 및 차상위 계층이다.

② 대책 영역: 장애인에게 필요한 자세보조용구, 휴대용 무선신호기, 욕창방지용 매트 등이다.

③ 전달 영역: 교부를 희망하는 장애인은 재활보조기구 교부신청서를 읍·면·동 사무소에 제출하면 읍·면·동장은 이를 시·군·구청장에게 보고하고, 시·군·구청장은 자세보조용구와 그 밖의 재활보조기구로 구분하여 지급절차에 따라 교부한다.

7) 장애인에 대한 공동주택 특별 공급 알선

주택토지공사 등의 공공기관 또는 민간업체에서 '국민주택 등'에 해당하는 공동주택을 공급(분양·임대)할 때 주택공급에 관한 규칙 제19조 제1항 제7호에 의거 무주택 세대주인 장애인에 대한 특별 공급을 알선하여 장애인의 주거 안정을 지원한다.

① 할당 영역: 입주자 모집공고일 현재 무주택 세대주인 장애인(지적장애인·정신장애인 및 제3급 이상의 뇌병변장애인의 경우에는 그 배우자인 세대주를 포함)이다. 무주택 세대주라 함은 세대주를 포함한 세대원(세대주와 동일한 세대별 주민등록표상에 등재되어 있지 아니한 세대주의 배우자 및 배우자와 동일한 세대를 이루고 있는 세대원을 포함한다) 전원이 주택을 소유하고 있지 아니한 세대의 세대주를 말한다.

② 대책 영역: 토지주택공사 공급분은 시·도지사가 토지주택공사지역본부장 또는 지사장과 협의하여 확정한다. 주택 공급에 관한 규칙에 의거 전체 공급 물량 중 10% 범위 내에서 장애인복지법에 의한 장애인, 국가유공장애인, 공무원 등에게 특별 공급한다. 지방자치단체 또는 민간업체 공급분은 시·도지사 등이 국민주택 등에 해당하는 주택의 공급계획을 수립하거나 민간업체의 국민주택 공급계획에 대해 승인할 때 장애인의 수요 범위 내에서 최대한 장애인에 대한 특별분양이 될 수 있도록 물량을 확보해 공급한다.

③ 전달 영역: 읍·면·동장은 공동주택의 공급자, 위치, 공급 시기 등을 공고하고 장애인의 공동주택 특별공급 신청을 접수한다. 신청일자 등은 공동주택 공급 시기 등을 고려해 시·도지사가 정한다. 서울특별시 등 주택수요가 많은 데 반해 공급이 없는 지역의 시·도지사는 경기 지역 등 인근의 시·도지사와 협의해 인근 지역에서 공급하는 주택에 대해서도 특별 공급 요청을 해서 장애인의 수요를 반영하게 할 수 있다. 시·도지사는 신청자에 대해 '주택 알선 우선순위

배점기준표'에 의거, 종합점수 순으로 우선순위를 결정한다.

8) 기타 장애인복지사업

장애인에 대한 복지시책은 보건복지부의 사업 외에도 사업 주체에 따라 노동부, 국토해양부, 국세청, 국가보훈처, 특허청 등 기타 중앙행정기관의 세금 공제 및 우대 혜택, 각종 의료비 공제, 특수교육비 소득공제, 수수료 감면, 장애인 의무 고용 등이 있다. 그리고 각 지방자치단체마다 자치단체의 여건과 복지정책에 따라 조례를 제정하여 공영주차장 감면, 각종 시설이용료의 감면, 장애인용 차량의 취·등록세 및 자동차세 면제 등이 있으며, 공공기관 및 민간기관의 자체 규정에 의한 항공·철도·여객 등의 교통요금 감면, 전화·이동통신·인터넷 요금 할인, 무료법률구조 등이 있다.

4 각 복지시책에 대한 문제점

앞에서는 장애인복지사업에 대한 것 중 장애인에게 실질적인 지원 시책을 길버트와 스페트의 사회복지정책 분석틀에 맞추어서 기술했다. 여기에서 각각의 지원 시책에 대한 문제점에 대해 논의하고자 한다.

1) 장애수당

장애수당의 문제는 장애수당 대상자의 문제, 장애수당에 대한 급여의 문제로 볼 수 있다. 장애수당 대상자의 문제(할당 영역)는 다음과 같다. 현재 장애수당의 대상자는 국민기초생활보장 수급자이어야 한다. 기본적으로 국민기초생활보장 대상자는 최저생계비 미만의 소득이 있는 사람이다. 이렇게 되었을 경우 국민기초생활보장 수급자 선정 기준보다는 높은 소득이 있으나 장애로 인해 추가 지출이 발생하여 실생계비가 국민기초생활보장 수급자 선정 기준인 최저생계비보다 낮은 장애인 가구는 결국 모두 최저 생계조차 꾸려가지 못하는 극빈한 생활에 직면하게 된다. 현행 국민기초생활보장제도에서 장애인의 추가 지출 비용을 고려하고 있지 않기 때문이다.

2008년도 4인 가구의 국민기초생활보장 수급자 선정 기준인 최저생계비는 약 월 127만 원이었다. 그리고 2008년도 장애인 실태조사 결과 장애인 가구의 월평균 소득이 약 181만 9천 원이었지만, 150만 원 미만의 저소득 장애인 가구가 전체의 절반이 넘는 53.4%에 이르며, 이들 가구의 장애로 인한 추가 지출 비용을 고려하면 가구의

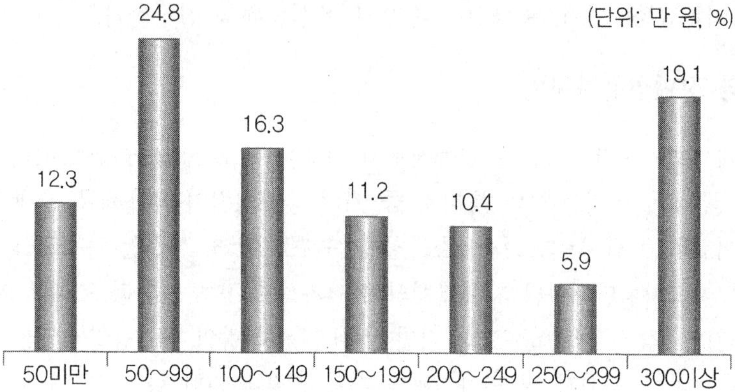

그림 12-1 장애인 가구 평균 월소득

자료: 한국보건사회연구원(2009: 341) 재구성.

실질적 가처분 소득은 훨씬 줄어들게 되는 것이다.

따라서 현 장애수당제도의 소득 기준은 '장애인과 가족은 인간다운 최저생활을 누릴 자격조차 없음'을 강요하는 기준임이 명백하다. 이렇게 보았을 때 소득 기준을 아예 없애는 것이 올바른 방향이지만 그것이 단기적으로 불가능하다면 국민기초생활보장법상의 '차상위 계층' 이상의 수준까지 확대해 나가야 한다.

2) 장애인의료비 지원

장애인의료비 지원은 의료보호 2종 대상자인 장애인에 대해 시행되는 시책으로 대책 영역 문제로 볼 수 있다. 장애인의료비 지원 시책을 보면 각 보장구에 대한 내구연한과 지원 비용을 볼 수 있다. 그렇지만 이런 지원 시책은 현실을 전혀 반영한 것이 못된다. 특히 손 사용이 같이 동반되어 있는 지체장애인일 경우 전동 휠체어를 사야 하는데 가격은 수백만 원이기 때문에 추가 비용이 더 들어간다. 이에 보장구 의료비 지원은 현실에 맞게 조정되어 보장구 구입 비용을 지불해 주거나 실제로 보장구를 지원해 주어야 할 것이다.

3) 장애인 자녀교육비 지원

장애인들에게 적정한 교육 기회를 부여하기 위해 지원하는 시책인데, 이 시책에 대한 문제는 특별히 없지만 장애인 교육권에 대한 문제를 들고 싶다.

장애인권익문제연구소에서 2000년 실시한 입학, 전학 거부에 대한 설문조사에 따르면 설문에 참여한 일선 학교 교사 44명 중 27명(67.5%)이 '장애 학생이 취학하고자 했을 때 학교에서 거부한 경험이 있다'고 응답했다. 또 학교로부터 장애인 자녀의 취학을 거부당했던 학부모는 72명 중 48명(66.7%)이며, 장애를 이유로 자녀가 교사나 친구들로부터 따돌림을 받고 있다고 응답한 부모는 79명 중 56명(70.9%)으로 나타났다. 이러한 설문조사 결과는 1994년 특수교육진흥법의 전면 개정에 이르러서야 비로소 보장받은 장애인의 교육권이 일선 교육 현장에서는 입학 거부 등의 형태로 여전히 침해받고 있음을 단적으로 보여 주는 것이다(장애인권익문제연구소, 2000: 36-84).

이렇듯이 장애인들은 대부분 비장애인과 대화를 완전히 단절한 채로 시설에서 생활하고 교육받고 있다. 따라서 장애인들은 평등한 교육을 받을 수 있는 권리를 박탈당하고 있다. 이러한 평등한 교육을 받을 수 있게 하는 방법으로 요즘 통합교육이 대두되고 있다. 통합교육이란 장애인과 비장애인이 같이 교육을 받는 것으로 세 가지 단계로 구분해 제시한다.

첫째, 물리적 통합이다. 특별한 요구를 지닌 학생들이 일반 학교와 같은 동일한 장소에서 교육을 받는다. 건물은 각각 따로 사용하더라도 물리적 위치는 동일한 장소를 사용하도록 한다. 따라서 일반 학생들과는 교실이나 운동장에서 사회적 접촉을 하지 않는다.

둘째, 사회적 통합이다. 물리적 통합과 같은 교육환경에서 형식적 교육을 받지만, 놀이나 학교 교육활동 외의 활동은 일반 학생들과 어울려 함께 한다.

셋째, 기능적 통합이다. 특별한 요구를 지닌 학생들이 일반 학급에 출석하고 일반 학생들과 함께 모든 학교활동에 참여한다. 동일한 교육과정을 이용하며, 어떤 학교활동도 분리시키지 않는다.

위의 세 가지 단계 중 우리나라는 지금까지 물리적 통합의 형태로서 학교 내의 특수교육을 실시하고 있다. 그렇지만 이것은 완전한 통합이 아니다. 완전한 통합교육을 이루려면 기능적인 통합을 통해 장애인과 비장애인이 함께 공부하면서 장애인에 대한 편견을 없애 나가는 방법이 가장 좋은 방법이다.

4) 장애인 자립자금 대여

장애인 자립자금 대여의 문제는 전달 영역의 문제로 볼 수 있다.

장애인 자립자금 대여는 생활에 어려운 장애인들에게 생활 안정에 도움이 될 수 있도록 자금을 대여해 주는 시책으로 2,000만 원까지 자금을 대여해 주는 제도인데,

이 자금을 대여를 받기 위해서는 은행에 일정 이상의 담보와 보증인이 요구된다. 이는 장애인들에게는 그림의 떡일 수밖에 없다. 왜냐하면 담보와 보증인을 댈 수 있는 능력의 장애인이라면 장애인 자립자금 대여를 신청하지도 않고 바로 은행에 신청할 것이다. 게다가 이율도 변동 금리를 적용하기 때문에 결코 저금리가 아니다.

그리고 장애인 자립자금 대여를 신청할 때는 사업계획서를 동사무소 담당자와 상의 후에 작성하도록 되어 있다. 그렇지만 장애인 자립자금 대여의 목적이 생활 안정에 도움을 주고자 하는 것이라면 사업계획서를 작성하는 것은 무의미하다. 장애인들이 사업을 하고자 자립자금을 대여받는 것은 아니다. 대부분 장애인으로 살아가는 데 생계가 어려워 자금을 융통하고자 하는 경우인데 사업계획서라는 거창한 것이 가로막고 있어서 장애인들은 지원을 받는다는 것 자체에 엄두를 낼 수 없다.

이에 장애인 자립자금 대여가 장애인의 생활 안정에 도움을 주려면 은행을 통해 자립자금을 대여하는 것이 아니고 정부에서 직접 심사해 줄 수 있도록 해야 하며, 자립자금 대여의 목적을 공단에서 시행하는 장애인생활안정자금처럼 목적을 없애야 한다. 신용문제를 해결하기 위해 근로복지공단에서 장애인생활안정자금을 저리로 보증해 주는 것과 같은 제도를 만들어야 할 것이다. 또한 금리도 변동 금리를 적용하는 것이 아니라 연리 3% 등 대폭 낮추어야 장애인들에게 실생활 안정에 도움이 될 것이다.

5) 장애인에 대한 공동주택 특별분양 알선

장애인의 주거 안정을 위한 시책으로 이 시책의 문제는 할당 영역에서 문제가 있을 수 있다.

장애인에 대한 공동주택 특별분양 알선제도는 정부 주도의 아파트 건설시 장애인, 노인, 공무원들에게 10%를 우선 분양·임대해 주는 제도로서 장애인들에게는 상당히 유용한 제도로 보인다. 그렇지만 이 분양제도는 실제로 장애인들에게 도움이 되지 못한다. 우선 분양의 대상이 장애인, 노인, 공무원으로 한정되어 있어서 실제로 장애인에게 돌아가는 혜택은 적다. 장애인은 앞에서 말했듯이 상당히 많은 추가 비용이 들어간다. 이런 추가 비용으로 저축에 대한 상대적인 비율이 낮아 분양받을 수 있는 돈이 한정되어 있고, 특히 일자리를 제공받을 수 없는 중증장애인들은 전혀 분양받을 수가 없기 때문이다. 또한 임대도 마찬가지로 임대료를 낼 수 없는 일자리 없는 중증장애인은 임대조차 하기가 어렵다. 이에 이들은 모두 시설에서 생활할 수밖에 없고 탈시설화는 꿈도 꿀 수 없다.

또한 분양·임대를 받았다고 해서 모두 해결되는 것은 아니다. 분양받은 아파트도 장애인들에게 접근성이 차단되어 있어서 장애인들이 살기 어렵게 설계되어 있다.

이에 장애인의 공동주택 특별분양제도는 그 공급 물량의 일정 부분을 장애인에게만 한정시킬 필요성이 있으며, 그 비용의 문제도 장애인이 낼 수 있는 적정한 금액에 맞추든지 장애인에게 임대 비율을 높여 주택문제를 해결할 수 있도록 해야겠다. 그리고 설계 시 장애인들을 참여시켜 장애인들이 참여할 수 있도록 해야겠다.

6) 장애인 자동차 표지관리

차를 가지고 있는 장애인을 대상으로 하는 것이지만 이보다 더 큰 것은 전체 장애인을 대상으로 하는 대중교통에 관한 장애인의 이동권에 대한 문제가 더욱더 클 것이기 때문에 장애인 이동권에 대한 서술을 하고자 한다.

한국보건사회연구원에서 조사한 2008년 장애인 생활실태 보고서에 따르면, 우리나라의 장애인 중 외출 시 집 밖에서의 활동에 제약을 받거나 불편을 느끼는 장애인은 전체 장애인의 36.2%이며, 상당수의 장애인이 대중교통 수단과 편의시설 이용에 불편을 호소하고 있다.

2008년 현재 우리나라의 경우 전체 장애인 가구 가운데 49.3%만이 자동차를 소유하고 있는 것으로 나타났다. 따라서 장애인 가구의 50.7%는 자동차를 보유하고 있지 못하며, 이동을 위해서는 대중교통 수단을 이용할 수밖에 없는 셈이다. 특히 자동차를 보유한 가구 가운데서도 장애인 본인이 직접 운전을 하는 경우는 훨씬 적기 때문에 가족이나 함께 생활하는 다른 가구원이 운전하지 하지 않으면 차량을 이용하지 못하는 경우가 많다. 자동차를 운전하는 가족이나 다른 가구원이 외출을 했을 수도 있으며, 직업을 가지고 있을 수도 있기 때문이다. 따라서 직접 운전을 하는 경우를 제외한다면, 대부분의 장애인들은 대중교통 수단을 이용할 수밖에 없다.

그렇지만 대중교통 중 장애인이 이용할 수 있는 부분은 거의 없다고 보아야 한다. 버스의 경우는 특히 휠체어 장애인들은 아예 탈 수가 없다. 그리고 하지 장애인들도 타려고 하면 기다리지 않는 버스 때문에 탈 수가 없다. 택시 또한 마찬가지이다. 지하철의 경우 가장 문제되는 것은 지하철역으로의 접근이다. 지상에서 매표소까지, 매표소에서 다시 승강장까지 가는 수단이 대부분 계단밖에 없는 현실에서 장애인, 특히 휠체어 장애인이 지하철을 이용하기란 매우 어려운 일이다. 많은 역들이 엘리베이터나 휠체어 리프트를 전혀 갖추고 있지 않아 장애인의 접근이 사실상 불가능하다. 특히 경사형 휠체어 리프트는 시간이 많이 걸리고, 위험하다는 점에서 장애인이 이용하기에 적합하지가 않다.

장애인의 이동권을 보장하고 장애인이 대중교통을 이용할 수 있도록 하기 위해서는 정부와 지방자치단체의 장기적인 대책 수립과 강력한 의지가 필요하다. 지금부터라도 저상 버스를 도입할 수 있는 중장기 계획을 수립해야 한다. 저상 버스의 경우 간단하게 램프만 나오면 되므로 승하차 시간을 훨씬 단축할 수가 있고, 계단이 없어서 장애인, 노인 유모차 등도 함께 이용할 수 있는 장점이 있다. 둘째, 버스 내에 휠체어 사용자용 좌석이 마련되어야 한다. 셋째, 보도를 정비해야 한다. 보도의 높이가 일괄적이 되어야 저상 버스의 운행이 가능해진다. 넷째, 버스 정류소에 장애인 정차 표지(標識)를 하는 것이 바람직하다. 장애인이 탑승을 원할 경우 장애인 정차 표지를 한 곳에서 기다리면, 저상 버스의 기사는 장애인을 보고 그곳에 정확하게 정차를 해주면 된다. 저상 버스를 도입하는 데 난관이 많은 것도 사실이다. 하지만 언제까지나 난관 이야기만 하고 있다면 아무 문제도 해결되지 않는다. 지금 당장이라도 저상 버스 운행이 가능한 공항버스, 고속버스부터 도입을 검토해야 한다. 그리고 시험 운행과 시범 운행을 거치면서 문제점을 정확하게 파악하여, 이에 대한 대안을 마련해야 한다. 버스업체와도 논의를 하여 정부와 지방자치단체에서 지원해 줄 수 있는 일들을 논의해야 한다.

Ⅲ 장애인복지행정의 과제

장애인 사회복지행정의 영역이 확대되면서 관련 부처 간 장애인복지행정사무에 대한 분산이나 중첩이 발생하여 종합적인 장애인복지정책의 조정이 어려워지고, 장애인복지제도에 대한 관련 부처의 연계성 부족으로 장애인복지서비스의 중복 투자 혹은 예산 낭비 등이 초래되고 있다. 게다가 1995년부터 지방자치제가 실시되고 있지만, 현재까지 중앙집권적 요소가 강하게 남아 있을 뿐만 아니라 각 자치단체는 오로지 지역 개발에만 초점을 맞추어 장애인복지문제를 등한시하고 있다.

따라서 장애인복지에 대해 중앙정부는 장애인복지의 제도와 운영에 대한 거시적 차원의 접근을 시도하여 장애인복지에 대한 정책결정을 이루고, 각 자치단체는 구체적인 사안에 따라 장애인 사회복지행정을 집행해야 한다. 이를 통해 장애인과 주민간의 자연스러운 접촉과 대화를 유도함으로써 중앙정부, 자치단체, 주민, 장애인 사이의 신뢰를 조성할 수 있으며, 장기적으로는 장애인 사회복지행정의 효과성과 효율성을 높일 수 있을 것이다.

또한 재가장애인의 복지 수혜를 확대하기 위해 가정에서 생활하는 중증 장애인에게 생계 보조수당을 확대, 지급하고 가정방문서비스의 활성화, 주간 및 단기 보호 제도의 도입 등 재가복지서비스를 다양화하여 장애 가정의 어려움을 경감시키고, 자립·자활을 지원하는 정책이 실시되어야 한다. 그리고 재활사업의 활성화를 이루기 위해 장애인의 재활을 도와 줄 수 있는 시설은 물론 전문인력의 확충에 역점을 두어야 한다. 또한 민간기관과 민간 전문인을 통해 재활 서비스가 충분히 제공될 수 있도록 지원하는 방안이 마련되어야 한다.

그뿐만 아니라 장애인이 정상인과 동등하게 직업의 기회를 갖고 있을 때 장애인은 독립적 삶을 살아갈 수 있다는 점에서 장애인의 직업훈련기관을 확충하고 훈련의 질을 높이며 고용 기회를 제도적·실질적으로 보장해 주어야 한다. 나아가 생활보호 대상자 등 저소득 장애인으로 한정되어 있는 정부의 지원 대상을 단계적으로 확대할 필요가 있으며, 실질적인 소득보장의 수준으로 지원액을 늘려야 한다. 이 밖에도 장애로 인한 추가 지출이 있을 경우 장애 정도와 소득 수준, 연금 수혜 여부에 따라 각종 장애생계수당, 장애아동수당, 간병수당 등과 같은 지원을 해 주어야 한다.

그 밖에 장기적인 관점에서 장애자 복지 예산의 편성 방향을 시설보호사업 중심에서 재가복지사업 중심으로 변화시킬 필요가 있다. 왜냐하면, 시설보호 중심의 사업은 모든 생활을 조직화하고 운용의 합리성을 강조하다 보면, 수용자들은 수동적이고 의존적인 성향으로 바뀌게 되고, 개별성과 사회성을 상실하게 됨으로써 사회의 일원으로서 제 역할을 하지 못하게 된다고 할 수 있다. 따라서 현재의 수용 보호 중심의 복지시설을 재활 중심의 시설로 전화시킴으로써 사회 통합을 목표로 사회공동체의 의식과 참여 의식 및 확고한 자아 의식을 심어 줄 수 있는 평생교육 지향적인 성격으로 변해야 한다(김태성 외, 2010: 415).

제13장

저소득층 사회복지행정

이 책의 앞부분에서 이미 언급된 것과 같이 복지를 구분하면 협의의 복지인 사회보장(social security) 중에서도 최협의적 개념의 복지는 공적 부담(public burden)에 의한 공공부조(公共扶助, public assistance)라는 점을 언급했다. 따라서 이 장에서는 공공부조의 의의와 공공부조의 근간을 이루는 기초생활보장제도를 비롯한 저소득층을 위한 탈빈곤정책에 대해 살펴본다.

I 공공부조

1 공공부조의 개념 및 기본 원리

공공부조[1]란 근로 능력을 비롯한 자활 능력이 없는 국민에게 공적 부담으로 생존권적 기본인 최저 생계 수준을 보장하고, 자활 능력을 배양하는 사회보장제도라 할 수 있다. 따라서 강제 가입과 본인의 일부 부담을 요건으로 하는 2차적 사회보장, 즉

1) 사회보장기본법 제3조 제3호에 의하면, "공공부조라 함은 국가 및 지방자치단체의 책임 하에 생활유지 능력이 없거나 생활이 어려운 국민의 최저생활을 보장하고 자립을 지원하는 제도를 의미한다"라고 정의하고 있으며, 대표적인 제도는 국민기초생활보장제도이며 기초생활보장, 자활 지원, 의료급여를 포함하고 있다.

사회보험보다도 선행되는 것이며, 여타 사회복지서비스의 선행 요건임이라는 점에서 인간의 생존권적 최저 요건을 보장하려는 최협의의 복지제도라 할 수 있다.

실제로 공공부조는 본격적으로 사회보장의 개념이 정착되기 이전부터 사회적 구휼 차원에서 부분적으로 이루어져 왔으며, 사회보장제도의 발전에 따라 가장 기본적인 제도로 자리잡았고, 그 보호 방법도 전통적 차원의 기초생활 보장에서 의료보호와 삶의 질까지도 고려되는 방향으로 발전되고 있다.

공공부조의 기본 원리를 살펴보면, ① 최저생활의 보호와 보호 비용의 공적 부담, ② 개별적 수준의 제공, ③ 세대 단위의 보호 등으로 요약할 수 있다(김근조, 2000: 155-156). 바꾸어 말하면, 재해나 재난으로부터 구호, 최저 생계 수준의 보장, 최저 건강 수준의 보장 등을 제공함으로써 최저생활 수준을 이룰 수 있도록 하며, 이에 대한 비용은 일반 국민의 조세로 부담하고, 획일적 제공이 아닌 차별적 제공과 개인보다는 생활보호 대상 세대를 단위로 제공된다는 것이다(김태성 외, 2009: 317).

2 공공부조의 유형과 행정체계

공공부조의 기본 유형으로는 <표 13-1>과 같이 생활보호, 의료급여 등이 있으며, 그 밖에 재해구호 및 기타 관련적 보호가 있다.

가장 기본적인 복지서비스라 할 수 있는 공공부조는 사회복지행정의 일반 체계에 의해 전달된다. 우리나라의 경우, 중앙정부의 보건복지부를 중심으로 예산이 각급 자치단체로 전달되며, 지방자치단체가 공공부조서비스의 최종 전달자 역할을 맡게 된다. 특히 기초생활보장은 이러한 공공부조의 일반 전달체계를 따르며, 의료급여는 일반 전달체계 외에도 보건복지부, 광역 자치단체, 보건소 등의 체계에 의해 전달되기

표 13-1 공공부조의 구분

항목	구성
기초생활보장	생계급여, 의료급여, 자활급여, 교육급여, 해산급여, 주거급여, 장제급여
의료급여	1종 급여, 2종 급여
재해구호	-
기타 보호	특수약자 보호, 범죄 피해자 구호, 갱생보호

자료: 김태성 외(1998: 299); 박차상 외(2001: 205-206) 재구성.

도 한다. 재해구호의 경우, 행정안전부와 광역자치단체가 주체가 되지만, 때로는 기초자치단체가 담당하는 경우도 있다.

II 국민기초생활보장제도

1 국민기초생활보장제도의 의의

공공부조 중 가장 본질적이며, 가장 오랜 역사를 지닌 것이 최저 생계 수준을 보장하는 생활보호라 할 수 있다. 생활보호는 동서양을 막론하고 자본주의의 성립 이전까지 거슬러 올라가 고대부터 내려오는 전통이다(김태성 외, 2009: 318).

우리나라의 경우, 일제 강점기에 이미 '조선구호령'이 있었으며, 1961년 '생활보호법'을 제정하고, 1969년 관련 시행령을 제정했고, 1984년 비로소 시행규칙을 제정했다. 그리고 생활보호법을 대체하는 국민기초생활보장법을 1999년 9월 제정하여 2000년 10월 1일부터 시행했다.

2010년 12월 기준으로 우리나라의 국민기초생활보장 수급자는 약 153만 명(85만 2천 가구)으로 전체 인구의 2.9%가 기초생활보장제도에 의한 수급자이며, 기초생활보장제도는 현재 우리나라 사회복지제도의 중추를 이루고 있다. 당시 경제적 위기로 인해 우리나라는 경제성장률 감소, 임금 수준의 하락, 대규모 실업, 빈곤율 증가, 소득 분배의 악화로 노숙자의 대거 출현, 가족 해체의 증가, 생계형 범죄의 증가 등 다양한 사회문제들이 심각한 형태로 표출되고 있었다.

따라서 저소득층과 빈곤계층을 위한 기존의 전통적 공공부조제도의 큰 틀에 변화가 필요하게 되었다. 당시 보건복지부나 노동부가 새로운 법 제정에 소극적인 입장을 취했지만, 대통령은 실업문제, 빈곤문제 및 소득 불평등의 문제를 인식하고 저소득층의 생계 보장을 위한 새로운 법 제정을 언급했고, 이에 시민단체들의 주도로 현재의 국민기초생활보장법이 제정되었다(허준수, 2001: 7).

국민기초생활보장제도는 우리나라의 대표적인 공공부조제도로서 지금까지 빈곤계층과 저소득층의 자활 및 생활 안정과 사회 안정에 크게 기여하고 있다. 특히 현행 국민기초생활보장제도 중에서 어느 정도의 근로 능력이 있는 수급자들에게 본인 스스로의 근로를 통해 자활하는 데 필요한 기초를 제도적으로 마련하고자 한 자활사업이 국민기초생활보장제도에서 처음으로 도입되었으며, 이는 우리의 사회보장 체계에서 처음으로 '근로연계형 복지(workfare)'나 '생산적 복지 개념(productive welfare)'이 결합된 것으로 좀 더 진전된 형태의 복지 프로그램이 실시된 것이다. 자활사업은 보장을 강조하는 전통적 복지 개념에서 한 걸음 더 나아가 빈곤층이 자력으로 탈빈곤을 할 수 있도록 적극적으로 근로 기회를 제공하고 자립 기반을 조성하기 위한 정책적 목적을 투영한 제도이다.

특히 근래 저소득층을 위한 사회안전망(social safety net) 지원에 대한 요구가 점차 증가함에 따라 국민기초생활보장제의 포괄 범위와 보장 범위의 확대가 더욱 필요하다.

2 급여의 종류

국민기초생활보장제도는 생산적 복지에 근거하여 이전의 보호 개념을 급여 개념으로 바꾸어 생계급여, 주거급여, 교육급여, 해산급여, 장제급여, 의료급여, 자활급여 등의 일곱 가지 방법으로 구성된다.

(1) 생계급여

생계급여는 수급자에게 의복・음식물 및 연료비와 기타 일상생활에 기본적으로 필요한 금품을 지급하여 그 생계를 유지하게 하는 것을 말한다. 생계급여는 금전 지급을 원칙으로 하지만 필요에 따라 물품을 지급할 수 있다.

물품 지급의 경우는 세대주의 알코올 중독 등으로 자녀를 포함한 가구구성원의 기본적인 생계 유지를 위해 필요하다고 인정되는 경우이며, 이때에는 식품권, 식당이용권 등을 지급한다. 급여는 수급자 계좌에 시장・군수・구청장이 매월 20일 사회복지통합관리전산망을 통해 직접 계좌 이체한다.

생계급여는 보건복지부 장관이 정하는 바에 따라 수급자의 소득 인정액 등을 감안하여 차등 지급할 수 있는데 이것을 부족분 보충급여 방식이라 한다. 생계급여액은 현금급여 기준에서 가구의 소득 인정액을 차감하여 산정한 금액 중 주거급여액을 제외한 금액이다. 즉 최저생계비에서 현물급여 형태로 지급되는 의료비・교육비 및 타법 지원액(주민세, TV 수신료 등)을 차감한 금액으로서, 소득이 없는 수급자가 받을

표 13-3 2010년도 최저생계비 및 현금급여 기준 (단위: 원)

구분	1인 가구	2인 가구	3인 가구	4인 가구	5인 가구	6인 가구
최저생계비	504,344	858,747	1,110,919	1,363,091	1,615,263	1,867,435
현금급여 기준[2]	422,180	718,846	929,936	1,141,026	1,352,116	1,563,206

자료: 보건복지부(2010: 142).

수 있는 최고액의 현금급여(생계 · 주거급여)는 최저생계비와 같지만 인정 소득액이 있는 경우는 이를 차감하고 지급받는다.[3]

따라서 얼마 안 되는 소득이 있을 경우에 이를 차감하고 지급받기 때문에 차라리 일을 하지 않고 최고 금액을 받는 것을 선호하게 되는 불합리한 현상이 발생한다.

(2) 주거급여

주거급여는 수급자에게 주거 안정에 필요한 임차료, 유지수선비 등을 가구별로 지급하는 것으로 시설 수급자와 의료 · 교육 · 자활급여의 특례자를 제외한 모든 수급자에게 제공된다.

과거의 생활보호법에서는 주거비를 생계급여에 포함해 지급했으나 국민기초생활보장법에서는 수급자의 주거 실태에 따른 적정한 급여가 이루어지도록 하고 있다.

표 13-4 2010년도 최저생계비 및 주거급여 기준 (단위: 원)

구분	1인 가구	2인 가구	3인 가구	4인 가구	5인 가구	6인 가구
최저생계비	504,344	858,747	1,110,919	1,363,091	1,615,263	1,867,435
주거급여 한도액[4]	86,982	148,104	191,595	235,085	278,576	322,067

자료: 보건복지부(2010: 155).

(3) 교육급여

교육급여는 저소득층 자녀에 대해 적정한 교육기회를 제공함으로써 자립 능력을 배양함과 동시에 빈곤의 세대 전승을 차단하기 위한 제도이다. 지원 대상자는 수급자 중 초 · 중등교육법 제2조의 규정에 의한 중 · 고등학교에 입학 또는 재학하는 자 및 이

2) 7인 이상 가구(1인 증가 시마다): 최저생계비 252,172원씩 증가, 현금급여 기준 211,090원씩 증가.
3) 급여액 산정 산식: 가구별 생계급여액(79.4%) + 주거급여액(20.6%) = 현금급여기준액(100%) − 가구의 인정소득액.
4) 주거급여 한도액은 가구별 최저주거비(최저생계비의 17.2465%)

와 동등한 학력이 인정되는 각종 학교, 평생교육법에 의한 평생교육시설의 학습에 참가한 자이다.

지원 내용은 특수목적고 및 자율형 사립고를 포함해 입학금, 수업료, 육성회비 등 연도별, 급지별 학교장이 고지한 전액이며, 교과서대는 고등학생 학년 초 일괄 지급하는 것을 원칙으로 한다.

이 밖에도 부교재비, 학용품비 등을 지급하며 입학금 및 수업료는 학교장이 시장·군수·구청장에게 직접 신청하여 학교로 직접 지급된다. 입학금, 수업료를 제외한 나머지 급여는 시장·군수·구청장이 수급 대상자의 계좌에 직접 입금해 지급한다.

(4) 해산급여

해산급여는 수급자에게 조산, 분만 전과 분만 후의 필요한 조치와 보호를 위해 행하는 급여로서 수급자나 그 세대주 또는 세대주에 준하는 자에 대해 출산 여성 1인당 50만 원을 현금으로 지급하며 추가 출생 영아 1인당 50만 원씩을 추가 지급한다. 복지 대상자가 해산급여 지원 신청서를 작성하여 시장·군수·구청장에게 제출하면 수급자나 그 세대주 또는 세대주에 준하는 자에게 수급 금품을 계좌에 입금한다.

(5) 장제급여

장제급여는 수급자 또는 차상위 의료급여 수급자가 사망한 경우 사체의 검안·운반·화장 또는 매장 기타 장제 조치를 행하는 데 필요한 금품을 지급하는 것이다. 수급대상자 사망시 1구당 50만 원을 지급한다. 복지 대상자가 장제급여 지원 신청서를 작성해 시장·군수·구청장에게 제출하면 지급 대상자의 계좌로 입금 처리한다.

(6) 자활급여

자활급여는 자활에 필요한 사업에 참가할 것을 조건으로 생계급여를 지급받는 조건부 수급자와 차상위 계층에게 자활에 필요한 금품의 지급 또는 대여, 자활에 필요한 기능 습득의 지원, 취업 알선 등 정보의 제공, 공공근로 등 자활 조성을 위한 각종 지원 등의 급여를 말한다. 자활급여는 관련 공공 또는 민간기관·시설에 위탁하여 이를 행할 수 있다. 이 경우 그에 소요되는 비용은 보장기관(국가/지방자치단체)이 부담한다. 국민기초생활보장법이 과거의 생활보호법과의 차별성을 부각하고자 하는 급여가 바로 자활급여이다.

(7) 의료급여

의료급여제도는 생활 유지 능력이 없거나 경제 능력을 상실한 사람들을 대상으로 정부가 의료서비스를 제공하는 공공부조 제도로서, 저소득층의 의료보장을 통한 건강 증진과 복지 향상을 목적으로 한다. 그동안 연구 결과에 의하면 질병은 소득 상실과 함께 빈곤으로 추락하는 가장 주요한 요인 중 하나로 지목되고 있으며, 대부분의 선진국에서는 의료문제를 기본권 보장의 핵심으로 간주해 보장하고 있다. 우리나라에서도 의료급여와 건강보험을 통해 전국민 의료보장 체계를 마련하고 있으며, 최저생계비 이하의 빈곤계층 등은 의료급여 수급권자로 선정해 상대적으로 저렴한 비용으로 의료 이용을 할 수 있도록 하고 있다. 이는 질병으로 인한 사회적 비용을 경감시키는 기능을 하기도 한다.

의료급여는 생활이 어려운 자에게 급여를 실시함으로써 국민보건의 향상과 사회복지의 증진에 이바지함을 목적으로 한다(보건복지부, 2009d: 93). 국민기초생활보장법에 의한 수급자는 의료급여법의 수급권자의 범위에 속한다. 의료급여는 생활 유지의 능력이 없거나 생활이 어려운 자 중 의료를 요하는 자에 대해 진찰·검사, 약제·치료 재료의 지급, 처치·수술과 그 밖의 치료, 예방·재활, 입원, 간호, 이송과 그 밖의 의료 목적의 달성을 위한 조치 등에 해당하는 급여를 하는 것이다.

의료급여 수급권자 중 국민기초생활보장법에 의한 수급자는 1종 및 2종 수급권자로 구분하여 본인 부담금에 차등을 두고 있다. 1종과 2종을 구분하는 근거는 근로 능력의 유무인데 기초생활보장 수급자 중 근로 능력이 없는 자는 1종, 근로 능력이 있는 자는 2종이 된다. 1종 수급권자는 ① 근로 능력이 없거나 근로가 곤란하다고 인정하여 보건복지부 장관이 정하는 수급권자(18세 미만, 65세 이상, 미취학 자녀 또는 질병·부상 또는 장애 등으로 거동이 곤란한 가구원이나 치매 등으로 특히 보호가 필요한 가구원을 양육·간병 또는 보호하는 수급자, 임산부, 장애인생활시설, 노인의료복지시설, 아동복지시설 등의 보장시설에서 급여를 받고 있는 자 등), ② 국내 입양 18세 미만 아동, ③ 국가유공자, ④ 인간문화재, ⑤ 이재민, ⑥ 의상자 및 의사자, ⑦ 북한 이탈주민, ⑧ 광주민주화운동 관련자, ⑨ 행려 환자 등 법령의 규정에 의한 요건을 가진 자가 해당된다.

2종 대상자는 근로 능력이 있는 수급자(18세 이상 65세 미만), 차상위 계층의 만성질환자 및 18세 미만 아동으로 구분하여 매년 책정한다. 국가유공자, 중요무형문화재, 북한 이탈주민은 소관 부처(국가보훈처, 문화재청, 통일부)에서 매년 보건복지부 장관이 정한 기준에 적합한 자의 명단을 통보하면 시장·군수·구청장이 1종 수급권자로 선정한다.

의료급여 수급권자는 '의료급여법 시행규칙' 제3조의 규정에 따라, 제1차 의료급여기관

→제2차 의료급여기관→제3차 의료급여기관에서 단계적으로 진료를 받을 수 있다. 제1차 의료급여기관은 '의료법'에 따라 시장·군수·구청장에게 개설 신고한 의료기관, 보건소·보건의료원 및 보건지소, 약국이 포함되며, 제2차 의료급여기관은 '의료법'에 따라 시·도지사가 개설 허가한 의료기관이다. 아울러, 제3차 의료급여기관은 제2차 의료급여기관 중에서 보건복지부 장관이 지정하는 의료기관이다(보건복지부, 2009d: 97).

3 급여 및 서비스 전달체계

국민기초생활보장제도의 주무부서는 보건복지부이며 보건복지부가 정책을 수립하면 행정안전부 산하의 시·도·특별자치도 및 시·군·구를 통해 읍·면·동사무소로 시달된다. 국민기초생활보장제도는 보건복지부 사회복지정책실 내 복지정책관 아래 기초생활보장과가 중심이 되어 운영되고 있다.

국민기초생활보장제도의 직접적인 시행 주체는 기초자치단체이다. 기초자치단체는 보건복지부가 기획하여 시달하는 기초생활보장 사업을 일선에서 집행한다. 국민기초생활보장제도와 관련한 위원회조직으로는 보건복지부에 중앙생활보장위원회가 설치되어 있고, 시·도 및 시·군·구에는 각각 지역생활보장위원회가 있어 기초생활보장사업의 기획·조사·실시 등에 관한 사항을 심의·의결한다.

기초생활보호제도의 보장절차는 신청자의 거주지 읍·면·동사무소에 신청자 본인, 친족 및 기타 관계인이 신청하거나 사회복지 전담 공무원이 직권 신청을 한다. 신청 이후 읍· 면·동사무소(주민자치센터)의 사회복지 전담 공무원이 신청자와의 상담을 통해 건강 상태 및 근로 의욕 등을 판정하고 신청자와 부양 의무자들에 대한 근로소득, 사업소득, 토지, 금융재산, 납세 실적, 국민연금 납부액, 고용보험료 납부액 등 각종 소득과 재산을 파악하여 수급 대상자 여부를 결정하여 급여 및 서비스를 보장받을 수 있도록 한다.

4 국민기초생활보장제도의 특징

2000년 10월 시행된 국민기초생활보장제도는 근로 능력이 있는 수급자에 대한 종합적 자활·자립의 지원과 운영의 합리성 제고라는 특징을 갖고 있다(김옥희, 1999:

148-149; 박차상 외, 2008: 204-205).

먼저, 수급자에 대한 종합적 자활·자립 지원의 경우, 첫째, 근로 능력이 있는 자의 근로 유인을 위한 소득공제제도를 도입하고, 근로능력자에 대해서는 직업훈련, 공공근로, 자활공동체 창업, 자원봉사 등에 참가할 것을 조건으로 생계비를 지급하는 조건부 생계급여의 제공으로 근로활동을 유도하고, 근로능력자의 근로 의욕과 근로능력, 가구 여건을 감안하여 각종 자활 프로그램 및 사회복지서비스를 제공한다.

둘째, 수급자가 공공근로 등 자활사업에 참가하여 발생한 소득으로 선정 기준을 초과한 경우 다른 급여는 중지하되, 해당 자활사업에는 계속 참여할 수 있도록 '자활급여의 특례자'로 보호하고 있다.

셋째, 자활특례자 가구에 '만성질환 등으로 지속적인 지출이 필요한 자' 혹은 '중·고등학생' 등이 있는 경우, 해당 가구원에 한해 의료급여나 교육급여를 제공한다.

국민기초생활보장제도는 국가 부담 비율, 시·도 부담 비율, 시·군·구 부담 비율을 차등하여 적용할 수 있도록 규정하여 비용 부담의 문제를 완화시키기 위한 방안을 마련하고 있다.

또한 시장·군수·구청장은 급여실시 여부의 결정 전이라도 수급권자에게 급여를 해야 할 긴급한 필요가 있다고 인정될 경우, 긴급급여를 행할 수 있도록 했으며, 상황의 급작스러운 변화로 생계가 곤란해진 가구에 대한 급여의 제공이 가능하도록 했다.

5 국민기초생활보장제도의 평가와 개선점

국민기초생활보장법의 특징으로는 수급자의 권리성을 부각하고 빈곤에 대한 사회적 책임을 강조하는 동시에 복지증후군을 없애기 위해 근로 능력이 있는 빈곤자에게 근로조건부 수급권을 규정한 근로연계 복지정책을 최초로 도입한 점이며, 한국 복지정책의 커다란 변화로 평가할 수 있다. 도입된 이후 지금까지 우리나라의 대표적인 공공부조로서 빈곤계층과 저소득층의 자활과 생활 안정에 크게 기여하고 있다.

반면에 제도적 결함과 낮은 효율성을 개선하기 위한 몇 가지 문제점의 개선이 꾸준히 요구되고 있는데, 그 주요 내용은 다음과 같다.

첫째, 수급자 선정 과정에서 신청자 및 부양 의무자들의 소득 및 재산 파악이 용이하지 않다는 것이 문제로 지적된다. 따라서 정확한 수급자 선정과 판정을 위한 객관적이고 철저한 조사 시스템이 구축되어야 하고, 사회복지 전담 공무원들에 대한 충분한 교육이 실시되어야 한다.

둘째, 기초생활보장제도의 급여 수준이 수급자들의 기본적인 욕구를 충족해 그들로 하여금 건강하고 문화적인 최저생활을 유지할 수 있는 수준에서 급여의 현실화가 필요하다.

셋째, 빈곤 탈출을 저해하는 통합급여 체계, 근로 의욕을 저하시키는 보충급여 방식의 문제이다. 기초생활수급자가 소득이 초과하게 되면 모든 급여를 박탈당하는 현행 제도 안에서는 수급 자격의 유지가 빈곤 탈출보다는 더 실익이 있기 때문에 수급자가 제도적 안주에 집착할 수밖에 없다. 또한 보충급여 방식은 자활참여 소득만큼 수급액을 차감하기 때문에 적극적인 근로가 소득의 증가로 연계되지 않으므로 소극적 근로 행태를 유발하고 있다. 따라서 수급체계에 대한 재설계가 필요하다.

넷째, 전달체계상의 문제이다. 국민기초생활보장제도가 성공하기 위해서는 무엇보다도 수급자 선정과 관리를 위한 전문인력이 충분히 확보되어야 한다. 그러나 하부 행정기관인 읍·면·동사무소에 한두 명의 사회복지 전담 공무원이 다른 업무와 겸하여 과중한 업무를 담당하고 있어 수급자 선정과 급여 및 서비스의 전달에 많은 어려움을 겪고 있다.

다섯째, 궁극의 사회안전망으로서 기초생활보장제도에 대한 사회적 기대와 이를 달성하기 위한 급여와 서비스의 확대는 필요한 실정이다. 그러나 이것은 곧 우리나라 사회보장 재정 규모의 확대를 의미하는데 현실적으로 경직성 경비가 큰 우리나라의 경우에 단기간에 복지재정의 충분한 확충은 어렵다고 할 수 있다. 따라서 장기적으로 재원 조달을 위한 조세제도의 개혁과 정부재원의 사회복지에 대한 정책적 배분의 우선순위가 조정되어야 할 것이다.

III 재해구호

재해구호란 재해로 인해 동일 지역 내에 다수의 이재민이 발생하여 응급구호가 필요한 경우에 '재해구호법'이 정하는 바에 따라 재해를 복구하고, 이재민[5]을 보호하는

5) 재해구호법에서 말하는 이재민이란 태풍·홍수·호우(호우)·강풍·풍랑·해일(해일)·대설·낙뢰

조치를 말한다. 그러므로 재해구호 역시 가장 기본적인 보호의 한 형태라 할 수 있다.

우리나라는 1962년 재해구호법을 제정했으며, 수재에 대한 '수난구호법', 자연재해에 대한 '자연재해대책법' 등을 제정하고, '농어업재해대책법'과 '재난 및 안전관리기본법' 등 일련의 법체계를 마련하고 있다. 재해구호는 수용시설과 생활필수품의 제공, 구출·의료, 주택의 응급 수리, 생업 수단의 제공이나 대여 등을 기본적인 방법으로 채택하고 있고, 경우에 따라 현금을 지급할 수도 있다.

재해로 인한 피해자 구호의 일차적인 구호기관[6]은 원칙적으로는 광역자치단체라 할 수 있지만, 재해구호는 신속성을 요구한다는 점에서 해당 지역의 기초자치단체로 위임할 수 있으며, 이 경우 비용은 광역자치단체가 기초자치단체에 교부해야만 한다. 또한 광역자치단체는 구호의 효율성을 높이기 위해 그 업무의 일부를 대한적십자사나 전국재해구호협회에 비용을 지급하고 위임할 수 있다.

우리는 지금까지 광의의 공공부조에 해당하는 국민기초생활보장제도, 의료급여 및 재해구호 등에 관해 언급했다. 그러나 공공부조는 아동과 노인, 모자 및 장애인 등 특수 여건에 속한 자의 보호와 범죄 피해자에 대한 구호, 그리고 각종 실형 종료자의 재범을 예방하고 자활 독립을 위한 경제적 기반 조성을 위한 갱생보호 등 다양한 분야의 공공부조서비스가 존재한다.

·가뭄·지진·황사(황사)·적조 그 밖에 이에 준하는 자연 현상으로 인해 발생하는 재해, 화재·붕괴·폭발·교통사고·화생방사고·환경오염사고 그 밖에 이와 유사한 사고로 대통령령이 정하는 규모 이상의 피해, 에너지·통신·교통·금융·의료·수도 등 국가 기반체계의 마비와 전염병 확산 등으로 인한 피해를 입은 자이다.

6) "구호기관"이라 함은 이재민 및 일시대피자의 거주지를 관할하는 특별시장·광역시장·도지사·특별자치도지사(이하 "시·도지사"라 한다) 및 시장·군수·구청장을 말한다(재해구호법 제2조 제3호).

제14장

북한 이탈주민 사회복지행정

최근 북한의 제2회 핵실험, 동해상의 미사일 실험 발사, 김정은 후계 체제 공고화 등으로 인해 한반도의 긴장은 증가하고 있는 현실 속에서 향후 2~3년 내 북한 급변 사태 가능성에 주목해 점진적 통일보다도 닥치는 통일로 준비를 해야 하는 상황으로 남북한의 통일 이후 실질적인 통합을 위한 노력은 전개되지 못하고 있는 실정이라 만일의 사태에 대비해야 한다는 주장이 확산되고 있는데 주목해야 할 때인 것 같다.

현재 2010년도 말까지 남한에 정착한 북한 이탈주민들의 숫자가 2만 명을 넘고 있는 상황에서 우리나라가 풀어야 할 과제로 남아 있다.

그러므로 북한 이탈주민의 문제를 한국 사회의 최대 현안이 될 가능성이 높고, 통일 대비 정책이 아닌 통일정책 차원에서 접근해야 할 때인 것이다.

I 북한 이탈주민의 이론적 배경

1 북한 이탈주민의 의의

북한에서는 이탈한 사람들을 공식적으로 "인민을 배반한 사회주의 배신자, 체제에 대한 배신자"로 규정하고 있으나, 최근 들어 북한 주민들 사이에 '난 사람, 깬 사람'

등으로 인식하는 경향이 나타나고 있다(윤여상, 1998: 9). 이렇게 북한을 떠나 남한으로 넘어온 북한 동포들에 대해 우리 사회에서는 이북 실향민, 월남 귀순자, 월남 귀순용사, 귀순 북한동포, 탈북동포, 탈북인사, 탈북정착민, 월남이주민, 북한 이탈주민, 북한이주민, 자유이주민, 자유북한인, 자유민 등의 명칭들을 사용해 왔다.

우리 정부에서는 공식적으로 북한 이탈주민이라 한다. "북한 이탈주민의 보호 및 정착 지원에 관한 법률"(1999. 12. 28. 법률 제6056호) 제2조(정의)에 보면 "북한 이탈주민"이라 함은 북한에 주소·직계·가정·배우자·직장 등을 두고 있는 자로서 북한을 벗어난 후 외국의 국적을 취득하지 아니한 자를 말한다. 사실 북한 이탈주민이니 하는 호칭문제는 반드시 짚고 넘어가야 할 사안이다. 거부감 없고 애정이 실린 용어들을 개발할 시점에 이른 것이다. 많은 용어들 중에서 그들에게 적절한 호칭을 매겨 주는 것은 우리들의 몫이다.

여기에서는 현재 널리 사용되고 있는 '북한 이탈주민'을 사용하기로 한다. 북한 이탈주민이란 북한을 탈출한 사람들을 총칭하는 개념이다. 북한 이탈주민 중에는 남한으로 직접 오는 경우도 있지만, 중국 등 제3국으로 탈출한 후 남한으로 오는 경우도 많다.

2 북한 이탈주민의 배경

북한의 계속된 경제정책의 실패와 식량난으로 인해 경제구조적 모순이 악화되면서 북한 주민들의 의식에 많은 변화가 발생하고 있다. 김일성 우상화와 주체사상에 대한 불만, 남한 사회의 물질적 풍요와 상대적인 북한 사회의 빈곤, 아사자들이 넘침으로 인해 생존을 위한 월경의 증가 등이 그것이다. 그리고 북한 주민들 간에 이념적 가치보다는 물질적 가치를 중시하는 방향으로 가치 의식에서 변화가 나타나고 있다. 특히 청년들의 경우 기존에 최고의 영광으로 생각되었던 노동당 입당이나 인민군 입대보다는 국영상점이나 외화상점의 점원이나 외교관이 되는 것을 선호하고 있다. 이는 생존의 위기에 처한 북한 주민들에게 이념적 가치보다는 '돈이면 최고'라는 물질적 가치 선호 의식이 팽배해 있음을 의미한다. 주민들은 북한 체제에 대한 위기감을 느낀 나머지 국경을 넘어 이탈하게 되었다. 북한 주민의 대규모 이탈이 본격화된 1996~1998년 시기 이탈 사태의 주요 원인은 식량문제와 경제난이었다.

이 시기 중국으로 탈출한 다수의 북한 이탈주민들은 식량과 경제적 원조 획득 후

자발적으로 귀환했다. 그러나 2000년대 이후 이탈 원인은 경제난과 함께 외부 정보 획득과 자유·희망에 대한 소망, 그리고 미래에 대한 꿈의 실현으로 점차 변화되어 가고 있다. 특히 자녀에게 더 나은 교육 기회 제공이 주요한 요인으로 제시되고 있다.

최근 이러한 탈출 배경자의 비율은 점차 증가 추세에 있다. 이것은 경제 외적인 요인이 중요하게 작용하고 있음을 보여 준다. 중국으로 탈출하는 북한 이탈주민들은 대부분 일차적으로는 돈을 벌기 위해 왔지만, 일정 기간 후에는 희망이 없는 북한으로의 귀환보다는 희망을 찾아 새로운 삶을 살려는 심리 변화가 발생한다. 따라서 이제 탈북은 생존을 위한 극한 선택이라는 표현과 함께 새로운 신분과 돈을 벌어 새 삶을 꾸리겠다는 의지의 표현으로 보아야 한다.

즉, 북한 주민에게 탈북은 이제 현재의 문제, 즉 굶주림, 경제적 곤란, 인권 억압에 대한 탈출구의 의미보다는 꿈과 희망이라는 미래에 대한 준비의 의미로 이해되는 경향이 강하다. 이것은 곧 탈북이 식량 부족을 겪고 있는 계층만이 아니라 북한의 전 지역, 모든 주민을 대상으로 발생할 수 있음을 보여 준다. 이러한 현상은 현재 국내 입국 북한 이탈주민 중 가족 단위 입국자가 전체의 50% 선을 유지하고 있고, 기존 국내 입국 가족의 도움을 받아서 입국하는 연계 탈북의 비율이 점차 증가하는 사실에서도 확인되고 있다. 이것은 곧 북한 사회에서 가족 단위 탈출에 대한 위험 부담이 줄어들었으며, 북한에서의 탈출과 한국행에 대한 거부감이 감소했음을 의미한다.[1)]

II 북한 이탈주민의 현황

해외에 체류 중인 북한 이탈주민들은 대부분 신분상 불안으로 인해 은신해 있거나, 일정한 주거지 없이 떠돌아다니기 때문에 현실적으로 정확한 규모를 파악하기 힘들다. 이제까지 정확한 공식 집계보다는 북한 이탈주민과의 면담, 북한 이탈주민 수 등을 근거로 한 추정이 발표되어 왔다. 따라서 정부 관계자와 민간단체 실무자의 북한 이탈주민에 관한 통계는 추정치 간에 상당한 편차가 있다.

북한 이탈주민의 탈출 상황을 알리고 국제사회의 보호대책을 수립하기 위해 1998년 윤여상 외 2인에 의해 최초로 중국 현지조사가 진행되었다. 윤여상은 중국 내 북

1) 이 글은 윤여상의 기존 발표용 글을 인용했다(http://www.iloveminority.com).

한 이탈주민들이 신분에 따른 위협과 언어 소통, 그리고 친척의 원조 등의 이유로 조선족이 집단 거주하는 연변자치주 지역에 밀집되어 있다는 판단 하에 조선족 거주지역의 취락구조와 인구분포 상황 등을 우선적으로 고려했다.[2]

전체 북한 이탈주민 규모와 관련해 정부 내 관련 부처의 추산은 1만~3만 명 선으로 알려지고 있다. 연합뉴스에서 밝힌 바로는 중국 측은 만 명, 유엔난민고등판무관실 및 일부 비정부기구들은 최대 30만 명으로 추정하고 있는 것으로 알려졌다.

Ⅲ 북한 이탈주민의 정착 지원 실태 및 문제점

1 정부의 북한 이탈주민 정착 지원 실태

① 정착금의 지급 기준은 가족수에 따라 지급을 하되 기본급의 차이가 최고 160배를 넘지 않는 범위에서 정한다. 또 연령, 건강 상태, 근로 능력을 감안하며 가산금이 40배 이내로 정한다. 지급액은 대부분 1인 가족당 3,750만 원 수준이다.

② 보조금은 대개 정보가치와 휴대장비가치를 기준으로 계산하고 최고 2억 5천만 원 이내로 한다.

③ 주거 지원은 25.7평 미만의 임대주택을 주거나 또는 임대 보증금 지원을 하는데 대개 13평, 15평 아파트에 살고 있다. 서울 또는 수도권지역에 살기를 원하는 북한 이탈주민이 많아 이제는 추첨을 통해 전국 지역으로 분산시켜 거주지를 정하고 있다.

④ 교육보호는 본인에 한해 국립은 전액 지원을 하고 사립은 50% 지원한다. 취학연령은 고교 25세, 대학 35세 미만을 하고 있다.

⑤ 취업 희망 시 협조 요청을 하면 지원(2년간 임금 50%)을 해 주고 있다.

⑥ 특별임용은 과거에 북한에서의 지위나 직업에 대해 특별한 경우에 한해 특별임용제도를 두고 있다.

---

2) 중국 내 탈북자의 규모를 추정하기 위한 주요한 근거 자료인 조선족의 취락구조와 인구분포에 관한 구체적인 사항은 심혜숙, 중국 조선족 취락지명과 인구분포(서울: 서울대학교출판부, 1994), pp. 35-38 참조.

표 14-5 지원 프로그램

보호 단계	지원 목표	주요 지원 내용	지원 주체
시설보호	우리 사회 기본적 이해 및 사회적응 능력 제고	◎신문, 조사를 통한 보호 결정 ◎사회적응교육(3개월) ◎심리상담, 진로지도, 생활관리 지도 ◎각종 자원봉사	통일부(하나원)
거주지 편입	초기생활 안정 지원	◎정착금 등 재정적 지원 주택 알선 ◎자매결연 지원 ◎학력 인정 및 편, 입학 지원 자격, 경력 인정	통일부 후원회 및 민간단체
거주지 보호(5년)	자립, 자활 지원	◎특별생계보조금 지원 ◎직업훈련 지원, 교육 지원(공납금, 학자금) ◎의료보호(전원), 생활보호, 생업 지원 ◎거주지 신변 보호	통일부, 거주지 보호 담당관, 노동부, 경찰 지역단체 등
사후 지원	부적응 방지 및 재사회화 지원	◎변동 사항 파악, 애로 사항 해소 지원 ◎후원회 및 민간단체 등을 통한 지원(상담, 창업, 결연 등)	거주지보호담당관 북한이탈주민 후원회, 민간단체협의회 등

⑦ 적응교육은 북한 이탈주민 전체적으로 실시하며 적성을 고려하여 직업 선택의 자유를 주고 있다.

⑧ 직업훈련은 국가 비용으로 훈련을 시키고 있으며, 경기도 안성 주변의 직업전문학교 또는 직업훈련원, 사내 교육기관 등을 이용한다.

⑨ 대부제도는 일정한 자격을 갖추고, 보증인의 보증이 있는 경우 자영업, 영농후계자 등에게 대부를 해 주고 있다.

⑩ 빈민계층 보호는 국민기초생활보장법에 따라 일반국민에 적용되는 기준에 따라 생활 보장을 해 주고 있다. 2009년 현재 4인 가족의 경우 160만 원 정도의 생활비를 보조하고 있다.

⑪ 자격 인정은 북한과 외국의 제도를 대부분 인정해 주고 있다.

2 북한 이탈주민 지원정책의 문제점

1) 사회급여 영역

급여 영역이라 함은 북한 이탈주민을 위한 한국 사회의 사회정착 지원 영역을 말한다. 사회 정착 지원은 북한 이탈주민을 위한 사후적 지원 즉 사회 정착에 관련된 보호 기준, 보호 신청 및 결정, 정착 지원 시설의 설치, 북한 내의 학력 및 자격 인정, 사회적응교육, 직업훈련, 취업 알선, 특별임용, 주거 지원, 정착금의 지급, 주거지에서의 보호, 교육 지원, 의료보호, 생활보호에 관한 것이다.

첫째, 북한 이탈주민의 대량 발생 가능성에 대한 인식과 준비가 부족하다. 현재 한국 정부는 북한의 엄중한 감시체제 때문에 북한 이탈주민이 대량으로 발생하지는 않을 것이라는 것을 전제로 한 미온적인 생각을 하고 있는 듯하다. 예를 들면, 만약 대량 탈북의 조짐이 보이면 긴급 대북 지원을 통해 탈북자가 북한에 남아 있도록 한다든가 휴전선과 해안선을 봉쇄하는 방안 등이다. 이 '예방정책'과 '통제정책'은 정부의 북한 이탈주민에 대한 기본적인 인권문제를 야기할 수 있는 가능성도 있다.

둘째, 북한 이탈주민에 대한 정부의 체제 적응 프로그램이 일률적이고 형식적이다. 예를 들면, 북한 이탈주민에 대한 수용 단계는 우선 정보사령부의 군합동신문소에서 6개월을 비롯해 보호시설에서 1년, 거주지에서의 경찰 등에 의한 보호 2년, 도합 3년을 보호받는다. 그 후에도 담당 경찰관의 수시점검 등으로 인해 인권문제를 제기하기도 했다.

또 북한 이탈주민의 개인적인 특성을 고려한 특기, 장래의 희망, 사회 배경 등이 고려되지 않고 있다. 직업훈련도 본인의 특기나 취미를 고려하지 않은 채 직업훈련기관에서 공장 노동자를 양성하기 위한 프로그램이 대부분이다. 종교기관의 수용 프로그램도 일방적·획일적으로 짜여져 있어 북한 이탈주민의 반발을 산 경우도 있다. 북한 이탈주민에 대한 접근은 북한식 가치관을 어떻게 빠르고 효과적으로 남한의 가치관으로 전환할 수 있는가와 직업인, 생활인으로서의 능력을 갖춘 건전한 시민을 양성한다는 차원에서 이루어져야 한다.

셋째, 북한 이탈주민을 위한 안정된 소득원을 확보해 주고 그들로 하여금 경제적 자립이 가능하도록 법적·제도적 장치는 물론 직업교육이 체계적으로 이루어져야 한다. 그러기 위해서는 북한 이탈주민의 적성과 희망 직종에 대한 철저한 조사분석, 학력, 자격증 소유 여부, 전직 기술의 습득 여부 조사 등도 선행되어야 한다. 현행법에 의하면 "정부는 취업을 알선할 수 있다"(제17조)고 했는데 소극적인 차원의 접근보다 적극적으로 취업을 알선해 주고 민간단체와 연계해 체계적인 취업 알선 프로그램을 시행해야 할 것이다. 취업 알선 프로그램은 사회 체제 적응을 위한 프로그램과 병행시켜서 해야 한다. 북한 이탈주민들이 산업 시찰이나 백화점 및 시장 견학을 제외하고 별다른 교육을 받아보지 못했다는 점(박종철 외, 1996: 97-98)은 남한 사회가 과시성 교육이나 피상적인 수준에서의 교육이나 취업 프로그램을 시행한다고 볼 수밖에 없다.

넷째, 북한 이탈주민에 대한 정착지원금의 합리적 지급을 고려해야 한다. 과거에는 북한 이탈주민에 대해 시혜적 차원에서 상당한 금액의 정착금을 제공하고 직장을 알선했으나 1997년부터는 '북한 이탈주민의 보호 및 정착 지원에 관한 법률'에 의거 지원금을 크게 줄였다. 단신 탈북자의 경우 평균 3,750만 원 정도의 정착금을 지급하고 있으나 이는 국민기초생활보장 수준에 해당할 정도이다. 그렇다고 대량 탈북이 예상되고 있는데 북한 이탈주민에게 만족할 수준의 정착지원금을 준다는 것은 우리나라 재정 상태를 고려할 때 무리한 정책이 될 수도 있다. 또 탈북 귀순자들이 북한에서의 사회적 지원을 남한에서 그대로 인정받게 되는 경우가 많은데 이는 남한이 "정보가치로만 평가해" 결과적으로 탈북자 간의 사회적 위화감 조성과 형평성을 잃은 지원이라는 평가를 받고 있다.

다섯째, 북한 이탈주민의 신변 보호 및 관리의 문제점이다. 북한 이탈주민들은 사실 신변에 위협을 느끼며 살고 있다. 북한 이탈주민을 관리 차원의 보호만 생각하고 신변 보호는 사각지대에 있다고 볼 수 있다.

여섯째, 민간단체의 유기적 협력체계가 미흡하다. 우리나라에는 북한 이탈주민을 위한 후원회가 있다. 이 후원회는 보호 대상자의 생활 안정과 자립, 정착을 지원하기 위해 설립되었고, 민법상의 재단법인 규정을 준용하는 단체이다. 이 단체 이외에 종교기관을 중심으로 한 20여 개의 민간단체가 있는데 이 단체들끼리 상호 긴밀한 협력체계의 부재로 인해 북한 이탈주민이 중복 지원 또는 전혀 지원을 받지 못하는 등의 불균형이 발생하고 있다. 특히 일부 종교기관에서 종교생활의 강요 — 금연, 예배 참여의 의무화 — 로 인한 반발 사례가 발생하고 있다.

일곱째, 전담 상담요원의 부재를 지적할 수 있다. 북한 이탈주민들은 이질적인 남한 사회에 와서 닥치는 어려움이 많다. 이 어려움은 대개 경제적 곤란, 심리적 부담 및 소외감으로 압축시킬 수 있는데, 이러한 원인으로 하여 북한 이탈주민들은 일탈행위마저도 서슴지 않는 경우가 있다. 또 보호관찰 기간이 2년 이상 시행되는 과정에서 경찰관과 북한 이탈주민과의 마찰 등도 있다. 이러한 여러 문제를 상담하고 조언해 줄 수 있는 전문 상담창구가 없다는 것도 문제이다.

2) 재정 영역

통일부의 예산 중 북한 이탈주민 관리예산의 대부분은 대량 탈북을 염두에 두지 않고 현재 1년에 몇 명 정도의 탈북자가 있을 것이라는 예상에 따라 그 대상자에게 정착금 및 주거지원비만을 지원해 주는 소극적인 정책을 수립하고 있다. 북한 이탈주민의 수용시설은 300여 명 정도의 규모로 건립한 것은 대량 탈북의 경우를 대비하지 못한 단견이다. 최근 탈북자가 대량으로 입국하자 하나원으로는 시설이 태부족하여 성남 소재 새마을연수원 일부를 개조하여 북한 이탈주민을 수용하고 있는 실정이다. 그동안 북한 이탈주민을 위한 기본적인 예산 지원은 정부 예산인 통일부의 예산에서 충당했다. 그러나 대량 탈북문제가 야기될 경우에는 달리 대처해야 한다. 예를 들면, 북한 이탈주민을 염두에 둔 특별기금의 마련, 특별세의 신설, 민간단체의 기부금 등이 마련되어야 한다.

3) 전달체계 영역

북한 이탈주민 문제를 처리하기 위한 전담기구는 통일부이다. 현행법은 통일부가 북한 이탈주민과 관련된 업무를 총괄적으로 조정하는 것으로 되어 있으나 여러 부처가 관련되어 효율적인 운영이 어렵다. 또 북한 이탈주민 정책은 업무의 성격상 정책환경을 고려하지 않을 수 없으므로 통일부 산하에 전담부서를 설치하는 방안도 모색해야 한다. 현재 우리나라의 행정 여건상 전담부서 설치가 어려우면 북한 이탈주민의 보호 및 정착 지원에 관한 법률 제6조의 '북한 이탈주민 대책협의회'를 단순한 심의기구가 아니라 의결과 집행 기능을 부여하는 기구로 개정하고 총체적인 지도 감독을 통일부가 하는 방안도 있다.

또 중앙정부와 지방자치단체 간의 효율적인 역할 분담도 강구되어야 한다. 현행법은 중앙정부의 정책결정에 따라 지방자치단체의 협력을 요구하고 지자체는 형식적인 관리를 하는 수준에 머물러 있다. 따라서 북한 이탈주민이 직접 삶의 터전을 마련하는 것은 지역사회이고, 그들은 지역사회의 일원임을 감안하여 지방자치단체가 능동적으로 참여할 수 있는 계기를 마련해야 한다. 그러기 위해서는 지방자치단체도 북한 이탈주민의 정착 방안 모색을 위한 정책결정 과정에 참여하고 비용 분담 및 행정 협조를 할 수 있도록 해야 한다.

그리고 독일 정부의 경우, 정책입안은 정부가 하고, 실제 수행은 다양한 민간집단이 참여했는데 이를 선례로 삼아 민간단체를 활성화시키는 방안도 모색되어야 한다. 예를 들면 '북한 이탈주민 대책 자문위원회'를 구성해 보는 것도 바람직하다. 이 민간단체는 이북5도청 및 관련 기관과의 유대를 강화하여 북한 이탈주민의 사회 참여도와 소속감을 높일 수 있기 때문이다.

또 대학의 부설기관을 활용하여 북한 이탈주민의 적응을 위한 교육과정을 개설하는 방안도 있다.

제 4 편

사회복지행정의 미래

제15장 사회복지행정의 전망과 과제

제15장 사회복지행정의 전망과 과제

I 서비스전달체계의 개선: 지역주민통합서비스 제공체계

1 지역주민통합서비스의 개념과 내용

지역주민통합서비스라 함은 지역주민에게 제공하는 광의적 개념의 대민서비스를 통합적으로 제공하는 것을 말한다. 다시 말하면, 지역주민통합서비스란 [그림 15-1]과 같이 노인, 아동·청소년, 여성, 장애인, 근로빈곤층, 다문화가정 등 다양한 복지 대상자를 중심으로 과거의 보건과 일차적 구호 중심의 복지서비스라는 협소한 범위를 넘어 문화, 고용, 생활체육, 안전, 주거, 평생교육 등 주민생활의 질적 향상과 직접 관련되는 다양한 공적 서비스의 통합을 말한다. 이러한 서비스는 중앙정부로서는 보건복지부, 노동부, 여성가족부, 국토해양부, 문화체육관광부, 행정안전부, 국가보훈처 등 수많은 부처의 정책과 관련되어 있다(김형식 외, 2007: 87). 그리고 서비스 전달 주체로서 중앙정부 외에도 지방자치단체의 역할이 더욱 중요하며, 민간 사회복지서비스 전달 주체들도 공공 사회복지서비스의 부족한 측면을 보완해야 한다.

통합적인 서비스를 제공하는 것은 공·사 서비스 전달체계의 연계체계를 구축하는 것으로, 특히 지역사회복지와 재가복지를 중심으로 공·사 사회복지서비스체계의 협력 또는 통합모델이 요청되고 있다(장동일, 2006: 276).

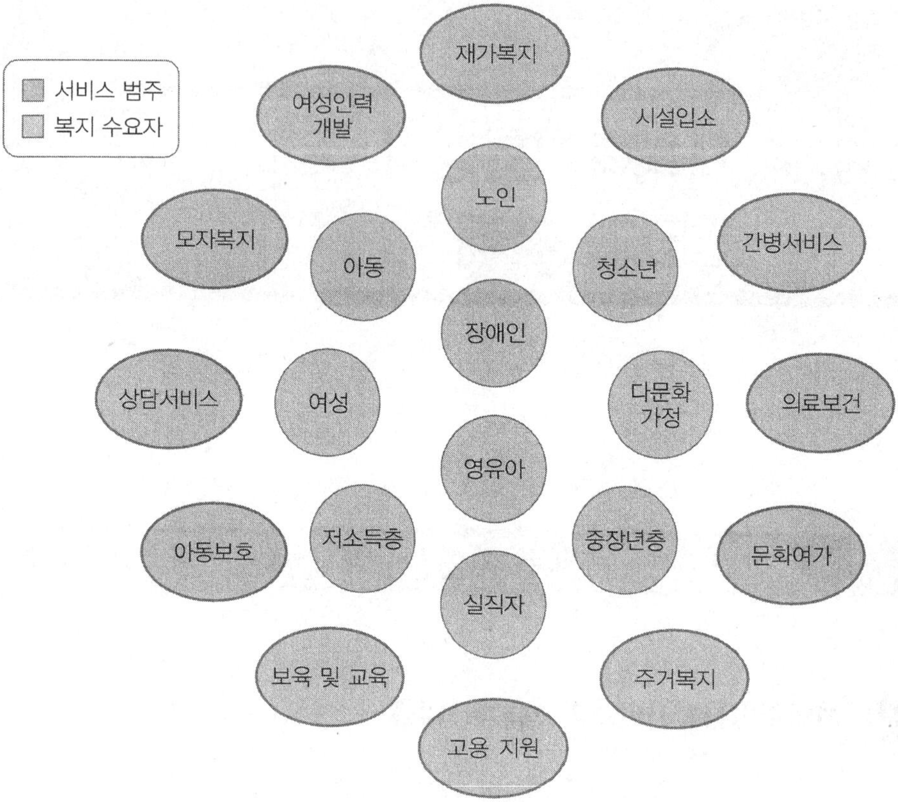

그림 15-1 지역주민통합서비스의 대상과 내용

우리나라의 경우 복지서비스를 필요로 하는 주민은 중앙정부, 광역자치단체, 지방자치단체, 특별행정기관, 민간복지기관 등 5개 유형의 서비스전달체계를 통해 서비스를 받고 있다. 복지 수요자가 서비스의 범주에 따라 5개의 전달 주체를 탐색하고, 해당 서비스를 신청하여 전달받기까지 상당히 복잡하고 어려운 과정을 거쳐야 한다. 이 점은 주민의 입장에서도 복지체감도를 낮추고 있으며, 서비스 제공 주체의 경우도 상당한 비능률을 초래하고 있다.

우리 사회가 복지서비스의 양이 부족하다고 할 수도 있겠지만 한편으로는 서비스의 소재, 내용, 접근, 이용 등이 알기 어려울 정도로 전달체계가 복잡하고 불편한 점이 있다. 그리고 복지서비스를 원하는 주민이 이와 관련된 개별·산재된 업무를 찾아야 하는 문제가 있다.

2010년부터는 보건복지부가 전면적인 사회복지통합관리망의 운영을 예고했으며, 지방자치단체들도 '사회복지통합관리망'을 통해 복지를 비롯한 보건, 고용, 주거, 평생교육, 생활체육, 문화·관광 등 주민생활 지원 8대 서비스를 지방자치단체와 공공·민간기관이 함께 제공할 수 있는 시스템을 전환 구축 중이다. 이것은 공급자 중심의 개별적인 서비스 공급체계가 수요자 중심의 통합서비스체계로 전환되고 있음을 의미한다.

2 지역주민통합서비스 제공체계의 필요성

현대 사회에서 사회복지 증진의 일차적인 책임은 국가에 있지만 클라이언트의 문제가 복잡성을 띠어가고 욕구가 다양해짐에 따라 사회복지서비스의 전문성과 다양성에 대응하면서도 한편으로는 체계적이고 일원화된 사회복지행정체계를 통해 클라이언트의 접근을 용이하게 하면서도 사회복지행정체계의 효율성을 극대화할 필요성이 제기되었다. 따라서 최근 제기되고 있는 지역주민통합서비스 제공체계로의 개편 필요성은 다음과 같다.

첫째, 주민생활서비스에 대한 수요자인 클라이언트가 점점 중시되는 측면이다. 사회복지서비스의 제공이 공급자 중심에서 수요자 중심으로 변하고 있으며, 클라이언트의 상황이나 욕구가 고용, 교육, 문화, 생활체육, 보건, 육아, 복지급여 등 다양한 사회복지서비스를 필요로 하고 있기 때문에 클라이언트의 참여나 자기결정권 및 서비스 선택권이 강조되고 있다.

둘째, 사회복지 수요자에게 경제적 원조뿐만 아니라 보건의료서비스, 심리적 서비스, 재활서비스 등 다양한 서비스를 통합하여 제공하는 것이 클라이언트에 대한 사회복지서비스의 효과성을 높일 수 있다는 측면이다(신복기 외, 2008: 210).

셋째, 정부 부처마다 독자의 지방전달체계 확충 시도가 초래할 공급자 측면의 비효율, 중복문제의 최소화이다(김형식 외, 2007: 89).

넷째, 사회복지서비스 공급에서 민간부문의 역할이 확대되고 있어 정부와 민간부문, 복지 수요자 간의 통합적이고 효율적인 서비스 연계 시스템이 필요하다. 과거에는 정부 주도 모델과 같이 정부가 직접 대부분의 서비스를 제공했지만, 현대 복지국가에서는 서비스 기준의 설정에 대한 정부의 역할은 인정하나 서비스 전달은 가족이나 이웃, 자조집단과 같은 비공식 부문과 비영리 민간조직의 활용이 강조된다(박차상 외, 2001: 159).

따라서 서비스의 전달은 대부분 비영리 민간 조직과 영리 민간조직에 의해 이루어지고 있기 때문에 정부부문과 클라이언트 그리고 민간부문과의 통합적인 연계 시스템이 필요하다.

3 지역주민통합서비스 제공체계의 구축 방향

먼저 지역주민통합서비스 제공체계의 가치는 지역 단위에서 주민생활과 밀접한 사회복지서비스를 효율적으로 제공하고자 하는 것이다. 이것은 복지 수요와 대상이 존재하는 주민으로부터 가장 가까운 거리에 있는 서비스전달 주체들의 역할이 강조되어야 한다는 것을 의미한다. 이러한 맥락에서 첫 번째 과제는 중앙정부로부터 지방자치단체나 민간 사회복지행정조직으로 실제 주민들에게 사회복지서비스를 제공하는데 필요한 많은 기능과 권한, 재원이 이양되어야 한다는 점이다. 1차적으로는 정부간 사무배분[1]의 개선이며 2차적으로는 사회복지통합 전산망을 포함한 공·사 사회복지전달체계의 연계체계 구축이다.

1) 정부 간 복지행정 사무배분의 개선

사회복지행정을 수행할 때 중앙정부와 지방자치단체 간에 어떻게 그 기능을 분담해야 할 것인가? 일반적으로 행정 기능의 수행 방법은 네 가지로 분류해 이를 토대로 이론상 중앙정부와 지방정부 간의 기능 배분을 하고 있다. 즉 중앙정부는 첫째로 전국적 이해관계에 관한 기능(국가적 사무)을 직접 계획, 처리하고, 둘째로 그 성질이 지방적 이해관계보다 전국적 이해관계가 더 큰 기능(기관위임사무)을 계획하고 그 처리를 지휘 감독한다. 반면, 지방자치단체는 첫째로 기관위임사무를 집행하고, 둘째로 단체위임사무와 지방자치단체의 존립 목적이 되는 자치사무(지방공공사무)를 계획, 집행한다고 설명할 수 있다(정세욱, 2005: 155).

우리나라의 사무배분 방식은 첫째, 포괄적 위임주의를 원칙으로 사무의 내용을 예시적 포괄주의로 정하고 있다. 즉 지방자치법 제11조에는 지방자치단체가 처리해서

---

1) 지방자치 사무배분이란 중앙정부와 지방자치단체 간, 광역자치단체와 기초자치단체 간 관장사무를 배분하는 것을 의미한다. 행정 기능은 중앙정부와 지방자치단체의 사무로 배분되고 지방자치단체의 사무는 다시 계층별 또는 종류별로 배분된다.

는 안 될 국가사무 7개 분야 29개 사무를 예시하고, 제9조 제2항에는 지방자치단체의 사무를 6개 분야로 구분, 57개 사무를 예시해 포괄적으로 열거하고 있다.

둘째, 중앙과 지방 간 또는 광역자치단체와 기초자치단체 간의 사무배분에서 획일적 배분 방식을 원칙으로 한다. 행정사무는 각 지방자치단체의 능력이나 규모, 재정력, 행정 수요, 지역 특성을 고려해 배분하는 것이 바람직하나 우리나라는 특별한 예외를 제외하고는 행정계층별로 획일적인 사무를 배분하고 있기 때문에 지방자치단체의 수준에 상관없이 사무의 내용이 대동소이하다.

셋째, 하향적 배분 원칙에 따라 행정계층의 최상위에 있는 중앙정부, 광역자치단체, 기초자치단체 순으로 우선사무를 확정하여 하향적으로 배분한다(최인기, 2001: 64).

우리나라의 경우 중앙정부와 지방정부 간의 기능 배분의 실태가 안고 있는 문제점은 대단히 광범하고 다양하다.

첫째, 국가 기능의 과도한 중앙집중과 비민주성을 들 수 있다. 특히 기능 분담 체계에서 현실성이 무시되고 있거나, 집행적 기능까지도 중앙정부가 장악하고 있는 등 과도한 집중 현상이 발생되고 있다.

둘째, 국가와 자치단체 및 자치단체 간의 기능 배분의 불명확성이다. 이로 인한 업무의 권한과 책임이 불명확하고, 한계가 불분명하여 결국 중앙집권화의 가능성을 안고 있다. 그런 관점에서 국가와 광역단체 및 기초단체 간에 재정의 구성비, 세수입의 비율, 심지어 지방교부세 비율 등을 정한 합리적 기준을 찾을 수 없다.

셋째, 특별지방행정기관[2]과 지방자치단체 간 관련 업무의 이원화를 들 수 있다. 우리나라의 지방행정조직은 통합형이 아니라 분리형을 채택하고 있기 때문에 분야별 업무의 전문성을 확보할 수 있다는 장점이 있지만, 동일한 업무를 이원적으로 분할, 담당함으로써 비능률을 초래하는 경우가 있다. 특별행정기관은 2010년 도로·하천, 해양·항만, 식·의약품 등 3개 분야의 업무와 인력이 이양되고 추가로 5개 분야의 사무도 이양할 예정이다.

넷째, 자치단체의 고유사무와 위임사무 간에 한계의 모호성이 있을 수 있다. 지방자치법 제9조가 규정하고 있는 지방의 공공사무(고유사무)와 법령에 의해 단체에 소

2) 특별행정기관 8개 분야 가운데 도로·하천, 해양·항만, 식·의약품 등 3개 분야의 업무와 인력이 2010년부터 지방으로 이양된다. 사무의 지방 이양으로 직원들의 신분은 국가직에서 지자체 소속 지방직으로 바뀌게 된다. 행정안전부는 지방분권 정착을 위해 지방 이양이 가능한 국가사무를 지자체로 이관하고 있으며, 앞으로 노동과 산림, 환경 등 5개 분야의 사무도 추가로 이양할 예정이라 한다.

속된 사무(위임사무) 간의 구분이 모호하다. 이에 따른 감독, 경비 부담, 지방의회와의 관계 등에서 많은 문제점을 내포하고 있다.

복지 기능의 업무 분담은 그동안 전국적으로 일제히 실시해야 할 사업이거나 대규모적인 사업(사회보장적 시책, 사회보험사업, 실업대책사업)과 기초생활보장 등은 직접 시행하거나 지방자치단체의 사무로 위임해 국가는 계획, 지도, 감독, 경비 부담 등을 하고, 그 실시의 책임은 지방자치단체 또는 하급 집행기관에게 위임하는 것이 일반적이었다.

중앙정부가 지방자치단체를 지배하는 전통적인 수법은 법률에 의해 사무를 배부하고, 지방에는 충분한 권한과 재원을 제공하지 않고 사무를 위임해 온 방법을 취해 왔다. 이것은 사회복지행정에서도 같은 범주에 속한다. 그러므로 지방자치단체는 재정적인 자립도에도 문제가 있다고 하지만 사회복지의 수준, 내용, 부담 면에서 국가가 일방적으로 결정하고 권한을 보유하면서 사무를 위임하는 방식을 취해 왔기 때문에 결국 중앙정부의 감독 하에 있기 마련이다.

또 인가 · 감독 · 운영관리권 등은 중앙정부의 권한에 속하고, 복지시설의 건설, 설치에 대해서는 지방자치단체가 책임진다는 분할 방식도 중앙정부에 유리하게 제도화되어 있다(김만두, 2005: 82-85).

따라서 중앙정부는 전국적인 입장에서 기본적인 정책과 기준을 정하고, 지방자치단체는 그 정책과 기준을 지역 실정에 맞게 집행할 수 있는 기능 배분이 형성되어야 할 것이다.

이 기능 배분의 관점에서 본다면 중앙정부는 국민의 최저생활과 관련되는 금전 급부를 주대상으로 하는 영역에, 그리고 지방자치단체는 대인 복지서비스를 중심으로 하는 기능을 분담하는 것이 바람직하다.

2) 공 · 사 사회복지 연계체계 구축 방안

지역사회복지에 초점을 맞추어 공공부문과 민간부문의 연계체계를 구축하기 위한 방안을 제시해 보면 다음과 같다.

첫째, 민간 사회복지조직은 공적 사회복지행정조직과 협력 관계를 유지하면서 지역주민의 접근성이 용이하고, 민간자원의 동원이 용이하며, 지역주민의 욕구에 맞는 서비스를 전달할 수 있도록 전문적이고 체계적인 연계체계가 구축되어야 한다.

둘째, 공 · 사(公私) 사회복지조직이 체계적으로 연결되고, 민간부문 간의 상호 밀접한 관계가 유지되도록 연계체계가 구축되어야 한다.

셋째, 공적 사회복지조직의 문제점인 수직적 전달체계 문제, 전문성 부족 등과 민간 사회복지조직의 문제점인 재정문제, 독립성 부족 등을 포괄적으로 수용해 해결할 수 있는 통일적인 협력체계가 구축되어야 한다(장동일, 2006: 277). 특히, 공·사 사회복지조직의 수직적 문제와 관련하여 일선 복지 현장에서 민간 종사자들이 공무원들과 심각한 갈등과 비협조를 경험하고 있는 것으로 나타났다.

2008년 10월, 지역자활센터 종사자 518명을 대상으로 한 조사에서 44.6%인 239명이 지난 1년 내에 1~2회 정도 담당 또는 감독공무원으로부터 이직을 생각할 정도의 심각한 갈등과 비협조를 경험했다고 한다.

이것은 자활참여 주민보다도 공무원의 접촉빈도가 훨씬 적은 점을 고려할 때, 매우 우려할 만한 수준이라고 할 수 있다. 일반적으로 사회복지 분야 종사자의 이직 원인 중의 하나가 클라이언트에 의해 폭력과 인격 침해인 것을 생각하면 자활참여 주민보다 담당 공무원들로 인한 이직 충동이 더 크다는 사실을 정부와 지방자치단체가 심각하게 고민해야 한다(나종문, 2009: 201).

넷째, 실질적인 서비스 제공 주체인 민간기관 간의 협력 네트워크를 강화한다. 민간의 서비스 제공기관들이 노인, 아동, 장애인, 여성, 실직자 등 대상자별로 참여해 상호간의 정보 교환, 자원 공유, 공동사업 개발, 교육훈련 등을 수행하고 협의할 수 있는 협의체와 통합 정보 공유 시스템을 구축한다.

II 주민참여 확대와 위원회 기능의 활성화

1 지역주민 참여 확대

지방화 시대에 지역복지문제에 접근하기 위해서는 지역사회 주민의 능동적인 참여와 지원이 절대적이다. 주민 참여가 대중적 저항운동이나 명목적 참여(degree of tokenism)가 되어서는 아니 된다는 것이다. 지역사회복지의 자원을 활성화시키기 위한 주민 참여의 개선 방안이 있다면 첫째, 주민 참여의 통로가 다양해져야 한다. 둘째, 지역복지를 위한 정보의 공개를 제도화해야 한다. 셋째, 지역복지에 대한 주민의 참여의식을 끊임없이 개발해야 한다. 넷째, 공동생산(co-production)의 단계를 분배와 연관시켜 설득을 한다는 것이다(유종해, 1988: 43-44).

지금까지 상당수의 사회복지 관련 연구들을 보면 대도시, 중소도시, 농촌지역 간에 사회복지행정의 환경이 서로 다르다는 점이다. 지역의 인구·사회·경제·문화·교육환경 등이 실제 사회복지행정의 대상인 주민들에게 여러 가지 특성차로 나타난다. 따라서 지역적 특성에 맞는 복지서비스를 제공해야 하는데, 이를 위해서는 지역복지 전문기관과 지역주민의 참여와 역할이 중요하다. 지역사회의 자원이라는 것은 무에서 유를 창조하는 것도 중요하지만, 있는 자원의 합리적인 활용과 응집력을 높이는 것도 중요하다.

2 복지조직의 위원회 기능의 활성화

각종 위원회의 형식적인 설치·운영을 개선해야 한다. 보건복지부를 비롯해 각급 지방자치단체에서 설치·운영하는 많은 사회복지 관련 위원회들의 기능과 역할에 중

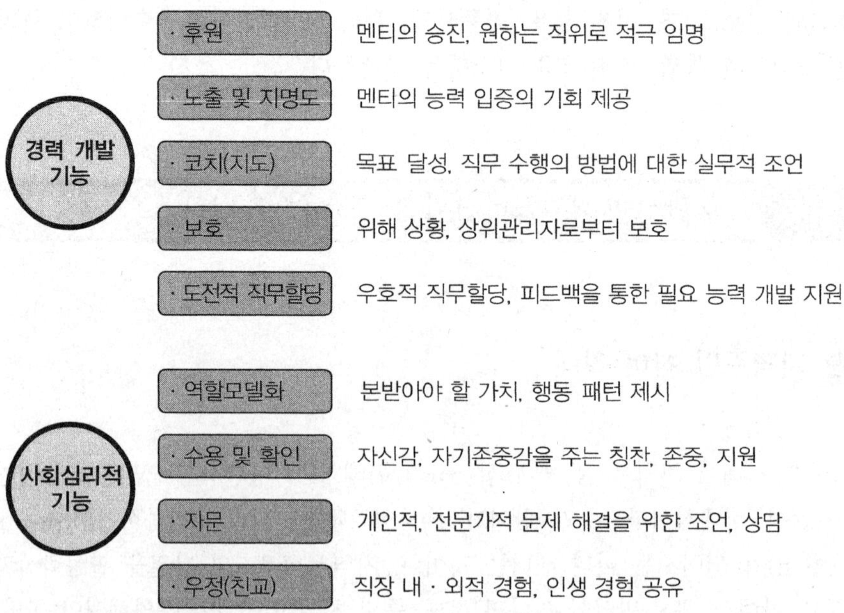

그림 15-2 위원회의 복지 관련 종사자에 대한 멘토링 효과

복성이 있으며 실제 심의·의결·조사 기능이 취약하고 대부분 형식적 심의기관으로 운영되고 있는 점은 개선되어야 한다. 그리고 사회복지기관마다 대부분 설치되어 있는 각종 위원회를 활성화시켜 이들 위원회가 지역사회의 복지와 사회복지행정에 대한 관심과 이해를 높이는 데 기여하도록 해야 한다. 위원회의 권위와 전문성 및 경험이 사회복지 일선에 근무하는 종사자들과 복지 수급자에게 전달되어야 한다. 즉 위원회는 훌륭한 멘토가 될 수 있다.

위원회의 멘토링 기능을 통해 기대할 수 있는 효과로는 먼저 일차적으로 사회복지 서비스의 제공과 전달을 맡고 있는 종사자의 업무 지식과 경험의 보충, 동료 및 상사와의 관계 개선, 조직 및 관련 분야의 인맥 확보, 전문성 향상과 경력 개발의 지도, 자아통찰력과 자신감 강화 등 여러 측면에서 긍정적 효과를 기대할 수 있다.

그리고 이차적으로 복지 수급자에게 파급될 수 있는 기대 효과로는 복지수급자의 정서적 안정감, 자활 참여 및 근로 동기의 고취, 복지의존성의 개선, 사회에 대한 불만 감소, 사회복지조직에 대한 신뢰감 및 복지 프로그램의 수용성을 높일 수 있다.

III 주거취약 계층의 주거복지대책

인간의 복지적 문제의 출발점은 무엇인가? 간단명료하게 말하면 의·식·주의 문제이다. 이러한 측면에서 저소득 및 사회취약 계층의 주거 문제는 현재 매우 심각한 양상이다. 최근 우리나라는 수도권을 중심으로 한 전월세 가격의 앙등과 부동산 가격의 급증으로 사회계층 간 자산 양극화와 갈등 현상이 심각하게 나타나고 있다.

특히 부동산가격의 상승으로 인한 고통은 저소득층일수록 심각하며 사회통합을 위협하고 있는 실정이다. 우리나라의 주택보급률은 2002년도에 이미 100%에 도달했음에도 현재의 주거문제를 보면 주택의 양이 문제가 아니라 주택과 관련된 다양한 수요를 충족시켜 주는 것이 사회적으로 얼마나 중요한 문제인지를 보여 주고 있다. 우리나라에서 민간의 복지적 기능은 상당하다. 민간이 사회적 취약계층에 대한 많은 복지서비스를 제공하며 공공 주체가 돌보지 못하는 복지의 사각지대를 상당히 보완하고 있지만 주거문제에 대해서는 민간의 역할이 매우 제한적이다. 따라서 주거문제는 기존 사회복지정책과의 연계가 필요하고, 이에 대해 정부나 지방자치단체의 개입과 역할이 상당 부분 요구된다.

기초생활보장제도를 실시하고 있는 우리나라의 복지정책은 저소득층의 자립・자활을 매우 중요한 정책 목표로 명시하고 있다. 그러나 현실적으로 빈곤층이 자립・자활하려고 할 때, 주거 부분에 대한 부담이 너무 커서 이를 해결해 주는 것이 정부의 역할이 될 수밖에 없기 때문에 당연히 주거문제는 사회복지정책의 대상이며 기존의 복지정책과도 연계되어 추진되어야 한다.

주거복지정책이 실제로 효과를 거두기 위해서는 중앙정부와 지방자치단체의 노력이 매우 중요하다. 최근의 주택 및 주거문제를 보면 지자체의 사업 승인을 받은 주민들에 의한 주택재개발・재건축사업뿐만 아니라 서울시와 중앙정부의 광역 단위 도시개발사업 등이 전면 철거 방식으로 동시다발적으로 추진되어 도시 서민의 주거 안정에 대한 정책적 고려가 제대로 이루어지지 않았음을 보여 주고 있다.

2008년도 서울시주거환경개선위원회의 발표에 따르면 정비구역 내에서 도시재정비사업 이전에는 전세가 4천만 원 미만의 주택이 전체 주택의 83%였지만 정비사업 이후에는 단 한 채도 없다는 사실이며 복지문제와 연관지어 생각해 보면 도시저소득층과 사회취약 계층의 주거문제는 더욱 심각하다는 점이다.

우선 주거 취약계층은 국민임과 동시에 자치단체의 주민이기 때문에 중앙정부와 자치단체가 주거복지 증진을 위한 사회적인 책임 의식을 가져야 한다. 중앙정부는 국토 이용과 주택 건설 및 공급 등에 관한 법령을 정비하는 등 제도적인 틀을 마련하고, 일정 부분 집행상의 재량권은 지방자치단체가 행사할 수 있도록 해야 한다. 특히 주거복지는 최근에 가장 큰 사회문제이므로 지방자치단체에서도 관내의 주택 수요와 주민의 사회경제적 특성과 여건, 그리고 거주 실태 등에 관한 정확한 조사를 토대로 다양한 계층의 정책적 요구 사항 등을 수렴해야 하고, 이때 주거 취약계층의 주거 대책도 함께 제시되어야 할 것이다.

Ⅳ 한국적 복지모델과 로드맵에 대한 사회적 합의

우리 사회는 여전히 성장과 분배의 무게 중심에 대해서 논란 중이며 사회적 합의가 없는 실정이다. 상황이 이렇다 보니 복지가 인간의 기초적 생활 욕구를 해결하고 삶의 질을 한 단계 끌어올리는 최소한의 필수 수단이라는 원론적인 명제에만 공감을 할 뿐, 복지에 대한 국가 차원의 분명한 가치와 목표, 복지에 대한 국가의 책임, 복지의 수준과 내용에 대해 국민 누구나 공감할 수 있는 일관성이 부족하다.

그렇기 때문에 정권이 바뀔 때마다 화려한 수사와 계획에 비해 사회복지에 대한 분명한 비전과 패러다임이 결여된 정책들이 상당수 양산되었으며, 정권의 이념과 실제 정책이 배치되는 경우도 비일비재하다. 이러한 점은 국민이 복지체계를 신뢰하지 않는 불신을 키웠고, 복지가 사회문제를 해결하기도 하지만 한편으로는 복지를 통해 사회문제를 예방하기도 하는데 우리의 복지정책이 사회문제의 뒤만 힘겹게 쫓아가도록 만들었다. 결국 이러한 현상의 원인을 최상위 수준에서 이해한다면 사회복지에 대한 분명한 비전과 패러다임에 대한 사회적 합의가 없기 때문인 것이다.

사회복지에 대한 분명한 비전과 패러다임이 제시되지 않는다면 우리 사회에 시급한 문제인 사회양극화, 고용 없는 성장, 청년 실업을 포함한 근로빈곤층의 문제, 주택문제와 주거복지, 그리고 전통적인 아동·청소년, 장애인, 여성, 노인복지 등 산적한 수많은 사회복지의 과제들에 대해 누구를 대상으로, 어느 수준까지, 무슨 재정으로 할 것인가에 대한 우리 사회의 사회안전망과 복지체계에 대한 외형과 내용을 갖추지 못한 채, 매 순간 정치 논리에 따라 결정될 수밖에 없다.

이제 우리 사회는 복지와 성장의 대립적 개념을 떠나 '사회복지와 경제 성장의 선순환'에 대한 확고한 믿음을 가져도 좋을 수준이 되었다. 따라서 복지를 시혜가 아닌 투자로 규정하고 우리 사회에 맞는 이른바 '성장촉진형 복지' 모델을 만들고 정부, 정당, 시민사회, 학계와 전문가 등이 서로의 구체성을 제안하여 국민 앞에서 사회적 합의를 이루어야만 한다. 그래야만 사회복지에 대한 장기적이고 일관성 있는 로드맵을 가지고 우리 사회의 모든 사회복지체계들이 참여해 성공한 한국적 복지모델을 만들 수 있는 것이다.

참고 문헌

국내 문헌

<단행본>

강신택(2006), 『재무행정론』, 박영사.
강용구 외(2008), 「사회복지행정론」, 공동체.
경제기획원(1989), 『제1차 고용구조 특별조사 결과 보고』.
고영복(2010), 「우리 사회 연구」, 사회문화연구소.
고용노동부(2000), 「직종별 임금실태 조사보고서」.
국민연금관리공단(1999), 「국민연금제도의 이해」.
권영성(2005), 『헌법학원론』, 법문사.
권육상 외(2004), 「사회복지행정론」, 유풍사.
김근조(2000), 「신고 사회복지법론」, 광은기획.
김기태 외(2007), 『사회복지행정론』, 대왕사.
김만두(2005), 『사회복지와 법』, 홍익재.
김민경(2010), 「아동복지론」, 형설출판사.
김상규 외(1990), 『사회복지론』, 형설출판사.
김상균(1999), 『현대사회와 사회정책』, 서울대학교출판부.
김성순(1981), 『노인복지론』, 이우출판사.
———(2003), 「고령사회정책론」, 홍익재.
김수영(1987), 『부녀복지』, 보건사회부 국립사회복지연수원.
김영국 외(2001), 『정치학개론』, 서울대학교출판부.
김영모(2010), 『한국사회복지문제론』, 고헌출판부.
——— 외(1970), 『신사회사업개론』, 한국사회복지연구소.
김영종(2001), 『사회복지행정』, 학지사.
김영화 외(2009), 「현대사회와 여성복지」, 양서원.
김운태(2002), 『정치학원론』, 박영사.

김익기 외(1999), 『한국 노인의 삶』, 미래인력연구센터.
김치영 · 최용민(2006), 『사회복지행정론』, 21세기사.
김태성 외(2009), 「복지와 경제」, 청목출파사.
김한주(1981), 「한국사회보장론」, 법문사.
김한주 · 황진수(1983), 「현대복지국가론」, 고려원.
김형식 외(2007), 『사회복지행정론』, 양서원.
남기민(2010), 「사회복지정책론」, 학지사.
노대명 외(2006), 『한국형 사회모형정책』.
노동부(2007), 「2007임금구조기본통계조사보고서」.
동국대학교(2008), 「사회복지 지방이양사업의 개선 방안」, 동국대학교 사회과학연구원.
박경일 외(2003), 『사회복지학 강의』, 양서원.
박차상 외(2001), 『현대사회복지학』, 양서원.
———(2008), 『사회복지행정론』, 창지사.
박천오 외(2000), 『인사행정론』, 법문사.
———(2008), 『사회복지행정론』, 창지사.
보건복지가족부(1987), 『부녀행정 40년사』.
———(1995), 『보건복지백서』.
———(2001), 『보건복지통계연보』 제47호.
———(2008), 「2008아동청소년백서」.
보건복지부(2009a), 「2009주요업무 참고자료」.
———(2009b), 「2008노인실태조사」.
———(2009c), 「2009장애인복지사업안내」.
———(2009d), 『2008년 국민기초생활보장 수급자 현황』.
서울대학병원(2008), 「치매노인유병률조사」.
성규탁(2003), 『사회복지행정론』, 법문사.
세계일보, 1999년 11월 21일..
신복기 외(2008), 『사회복지행정론』, 공동체.
신유근(2005), 「인간 존중의 경영」, 다산출판사.
아산사회복지사업재단(1986), 「현대사회와 여성」, 아산사회복지사업재단.
양승일 · 정혁인(2009), 『사회복지행정론』, 동문사.
여성가족부(2005), 「2005 미혼모욕구조사」.
오석홍(2000), 『인사행정론』, 박영사.
유종해(1988), 「지방화 시대에 있어서의 지역복지를 위한 주민참여」, 한국지역복지정책학회.

윤후정 · 신인령(2001), 『법여성학』, 이화여자대학교출판부.
이계탁(1999), 『사회복지행정학 강의』, 나남출판사.
이목훈(2008), 『새사회복지행정론』, 대왕사.
이성기 외(1995), 『보건복지사무소 모형 개발 및 1차 연도 운영평가』, 한국보건사회연구원.
이정우(2002), 『사회복지정책』, 학현사.
이창희(2009), 「사회복지시설의 설립과 운영」, 창지사.
장동일(2006), 『한국사회복지법의 이해』, 학문사.
———(2008), 『사회복지행정론』, 동문사.
장애인권익문제연구소(2000), 「장애아동의 학교생활 실태에 관한 조사보고서」, 장애인권익문제연구소.
장인협 외(2009), 『사회복지행정론』, 서울대학교출판부.
장인협 · 최성재(1998), 『노인복지학』, 서울대학교출판부.
정선희(2007), 『사회적 기업』, 다우출판사.
정세욱(2005), 『지방행정학』, 법문사.
정철수 외(1990), 『사회학개론』, 학문사.
지은구(2007), 『사회복지행정론』, 청목출판사.
최성재 외(2007), 「사회복지개론」, 나남출판.
최인기(2001), 「지방자치론」, 법문사.
통계청(2001), 「사회통계조사보고서」.
———(2006), 「장래인구 추계」.
한국보건사회연구원(2009), 「2008년장애인실태조사」.
한국사회복지협의회(1977), 『한국사회복지총람』, 한국사회복지협의회.
한국인구보건연구원(1984), 『미혼 노동여성의 인구 및 성에 대한 지식 · 태도 조사연구』.
행정안전부(2008), 「2008행정안전백서」.
행정자치부(2001), 「2001 통계연보」, 제4호.
현외성 외(1993), 『현대복지행정론』, 대영문화사.
황성철 외(2005, 2007), 『사회복지행정론』, 학현사.
황진수(1993), 「현대복지행정론」, 대영문화사.
———(2003), 『현대복지행정론』, 대영문화사.
———(2005), 「노인복지정책론」, 한성대학교출판부.
——— 외(2007), 『현대노인복지정책론』, 대영문화사.

<논문>

강숙자(1997), "윤락의 원인과 대책,"『사회정책연구』, 한국복지정책연구소.

고수정(2005), "사회복지 전문인력의 직무만족 및 조직몰입 영향 요인에 관한 연구," 영남대학교 대학원 박사학위 논문.

곽재복(2005), "가톨릭 사회복지시설·기관의 홍보와 후원,"『가톨릭사회복지회보』, 통권 23호.

김금수(1992), "여성과 직업(2),"『현대사회와 여성』, 아산사회복지사업재단.

———(1986), "노동여성의 현황과 지위 향상을 위한 과제," 제8회 사회복지 심포지엄, 아산사회복지재단.

김명숙(1981), "윤락여성에 대한 제도적 고찰," 이화여자대학교 석사학위 논문.

김미곤(1999), "빈곤대책으로서의 국민기초생활보장법,"「도시연구」, 한국도시연구소, 제5호.

김상균(1983), "이데올로기에 비춰본 사회복지정책의 유형 구분,"『사회복지』.

김안나 외(2006), "2006자활사업 모니터링 및 평가연구," 한국보건사회연구원, 연구보고서.

김영모(1982), "사회문제의 일반이론,"『현대사회문제론』, 한국복지정책연구소.

김옥희(1998), "한국 여성정책의 현황과 발전 방향,"「사회복지개발연구」, 4(4).

김종두(2004), "국민기초생활보장법: 최저생활 보장하는 사회안전망,"「국회보」, 통권 제485호, 국회사무처.

김종섭(1974), "사회복지행정의 실천적 이론 구성에 관한 연구," 영남대학교 대학원 박사학위 논문.

김찬규(1997), "북한의 식량 부족이 사회에 미치는 영향,"『북한조사연구』, 1(1), 북한문제조사연구소.

나종문(2009), "지역자활센터 종사자의 이직 의사에 미치는 영향 요인에 관한 연구," 한성대학교 대학원 박사학위 논문.

류진석(1999), "세계화시대의 복지개혁: 복지국가 위기 이후의 대응," 한국사회과학연구소 사회복지연구실 편,「세계의 사회복지」, 인간과 복지.

박종철 외(1996), "북한 이탈주민의 사회적응에 관한 연구: 실태조사 및 개선 방안," 민주통일연구소.

손준규(1981), "한국의 복지정책 결정과정에 대한 연구," 서울대학교 대학원 박사학위 논문.

안병영(1984a), "복지국가의 태동과정의 비교연구,"『한국행정학보』, 18(2).

———(1984b), "복지국가의 형성·전개·위기,"『사회과학논집』, 제15집, 연세대 사회과학연구소.

———(1994), "사회복지정책과 한국정치의 과제," 김운태 외,『한국정치론』.

엄지운(2002), “지방자치단체간 정책갈등에 관한 연구,” 『대학원논집』, 제32집, 동국대학교 대학원.

윤여상(1998), “재외탈북자 실태와 지원체계: 중국을 중심으로,” 『통일연구논총』, 7(2), 민족통일연구원.

윤혜미(1991), “사회복지전문요원 제도의 발전 방향에 관한 연구,” 한국보건사회연구원.

이승부(2007), “정신요양시설 종사자의 근무환경이 직무만족도에 미치는 영향요인 연구,” 한성대학교 대학원 박사학위 논문.

이혜경(1990), “사회복지 관련법과 여성,” 『제6회 춘계학술대회: 여성과 법』, 한국여성학회.

전수영(1988), “부녀복지시설의 운영 개선 방안 연구,” 보건사회부 국립사회복지연수원, 『사회복지연구논문집』, 제10집.

최성재(1999), “우리나라 노인복지의 현황과 문제점,” 『사회복지』, 140, 한국사회복지협의회.

최재성(1997), “총체적 품질경영기법(TQM)의 적용가능성에 관한 고찰: 사회복지조직 관리 및 평가를 위한 새로운 패러다임,” 『연세사회복지연구』, 4호.

최진호(1987), “지역개발의 활성화를 위한 제도적 연구(II),” 국토개발연구원.

하상락(1983), “한국 사회보장의 역사(4),” 『의료보험』, 6(10).

한국갤럽조사연구소(1990), “한국노인의 생활과 의식구조: 한국, 일본, 태국, 미국, 영국, 이태리 6개국 노인의식구조 2차 비교조사,” 한국갤럽조사연구소.

한국여성개발원(1990), “윤락행위 등 방지법 개정을 위한 연구,” 『여성연구』, 한국여성개발원.

한창영(1979), “한국 노인복지의 행정과 법제에 관한 연구,” 동국대학교 대학원 박사학위 논문.

허준수(2001), “사회복지전담 공무원의 국민기초생활보장제도 시행에 대한 평가,” 경실련, 국민기초생활보장제도시행 1년 평가토론회 자료집.

현외성(1983), “한국 노인복지정책의 형성 과정과 그 특징에 관한 연구,” 서울대 석사학위 논문.

———(1985), “사회복지에 있어서 사회통제 관점에 관한 연구,” 『사회보장논집』, 동국대 한국사회보장연구소.

———(1993), “한국과 일본의 노인복지정책 형성 과정에 관한 연구,” 서울대학교 대학원 박사학위 논문.

황덕순(2004), “취약계층 보호정책의 방향과 과제: 외국의 근로연계 복지정책 평가와 한국의 근로연계 복지정책 발전 방안,” 한국개발연구원.

황진수(1984), “한국 노인복지정책의 평가에 관한 연구,” 동국대 박사학위 논문.

———(1987), "사회정책의 전개와 민중의 역할," 『사회복지논총』(창간호), 경기대 부설 한국사회복지연구소.
———(1987), "한국 빈곤정책의 평가에 관한 연구," 『사회보장논집』.
———(1989), "노인복지문제," 불교신문사 편, 『현대의 제 문제, 그 불교적 해답』, 도서출판 밀알.
———(1988), "지방자치와 사회사회복지행정," 『사회보장논집』, 동국대부설 한국사회보장연구소.
———(1999a), "우리나라 노인권익운동의 현황과 과제," 『노인복지연구』, 제6호, 한국노인복지학회.
———(1999b), "남성 독거노인의 생활 실태," 『소외계층 노인의 현황과 과제』, 한국노인문제연구소.
———(2002), "한국 노인복지정책의 과제와 전망," 『한국의 고령화사회 어떻게 대처할 것인가』, 한성대학교 행정대학원.
황진수 · 현외성(1985), "비교사회정책연구 서설(Ⅱ)," 『한성대논문집』.

국외 문헌

Abbott, Edith(1942), *Social Welfare and Professional Education*, The University of Chicago.
Adams, J. S.(1963), *Journal of abnormal and social psychology*, 67(5), 422-436.
Albig, William(1906), *Modern Public Opinion*, Routledge and Kegan Paul.
Alderfer, C. P.(1972), *Existence, Relations and Growth: Human Needs in Organizational Setting*, N.Y.: The Free Press.
Argyris, Chirs(1957), *Personality and Organization*, N.Y.: Harper & Row.
Austin, David(1995), "Management Overview," *Encyclopedia of Social Work*(19th), Vol. 2.
Bader, S. D., E. R. Moog & P. Grüunberg(1986), "Magnetic Hysteresis of Epitaxially-Deposited Iron in the Monolayer Range-A Kerr Effect Experiment in Surface Magnetism," *Journal of Magnetism and Magnetic Materials,* 53(4): L295-L298.
Barker, Paul(ed.)(1984), *Founder of the Welfare State,* London: Heinemann Educational Books Ltd.
Barker, Robert L.(1987), *The Social Work Dictionary,* National Association of Social Workers, Inc.

Barnes, J. & T. Srivenkataramana(1982), "Ideology and the Welfare State: An Examination of Wilensky's Conclusions," *Social Service Review*, 56(2).

Beauvior, Simon de(1981), 『제2의 성』, 조동신 역, 을유문화사.

Bhimaraya, A. Metri(2006), "Total Quality Transportation Through Deming's 14 Points," *Journal of Public Transportation*, 9(4).

Bluedorn, A. C.(1982). "The Theories of Turnover: Causes, Effects and Meaning." *Research in the Sociology of Organizations*, 1, 75-128.

Chung, Kae H. & Leon C. Megginson(1981). *Organizational Behavior: Developing Managerial Skills*. N. Y.: Harper and Row Publishers.

Clarke, John(1972), *Social Welfare,* K. R.: Jeom Press.

Cotton, J. L. & J. M. Tuttle(1986), "Employee Turnover: A Meta-Analysis and Review with Implications for Research," *Academy of Management Review*, Vol. 11.

Dess, G. G., & J. D. Shaw(2001). "Voluntary turnover, social capital, and organizational performance." *Academy of Management Review*, 26, 446-456.

Dunham, Arthur(1970), *The New Community Organization,* Thomas Y. Crowell.

Dye, Thomas R.(1981), *Understanding Public Policy*(4th ed)., Englewood Cliffs: Prentice-Hall.

Esman, Milton J.(1963), *The Politics of Development Administration*, Cornell Univ. Press.

Fine, S.(1992), *Marketing the Public Sector: Promoting the Causes of Public and Non-profit Agencies*, New Brunswick, Transaction.

Fraser, Derek(1978), *The Evolution of the British Welfare State,* The Macmillan Press, Ltd.

Friedlander, Walter A.(1962), *Introduction to Social Welfare*, 2nd ed., Englewood Cliffs, N.J.: Prentice-Hall.

Friedlander, Walter A. & Robert Z. Apte(1974), *Introdution to Social Welfare*, 4th ed., Englewood Cliffs, N.J.: Prentice-Hall.

Fumiss, Nirman & Timothy Tilton(1977), *The Case for Welfare State,* Indiana University Press.

Gates, Bruce(1980), *Social Program Administration: The Implementation of Social Policy,* Englewood Cliffs, N. J.: Prentice-Hall.

George, Vic & Paul Wilding(1976), *Ideology and Social Welfare,* London: Routledge & Kegan Paul.

Gil, David G.(1973), *Unravelling Social Policy,* Cambridge: Sehenman Publishing Company.

Gilbert, Neil(1983), *Capitalism and the Welfare State,* New Haven: Yale University Press.

Gilbert, Neil & H. Specht(1974), *Dimensions of Social Welfare Policy,* N. J: Prentice-Hall, Inc.

Gilbert & Terrell(1998), *Dimensions of social welfare policy.*

Goldman, E.(1995), "여성의 인신매매," 『여성의 권리』, 미리어 슈네어 편, 강기원 역, 문학과지성사.

Griffeth, R. W., P. W. Hom, & S. Gaertner(2000), "A meta-analysis of antecedents and correlates of employee turnover: Update, moderator tests, and research implications for the next millennium," *Journal of Management*, 26(3), 463-488.

Grinder, R. E.(1973), *Adolescence,* N.Y.: Wiley.

Grüunberg, P. & W. Zinn(1979), "Optical Investigations and Light-Scattering from Spinwaves in Thin-Films of Ferromagnetic Eus" *Journal of Magnetism and Magnetic Materials* 13(1-2): 177-180.

Gulick, Luther(1973), "Science, Values and Public Administration," in L. Gulick & L. Urwick, *Papers on the Science of Administration,* N.Y.: Institution of Public Administration.

Gummer, Burton(1975), "Social Planning and Administration," Implicatons for Clarriculum Development, *Journal of Education for Social Work*, 11(1).

Hanlan, Archie(1977), "From Social Work to Social Administration," *Administration in Social Work*, 1(3).

Hellman(1997), "Policy Effectiveness and Conflict Avoidance." *Interorganizational Policy Making.*

Herzberg, Fredeick(1966), *Work and the Nature of Man,* N.Y.: World Publishing Co.

Horton, Paul B. & Chester L. Hunt(1976), *Sociology*(4th ed)., Tokyo: McGraw Hill, Kogakusha, Ltd.

Horton, Paul B. & Gerald R. Leslie(1974), *The Sociology of Social Problems* (5th ed). N. J.: Eglewood Chliffs: Prentice-Hall Inc.

Horton, Robert L.(1975), *Programmed Learning Aid for Social Problems,* Homewood, Ill: Learning System Company.

Kadushin, Alfred(1972a), *Child Welfare Services,* N. Y: The Macmillan

Company.
———(1972b), *Developing Social Policy in Conditions of Dynamic Change.*

Kahn, Alfred(1969), *Theory and Practice of Social Planning,* New York: Russell Sage Foundation.

Kaim-Candle, P. E.(1973), *Comparative Social Polity and Social Security,* London: Martin Robertson.

Kasschau, P. L.(1978), *Aging and Social Policy,* N. Y.: Prager Publisher.

Katz, Daniel & Robert L. Kahn(1978), *The Social Psychology of Organizations*, New York: John-Wiley & Sons, Inc.

Kievit, Mary Bach(1978), "Women at Work: An International Perspective," L. Sunn Hanen & Rita S. Repoza(eds.), *Career Development and Counseling of Women,* Springfield: Charles C. Thomas Publisher.

Kim, Sang-Kyun(1982), *A Study of the Development of the Retirement Pension in the British Welfare State*, Ph. D. Dissertation, The University of Aberdem.

Kimber, Richard & J. J., Richarondson(1974), *Pressure Group in Britain,* London: Rowman & Littlefield.

King, Anthony(1983), "The Political Consequence of Welfare State," *Evaluating the Welfare State,* Academic Press.

Klein, Philip(1968), *From Philanthropy to Social Welfare,* San Francisco: Jossey Bass.

Kreitner, R. & A. Kinicki(1995), *Organizational Behavior*, 3rd ed., Burr Ridge, Ill: Irwin.

Leichter, H. M.(1979), *A Comparative Approach to Policy Analysis,* London: Cambridge University Press.

Marsh, D. C.(1980), *The Welfare State*(2nd ed)., London and N.Y.: Longman.

Marshall, T. H.(1963), *Sociology at the Crossroads.*

Maslach, C., W. B. Schaufeli, & M. P. Leiter(2001), *Job Burnout, Annual Review of Psychology*, February.

Maslow, Abraham H.(1979), *Motivation and Personality* (2nd ed)., N. Y.: Harper & Row Publishers.

McClelland, D. C.(1961), *The Achieving Society,* N. Y.: Free Press.

McGregor, Douglas(1960), *The Human Side of Enterprise,* N. Y: McGraw-Hill Co.

Mehl, Lucien(1979), *Well-being, Human Well-being,* Proceedings of the 21th

International Conference of Social Welfare, Columbia: Columbia University Press.
Merton, Robert K. & Robert A. Mibest(1961), *Contemporary Social Problem,* Harcourt, Brace, & World, Inc.
Milton, C. R.(1981). *Human Behavior in Organization,* Prentice-Hall.
Mishra, Ramesh(1977), *Social and Social Policy,* The Macmillan Press Ltd.
Molbey, W. H.(1982), "Some underworked questions on turnover and withdrawal research," *Academy of Managemet Review,* 7(1).
Morrow, W. L.(1975), *Public Administration, Politics and Political System,* N. Y.: Random House.
Neugarten, B. & K. Weinstein(1974), "Age Groups in American Society and the Rise of Young-old," *Annals of the American Academy of Political and Social Science,* 415.
Ozawa, Martha N.(1978), "Issues in Reform," *Social Service Review,* Chicago: University of Chicago Press), 52(1)(March).
Parsons, Talcott(1954), *Essays in Sociological Theory,* Glencoe: The Free Press.
Parasuraman, A., Valarie A. Zeithaml, & Leonard L. Berry(1985), "A Conceptual Model of Service Quality and Its Implications for Future Research," *Journal of Marketing,* 49. (Fall).
Pecora & Austin(1987), *Managing human services personnel.*
Price, James, L.(1968), *Organizational Effectiveness,* Homewood. Ill: Irwin.
Reisman, David, & Richard Titmuss(1977), *Welfare and Society,* London: Heinemann.
———(1982), *State and Welfare,* London: The Macmillan Press Ltd.
Rescher, Nicholas(1972), *Welfare: Soical Issues in Perspective,* University of Pittsburgh.
Richardos, J. J. & A. G. Jordan(1979), *Growing Under Pressure,* Oxford: Martin Robertson.
Rimlinger, Gaston V.(1971), *Welfare Policy and Industrialization in Europe, America and Russia,* N. Y.: John Wiley and Sons Inc.
Robson, William A.(1968), *Local Government in Crisis*(2nd ed)., London: George Allen and Unwin.
———(1977), *Welfare State and Welfare Society,* London: George Allen & Unwin.

Rodee, Carlton C. & Totton J. Anderson, & Carl Q. Christle(1967), *Introdution to Political Science*(2nd ed.), N. Y.: McGraw-Hill.

Rogers, B. N., et. al.(1979), *The Study of Social Policy: A Comparative Approach,* London: George Allen & Unwin.

Romanyshyn, J. M.(1971), *Social Welfare,* N.Y.: Random House.

Sarri, Richard(1987), "Administration in Welfare," *Encyclopedia of Social Work* (18th ed.), Vol. I.

Shepard, John M. & Harwin L. Voss(1978), *Social Problems,* N. Y.: Macmillan.

Smith, P. C., L. M. Kendall, & C. L. Hulin(1969), *The measurement of satisfaction in work and retirement.* Cicago, IL: Rand McNally.

Spergel, Irving(1977), "Social Development and Social Work," *Administration in Social Work,* 1(3), Jiwun Univ. Press.

Swiss, James E.(1992), "Adapting Total Quality Management(TQM) to Government," *Public Administration Review,* 52 (July/August): 356-62.

Thoenes, Piet(1966), *The Elite in the Welfare State,* U.S. Govt.

Tibbitts, C.(1960), *Origin Scope and Field of Social Gerontology.*

Titmuss, Richard M.(1963a), *Essays on the Welfare State,* London: George Allen & Unwin.

——(1963b), "Social Administration in a Changing Society," in *Essays on the Welfare State,* Boston: Beacon Press.

——(1967), *Welfare State and Welfare Society.*

——(1968), *Commiment to Welfare,* New York: Pantheon Books.

——(1974), *Social Welfare,* N. Y: Pantheon Books.

——(1979), *Commitment to Welfare,* London: George Allen & Unwin.

Thomas, J. C.(1992), "The Personal Side of Street-Level Bureaucracy," *Urban Affairs Quarterly,* 22(1): 84-100.

Trattner, W. I.(1989), *From Poor law to Welfare State: A History of Social Welfare in America*(4th ed)., N. Y: The Free Press.

Turner, John(1974), *Development and Participation: Operational Implications for Social Welfare,* New York: UN International Council on Social Welfare.

UN(2005), *World Population Prospects: The 2004 Revision.*

Warham, Joyce(1977), *Social Policy in Context,* London: T. Batsford Limited).

Wickenden, Elizabeth(1965), *Social Welfare in a Changing World, U.S. Department of Health Education and Welfare,* Washington. D.C.:

Government Printing Office.
Wilensky, Harold J.(1975), *The Welfare State and Equality*, Berkeley: The University of California.
———(1992), 『비교사회정책』, 한울아카데미.
Wilensky, Harold J. & Charles N. Lebeaux(1965), *Industrial Society and Social Welfare,* N. Y.: The Free Press.

明山和夫(1957), 『社會福祉行政論』, 東京: 關書院.
小林弘人(1977), "社會福祉行政學序說," 『社會學硏究』, 1977年 3月, No. 9.
小容義次(1977), 『現代福祉國家論』, 東京: 筑摩書房.
小川政亮(1964), 『社會事業法制概說』, 東京: 誠信書房.
野川照夫, 松本眞一(1980), 『社會福祉法制要論』, 東京: 相用書房.
園部逸夫・田中館照橋・石本忠義(1980), 『社會保障行政法』, 東京: 有斐閣.
一番ヶ瀨康子, 眞田是(1968), 『社會福祉論』, 東京: 有斐閣.
佐藤進, 石田紀久專(1982), 社會福祉の法と行財政講座, 東京: 有斐閣.
竹內愛二(1988), 『實踐社會福祉學』, 東京: 弘文堂.
竹中騰男(1950), 『社會福祉硏究』, 東京: 關書院.
孝橋正一(1962), 『社會事業の基本問題』, ミネルヴ書房.
———(1972), 『全訂 社會事業の基本問題』, 東京: ッ木にッろ書房.

찾아보기

ㄱ

ㄴ

ㄷ

ㄹ

ㅁ

ㅂ

ㅅ

ㅇ

ㅈ

ㅎ

저자 소개

황진수

동국대학교 학사, 석사 및 정치학 박사(복지행정학 전공)
독일 레겐스부르크(Regensburg)대학 객원교수 역임
한성대학교 조교수, 부교수, 교수(현)
민주평화통일자문회의 상임위원(현)
낙산복지정책연구회 이사장(현)
한성대학교 총장대행, 교무처장, 행정대학원장 역임
한국노년학회 회장 역임
한국노인과학학술단체연합회 이사(현)
노인복지실행위원회 위원(현)
한국사회복지협의회 브랜드 분과 위원장(현)
노인복지 기여 공로로 녹조근정훈장 수훈(2007년)

저서 및 논문
「한국노인 복지정책의 평가」, 「고령자 취업활성화 정책」, 「노인 장기요양보호 정책의 개선 방안」, 「노인 여가문화정책의 활성화」, 「빈곤계층 노인을 위한 민간자원 연계 방안」 등 노인 복지정책 관련 100여 편의 논문이 있으며, 『현대복지행정론』, 『현대복지국가론』, 『현대노인복지정책론』(공저), 『고령자 사회의 위기와 도전(공저)』, 『지방재정학(공저)』, 『노년학의 이해(공저)』 등 저서 다수 있음.

현대복지행정론

개정4판

펴낸날 / 제1판 제1쇄 1990년 3월 10일

제2판 제1쇄 1993년 8월 23일

제3판 제1쇄 2003년 2월 10일

제4판 제1쇄 2011년 3월 2일

지은이 / 황진수

펴낸이 / 임춘환

펴낸곳 / 도서출판 대영문화사

주소 / 서울 용산구 청파동 1가 178-2 ㊒ 140-869

등록 / 1975년 12월 26일 제3-16호

전화 / (02)716-3883, (02)714-3062

팩시밀리 / (02)703-3839

우체국 온라인 / 011353-02-009106

ISBN 978-89-7644-358-8

〔값 18,000원〕